Anne Barnert (Hrsg.)

Filme für die Zukunft

Die Staatliche Filmdokumentation am Filmarchiv der DDR

Anne Barnert (Hrsg.)

Filme für die Zukunft

Die Staatliche Filmdokumentation am Filmarchiv der DDR

Neofelis Verlag

BUNDESSTIFTUNG
AUFARBEITUNG

Gefördert mit Mitteln der Bundesstiftung zur Aufarbeitung der SED-Diktatur.

Gedruckt mit freundlicher Unterstützung durch

die Geschwister Boehringer Ingelheim Stiftung
für Geisteswissenschaften in Ingelheim am Rhein

sowie die FONTE Stiftung zur Förderung des
geisteswissenschaftlichen Nachwuchses.

Bibliografische Information der Deutschen Nationalbibliothek
Die Deutsche Nationalbibliothek verzeichnet diese Publikation in der Deutschen Nationalbibliografie; detaillierte bibliografische Daten sind im Internet über http://dnb.d-nb.de abrufbar.

Umschlaggestaltung: Marija Skara
Druck: PRESSEL Digitaler Produktionsdruck, Remshalden
Gedruckt auf FSC-zertifiziertem Papier.
ISBN (Print): 978-3-95808-012-6
ISBN (PDF): 978-3-95808-054-6

Inhalt

Zeitzeugen – Erinnerungen

Anhang

Filme für die Zukunft

Einleitung

Anne Barnert

Existenz und Auftrag der Staatlichen Filmdokumentation nehmen Bezug auf eine grundlegende DDR-Erfahrung, die schon oft erinnert und beschrieben worden, aber dennoch schwer zu fassen ist: dass es Lebensverhältnisse und Lebensbereiche gab, die jeder kannte und über die im Alltag jeder sprach, die aber kein Bestandteil der öffentlichen Kommunikation waren. Dieser Informationsverlust bis hin zur „Informationsleere" der DDR-Medien bewirkte einerseits Gleichgültigkeit, Desinteresse, Hinwendung zu den westlichen Medien.[1] Andererseits forderte das Bruchstückhafte und Fragmentarische der öffentlichen Rede in der DDR ein Vermissen heraus, ein selbstständiges Ergänzen und Weiterdenken des Nicht-Gesagten und Nicht-Gezeigten – jenes bekannte „zwischen den Zeilen Lesen".

Dass schon das bloße Kenntlich-Machen von Leerstellen in der öffentlichen Kommunikation politische Bedeutung entwickeln konnte, zeigen Protestformen im Alltag, die besonders in der späten DDR auftraten. So wurden nach dem Verbot des Stickers *Schwerter zu Pflugscharen* an seiner Statt ein kreisrundes weißes Stück Stoff oder ein Loch getragen. Nach dem Verbot der sowjetischen Zeitschrift *Sputnik* tauchten Wandzeitungen auf, die Gorbatschow mit überklebtem Mund zeigten. Der ehemalige Bürgerrechtler Roland Jahn

1 Ilko-Sascha Kowalczuk: *Endspiel. Die Revolution von 1989 in der DDR*. München: Beck 2009, S. 181. Vgl. auch Frank Bösch, der die Rolle der osteuropäischen Medien beim Umbruch 1989/1990 in der von ihnen zuvor geförderten „Entpolitisierung" der Zuschauer sieht. Frank Bösch: *Mediengeschichte. Vom asiatischen Buchdruck zum Fernsehen*. Frankfurt am Main: Campus 2011, S. 197.

erinnert sich, aus Protest an einer 1. Mai-Kundgebung mit leerem Plakat teilgenommen zu haben.[2] Oder Kirchenzeitungen markierten Zensureingriffe mit weißen Flecken an den Stellen der zensierten Passagen.

Diese Beispiele weisen auf nonverbale Botschaften und Verhaltensweisen hin, mit denen öffentlich demonstriert werden konnte, dass ein Bewusstsein für das Verbotene bestehen blieb, dass es nicht vergessen und auch wieder wirksam werden würde. An ihrem jähen Auftauchen im Augenblick des Umbruchs 1989/1990 ist abzulesen, dass die unterdrückten Themen tatsächlich präsent geblieben waren – unzugänglich zwar, aber real genug, um unter den veränderten politischen Bedingungen wieder aufzutauchen. Diese von den politischen und gesellschaftlichen Entwicklungen angetriebene Plötzlichkeit ist nicht vorstellbar ohne die Existenz von zuvor schon bestehenden Kommunikationsräumen, in denen sich das Unerwünschte und Tabuisierte eine jahrelange untergründige Wirksamkeit hatte erhalten können. Obwohl die Staatliche Filmdokumentation (SFD) am Filmarchiv der DDR weit davon entfernt war, ein Ort von Opposition und Dissidenz zu sein, stellte sie einen solchen Raum dar. Sie ist eine von vielen möglichen Antworten auf die Frage, ob und wie das Fehlen von ganzen Bereichen der DDR-Alltagsrealität in den Medien reflektiert und sichtbar gemacht worden ist.

Auftrag der Staatlichen Filmdokumentation war es, den sozialistischen Staat für nachfolgende Generationen zu dokumentieren. Als spätere Geschichtsquelle waren ihre Filme nicht für die Gegenwart gedacht, sondern die Zukunft sollte über die DDR informiert werden – umfassend und so vollständig wie möglich. Der Umstand, dass es für diesen Zweck nötig schien, eine eigene Filmproduktionsgruppe zu schaffen, zeigt, wie gering die dokumentarische Aussagekraft des DDR-Kino- und Fernsehfilms auch offiziell eingeschätzt wurde.

Die Zensur produzierte systematische Lücken in den Medien der DDR. Funktion der Staatlichen Filmdokumentation war es, diese von der Zensur verursachten „Lücken zu füllen“, so der verwendete Terminus. Das „Lückenfüllen“ ist gewiss der kulturpolitisch brisanteste Aspekt der Staatlichen Filmdokumentation, denn sie war damit die einzige Filmproduktionsgruppe des Landes, der es erlaubt

2 Roland Jahn: *Wir Angepassten. Überleben in der DDR*, unter Mitarbeit v. Dagmar Hovestädt. München: Piper 2014, S. 134–135.

war, die enge Bindung der DDR-Medien an die Vorgaben der SED-Informationspolitik zu lockern. Die grundsätzliche politische Übereinstimmung dieser Abteilung des Staatlichen Filmarchivs war dabei immer vorausgesetzt. Die SFD stellt das Beispiel für eine Konstruktion dar, an die sich die Versuche Einzelner heften konnten, Grenzen des in der DDR Sagbaren vorsichtig auszudehnen.

Die der Staatlichen Filmdokumentation gewährten Freiräume wurden durch die gegebenen Machtverhältnisse begrenzt: durch staatliche Kontrollinstanzen, durch das Ministerium für Staatssicherheit (MfS), durch soziale Kontrolle, durch Selbstkontrolle. Durch ihre Institutionalisierung am Staatlichen Filmarchiv der DDR blieb die Staatliche Filmdokumentation zudem nicht nur an das Macht- und Definitionsmonopol der SED gebunden, sondern sie verkörperte es auch zugleich. Filmdokumente im SFD-Filmbestand, die Formen der politischen Herrschaft in der DDR in ihrer verdeckten oder offenen Gewalt direkt zeigen würden, können daher nicht erwartet werden. Die Freiräume der Staatlichen Filmdokumentation waren vielmehr in einem der – für die 1970er und 1980er Jahre charakteristischen – Grau- und Zwischenbereiche angesiedelt.

Konzeptionen betonten immer wieder, die Tätigkeit der Staatlichen Filmdokumentation müsse „unter dem Aspekt ihrer zukunftsorientierenden Funktion gesehen werden".[3] Der generelle Befund, „wie selbstverständlich im sozialistischen Zeitbegriff die Zukunft sich Gegenwart und Vergangenheit untertan zu machen vermochte"[4], gilt auch hier: Da SFD-Filme nicht für die gegenwärtige Öffentlichkeit bestimmt waren, wurde der zukünftige Zuschauer zum Stellvertreter der Gegenwart. Auf ihn wurde verschoben, was in der Gegenwart nicht möglich war. Das heißt, solange es nicht gelang, drängende gesellschaftliche und politische Themen öffentlich auszusprechen, musste an ihre Stelle die Zukunft treten. Bis dahin hatte die Staatliche

3 SFD an Ruth Herlinghaus/Abt. Wissenschaft und Information/HV Film/MfK: *Information über Entwicklung, Aufgaben und bisherige Tätigkeit der Staatlichen Filmdokumentation beim Staatlichen Filmarchiv der DDR*, 17.06.1977, S. 3. Bundesarchiv Berlin (BArch), DR 140/583.

4 Martin Sabrow: Zukunftspathos als Legitimationsressource. Zu Charakter und Wandel des Fortschrittsparadigmas in der DDR. In: Heinz-Gerhard Haupt / Jörg Requate / Maria Köhler-Baur (Hrsg.): *Aufbruch in die Zukunft. Die 1960er Jahre zwischen Planungseuphorie und kulturellem Wandel. DDR, ČSSR und Bundesrepublik Deutschland im internationalen Vergleich.* Weilerswist: Velbrück 2004, S. 165–184, hier S. 165.

Filmdokumentation dafür zu sorgen, dass die Filmmaterialien für die auf später verschobene, wahrhaftigere Selbstverständigung dann auch bereitstehen würden. Allerdings, der allgemeine Prozess der Verwissenschaftlichung, Verselbständigung und schließlich der Entleerung des Zukunfts- und Fortschrittsglaubens vollzog sich auch hier.[5] Am Ende musste die Staatliche Filmdokumentation aufgelöst werden, um nicht die Kontrolle über ihre Bestrebungen zu verlieren, mit den Filmen schon in der Gegenwart wirksam zu sein.

Die Staatliche Filmdokumentation produzierte „Filme für die Zukunft". Ihrem Diskurs mit der Nachwelt, den sie dabei eröffnete, können so vielschichtige Motivationen entnommen werden wie der Wunsch, zukünftige Geschichtsbilder zu beeinflussen, der Wunsch zu bewahren oder auch der Wunsch zu vergessen. Gemeinsam ist den SFD-Filmen das Selbstverständnis, als bewusst geformte Überlieferungen *zukünftige Vergangenheit* zu sein. Schon bei Konzeption und Produktion mussten sie sich daher auf bestimmte Zukunftserwartungen festlegen. Fragen mussten beantwortet werden, die sich für andere Filme nicht stellten: Welche Erfahrungs- und Wissenshorizonte würden das zukünftige Interesse an den Filmen bestimmen? Welche der Informationen würden später relevant sein, welche vermisst werden? An welche Kenntnisse und Diskurse der Gegenwart würde die Zukunft anschließen wollen? Angesichts einer grundsätzlich offenen Zukunft sind Antworten auf solche Fragen außerhalb von Ideologie kaum möglich. Wird aber dennoch der Versuch unternommen, in der Zukunft ein festes Gegenüber festzulegen, wie dies die Staatliche Filmdokumentation tat, dann handeln solche Filme umso mehr von der Gegenwart: Weit mehr als jeder andere Filmemacher ihrer Zeit waren die SFD-Redakteure gezwungen, sich mit den Augen der Zukunft zu betrachten und sich aus der Distanz selbst zu reflektieren.

Die Staatliche Filmdokumentation überliefert die außergewöhnliche Perspektive eines imaginären Blicks aus der Zukunft auf sich selbst. An diesem ist ablesbar, was in der DDR der 1970er und 1980er Jahre über die Zukunft sicher zu wissen geglaubt wurde. Als Zukunftserwartungen können die Filme daher Hinweise geben auf zurückliegende Hoffnungen und Ängste, vergangene Motivationen,

5 Sabrow: Zukunftspathos als Legitimationsressource, S. 178–179.

Zwänge, Kompromisse, Entscheidungen. Den kaum zu übersehenden Möglichkeiten, diesen filmischen Spuren aus der Vergangenheit nachzugehen, will dieses Buch nicht vorgreifen. Vielmehr will es Material dazu an die Hand geben. Erstmals werden ausführlich und auf archivischer Grundlage Geschichte und Idee der Staatlichen Filmdokumentation vorgestellt. Zeitzeugen-Erinnerungen und fachwissenschaftliche Einordnungen bieten zudem erste Möglichkeiten der Kontextualisierung an.

Der Film *Bernt v. Kügelgen* (1971, R: Gerd Barz) sei vorangestellt als eine erste charakteristische Begegnung mit der Staatlichen Filmdokumentation. Was es bedeutet, „Gesprächspartner kommender Generationen“[6] zu sein, darüber war Bernt von Kügelgen sich sehr im Klaren, als er im September 1971 vor der Kamera der Staatlichen Filmdokumentation saß: Wie in einem Hörsaal, in dem er sich umblicken und in die Zukunft sprechen kann, wendet er sich hier an die Nachgeborenen: „[…] und für die, die diese Ausführungen später hören, sei erklärt […]“. Bernt von Kügelgen, Chefredakteur der kulturpolitischen DDR-Wochenzeitschrift *Sonntag* (1957–1977), versucht in diesen Momenten nichts Geringeres als eine filmische Überwindung der Zeit. Um des zukünftigen Zuschauers willen unterbricht er sich gleich mehrmals im Film – etwa um das Care-Paket der Nachkriegsjahre oder den *Bitterfelder Weg* der SED-Kulturpolitik zu erklären. Er tut dies immer dann, wenn er glaubt, Wissen vorauszusetzen, das in der Zukunft nicht mehr gegeben sein wird. Ebenfalls an die Nachgeborenen gerichtet ist auch die ausführliche Rechtfertigung zu Beginn des Filmes, warum gerade sein eigenes, Bernt von Kügelgens Leben eine charakteristische Erzählung über Gründung und Aufbau der DDR sein könne.

Der Versuch, eine Kommunikationsbeziehung mit der Zukunft aufzubauen, wirkt sich in diesem Film sehr deutlich auf die Strukturen der Erzählung aus: als Unterbrechung, als Selbstreflexion, als Rechtfertigung. Ein zweites Beispiel aus der Staatlichen Filmdokumentation kann einen weiteren Aspekt verdeutlichen: Dokumentarfilme, die sich ausdrücklich als Botschaft an die Zukunft verstehen, müssen implizite Aussagen über die Beschaffenheit der von ihnen erwarteten

6 Michael Grüning: Ein Streifen für die Nachwelt. Filmarchiv-Mitarbeiter bei Prof. Hellberg. In: *Sächsisches Tageblatt*, 23.02.1976.

Zukunft treffen. Dem Film *Wochenmarkt in Pankow* (1973, R: Gerd Barz) liegt die Vermutung zugrunde, dass kommenden Generationen Kenntnis und Wissen über die Existenz von privatem Handel, von durch Nachfrage und Angebot regulierten, flexiblen Preisen fehlen werde. Der Film beruht auf der Erwartung, dass der Sozialismus in der DDR Bestand haben, in Kommunismus übergehen und alle Formen von Privatwirtschaft in Vergessenheit geraten lassen würde. Für einen Zuschauer in *dieser* Zukunft wäre *Wochenmarkt in Pankow* das grandiose Dokument einer inzwischen untergegangenen Welt geworden, deren letzte Relikte 1973 gerade noch so dokumentiert werden konnten.

Nun ist der Film das Produkt einer Fehlkalkulation geworden: Der hier dargestellte Tagesablauf eines Berliner Wochenmarkts kann dem heutigen Zuschauer kaum Ungewohntes zeigen. Es sind Auf- und Abbauten von Ständen zu sehen, dazwischen Marktgetriebe, Gespräche zwischen Käufern und Verkäufern, kurze Interviews. Die Überzeugung hat sich als irrig herausgestellt, dass ein privater Wochenmarkt in der Zukunft etwas Unbekanntes sein werde, das von Grund auf erklärt und gezeigt werden müsse. Gerade in solchen, nicht eingetroffenen Zukunftserwartungen können „Filme für die Zukunft" wie dieser aber zu Quellen werden, denn sie eröffnen die Gelegenheit, sich an den vergangenen Zukunftsvorstellungen zu messen: Gleich, ob die nicht realisierten Möglichkeiten der Vergangenheit als belangloser Erinnerungsballast angesehen werden, als ermutigende Utopie oder bedrohliche Warnung – in jeder dieser Perspektiven sind Vorschläge für eine Selbstverständigung in der Gegenwart enthalten.

Filme, die eigens dafür hergestellt werden, ein Bild der Gegenwart an die Zukunft zu übermitteln, sind – so ist an beiden Beispielen zu sehen – zunächst nur zeitgebundene Vermutungen. Weder ist das Care-Paket in Vergessenheit geraten, noch ist der Wochenmarkt verschwunden. Als Annahmen über Fehlstellen in zukünftigen Wissensbeständen sind sie jedoch wertvolle Quellen für den Nachvollzug zeitgenössischer Denkweisen und Erfahrungswelten. Anderen Dokumenten ist dies oft nur schwer zu entnehmen. In besonderem Maße gilt dies für die DDR mit ihrer standardisierten, auf unabänderliche Sprechschemata festgelegten öffentlichen Kommunikation, in der das Gesagte stets im Zusammenhang mit dem Nicht-Gesagten stand, das Gezeigte mit dem Nicht-Gezeigten. Das für ein Verständnis notwendige Zusatz- und Ergänzungswissen aus der DDR-Lebenswelt (zu der auch die westlichen Medien gehörten) wurde mehr oder weniger vorausgesetzt.

An diesem Punkt kommt die Besonderheit der Staatlichen Filmdokumentation zum Tragen, dass sie sich durch ihren Bestimmungszweck einer Selbstdokumentation des sozialistischen Staates für die Zukunft an die Stelle des zukünftigen Rezipienten versetzen musste. Und dabei wurde deutlich: Dem späteren Zuschauer, der die Lebenswelt der DDR-Gegenwart nicht mehr teilen konnte, würden die Kenntnisse aus den impliziten Bereichen der DDR-Kommunikation nicht mehr zur Verfügung stehen. Wollte die Staatliche Filmdokumentation ihre Nutzer erreichen, musste sie in ihren Filmen also versuchen, möglichst viel von diesem impliziten Wissen explizit zu machen.

Die Staatliche Filmdokumentation benutzte in ihren drei Hauptphasen – *Universale Dokumentation* (1972–1977), *Berlin-Totale* (1978–1980) und *Sozialistische Lebensweisen* (1981–1985) – dafür unterschiedliche Methoden und Vorgehensweisen. Verbindendes Element war der Begriff des *Filmdokuments*, mit dem man zugleich glaubte, ein neues dokumentarisches ‚Genre' zu begründen. Dessen Verständnis beruhte wesentlich auf dem Credo der Kunstlosigkeit. Autor von SFD-Filmdokumenten sollte einzig und allein *die Geschichte* sein. Die jeweiligen Umsetzungen dieses Programms zwischen 1970 und 1986 reichten von frühen Versuchen, mit der schieren Menge an aufgezeichneten Informationen auch *bewusste Zufälligkeiten* zu dokumentieren, ‚nebenbei' verborgene Grundmuster und verschwiegene Wahrheiten zu erfassen. Der zweite Versuch setzte auf Systematik und die Arbeit an einem *Mosaik*. Hier sollte die Logik der Liste zur Vollständigkeit führen. Mit dem schwindenden Glauben, dass eine Wahrheit der Geschichte bereits an der Oberfläche der Dinge und Ereignisse sichtbar gemacht werden könne, setzte sich bei der Staatlichen Filmdokumentation schließlich der Filmautor durch. Die letzten Versuche, das SFD-Filmdokument zu erneuern, nähern sich dem wissenschaftlichen bzw. dem künstlerischen Dokumentarfilm an.

Zukunftsbezug und Archivkontext boten Schutz für eine „Geschichtsschreibung mit filmischen Mitteln"[7] jenseits der sonst unerlässlichen

7 Gisela Tammert/SFD-Schnittmeisterin an Konrad Naumann/Erster Sekretär der SED-Bezirksleitung Berlin, 15.10.1985, S. 2. BArch, DR 140/120.

'Parteilichkeit'. Das Argument zielte auf den Charakter der SFD-Filme als Materialsammlung: Erst spätere Generationen würden die Filmmaterialien in Kontexte versetzen, die dann eine 'parteiliche' Sichtweise mit einschlossen. Gedacht war an Verwendungen von SFD-Filmausschnitten in zukünftigen Kompilationsfilmen oder in Zusammenhängen späterer Bildung, Forschung und Propaganda. Für die Gegenwart konnte es damit bei Filmen bleiben, die sich als neutrales historisches Quellenmaterial zur DDR verstanden und die in dieser Hinsicht heute einmalig sind.

Wohin in der DDR-Gesellschaft gingen Filmemacher wie die der Staatlichen Filmdokumentation, wenn sie „Lücken" in den DDR-Medien füllen sollten und dazu von den aktuellen Zensurvorgaben entlastet waren? Hier kann die Staatliche Filmdokumentation Aufschlüsse geben zu Fragen der Sichtbarkeit und Unsichtbarkeit von Macht- und Kommunikationsverhältnissen. „Lückenfüllen" war zunächst ein Auftrag, den die Produktionsgruppe nur bedingt erfüllen konnte. Ihre Filme beruhten weniger auf genauen Informationen über unzugängliches Wissen als auf Mutmaßungen und Alltagserfahrung. Das heißt, nur *weil* die allgemeinen Wohnverhältnisse so schlecht waren und nur *weil* dies in den Medien nicht vorkam, entstanden Filme wie *Wohnungsprobleme 1982/83 – Dokument I* (1983, R: Gerd Barz) und *Wohnungsprobleme 1982/83. Dokument II. Gesperrter Wohnraum* (1982, R: Gerd Barz). Eben dieser Umstand macht sie zu einer wertvollen Quelle des DDR-Alltagswissens. Hier ist ablesbar, was trotz der lückenhaften Informationspolitik im Alltag gewusst und in den Medien vermisst werden konnte.

Artikulationen des impliziten, alltäglichen Wissens sollten des Weiteren nicht bereits auf der Ebene der Filmtitel oder angegebenen Themen gesucht werden. Entscheidend ist, dass sich die Staatliche Filmdokumentation als Materialsammlung verstand. Ihre Filmaufnahmen wurden aufgrund dieser Bestimmung weit weniger in dramaturgische Strukturen eingebettet als die Aufnahmen der für die Öffentlichkeit bestimmten Filme. Ohne Kommentar, Musik und andere rezeptionsleitende Mittel entstanden in den SFD-Filmen zwar einerseits Längen und Eintönigkeit. Andererseits haben sich in den Filmen damit auch 'Fehler' erhalten, die sie heute so interessant machen: flüchtige Beobachtungen am Rande, leise Nebensätze, falsche Sprachverwendungen, Intonationen, Abschweifungen der

Kamera, tonlose Zwischenschnitte etc. Auch die seltenen Montageschnitte erlauben eine recht große Einsicht in den ursprünglichen Zustand und Zusammenhang des Filmmaterials. All dies ist eine Aufforderung an den späteren Zuschauer, sich je nach Interesse einen eigenen Film zu denken.

Insgesamt entstanden bei der SFD eine Vielzahl von biographischen Personendokumentationen (etwa die Hälfte des Bestandes) sowie Filmdokumentationen zu allgemeinen kulturellen, technischen, wirtschaftlichen, politischen, sozialen Erscheinungen und Vorgängen in der DDR – Themen, von denen die Filmemacher glaubten, sie seien charakteristisch und die Zukunft würde Bilder und Töne von ihnen benötigen. Dem allgemeinen Auftrag der SFD, eine systematische und vollständige Zukunftsdokumentation zu schaffen, waren stets drei Dimensionen zu entnehmen, die je unterschiedlich akzentuiert werden konnten: der Auftrag zu filmen, was 1) in den Produktionsplänen von DEFA-Kino und Fernsehen nicht vorkam, was 2) aus den gegenwärtigen Lebens- und Erfahrungswelten zu verschwinden drohte, was 3) in der Öffentlichkeit als unerwünscht bzw. als tabuisiert galt. Erst aus dem Ziel heraus, dem zukünftigen Zuschauer ein vollständiges Bild der DDR zu überliefern, ergab sich das Lückenfüllen. Es ist dieser Umstand, der die Staatliche Filmdokumentation davor bewahrte, mit einer einseitigen Fixierung auf das Fehlende die Themensetzungen der Zensur nur zu wiederholen und damit letztlich zu bestätigen.

Dennoch gibt es eine Reihe von Filmbeispielen, bei denen es der Staatlichen Filmdokumentation gelang, politische und gesellschaftliche Probleme direkt zu dokumentieren. Die Aufnahmen der Berliner Grenzbefestigungsanlagen in *Berlin-Milieu. Ackerstraße* (1973, R: Veronika Otten) gehören hierher. Auch Thomas Heises *Das Haus/1984* (1984), ein Film, der das routinierte, über den Einzelnen hinweggehende Funktionieren in der Verwaltung eines Berliner Stadtbezirksamtes zeigt: Sprache und Kommunikation erscheinen hier gegenüber den Strukturen ohnmächtig und ihrer kreativen Funktion entleert. Ausführlich filmte die Staatliche Filmdokumentation in einer Reihe von *Berlin-Totale*-Filmen den Verfall der alten Stadtmitte und den damit einhergehenden Geschichts- und Identitätsverslust, die Einsamkeit alter Menschen, die marode Wohn- und Industriesubstanz, die unterschiedlichen Lebensbedingungen in den sozialen

Abb. 1
Filmrollen in geöffneten Magazinschränken des Staatlichen Filmarchivs der DDR.

Milieus. Hans Wintgen widmete sich 1985 dem so schwierigen, in der DDR kaum thematisierbaren Problem, wie es einer zukunftsorientierten Ideologie gelingen konnte, Sterben und alltäglichen Tod in ihr Weltbild zu integrieren. Solche Filme sind Kommunikationsversuche auf der Grenze des in der DDR gerade noch Sagbaren. Zugleich ist deutlich: Die Bedingungen und Zusammenhänge, in denen die Filme entstanden, sind kaum vergleichbar, ihre historisch-kritische Einordnung unabdingbar.

Bei der Beschäftigung mit den Filmen der Staatlichen Filmdokumentation fällt der charakteristische Zukunftsbezug immer wieder auf. Zeitgeschichtliche Theoriemodelle von Zeit haben eine solche Zukunftsbezogenheit als „wesentliches Ingredienz kommunistischer Herrschaftslegitimation" beschrieben:[8] Erst die linear auf die Zukunft zu verlaufende, mit politischen und ideologischen

8 Sabrow: Zukunftspathos als Legitimationsressource, S. 165. Vgl. allgemein Frank Bösch / Jürgen Danyel (Hrsg.): *Zeitgeschichte – Konzepte und Methoden.* Göttingen: Vandenhoeck & Ruprecht 2012.

Bedeutungen aufgeladene Zeit verlieh der Gegenwart Sinn und Perspektive. Über den Zusammenhang der DDR hinaus bezeichnet das lineare Zukunftskonzept zudem eine allgemeine Zugehörigkeit zum „Zeitregime der Moderne“[9]. Hier sind es besonders der Wandel im teleologischen Zeitverständnis, dessen zunehmende Brüchigkeit und die daran anknüpfenden ‚Heilungsversuche‘, die eine Vergleichbarkeit der SFD mit internationalen Entwicklungen und Problemen ermöglichen.

Auch die zentrale Frage dieser Publikation, inwieweit das Verbergen von Informationen, ihre Unzugänglichkeit und Tabuisierung diesen überhaupt erst zur Wirksamkeit verhilft, steht im Zusammenhang mit Fragen, die nicht nur die DDR und nicht nur vergangene Fragestellungen betreffen. Gesellschaftlich und politisch bedeutsame Themen, so könnte als These formuliert werden, kehren umso stärker in die Dynamik von Ereignissen zurück, je mehr sie zuvor in die Bereiche des Unausgesprochenen und Verschwiegenen verdrängt wurden. „*Informationspolitik* als zeitgeschichtliches Forschungsfeld“ ist zuletzt von dem Fokus auf Propaganda- und Konfliktforschung abgerückt und hat sich mehr den sensiblen Daten selbst und den spezifischen Interessenlagen potentieller Nutzer zugewandt – auch hier ist von einer „politisch-ideologischen Sprengkraft des empirischen Materials“ im „dokumentarischen Unterbau“ von Gesellschaften gesprochen worden.[10] Obwohl dies gerade mit Blick auf repressive Gesellschaftsformen ein offensichtliches und oft erwähntes Phänomen darstellt,[11] ist es auf empirisch-historischer Ebene kaum untersucht worden. Ein Grund dafür ist sicher, dass damit letztlich Fragen der Latenz berührt werden.[12] Umso mehr gilt dies für Gesellschaften, die schon um

9 Aleida Assmann: *Ist die Zeit aus den Fugen? Aufstieg und Fall des Zeitregimes der Moderne.* München: Hanser 2013.

10 Dominik Rigoll: Die Macht der Information. Politische Konflikte um sensible Akten im internationalen Vergleich. Einleitung. In: *Zeithistorische Forschungen / Studies in Contemporary History* 10,1 (2013), Abschnitt 1. http://www.zeithistorische-forschungen.de/16126041-Rigoll-Einleitung-1-2013 (Zugriff am 19.03.2014).

11 Vgl. beispielsweise zum „Informationsprivileg“ als Machtfaktor Hannelore Offner / Klaus Schroeder (Hrsg.): *Eingegrenzt – Ausgegrenzt. Bildende Kunst und Parteiherrschaft in der DDR 1961–1989.* Berlin: Akademie 2000, S. 17, 72.

12 Vgl. Lutz Ellrich / Harun Maye (Hrsg.): *Die Unsichtbarkeit des Politischen. Theorie und Geschichte medialer Latenz.* Bielefeld: Transcript 2009, S. 7, 8; Elena Esposito: *Soziales Vergessen. Formen und Medien des Gedächtnisses der Gesellschaft.* Frankfurt am Main: Suhrkamp 2002.

ihrer Stabilität willen auf Nicht-Wissen als eine Basis der politischen Macht angewiesen sind und deshalb grundsätzlich nur Spuren hinterlassen. Eine der wenigen medialen Spuren, die auf die These einer „Wirksamkeit des Verborgenen" hin gedeutet werden können, stellt die Staatliche Filmdokumentation am Filmarchiv der DDR dar.

Für das Verständnis der Filme aus der Staatlichen Filmdokumentation ist es daher unerlässlich, sich ihre mediale Form und Funktion als *Filmdokument* zu vergegenwärtigen. In der Geschichts- und Literaturwissenschaft bestehen Untersuchungen zu zukunftsgerichteten Erzählformen wie der Chronik oder der Sage, zu Annalen oder Autobiographien. Für die Filmwissenschaft existieren hingegen kaum Untersuchungen über Formen der historischen Selbstdokumentation „für Archivzwecke". Dennoch hat man es hier mit einer eigenständigen Filmform zu tun, die archivwissenschaftlich als „willkürliche Überlieferung" bzw. als „Traditionsquelle" bezeichnet werden kann.[13] Für diese Filmform wird im vorliegenden Sammelband der Begriff *Filmdokument* verwandt.

Als Begriff selbst hat er noch keine eindeutige Klärung erfahren. Eva Hohenberger hat auf seine Herkunft aus der *Wochenschau* und aus Filmaufnahmen staatspolitischer Ereignisse verwiesen, die in Ergänzung zur schriftlichen Überlieferung lange Zeit einzig und allein als historische Quelle anerkannt waren – und damit *Filmdokumente* wurden.[14] Dementsprechend wird der Begriff heute vor allem dann verwendet, wenn eine Funktion von Film – Geschichte zu dokumentieren – beschrieben werden soll. An dem Umstand aber, dass diese Funktion inzwischen selbstverständlich jedem Film zugebilligt wird, ist sichtbar, dass der unbegrenzt ausgedehnte Begriff des Filmdokuments an Aussagekraft zu verlieren droht. Gerade deswegen ist es notwendig, zu einer Eingrenzung zu kommen.

Die Filme der Staatlichen Filmdokumentation können für eine solche, fester umrissene Definition des Filmdokuments Anregungen geben. Ausgangspunkt kann die beschriebene Zukunftsbezogenheit sein.

13 Eckart Henning: Einleitung. In: Friedrich Beck / Eckart Henning (Hrsg.): *Die archivalischen Quellen. Mit einer Einführung in die historischen Hilfswissenschaften.* Köln: Böhlau 2003, S. 1–6, hier S. 1.

14 Eva Hohenberger / Judith Keilbach: Die Gegenwart der Vergangenheit. Zum Verhältnis von Dokumentarfilm, Fernsehen und Geschichte. In: Dies. (Hrsg.): *Die Gegenwart der Vergangenheit. Dokumentarfilm, Fernsehen und Geschichte.* Berlin: Vorwerk 8 2003, S. 8–23, hier S. 9–11.

STAATLICHES
FILMARCHIV
DER
DEUTSCHEN
DEMOKRATISCHEN
REPUBLIK

Abb. 2
Staatliches Filmarchiv der DDR. Urkunde.

Nicht erst der Vorgang des Zuschauens wird dabei als Zeitpunkt angenommen, an dem sich die Qualität eines Films als Filmdokument einstellt. Dies soll bei bewusst als historische Quellen hergestellten Filmen schon lange vor der Rezeption eintreten – beginnend mit der gezielten, oft wissenschaftlich und repräsentativ verstandenen Auswahl von Sujets, sich fortsetzend mit der Umsetzung im deutlich *beobachtenden Modus* (Bill Nichols), bis hin zur Ablage und Erhaltung für einen auf später verschobenen Verwendungszweck. Das Ziel, Dokumentationen für spätere Zwecke zu schaffen, wirkt hier ausdrücklich auf Konzeption, Produktion und Distribution zurück. Zwei Faktoren einer Definition deuten sich damit an: zum einen der Ort, an dem die Filme zunächst auf unbestimmte Zeit funktionieren müssen – die Institution Archiv – und zum anderen die auf das Archiv einwirkende Geschichtspolitik. Das Filmdokument allgemein erfasst also sämtliche Formen einer bewussten filmischen Selbstüberlieferung.[15] Nur vordergründig wird dies durch handelnde Subjekte realisiert: Diese treten hinter einer Methodik zurück, die auf Systematik, Repräsentativität und Selbstdistanzierung ausgerichtet ist. Die knappste Form einer Definition könnte also lauten: Filme werden zu Filmdokumenten, wenn sich in ihrer ästhetischen Struktur und in ihren ökonomischen, politischen und sozialen Bedingungen die Logik des Archivs niederschlägt.

15 Ganz ähnlich wird der Begriff auch in pädagogisch-didaktischen Zusammenhängen benutzt, und zwar im Sinne von (Selbst)-Evaluation. Vgl. *Lexikon der Filmbegriffe*: http://filmlexikon.uni-kiel.de/index.php?action=suchen&tag=suchen&uid=1 (Zugriff am 25.03.2013).

Beiträge und Dank

Die Publikation gibt einen Überblick über Inhalte, Formen und Funktionen des Filmdokuments, wie es von der Staatlichen Filmdokumentation verstanden wurde. Im einführenden Beitrag von Anne Barnert „Staatliche Filmdokumentation. Geschichte und Idee einer Filmproduktion für die Zukunft“ werden grundlegende Forschungsergebnisse zur Geschichte und Programmatik der SFD vorgestellt. Da es sich um eine erste Heranführung an die Filmgruppe handelt, liegt der Schwerpunkt auf einer institutionengeschichtlichen Perspektive, innerhalb der auch gesellschaftliche, politische und kulturelle Bedingungen am DDR-Filmarchiv aufgezeigt werden. Basisinformationen zur Staatlichen Filmdokumentation werden ausführlich nachlesbar. Eine Chronologie der drei Phasen zwischen 1970 und 1986 wird herausgearbeitet, Wandlungen und Brüche werden nachgezeichnet. Eine Vielzahl von Filmbeispielen veranschaulicht die Befunde.

Die Grundlage dieser Darstellung bilden Filmanalysen und Zeitzeugengespräche, private Unterlagen ehemaliger Mitarbeiter der Staatlichen Filmdokumentation sowie ausführliche Archivrecherchen. Die SFD-Filme sind am Bundesarchiv-Filmarchiv (Berlin) überliefert. Unterlagen der dem DDR-Filmarchiv übergeordneten Behörde Hauptverwaltung Film im Ministerium für Kultur sind Teil des Bestandes BArch, DR 1 im Bundesarchiv (Berlin). Für die Erforschung der Staatlichen Filmdokumentation ist der dortige Bestand *Staatliches Filmarchiv der DDR* (BArch, DR 140) besonders relevant. Außerdem wurden SED-Überlieferungen (SAPMO-BArch, DY 30) und einzelne Gegenüberlieferungen wie des Ministeriums des Innern (BArch, DO 1) herangezogen. Recherchen beim Beauftragten für die Unterlagen des Staatssicherheitsdienstes der ehemaligen DDR (BStU) ermöglichten es schließlich, auch Einflüsse des Ministeriums für Staatssicherheit auf die SFD nachzuvollziehen.

Der Beitrag von Rolf Aurich, „Historische Quellen produzieren. Eine deutsche Filmtradition“, reflektiert eine übergreifende thematische Linie des Sammelbandes. In transnationalem Blickwinkel setzt er die Staatliche Filmdokumentation in Zusammenhang mit westdeutschen Diskussionen zum Quellenwert des Films wie auch zu den ähnlichen Einrichtungen des Instituts für den Wissenschaftlichen Film in Göttingen (IWF) und der Westberliner Landesbildstelle.

Schon mit den nationalsozialistischen „Ewigkeitswerten" und dem Filmarchiv der Persönlichkeiten 1942 bis 1944 entstanden erste Versuche, dem Filmdokument einen theoretischen Rahmen zu geben und das Medium Film für die gezielte Selbstdokumentation einer Zeit, einer Gesellschaft, eines Staates zu nutzen. Dass der erzählte Bogen dieser Entwicklungslinie mit den ersten deutschen Filmsammlungen in den 1920er Jahren beginnen kann und in der DDR mit der Staatlichen Filmdokumentation enden, zeigt, dass hier eine gesamtdeutsche Filmtradition bestand, die im Kalten Krieg zwar lose wurde, aber nicht abriss.

Mit der Frage des Sammelbandes, ob und wie Film als historische Quelle für die Zukunft bewusst hergestellt werden kann, verbindet sich im Hinblick auf die DDR eine zweite Fragestellung: Welche Rolle spielte der Zukunftsbezug für die Sichtbarkeit und Unsichtbarkeit von Machtverhältnissen? Die für die Zukunft gedachten Filme der Staatlichen Filmdokumentation sollten ein kulturpolitisches Korrektiv sein, das intern doch noch dokumentierte, was Film und Fernsehen nicht erlaubt war zu zeigen. Die Möglichkeiten und Grenzen eines solchen Versuchs, die Schwächen des DDR-Zensursystems noch innerhalb des Systems selbst auszugleichen, zeigt Matthias Braun auf. Von einer literaturwissenschaftlichen Perspektive ausgehend, stellt er in seinem Beitrag „Zensur in Kunst und Kultur der DDR" die allgemeinen kulturpolitischen Bedingungen dar, unter denen Film in der DDR entstand. Offizielle und inoffizielle Strukturen von Zensur und Selbstzensur werden beschrieben wie auch die Einflechtung der Kontrolle in die Institutionen von Kunst und Kultur. Braun weist darauf hin, dass die bekannte Konzentration der DDR-Zensur auf das Wort sich mit einer Vorstellung von dessen „scheinbar visionärer Macht" verknüpfte. Damit ist eben jenes Zukunftsdenken berührt, das auch für die Filmdokumente der Staatlichen Filmdokumentation von Bedeutung war.

Eine fachwissenschaftliche Probe aufs Exempel erfolgt durch den Kirchenhistoriker Axel Noack. In seinem Beitrag „Jenseits der ‚zeitbedingten Vertraulichkeit'? Die Staatliche Filmdokumentation und die *Sonderöffentlichkeit* Kirche"[16] wird der Anspruch der SFD überprüft,

16 Der Begriff *Sonderöffentlichkeit* wurde in Rückgriff auf Stefan Wolles Formulierung gewählt, der von „mehreren Kommunikationskreisläufen" gesprochen hat und insgesamt 7 Formen der DDR-Öffentlichkeit identifizierte – u.a. die „kirchliche

„Lücken" im medialen Selbstbild der DDR zu füllen. Schließlich ist es bei diesem neuen Quellenbestand noch überhaupt nicht gewiss, ob das Programm des Lückenfüllens substantiell einlösbar war. Antworten darauf müssen die jeweiligen Fachwissenschaften geben, die zunächst oft zu klären haben, was in den Filmen zu sehen ist, wer unter welchen Umständen und in welchen Zusammenhängen spricht. Drei SFD-Filme zum Thema *Kirche* stellt Axel Noack in das Umfeld der DDR-Kirchengeschichte der 1980er Jahre. Noack kommt zu dem Ergebnis, dass keiner der drei Filme öffentlich gezeigt worden wäre. Er würdigt sie daher als seltene Quelle, schränkt aber ein, dass sie bei den „heißen Themen" wie Ausreise und Bausoldaten eine offensichtlich nur erweiterte Freiheit zur Andeutung besaßen. Noack stellt vor allem die Notwendigkeit historischen Kontextwissens für die Rezeption dieser Filme heraus. Als Anregung für weitere Forschungen weist er auf Vergleichsmöglichkeiten mit schriftlichen Kirchenüberlieferungen hin, wie auch mit westdeutschen Medienberichten zum Thema. Ein Dokumentenanhang ermöglicht anhand eines Beispiels diese Arbeit des Vergleichens auch dem Leser.

Je nach Blickwinkel stellen sich in der Erinnerung der Zeitzeugen Geschichte, Idee und Bedeutung der Staatlichen Filmdokumentation unterschiedlich dar. Während der sechzehnjährigen Existenz der Filmgruppe trafen unterschiedliche Persönlichkeiten und Charaktere in verschiedenen Funktionen aufeinander. „Wer, wenn nicht wir", lautete das Credo einiger SFD-Mitarbeiter.[17] Wieder andere sahen sie als Dienstleistung an oder unternahmen nur offiziell und inoffiziell abgesicherte Wagnisse. Einige nutzten sie, um anderswo nicht mögliche Filmvorhaben zu realisieren. Allen SFD-Mitarbeitern war aber bewusst, dass sie einen Dokumentationsauftrag hatten, der für andere Filmemacher in der DDR undenkbar war.

Wie der, von außen betrachtet, exotische Auftrag der Staatlichen Filmdokumentation im Alltag interpretiert und genutzt worden ist, veranschaulichen die drei Zeitzeugenberichte von Thomas Heise (Regisseur), Wolfgang Klaue (Direktor des DDR-Filmarchivs) und Monika Reck (SFD-Redakteurin).

Sonderöffentlichkeit". Stefan Wolle: *Die heile Welt der Diktatur. Alltag und Herrschaft in der DDR. 1971–1989*. Bonn: bpb 1999, S. 135–136.

17 Gespräch Monika Reck mit der Autorin (11.11.2012).

Das Interview mit Thomas Heise in diesem Band zeigt, dass Unabhängigkeit auch davon abhing, inwieweit es gelang, die Erscheinungsweisen der Macht – beispielsweise auf der Ebene der Kommunikation – für sich zu nutzen. 1984 und 1985 arbeitete Thomas Heise zusammen mit dem Kameramann Peter Badel als freier Mitarbeiter für die Staatliche Filmdokumentation. Seit 1976 wurde er vom MfS in einem *Operativen Vorgang* bearbeitet, mit der Folge, dass seine Arbeiten die Öffentlichkeit nicht erreichten. Die Staatliche Filmdokumentation entsprach somit seinen ohnehin schon bestehenden Arbeitsbedingungen, die zur gezielten Arbeitsweise wurden: „Filme für die Zukunft" – das ist bei Thomas Heise nicht unbedingt ein Nachteil oder eine Einschränkung, sondern verbindet sich mit dem Kalkül, der Zeitabstand werde die Qualität des Abgebildeten verändern. Mit dem Abstand, so die Erwartung, würden auch Strukturen sichtbar werden: Strukturen der Gewohnheit, der Kommunikation, der Macht.[18]

Wolfgang Klaue, von 1969 bis 1990 Direktor des 1955 gegründeten Staatlichen Filmarchivs der DDR, erinnert sich an die Staatliche Filmdokumentation aus der Perspektive des am Alltag der Filmgruppe nicht unmittelbar beteiligten Vorgesetzten. Wolfgang Klaue schildert, wie das „Schattendasein" dieser Abteilung zugleich auch ein „ein hohes Maß an Selbständigkeit und Autonomie" erlaubte. Mit der Staatlichen Filmdokumentation seien Spielräume „auf der Grenze des Erlaubten" getestet worden. Bei seinem Blick auf die SFD ‚von oben' bleiben manche Aspekte auch unberücksichtigt. Nach Wolfgang Klaue scheiterte die Filmgruppe als Abteilung des Filmarchivs vor allem an sich selbst, an individuellem Unvermögen und Selbstzensur. Die systematische Zensur bleibt ebenso ausgeblendet wie die differenzierten, äußerst wirkungsvollen Eingriffe durch Staat, Partei und MfS. In der Aktenüberlieferung haben sie jedoch Spuren hinterlassen, die zudem zeigen, dass die Staatliche Filmdokumentation weniger durch Gegenbegriffe wie *geheim / öffentlich* oder *verboten / erlaubt* zu fassen ist als durch ihre bewusst vage gehaltene Position in einem Bereich dazwischen.

Monika Reck, Redakteurin der Staatlichen Filmdokumentation von 1978 bis 1984, ist in ihren Erinnerungen eine dichte und konzentrierte Beschreibung des Alltags in der SFD gelungen. Sie schildert ihren

18 Gespräch Thomas Heise mit der Autorin (30.08.2013).

Beginn während der *Berlin-Totale* unter Karl-Heinz Wegner, der sie damit beauftragte, am Konzept der Staatlichen Filmdokumentation und an der Form des Filmdokuments zu arbeiten. Es entstanden Monika Recks *Thesen zum Filmdokument*, die in der Phase *Sozialistische Lebensweisen* allerdings nicht mehr umgesetzt wurden. Monika Reck gibt ihre damaligen Überlegungen zu Problemen und Widersprüchen wieder, die ihr auffielen. Ihr eigener sozialdokumentarischer Ansatz als Redakteurin ist an Filmproduktionen wie *Hauswirtschaftspflege* (1981) oder *VEB Elektrokohle Berlin* (1984) sichtbar. Im Durchgang durch diese und andere Filme entsteht ein Bild der allgemeinen Entwicklung der SFD in diesen Jahren.

Ein Anhang zur Publikation gibt abschließend einen Überblick zu wichtigen Daten der Staatlichen Filmdokumentation. Für eine erste Orientierung ist vor allem die chronologische Filmographie nützlich. SFD-Filme – die ursprünglich überwiegend schwarz-weiß vorlagen, im 16mm-Format, zweistreifig Bild und Ton getrennt, nun aber großenteils digitalisiert sind – waren bislang nur vor Ort am Bundesarchiv-Filmarchiv vollständig recherchierbar. Für die Publikation sind die SFD-Titel nun weitgehend durch Filmsichtungen überprüft und mit anderen Quellen abgeglichen worden. Die SFD-Produktion ist dadurch erstmals mit korrigierten Redaktions-, Jahres- und Titelangaben nachschlagbar. Aufgenommen wurden zudem Tondokumente sowie Filme, die in bisherigen SFD-Verzeichnissen nicht enthalten sind. Dieses nun vorliegende Gesamtverzeichnis zur SFD-Filmproduktion wird im Anhang ergänzt durch eine Bibliographie sowie durch ein Verzeichnis der SFD-Mitarbeiter. Filmographie sowie Mitarbeiterliste wurden mit einer Registerfunktion versehen und erleichtern damit zusätzlich den Einstieg in das Thema.

Die vorliegende Publikation geht auf ein Forschungsprojekt des Instituts für Zeitgeschichte (Berlin) in den Jahren 2012/2013 zurück. In Kooperation mit dem Bundesarchiv-Filmarchiv und mit Unterstützung der Bundesstiftung zur Aufarbeitung der SED-Diktatur konnte ein Großteil der SFD-Filme restauriert, digitalisiert und der Nutzung zugänglich gemacht werden. Erste Forschungsergebnisse wurden im November 2013 während eines zweitägigen Kolloquiums des Instituts für Zeitgeschichte vorgestellt.[19] Dass nun zum

19 Kolloquiumstitel: *Offene Geheimnisse. Die Staatliche Filmdokumentation des DDR-Filmarchivs (1970–1986)*, Institut für Zeitgeschichte (Berlin), 14.11.2013–15.11.2013. Die

ersten Mal eine Gesamtsicht auf Geschichte und Konzeption der Staatlichen Filmdokumentation an die Hand gegeben werden kann, ist der großzügigen Förderung der Bundesstiftung zur Aufarbeitung der SED-Diktatur zu verdanken und hier besonders Ulrich Mählerts frühem Interesse am SFD-Filmbestand. Hermann Wentker, Leiter der Forschungsabteilung Berlin des Instituts für Zeitgeschichte, möchte ich für seine stetige Unterstützung des Forschungsprojekts danken, ebenso dem Bundesarchiv als Kooperationspartner: Durch die Unterstützung von Karl Griep, Karin Kühn, Martina Werth-Mühl, Tim Storch und vieler weiterer Mitarbeiter im Bundesarchiv kann der Bestand Staatliche Filmdokumentation nun auf breiter Quellengrundlage vorgestellt werden. Für ihre große Geduld danke ich den Mitarbeitern des BStU, die meine Anfragen immer wieder recherchiert haben. Eine unverzichtbare Mitarbeiterin als wissenschaftliche Hilfskraft im Projekt war Sylvia Nagel, ihr sei an dieser Stelle besonders gedankt. Die Fritz Thyssen Stiftung förderte ein Vorprojekt, dessen Ergebnisse in den Band mit eingeflossen sind. Auch hierfür möchte ich mich an dieser Stelle bedanken. Ohne die Druckkostenzuschüsse der Geschwister Boehringer Ingelheim Stiftung für Geisteswissenschaften und der FONTE Stiftung zur Förderung des geisteswissenschaftlichen Nachwuchses hätte dieses Buch schließlich nicht gedruckt werden können.

Zu Dank verpflichtet bin ich nicht zuletzt einer großen Zahl von Zeitzeugen für ihre Gesprächsbereitschaft. Diese Gespräche gehörten zum eindrücklichsten Teil des Forschungsprojekts. Besonders hervorheben möchte ich Monika Reck, die mir für das Buch ihre umfangreichen Unterlagen und Fotografien zur Verfügung stellte. Angela Glaß gewährte mir Einsicht in den Nachlass ihres Mannes und schloss damit einige wichtige Lücken im Bestand des ehemaligen Staatlichen Filmarchivs. Dieter Harms und Martina Liebnitz möchte ich für ihre Bereitschaft danken, mir zu vielen Fragen Auskunft zu geben. Hans Wintgen und Thomas Heise verdanke ich Antworten wie auch neue Fragen.[20]

Beiträge in diesem Sammelband stellen großenteils erweiterte Fassungen der Vorträge dar.

20 Zeitzeugengespräche wurden geführt mit Peter Badel, Gerd Barz, Peter und Angela Glaß, Dieter Harms, Thomas Heise, Wolfgang Klaue, Peter Konlechner, Martina Liebnitz, Sybille Ploog, Monika Reck, Steffen Sebastian, Hans Wintgen.

Ursprünglich lag den Filmen der Staatlichen Filmdokumentation die Vorstellung einer linearen Geschichtsentwicklung zu Grunde. Sie gab damit Hoffnungen, Träume und Ängste einer Generation wieder, die glaubte, für uns Zukünftige die Welt verändern zu müssen. Nicht nur die Zäsur 1989/1990 hat diese Filme in eine andere, uns fremder werdende Welt versetzt. Die Auseinandersetzung mit der Staatlichen Filmdokumentation bedeutet daher die Konfrontation mit biographischen, gesellschaftlichen, politischen, auch ästhetischen Brüchen. Es ist die Begegnung mit einem Material, das hergestellt wurde, um heute wirksam zu sein, eine Begegnung mit etwas noch nicht Abgeschlossenem.

Phasen – Filmanalysen – Quellenkritik

Staatliche Filmdokumentation

Geschichte und Idee einer Filmproduktion für die Zukunft

Anne Barnert

Die Staatliche Filmdokumentation (SFD) war eine Produktionsgruppe mit ungewöhnlicher Ausnahme- und Sonderstellung im Film der DDR: Sie gehörte keinem der bekannten Filmstudios an, sie war die Abteilung eines Archivs und ihre Filme waren für die Verwendung erst in unbestimmter Zukunft gedacht. SFD-Filme wurden produziert und im Anschluss sofort archiviert. Im Jahr 1970 hatte die Hauptverwaltung Film im Kulturministerium der DDR die Gründung dieser Filmgruppe am Staatlichen Filmarchiv (SFA) beschlossen. Aufgabe der SFD sollte es sein, späteren Generationen eine umfassende Selbstdokumentation des sozialistischen Staates zu überliefern. Nicht Unterhaltung und Agitation waren das Ziel, sondern möglichst umfassende Information kommender Generationen zur Geschichte der DDR. Später sollten Wissenschaftler und Pädagogen hier Anschauungs- und Quellenmaterial vorfinden, Filmemacher Ausgangsmaterial für ihre Produktionen.

Etwa 300 dokumentarische Filme entstanden zwischen 1970 und 1986, die nie die Öffentlichkeit der DDR erreichten. Der Platz der Staatlichen Filmdokumentation befand sich in einem Graubereich zwischen *geheim* und *halb-öffentlich* – in einem Zwischenbereich, der interne Verwendungen durch Funktionäre hin und wieder einschloss, auch Verkäufe von Filmausschnitten ins Ausland kamen in einigen Fällen vor. Der DDR-Öffentlichkeit aber blieben sie entzogen: Es war weder möglich, aussagekräftige Informationen über Filme der Staatlichen Filmdokumentation zu erlangen, noch sie zu sichten oder gar auszuleihen. Bis 1989 waren sie als Sperr- und Verbotsmaterialien des Staatlichen Filmarchivs unzugänglich archiviert. Diese paradox erscheinende Konstellation – etwas herzustellen und es dann nicht zu nutzen – war die existentielle Voraussetzung der Staatlichen Filmdokumentation.

Der Grund für diese Verborgenheit lag in den politischen Freiräumen der Staatlichen Filmdokumentation. Da es ihr Auftrag war, Staat und Gesellschaft für später vollständig, systematisch und objektiv abzubilden, wurde die SFD zu einem Korrektiv des offiziellen DDR-Selbstbildes in den öffentlichen Medien. Während Kino und Fernsehen die DDR gerade nicht vollständig, systematisch und objektiv zeigen sollten und unter dem Primat der ‚Parteilichkeit' standen, war der SFD auch die Dokumentation solcher Themen aufgetragen, die öffentlich nicht erscheinen durften. Umgangssprachlich, aber auch in offiziellen Dokumenten wurde dies als das „Lückenfüllen" der Staatlichen Filmdokumentation bezeichnet. Sie erfüllte damit auch den Zweck, mit ihrer Dokumentation sogenannter „Themen der zeitbedingten Vertraulichkeit" die unerwünschten Begleiterscheinungen der Filmzensur in der DDR abzumildern.

Viele, höchst unterschiedliche Hoffnungen hefteten sich an die Staatliche Filmdokumentation. Hoffnungen, denen diese kleine, etwa zehn Mitarbeiter umfassende Produktionsgruppe am Berliner Rosenthaler Platz in drei verschiedenen Phasen gerecht zu werden versuchte: in der *Universalen Dokumentation* (1972–1977), in der *Berlin-Totale* (1978–1980) und in der Phase *Sozialistische Lebensweisen* (1981–1985). Die Geschichte der SFD, die im Folgenden dargestellt wird, schildert daher keine allmähliche und kontinuierliche Herausbildung einer Institution. Im Gegenteil, die Staatliche Filmdokumentation wurde während ihrer nahezu 16-jährigen Existenz in drei Versuchen jeweils völlig neu erfunden.

Das Sprechen über „Lücken" besaß in der von Informationsknappheit geprägten DDR eine hohe Signalwirkung. Die Unvollständigkeit des öffentlich zugänglichen Wissens forderte geradezu dazu auf, den Auftrag der Staatlichen Filmdokumentation mit Blick auf die vorenthaltenen Informationen zu verstehen. Schon in ihren ersten Konzeptionen ist das Ziel enthalten, in der DDR-Öffentlichkeit gegenwärtig *noch nicht* Sagbares zumindest für später aufzubewahren. „Lückenfüllen" erwies sich jedoch als ein Auftrag, der in verschiedene

Richtungen ausdeutbar war: Weit über das politisch gewollte Maß hinaus war die Rede vom „Lückenfüllen“ durch eine starke Tendenz zur Verselbständigung gekennzeichnet. Die Möglichkeiten reichten von der Hoffnung auf die künftige Liberalisierung der DDR bis hin zu dem Ziel, die gegebenen Freiräume für die Thematisierung von Tabus zu nutzen. Dies war die eine Sicht auf die Staatliche Filmdokumentation.

Daneben existierte immer auch eine zweite Sicht. In dieser sollte die SFD nur ergänzen, was aus Organisations- und Planungsgründen im Tagesgeschäft der DDR-Medien zu kurz gekommen war. Hier sollte nicht das Tabu festgehalten werden, sondern das *Typische* – eine zentrale Kategorie des Sozialistischen Realismus. In dieser Auffassung war der Blick auf eine geradlinige Entwicklung hin zu einer kommenden, utopischen Gesellschaft ausgerichtet. Die Dokumentation des *Typischen* bildete die Brücke dorthin – als „wahrheitsgetreue Verallgemeinerung“ des Gegenwärtigen, in dem sich das Zukünftige jetzt schon zeigte.[1] Der „Wahrheitsgehalt“[2] dieser Verallgemeinerungen stammte aus der Ideologie. Solange deren Überzeugungs- und Legitimationskraft hoch blieb, war es für die SFD auch denkbar, im Kritikwürdigen das sich gesetzmäßig stets Verbessernde zu sehen und es für interne Zwecke aufzuzeichnen. Der spätere Zuschauer würde auf eine Dokumentation der ‚schweren Anfangsjahre‘ zurückblicken können – mit all ihren Leistungen und Entbehrungen, Misserfolgen und Rückschlägen, die dann längst überwunden sein würden. SFD-Filme bildeten hier ein Reservoir für spätere Propaganda.

Diese doppelte Auffassung der Staatlichen Filmdokumentation wurde in ihrem Widerspruch kaum je thematisiert. Sie führte die Filmgruppe allerdings in eine Reihe von Zerreißproben und mehrfach an den Rand ihrer Existenz. Als Mitte der 1980er Jahre in der DDR-Gesellschaft Forderungen immer stärker artikuliert wurden, die *blinden Flecken* in der öffentlichen Kommunikation zu füllen, als Glasnost und Perestroika in der Sowjetunion einsetzten, kippte das problematische Gleichgewicht der Staatlichen Filmdokumentation. Im Jahr 1986 kam ihr vorzeitiges Ende. Welche Spielräume es bis dahin innerhalb der beiden widersprüchlichen Auffassungen der SFD

1 Vgl. Typisches. In: *Kulturpolitisches Wörterbuch*, hrsg. v. Manfred Berger / Helmut Hanke et al. Berlin: Dietz 1978, S. 683–688, hier S. 684.

2 Ebd.

auszutesten, welche Spannungen und Ungewissheiten es zu ertragen galt, blieb den inneren und äußeren Dispositionen der Beteiligten überlassen. Diese waren beeinflusst von den gesellschaftlichen und politischen Umständen, von Zwang und Kontrolle, auch von den allgemeinen Umständen der Zeit, welche Denkweisen und Denkmotive prägte und vieles nur so und nicht anders sehen lassen konnte.

So betrachtet, sind die Filme der Staatlichen Filmdokumentation heute eben das, was sie sein wollten: Dokumente ihrer Zeit, denen es oft gelingt, einen anderen Blick als den gewohnten auf die DDR der 1970er und 1980er Jahre zu werfen. Selten erreichten sie dies auf dem Weg der künstlerischen oder wissenschaftlichen Verdichtung, oft mittels einer schlichten Registrierung dessen, was vorgefunden wurde, was *da war*. In diesem Sinne sind sie Filme, denen spektakuläre Beobachtungen oder künstlerische und wissenschaftliche Verfahren eher unterliefen, als dass sie konzipiert waren. Die Hoffnung lag stets auf dem Material selbst. Gerade dadurch aber vermitteln die Produktionen der Staatlichen Filmdokumentation heute ungewöhnliche, nur wenig verstellte Einblicke in das soziale, kulturelle, wirtschaftliche und politische Leben der DDR. Das Material zum Sprechen zu bringen, liegt beim heutigen Rezipienten. Für denjenigen aber, der sich SFD-Filmen mit eigenen Fragen nähert, sind sie hervorragende Quellen – als filmische Archivalien, die eigenes Blättern, Suchen und Kombinieren erfordern.[3]

3 Vgl. die in diesem Band erstmals vorgelegte, überwiegend aufgrund von Filmsichtung korrigierte SFD-Filmographie, S. 303–318. – SFD-Filme können – soweit benutzbar – in der Online-Datenbank des Bundesarchiv-Filmarchivs (BAFA) recherchiert werden: http://www.bundesarchiv.de/benutzungsmedien/filme. – Zur SFD in der bisherigen Forschungsliteratur vgl. die im Anhang aufgeführten Publikationen. Hier seien genannt: Bundesarchiv-Filmarchiv (Hrsg.): *Filmobibliografischer Jahresbericht*. Berlin: Hochschule für Film und Fernsehen „Konrad Wolf" / Staatliches Filmarchiv 1973–1986; Günter Jordan: *Film in der DDR. Daten, Fakten, Strukturen*. Potsdam: Filmmuseum Potsdam 2009, S. 203–205 (Eintrag „Filmdokumentation"). Ein Zwischenbericht zum SFD-Kooperationsprojekt des Instituts für Zeitgeschichte (Berlin) mit dem BAFA findet sich in Babette Heusterberg: „Gebt mir das, was am wenigsten geschätzt war im ganzen Filmwesen …". Der Bestand Staatliche Filmdokumentation der DDR im Bundesarchiv. In: *Filmblatt* 17,50 (2012/2013), S. 87–89. Für eine erste SFD-Bestandsbeschreibung siehe Anne Barnert: Personen, Großstadt, blinde Flecken. Der Bestand *Staatliche Filmdokumentation* der DDR. In: *Vierteljahrshefte für Zeitgeschichte* 63,1 (2015), S. 93–107. – Zeitzeugenberichte siehe SFD-Bibliographie, S. 322.

Abb. 1: Die Räume der Staatlichen Filmdokumentation befanden sich, abgetrennt von den übrigen Abteilungen des DDR-Filmarchivs, am Berliner Rosenthaler Platz, Nr. 72 a, in der obersten Etage. Außerdem gab es noch die sogenannte *Vorführung*, gleich nebenan in der Wilhelm-Pieck-Straße.

1. SFD-Vorgeschichte (1942–1969) und Gründung unter Bernhard Musall (1970/1971)

Vorbilder und Vorläufer

Als die Staatliche Filmdokumentation zum 1. August 1970 ihre Arbeit aufnahm, geschah dies nicht voraussetzungslos. Schon in den Jahrzehnten zuvor hatte es immer wieder Versuche gegeben, eine von der Medienberichterstattung unabhängige, umfassende und systematische Filmdokumentation als zeitgeschichtliche Quelle für zukünftige Nutzer zu schaffen. SFD-Ideengeber in diesem Sinne waren Bestände im Reichsfilmarchiv (RFA) der Jahre 1942–1944 (Filmarchiv der Persönlichkeiten) sowie Einrichtungen des DEFA-Studios für Wochenschau und Dokumentarfilme (seit 1949 mit einem Filmarchiv für Regierungsaufnahmen und seit 1965 mit einer Filmothek). Einfluss auf Arbeitsmethodik, Themen und Konzeption übten auch internationale Vorbilder aus – insbesondere die sowjetische Kino-Letopis (Кинолетопись, dt. Kino-Chronik) sowie das Göttinger Institut für den Wissenschaftlichen Film (IWF) und die Westberliner Landesbildstelle unter Fritz Terveen. Als 1971 die im Vorjahr gegründete Staatliche Filmdokumentation mit der Filmgruppe der Akademie für marxistisch-leninistische Organisationswissenschaft (AMLO) zusammengeschlossen wurde, kamen kybernetisch inspirierte Verständnisweisen staatlicher Selbstdokumentation hinzu. All diese Vorläufer und Vorbilder vermittelten der Staatlichen Filmdokumentation Anregungen und Motivationen.

Die frühesten Ideengeber für die Gründung einer Staatlichen Filmdokumentation entstammen dem einstigen Reichsfilmarchiv. Der Gedanke, sich als Staat und Gesellschaft für spätere Generationen dokumentieren zu wollen, hatte 1942 bis 1944 zu einer gezielten filmischen Überlieferungsbildung durch das Filmarchiv der Persönlichkeiten geführt. Bereits dort findet sich das Selbstverständnis einer zum Zweck der historischen Selbstdarstellung geschaffenen Quelle mit wissenschaftlichem Anspruch.[4] Die unter Gerhard Jeschke entstandene Reihe überwiegend von Personendokumenten enthält

4 Marianne Schulz: *Das Filmarchiv der Persönlichkeiten im Staatlichen Filmarchiv der DDR. Auswertung und Erschließung eines ungewöhnlichen Filmbestandes faschistischer Provenienz*. Potsdam: Fachschule für Archivwesen 1980, S. 5. – Einige Ausschnitte wurden in der *Deutschen Wochenschau* verwendet.

biographische Selbstaussagen von Forschern und Erfindern, Kampf- und Jagdfliegern, Auto- und Flugzeugkonstrukteuren, Schriftstellern, Künstlern, Medizinern, einer Reihe von Militärs, Rassentheoretikern etc. – und ist bisher ebenfalls kaum erforscht.[5] In der DDR war die Existenz dieses Bestandes bekannt, da er großenteils in die Bestände des SFA übergegangen war.

Schon in den ersten Jahren des DDR-Filmarchivs wurden zudem die RFA-Filmmaterialien *Asien in Mitteleuropa* (1942) aufgefunden, gedreht 1941/1942 im Warschauer Ghetto. Diese und andere ähnlich verfasste Filmmaterialien über die Deportation von Juden in polnische Ghettos waren produziert worden, um ein Repertoire an Bildmaterial für zukünftige Propaganda zu schaffen. Das Element der verzerrenden Inszenierung ist hier ungleich ausgeprägter. Auch für dieses antisemitische Propagandamaterial ist der Gedanke einer staatlichen Selbstdokumentation für die Zukunft beschrieben worden:[6] Ihr Zweck war es – nach den Erinnerungen des Reichsfilmdramaturgen Fritz Hippler – den Aufbau der NS-Gesellschaft zu überliefern und der „späteren Erziehung" künftiger Generationen zu dienen.[7] An solche Parallelen lassen sich grundsätzliche Überlegungen anknüpfen, aus welchen Gründen Staaten überhaupt das Bedürfnis entwickeln können, sich für die Zukunft selbst zu dokumentieren.

Das Filmarchiv der Persönlichkeiten aus dem Reichsfilmarchiv brachte im Jahr 1960 der damalige Direktor des DDR-Filmarchivs, Herbert Volkmann, der übergeordneten Behörde Vereinigung Volkseigener Betriebe Film (VVB Film) zur Kenntnis:

> Es ist für uns sehr schmerzlich, dass sehr verdiente und bedeutende Persönlichkeiten sterben und von ihnen nichts anderes erhalten bleibt im Film als bestenfalls eine Wochenschauaufnahme gelegentlich der Einweihung von irgend einer Institution, auf der sie mit einem offiziellen Lächeln ohne selbst handelnd in Erscheinung zu treten, für die Nachwelt aufbewahrt werden. Mein Vorschlag zielt lediglich darauf ab, diese Lücke zu schließen, damit wir nicht wie im Falle von Professor Duncker, Bert Brecht oder Friedrich Wolf nach ihrem

5 Vgl. Rolf Aurich in diesem Band, S. 159–192.

6 Anja Horstmann: „Judenaufnahmen fürs Archiv". Das dokumentarische Filmmaterial *Asien in Mitteleuropa*, 1942. In: *Medaon. Magazin für Jüdisches Leben in Forschung und Bildung* 4 (2009). http://www.medaon.de/suchen.html?q=Judenaufnahmen+f%C3%BCrs+Archiv&search=Suche+starten (Zugriff am 12.09.2012).

7 Fritz Hippler: *Die Verstrickung. Auch ein Filmbuch… Einstellungen und Rückblenden.* Düsseldorf: Mehr Wissen 1981, S. 187. Nach Hinweis von Anja Horstmann, ebd.

> Tode schmerzlich feststellen müssen, dass wir eine wirklich eindrucksvolle Dokumentation von ihnen nicht mehr besitzen. Im Archiv befindet sich ein Sonderarchiv von Aufnahmen mit bestimmten Persönlichkeiten. Diese Aufnahmen wurden in der Nazizeit hergestellt. Sie betreffen in erster Linie natürlich die höheren Nazifunktionäre, darüber hinaus aber auch Wissenschaftler und Künstler wie z. B. Max Planck und Heinrich George.[8]

Diese Begründung Herbert Volkmanns für eine staatliche Filmdokumentation war ein in der DDR ungewöhnlicher historischer Rückbezug. Noch Peter Glaß, späterer Leiter der SFD 1981–1985, bestätigte jedoch den Einfluss des Filmarchivs der Persönlichkeiten auf die SFD.[9]

Internationale Vorbilder hatten ebenfalls Einfluss auf die Planung, Konzeption und Produktion der Staatlichen Filmdokumentation.[10] Als Vorbild dessen, was in der DDR als „Lückenfüllen" verstanden werden sollte, galten zunächst die Dokumentarfilm-Produktionen anderer sozialistischer Staaten. Diese Vorbilder wurden später in einer ganzen Reihe von frühen SFD-Filmaufnahmen über osteuropäische Filmemacher sichtbar, wie Roman Karmen (1971), Jerzy Bossak (1971), Valentin Romanowitsch Erweis / Wolodja Tomin (1972) oder in zwei Filmdokumenten mit Elisabetha Wertowa-Swilowa, der Witwe Dsiga Wertows (1973).

Durch die Mitgliedschaft des Staatlichen Filmarchivs der DDR in der Fédération Internationale des Archives du Film (FIAF) konnte ein Austausch auch über die sozialistische Filmwelt hinaus stattfinden. Der ehemalige Direktor des österreichischen Filmmuseums Peter Konlechner, der mit dem DDR-Filmarchiv in Kontakt stand, erinnert sich, dass unter den Mitgliedern der FIAF filmische Selbstdokumentationen für die Zukunft ein breites Thema waren und in den 1960er

8 Im Brief wird als zusätzliches Argument auf die Kino-Letopis der UdSSR verwiesen. Herbert Volkmann/SFA an Ernst Hoffmann/Hauptdirektor/VVB Film: *Archivaufnahmen von Persönlichkeiten und Einrichtungen*, 04.07.1960. Bundesarchiv Berlin (BArch), DR 1/4324. – Die VVB Film (1958–1962) war Vorgängerin der HV Film im MfK.

9 Gespräch Peter Glaß mit der Autorin (22./23.11.2012). Auch Wolfgang Klaue, Direktor des SFA 1969–1990, erinnerte sich im Gespräch mit der Autorin (10.08.2012), dass das Filmarchiv der Persönlichkeiten für die SFD „Pate gestanden" habe.

10 So werden ähnliche Einrichtungen in den USA, Kanada, Großbritannien oder Schweden genannt, vor allem aber staatliche Dokumentationsstellen in Rumänien, Bulgarien, Ungarn und Jugoslawien.

Abb. 2: SFD-Filmdokument *Roman Karmen. Sowjetischer Filmdokumentarist (geb. 29.11.1906 in Odessa)* (1971, R: Dieter Harms) – Ukrainischer Regisseur und Kameramann, 1945 als Frontkameramann in Berlin, gest. 1978 in Moskau.

und 1970er Jahren „en vogue".[11] Der Direktor des DDR-Filmarchivs ab 1969, Wolfgang Klaue, unterhielt zudem Verbindungen zu verschiedenen westdeutschen Filminstitutionen (insbesondere zum Deutschen Institut für Filmkunde in Wiesbaden). Das Ministerium für Staatssicherheit (MfS) erhielt im Jahr 1970 über diese Kontakte „operative Hinweise" und warb Wolfgang Klaue für die inoffizielle Mitarbeit.[12] Das besondere Interesse des MfS für die westdeutschen Bemühungen, ein zentrales Filmarchiv zu gründen, stand offenbar im Zusammenhang mit DDR-Plänen für eine Zentrale Film- und Fernsehdokumentensammlung. Als deren Vorstufe und Kern wurde die Staatliche Filmdokumentation geplant. Entsprechend wandte sich das Interesse auf das seit 1956 in Göttingen bestehende Institut für den Wissenschaftlichen Film (IWF), später auch auf die Landesbildstelle in Westberlin.

Die Quellenbestände zeigen, dass die Planungen zur Staatlichen Filmdokumentation sich an westdeutschen Diskussionen zum Film als historischer Quelle orientierten. Gilt diese Ausrichtung in der ersten Hälfte der 1970er Jahre besonders für die Personenporträts des IWF,[13] so ist für die Phase der *Berlin-Totale* (1978–1980) eine Orientierung an der Arbeit der Landesbildstelle Westberlins zu bemerken. Publikationen aus beiden Institutionen, nacheinander geleitet von dem Historiker Fritz Terveen, gelangten in das Staatliche Filmarchiv der DDR und wurden dort intensiv rezipiert.

Die Diskussionen zum Quellenwert des Films am Institut für den Wissenschaftlichen Film standen im engen Austausch mit der Göttinger Geschichtswissenschaft um Percy Ernst Schramm und bezogen

11 Gespräch Peter Konlechner, Direktor des Filmmuseums Österreich 1964–2001, mit der Autorin (05.06.2014).

12 HA XX/7: *Aktenvermerk*, 17.03.1970, S. 43. Behörde des Beauftragten für die Unterlagen des Staatssicherheitsdienstes der ehemaligen DDR (BStU), MfS, HA XX/AP 02130/92. Vgl. insbesondere auch den *Auskunftsbericht* der HA XX/7 (14.01.1974) mit dem Vermerk zu Wolfgang Klaue: „positiv erfasst für HVA, II/2" (S. 11) sowie das Ergebnis der MfS-internen Überprüfung Wolfgang Klaues (11.04.1980): „laut F 10-Überprüfung vom 20.2.80, Kontroll-Nr. F 523477, für Ihre DE, Mitarbeiter 326, erfasst" (HA XX/7 an Hauptverwaltung A, Abteilung 2, S. 63). BStU, MfS, HA XX/AP 02130/92. – Vgl. S. 151.

13 So erscheint in der gesamten Akte BArch, DR 140/582 ein IWF-Film über Karl Jaspers als exemplarisches und vorbildhaftes Filmdokument. Verschiedenen konzeptionellen Unterlagen wird hier als Anhang eine Abschrift des Filmtextes zur Illustration des eigenen Vorhabens beigefügt.

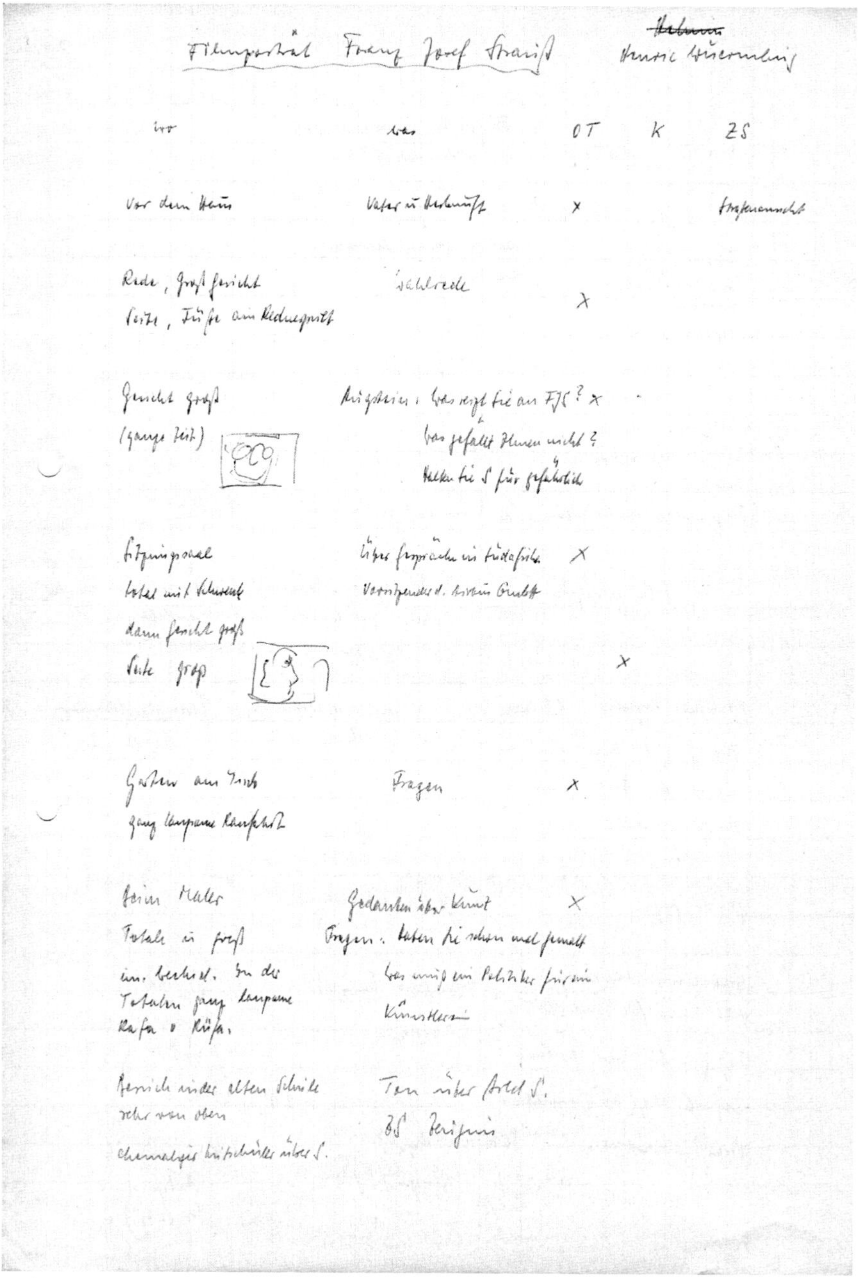

~~Helmut~~ Henric Wuermeling

Filmporträt Franz Josef Strauß

wo	was	OT	K	ZS
Vor dem Haus	Vater u. Herkunft	x		Fragenmensch
Rede, groß Gesicht Seite, Füße am Rednerpult	Wahlrede	x		
Gesicht groß (ganze Zeit)	Augsburger: was regt Sie an FJS? was gefällt Ihnen nicht? halten Sie S. für gefährlich	x		
Sitzungssaal total mit Schwenk dann Gesicht groß Seite groß	über Gespräche in Südafrika Vorsitzender d. Arbeits Gruppe	x	x	
Garten am Tisch ganz langsame Ranfahrt	Fragen	x		
beim Maler Totale u. groß im Wechsel. In der Totalen ganz langsame Ranfa. u. Rückfa.	Gedanken über Kunst Fragen: haben Sie schon mal gemalt was muß ein Politiker für ein Künstler sein	x		
Bereich in der alten Schule sehr von oben ehemaliger Mitschüler über S.	Ton über Bild S. FJS Zeugnis			

Abb. 3: Vorbild aus Westdeutschland. Filmanalyse der Staatlichen Filmdokumentation zum Filmporträt *Franz Josef Strauß* von Henric L. Wuermeling (1975).

bildwissenschaftliche Debatten aus den 1930er und 1940er Jahren ein.[14] IWF-Leiter Fritz Terveen ist später für seine Auffassung kritisiert worden, weder Spielfilm noch künstlerische Formen des Dokumentarfilms seien als historisches Zeugnis geeignet.[15] Gerade eine solche, strikte Abgrenzung vom künstlerischen Dokumentarfilm wurde jedoch für die Staatliche Filmdokumentation maßgeblich. Auch in ihrer Entscheidung gegen den DEFA-Begriff des *Filmberichts* und für den archivarisch-wissenschaftlichen Terminus *Filmdokument* drückte sich eine Nähe zu den Göttingern aus, bei denen der Begriff Filmdokument ebenfalls gängig war.

Wichtigste offizielle Gewähr für die Richtigkeit einer Staatlichen Filmdokumentation in der DDR war die sowjetische Kino-Letopis. Dieses in der UdSSR seit Ende der 1930er Jahre bestehende Pendant stellte *Chroniken* zur Dokumentation des Aufbaus der Sowjetunion her. Ein *Izvestija*-Beitrag Konstantin Simonows vom Juli 1971, in dem dieser ein langes und enthusiastisches Plädoyer für die *Kino-Chroniken* gehalten hatte, wurde zu einem der wesentlichen Rückversicherungstexte der SFD-Gründer.[16] Unter Kino-Letopis verstand man in der Sowjetunion regelmäßig aufgenommene Filme, die Besonderheiten von Zeiten, Orten und Ereignissen zum Zweck der Verwendung in zukünftigen Filmen festhielten.[17] Die zurückhaltende dramaturgische Gestaltung der *Chroniken* berücksichtigte deren variable Einsetzbarkeit in zukünftigen Filmen. Für die *Kino-Chroniken* arbeitete eine eigene Produktionsgruppe am Moskauer Zentralstudio für Dokumentarfilme. Aufnahmen wurden dort unmittelbar nach ihrer Herstellung dem Filmarchiv des sowjetischen Innenministeriums zur Einlagerung übergeben.

Ende der 1950er Jahre sandten sowohl das DEFA-Studio für Wochenschau und Dokumentarfilme als auch das Staatliche Filmarchiv der DDR Mitarbeiter nach Moskau, um die *Kino-Chroniken* zu studieren.

14 Vgl. Fritz Terveen: Der Film als historisches Dokument. Grenzen und Möglichkeiten. In: *Vierteljahrshefte für Zeitgeschichte* 3,1 (1955), S. 57–66. Für den Hinweis auf Fritz Terveen danke ich Rolf Aurich.

15 Ebd., S. 61.

16 Konstantin Simonow: Über die Vergangenheit für die Zukunft. Von einer Sache, die man nicht aufschieben darf. In: *Izvestija*, 31.07.1971, S. 2. Für die Übersetzung des Beitrages danke ich Sylvia Nagel.

17 Кинолетопись / Kinoletopis. http://dic.academic.ru/dic.nsf/fin_enc/23772 (Zugriff am 18.02.2013). Für Recherche und Übersetzung danke ich Sylvia Nagel.

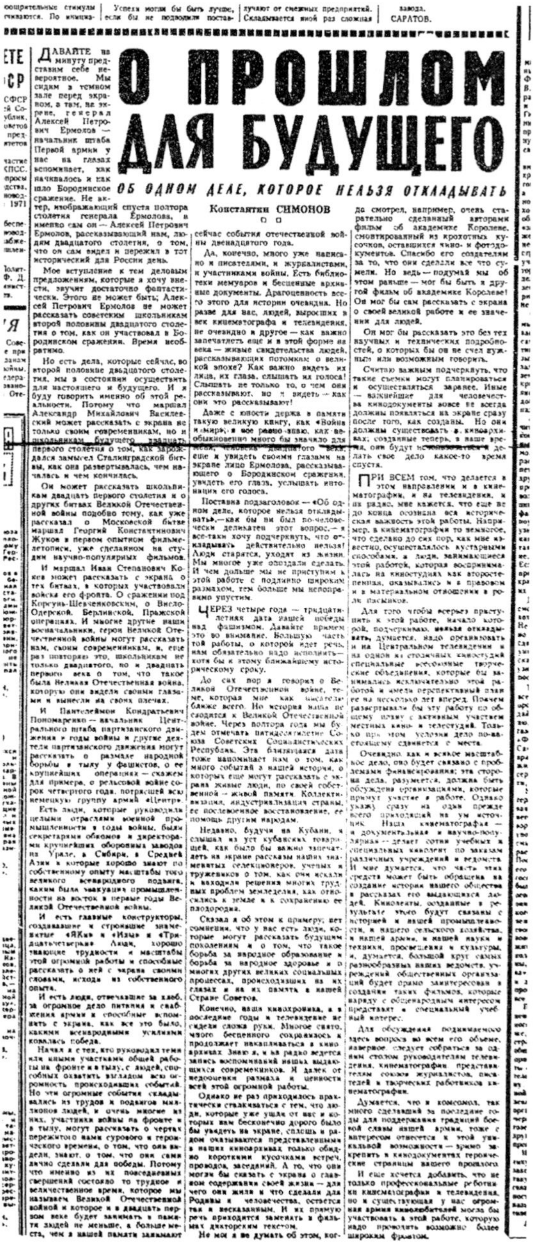

О ПРОШЛОМ ДЛЯ БУДУЩЕГО

ОБ ОДНОМ ДЕЛЕ, КОТОРОЕ НЕЛЬЗЯ ОТКЛАДЫВАТЬ

Константин СИМОНОВ

ДАВАЙТЕ на минуту представим себе невероятное. Мы сидим в темном зале перед экраном, а там, на экране, генерал Алексей Петрович Ермолов — начальник штаба Первой армии у нас на глазах вспоминает, как начиналось и как шло Бородинское сражение. Не актер, изображающий спустя полтора столетия генерала Ермолова, а именно сам он — Алексей Петрович Ермолов, рассказывающий нам, людям двадцатого столетия, о том, что он сам видел и пережил в тот исторический для России день.

Мое вступление к тем деловым предложениям, которые я хочу внести, звучит достаточно фантастически. Этого не может быть; Алексей Петрович Ермолов не может рассказать советским школьникам второй половины двадцатого столетия о том, как он участвовал в Бородинском сражении. Время необратимо.

Но есть дела, которые сейчас, во второй половине двадцатого столетия, мы в состоянии осуществить для настоящего и будущего. И я буду говорить именно об этой реальности. Потому что маршал Александр Михайлович Василевский может рассказать с экрана не только своим современникам, но и школьникам будущего двадцать первого столетия о том, как зарождался замысел Сталинградской битвы, как она развертывалась, чем началась и чем кончилась.

Он может рассказать школьникам двадцать первого столетия и о других битвах Великой Отечественной войны подобно тому, как уже рассказал о Московской битве маршал Георгий Константинович Жуков в первом опытном фильме-летописи, уже сделанном на студии научно-популярных фильмов.

И маршал Иван Степанович Конев может рассказать с экрана о тех битвах, в которых участвовали войска его фронта. О сражении под Корсунь-Шевченковским, о Висло-Одерской, Берлинской, Пражской операциях. И многие другие наши военачальники, герои Великой Отечественной войны могут рассказать нам, своим современникам, и, еще раз повторяю это, школьникам не только двадцатого, но и двадцать первого века о том, что такое была Великая Отечественная война, которую они видели своими глазами и вынесли на своих плечах.

И Пантелеймон Кондратьевич Пономаренко — начальник Центрального штаба партизанского движения в годы войны и другие деятели партизанского движения могут рассказать о размахе народной борьбы в тылу у фашистов, о ее крупнейших операциях — скажем для примера, о рельсовой войне сорок четвертого года, потрясшей всю немецкую группу армий «Центр».

Есть люди, которые руководили целыми отраслями военной промышленности в годы войны, были секретарями обкомов и директорами крупнейших оборонных заводов на Урале, в Сибири, в Средней Азии и которые хорошо знают по собственному опыту масштабы того великого всенародного подвига, каким была эвакуация промышленности на восток в первые годы Великой Отечественной войны.

И есть главные конструкторы, создававшие и строившие знаменитые «ЯКи» и «Илы» и «Тридцатьчетверки». Люди, хорошо знающие трудности и масштабы этой огромной работы и способные рассказать о ней с экрана своими словами, исходя из собственного опыта.

И есть люди, отвечавшие за хлеб, за огромное дело питания и снабжения армии и способные вспомнить с экрана, как все это было, какими всенародными усилиями ковалась победа.

Начав я с тех, кто руководил теми или иными участками общей работы на фронте и в тылу, с людей, способных охватить взглядом всю огромность происходивших событий. Но эти огромные события складывались из трудов и подвигов миллионов людей, и очень многие из них, участники войны на фронте и в тылу, могут рассказать о чертах пережитого нами сурового и героического времени, о том, что они видели, знают, о том, что они сами лично сделали для победы. Потому что именно из их повседневных свершений состояло то трудное и величественное время, которое мы называем Великой Отечественной войной и которое и в двадцать первом веке будет занимать в памяти людей не меньше, а больше места, чем в нашей памяти занимают сейчас события отечественной войны двенадцатого года.

Да, конечно, много уже написано и писателями, и журналистами, и участниками войны. Есть библиотеки мемуаров и бесценные архивные документы. Драгоценность всего этого для истории очевидна. Но разве для вас, людей, выросших в век кинематографа и телевидения, не очевидно и другое — как важно запечатлеть еще и в этой форме на века — живые свидетельства людей, рассказывающих потомкам о великой эпохе? Как важно видеть их лица, их глаза, слышать их голоса! Слышать не только то, о чем они рассказывают, но и видеть — как они это рассказывают!

Даже с юности держа в памяти такую великую книгу, как «Война и мир», я все равно знаю, как необыкновенно много бы значило для меня, человека двадцатого века, еще и увидеть своими глазами на экране лицо Ермолова, рассказывающего о Бородинском сражении, увидеть его глаза, услышать интонации его голоса.

Поставив подзаголовок — «Об одном деле, которое нельзя откладывать»,— как бы ни был по-человечески деликатен этот вопрос,— я все-таки хочу подчеркнуть, что откладывать действительно нельзя! Люди старятся, уходят из жизни. Мы многое уже опоздали сделать. И чем дольше мы не приступим к этой работе с подлинно широким размахом, тем больше мы непоправимо упустим.

ЧЕРЕЗ четыре года — тридцатилетняя дата нашей победы над фашизмом. Давайте примем это во внимание. Большую часть той работы, о которой идет речь, нам обязательно надо исполнить — хотя бы к этому ближайшему историческому сроку.

До сих пор я говорил о Великой Отечественной войне, теме, которая мне как писателю ближе всего. Но история наша не сводится к Великой Отечественной войне. Через полтора года мы будем отмечать пятидесятилетие Союза Советских Социалистических Республик. Эта близящаяся дата тоже напоминает нам о том, как много событий в нашей истории, о которых еще могут рассказать с экрана живые люди, по своей собственной — живой памяти. Коллективизация, индустриализация страны, ее послевоенное восстановление, ее помощь другим народам.

Недавно, будучи на Кубани, я слышал из уст кубанских товарищей, как было бы важно запечатлеть на экране рассказы наших знаменитых селекционеров, ученых и тружеников о том, как они искали и находили решения многих трудных проблем земледелия, как относились к земле и к сохранению ее плодородия.

Сказал я об этом к примеру; нет сомнения, что у нас есть люди, которые могут рассказать будущим поколениям и о том, что такое борьба за народное образование и борьба за народное здоровье и о многих других великих социальных процессах, происходивших на их глазах и на их памяти в нашей Стране Советов.

Конечно, наша кинохроника, а в последние годы и телевидение не сидели сложа руки. Многое снято, много бесценного сохранилось и продолжает накапливаться в киноархивах. Знаю я, и на радио ведется запись воспоминаний наших выдающихся современников. Я далек от недооценки размаха и ценности всей этой огромной работы.

Однако не раз приходилось практически сталкиваться с тем, что люди, которые уже ушли от нас и которых нам бесконечно дорого было бы увидеть на экране, сплошь и рядом оказываются представленными в наших киноархивах только обидно короткими кусочками встреч, проводов, заседаний. А то, что они могли бы сказать с экрана о главном содержании своей жизни — для чего они жили и что сделали для Родины и человечества, остается так и несказанным. И их прямую речь приходится заменять в фильмах дикторским текстом.

Не мог я не думать об этом, когда смотрел, например, очень старательно сделанный авторами фильм об академике Королеве, смонтированный из крохотных кусочков, оставшихся кино- и фотодокументов. Спасибо его создателям за то, что они сделали все что сумели. Но ведь — подумай мы об этом раньше — мог бы быть и другой фильм об академике Королеве! Он мог бы сам рассказать с экрана о своей великой работе и ее значении для людей.

Он мог бы рассказать это без тех научных и технических подробностей, о которых бы он не счел нужным или возможным говорить.

Считаю важным подчеркнуть, что такие съемки могут планироваться и осуществляться заранее. Иные — важнейшие для человечества кинодокументы вовсе не всегда должны появляться на экране сразу после того, как созданы. Но они должны существовать в киноархивах; созданные теперь, в наше время, они будут использоваться и делать свое дело какое-то время спустя.

ПРИ ВСЕМ том, что делается в этом направлении и в кинематографии, и на телевидении, и на радио, мне кажется, что еще не до конца осознана вся историческая важность этой работы. Например, в кинематографии то немногое, что сделано до сих пор, как мне известно, осуществлялось кустарными способами, а люди, занимающиеся этой работой, которая воспринималась на киностудиях как второстепенная, оказывались и в правовом и в материальном отношении в роли пасынков.

Для того чтобы всерьез приступить к этой работе, начало которой, подчеркиваю, нельзя откладывать, думается, надо организовать и на Центральном телевидении и на одной из столичных киностудий специальные всесоюзные творческие объединения, которые бы занимались исключительно этой работой и имели перспективный план ее на несколько лет вперед. Причем развертывали бы эту работу по общему плану с активным участием местных кино- и телестудий. Только при этом условии дело по-настоящему сдвинется с места.

Очевидно, как и всякое масштабное дело, оно будет связано с проблемами финансирования; эта сторона дела, разумеется, должна быть обсуждена организациями, которые примут участие в работе. Однако укажу сразу на один прежде всего приходящий на ум источник. Наша кинематография — и документальная и научно-популярная — делает сотни учебных и специальных кинолент по заказам различных учреждений и ведомств. И мне думается, что часть этих средств может быть обращена на создание истории нашего общества в рассказах его выдающихся людей. Киноленты, созданные в результате этого будут связаны с историей и нашей промышленности, и нашего сельского хозяйства, и нашей армии, и нашей науки и техники, просвещения и культуры, и, думается, большой круг самых разнообразных наших ведомств, учреждений общественных организаций будет прямо заинтересован в создании таких фильмов, которые наряду с общенародным интересом представят и специальный учебный интерес.

Для обсуждения поднимаемого здесь вопроса во всем его объеме, наверное, следует собраться за одним столом руководителям телевидения, кинематографии, представителям союзов журналистов, писателей и творческих работников кинематографии.

Думается, что и комсомол, так много сделавший за последние годы для поддержания традиций боевой славы нашей армии, тоже с интересом отнесется к этой уникальной возможности — прямо закрепить в кинодокументах героические страницы нашего прошлого.

И еще хочется добавить, что не только профессиональные работники кинематографии и телевидения, но и существующая у нас огромная армия кинолюбителей могла бы участвовать в этой работе, которую надо проводить возможно более широким фронтом.

Abb. 4: Konstantin Simonow: „Über die Vergangenheit für die Zukunft. Von einer Sache, die man nicht aufschieben darf“ (*Izvestija*, 1971). Die SFD zitierte in ihrer ersten ausführlichen Konzeption vom Februar 1972 wortwörtlich Passagen des *Izvestija*-Artikels, auch Kulturminister Klaus Gysi bezog sich auf Simonows Beitrag, als er 1971 den Aufbau der SFD unterstützte.

Die Besuche führten dazu, dass das Filmarchiv die Staatliche Filmdokumentation zunächst in enger Anlehnung an die Letopis plante und aufbaute: Von August 1970 bis Oktober 1971 arbeitete die SFD als eine kleine, zweiköpfige Redaktion, die wie das sowjetische Vorbild nicht selbst produzierte, sondern externe Aufträge vergab.[18] Die beim sowjetischen Vorbild dominierende Orientierung an den antizipierten Bedürfnissen zukünftiger Filmproduzenten ging somit in die ersten Konzeptions- und Organisationsversuche der SFD 1969 bis 1971 ein – ein Einfluss, der weniger auf wissenschaftliche Dokumentation als auf die Herstellung von Bildungs- und Propaganda-Material ausgerichtet war.

Entsprechend dem sowjetischen Vorbild wurden beim Aufbau der Staatlichen Filmdokumentation Anforderungen aus der DDR-Dokumentarfilmproduktion berücksichtigt. Die Bemühungen der DEFA (Deutsche-Film AG) um eine staatliche Dokumentation gingen auf das Jahr 1949 zurück: Bei der *Wochenschau* bestand ein Filmarchiv für Regierungsaufnahmen, das dokumentarisches Filmmaterial „für Archivzwecke" erstellte.[19] Hier, bei der frühen *Wochenschau*, die auch den DEFA-*Augenzeugen* produzierte, ist eine institutionelle Nähe zwischen der späteren Staatlichen Filmdokumentation und dem *Augenzeugen* sichtbar, die auch spätere Überlegungen zur SFD prägte.[20] Der Direktor des DEFA Studios für Wochenschau und Dokumentarfilme Günter Klein – der als für Film zuständiger stellvertretender Kulturminister die Staatliche Filmdokumentation 1970 gründete – drängte 1955/1956 mehrfach darauf, dass nicht die DEFA, sondern das neugegründete Staatliche Filmarchiv die Kosten der Regierungsaufnahmen „für Archivzwecke" übernehmen müsse.[21]

18 So vermerkt der früheste SFD-Film über Bruno Apitz nur im Abspann: „Diese Aufnahmen erfolgten im Auftrage der Staatlichen Filmdokumentation der DDR am 30. Juni 1971." Das *Aufnahmeprotokoll* hält zusätzlich fest, dass die Filmaufnahmen von der Filmgruppe der Akademie für marxistisch-leninistische Organisationswissenschaft (AMLO) durchgeführt wurden; Leitung und Interview übernahm der SFD-Leiter Bernhard Musall. *Aufnahmeprotokoll*, SFD-Filmakten, Ablage 1, BArch, DR 140/943. – SFD und AMLO wurden nur wenige Wochen nach der gemeinsamen Filmproduktion *Bruno Apitz* als Abteilung des Filmarchivs zusammengelegt.

19 Vgl. die Korrespondenz dazu in BArch, DR 1/4325 und in BArch, DR 1/4385.

20 Im Kontext der Pläne in der HV Film/MfK (1980), beide Institutionen aufzulösen, wird der Versuch unternommen, diese beiden Dokumentationsformen am DEFA-Studio wieder zusammenzulegen.

21 Günter Klein an Hermann Schauer/Leiter Abt. Filmproduktion/HV Film/

Hier deutet sich ein Konflikt mit all seinen finanziellen Konsequenzen an, der die Staatliche Filmdokumentation über ihre gesamte Existenz hinweg begleiten sollte: Waren Filmproduktionen für die Zukunft als ‚richtige Filme' zu betrachten oder doch eher als Archivmaterial?
In jedem Fall ist festzuhalten, dass das DEFA-Studio für Wochenschau und Dokumentarfilme großes Interesse an der zentralisierten Herstellung und Archivierung von Filmberichten besaß. Ab Mitte der 1950er Jahre war vom Studio immer wieder angemahnt geworden, dass die kulturpolitischen Vorgaben Leerstellen im Filmbestand produzierten. Das systematische Fehlen bestimmter Themen drohte ein gravierendes Produktionshemmnis für spätere Kompilationsfilme zu werden. Vor dem Hintergrund internationaler Erfolge wie *Du und mancher Kamerad* (1956, R: Andrew und Annelie Thorndike) oder *Den Blodiga tiden* (*Mein Kampf*, Schweden 1960, R: Erwin Leiser), die auf Archivalien des SFA beruhten, war diese Warnung ein gewichtiges Argument: Eine Minderung der Beweis- und ideologischen Schlagkraft des DDR-Dokumentarfilms sollte nicht hingenommen werden.
In den Jahren 1958, 1960 und 1962 kam es daher zu vielversprechenden Anläufen, bei der DEFA eine „Filmothek" zu gründen, die auch heikle Punkte in der Geschichte der DDR dokumentieren sollte. Die Direktorin des DEFA-Dokumentarfilmstudios Inge Kleinert begründete dies in einem Schreiben an den stellvertretenden Kulturminister Hans Rodenberg, dem das ZK der SED die weitere Entscheidung übergeben hatte, 1962 wie folgt:

> Immer wieder wird die Arbeit der Dokumentaristen dadurch erschwert, dass oft ganze Abschnitte der Entwicklung nur fragmentarisch im Film festgehalten werden. Als Beispiele mögen die Bodenreform, die sozialistische Umgestaltung auf dem Lande und der 13. August 1961 dienen.[22]

Inge Kleinerts Schlussfolgerung, „das Ganze müsste, wie schon gesagt, unter Leitung eines politisch sehr versierten Genossen stehen", folgte der Vorschlag, eine Filmgruppe beim Staatlichen Filmarchiv – fernab der DEFA – mit der Aufgabe zu betrauen.[23] Zugleich kam

MfK, 21.07.1956: *Dienstanweisung für den Direktor des Staatlichen Filmarchivs.* BArch, DR 1/4385. Es wird handschriftlich daneben vermerkt: „Auftrag geben!"

22 Inge Kleinert/DEFA an Hans Rodenberg/HV Film, 25.05.1962. BArch, DR 1/4324.

23 Ebd.

aus dem Staatlichen Filmarchiv die erbetene Stellungnahme seitens Herbert Volkmanns in Form eines detailliert ausgearbeiteten Planes, unter welchen Umständen eine Filmothek am SFA zu realisieren sei, mit dem Angebot: „Für das Archiv möchte ich erklären, dass das Archiv bereit wäre, die gesamte Arbeit von der Planung bis zur Fertigstellung zu übernehmen".[24] Volkmanns enthusiastisches Plädoyer und sein Fazit, dass sich bei Rodenbergs Zustimmung „über den politischen und kulturellen Nutzen hinaus nach einer gewissen Zeitspanne auch eine Lücke für die Produktion schließen" werde,[25] blieb vorerst jedoch der Schlusspunkt der Bemühungen um eine staatliche Dokumentation im Film.

Am Staatlichen Filmarchiv fehlten 1962 noch wesentliche Voraussetzungen, unter anderem ausreichende Vorkehrungen für die Sicherung von Indexfilmen, Raum- und Personalkapazitäten. So begann die DEFA ab 1965, ein studio-internes Provisorium aufzubauen. Die dort nur unsystematisch, nach Bedarf und Gelegenheit erweiterte Filmothek bestand vor allem aus Materialien des *Augenzeugen* und aus Filmresten der DEFA-Produktion. Ähnliche Sammlungen bestanden zusätzlich bei den einzelnen DEFA-Gruppen wie Kamera-DDR unter Rolf Schnabel oder bei der Gruppe 67 unter Andrew Thorndike. Die Perspektive, diese Sammlungen dem Staatlichen Filmarchiv für die geplante Zentrale Film- und Fernsehdokumentensammlung der DDR zu übergeben, blieb noch bis Ende der 1970er Jahre bestehen. Auch die Gründung der Staatlichen Filmdokumentation am Filmarchiv legitimierte sich 1970 als ein Vorstadium der Zentralen Sammlung.

Zur Angliederung der DEFA-Filmothek an das Staatliche Filmarchiv kam es trotz mehrfacher Versuche nie. Als 1968 wiederum Übergabepläne fehlschlugen, beauftragte das Kulturministerium (MfK) schließlich eine zentrale, systematisch und umfassend konzipierte Filmdokumentation als Abteilung des DDR-Filmarchivs – jetzt erstmals unter dem Namen „Staatliche Filmdokumentation". Die konzeptionellen Vorarbeiten und Recherchen flossen Ende 1969 in eine Studie ein, die unter Berufung auf das Filmarchiv der Persönlichkeiten, die Kino-Letopis und andere internationale Produktionsgruppen

24 Herbert Volkmann/SFA an Hans Rodenberg/HV Film, 23.08.1962, S. 2. BArch, DR 1/4324.

25 Ebd., S. 4.

klarstellte: „Der Aufbau einer Filmdokumentation ist eine Investition für die Zukunft“.[26]

Voraussetzungen am Staatlichen Filmarchiv

Warum wurde die Staatliche Filmdokumentation – anders als ihre Vorbilder und Vorläufer – nicht an einem Filmstudio, sondern an einem Archiv gegründet? Immerhin gehörte die eigene Produktion von Quellen nicht in den Aufgabenbereich eines Filmarchivs.[27] Für die ungewöhnliche Entscheidung, das DDR-Filmarchiv mit einer eigenen Filmgruppe auszustatten, kommen mehrere Faktoren in Betracht: die Folgen des 11. Plenums des ZK der SED (Dezember 1965), die erwähnten Planungen für ein Zentrales Archiv für Film und Fernsehen in der DDR sowie die bessere Sicherung von „Indexfilmen“ im Rahmen eines Archivs.

Nach dem schweren kulturpolitischen Einschnitt des 11. Plenums 1965 – im DDR-Filmwesen allseits als „Kahlschlag“ erlebt –,[28] musste das Staatliche Filmarchiv eine Reihe von Untersuchungen hinnehmen. Diese kamen Ende 1966 zu dem Ergebnis, dass auch das Archiv gravierende „politische Fehler“ begangen habe, dass „ideologische Unklarheiten“ und „falsche Auffassungen“ bestünden.[29] Die Kontrolleure bemängelten, in den Arbeitsmethoden, -zielen und -konzeptionen des Filmarchivs sei weniger die Handschrift der Partei zu erkennen als vielmehr „abstrakte Vorstellungen von der Filmkunst“ – sie störten sich also an zu fachlich empfundenen Arbeitsweisen. Drohend klang zudem die rhetorische Frage, wer denn eigentlich gemeint sei, wenn im Archiv gegen einen „primitiven Nützlichkeitsstandpunkt“ polemisiert werde.[30] Im Ergebnis der Untersuchungen

26 SFA: *Studie über den Aufbau einer staatlichen Filmdokumentation*, 01.12.1969, S. 3. BArch, DR 140/582.

27 Vgl. zu Konsequenzen dieser Konstruktion Anne Barnert: Ein Staat erinnert sich selbst. Die *Staatliche Filmdokumentation* am Filmarchiv der DDR. In: Delia de González Reufels / Rasmus Greiner / Winfried Pauleit (Hrsg.): *Film und Geschichte. Produktion und Erfahrung von Geschichte durch Bewegtbild und Ton. Film & History. Producing & Experiencing History in Moving Images & Sound.* Berlin: Bertz + Fischer 2015, S. 34–42.

28 Vgl. Günter Agde / Wolfgang Engler: *Kahlschlag. Das 11. Plenum des ZK der SED 1965. Studien und Dokumente.* Berlin: Aufbau 2000.

29 Abt. Filmproduktion/HV Film: *Bericht über einige im Staatlichen Filmarchiv durchgeführte Untersuchungen*, 25.11.1966, S. 5. BArch, DC 14/581.

30 Ebd.

wurden sowohl eine „grundsätzliche Wandlung der Arbeit" des Filmarchivs und der anleitenden Behörde Hauptverwaltung Film (HV Film) gefordert[31] als auch „Veränderungen in der Leitungstätigkeit" beider Institutionen.[32]
Zu Jahresbeginn 1969 übergab Herbert Volkmann die Leitung des Staatlichen Filmarchivs an den von ihm geförderten Nachfolger Wolfgang Klaue. Da die Kontrolleure gewarnt hatten, auch die Arbeit des Filmarchivs würde nicht abseits des „Nützlichkeitsstandpunktes" bewertet werden, versuchte das SFA bei seinen weiteren Anstrengungen für eine Staatliche Filmdokumentation, die Argumentation mehr in politisch-ökonomischer Richtung zu entfalten. Herbert Volkmann hatte das Argumentationsmuster bei seiner Leitungsübergabe an Wolfgang Klaue bereits vorgegeben: Im Archiv bestehe ein „ökonomisches System", nach welchem historische Filmmaterialien an Produzenten von Kompilationsfilmen in der DDR, aus dem sozialistischen und dem kapitalistischen Ausland verkauft werden könnten; dies bringe „beträchtliche Devisenzahlungen" ein.[33] Wolfgang Klaue knüpfte 1969 bei seiner Argumentation zugunsten einer Staatlichen Filmdokumentation hier an und verwies gegenüber dem Kulturministerium auf den wachsenden „Bedarf an altem Filmmaterial" für Wiederverwendungen in Film und Fernsehen:[34]

> Neben dem publizistischen, politischen und kulturellen Wert, den eine Wiederverwendung von Archivmaterial für die ideologische Erziehung und Bewusstseinsbildung besitzt, können durch einen optimalen Rückgriff auf Archivmaterial in der nationalen Film- und Fernsehproduktion Millionenbeträge eingespart werden. Für internationale Verwendung besitzt audiovisuelles Archivmaterial hohen kommerziellen Wert.[35]

31 Komitee der Arbeiter-und-Bauern-Inspektion (ABI)/Zweiginspektion Film, 17.12.1966. BArch, DC 14/581.

32 Anne Steinel/Komitee der ABI/Zweiginspektion Film in der Inspektion Volksbildung/Gesundheitswesen/Kultur an Kanzlei des Staatsrates/Büro Otto Gotsche, 09.01.1967. BArch, DC 14/581.

33 Herbert Volkmann: *Bericht über die Entwicklung des Staatlichen Filmarchivs der Deutschen Demokratischen Republik in den Jahren 1958–1968*, 31.12.1968, S. 15. Stiftung Archiv der Parteien und Massenorganisationen der DDR im Bundesarchiv (SAPMO-BArch), DY 30 / IV A2 / 9.06 / 133.

34 Wolfgang Klaue/SFA an Günter Klein/Leiter HV Film/MfK: *Politisch-ideologische Probleme der Perspektivplanung des Staatlichen Filmarchivs*, 25.03.1969, S. 1. BArch, DR 140/90.

35 *1. Diskussionsgrundlage zur Ausarbeitung der Grundlagendokumentation des Staatlichen Archivs für Film und Fernsehen*, Juli 1969, S. 5. BArch, DR 140/810.

Ende der 1960er Jahre sah man sich zudem auf der Schwelle zu einem anbrechenden audio-visuellen Zeitalter, das in der internationalen Filmkunst von einem neuen Dokumentarismus begleitet wurde. Als Direktor Klaue im März 1969 HV-Leiter Günter Klein „politisch-ideologische Probleme der Perspektivplanung des Staatlichen Filmarchivs" vortrug, kam er dabei in der kybernetisch geprägten Sprache der Zeit auf den Vorschlag zurück, eine staatliche Filmdokumentation zu gründen.[36] Er hob die zukünftige „Bedeutung der audio-visuellen Information" im „gesellschaftlichen System der Kommunikation" hervor:[37] Die wissenschaftliche Erfassung audio-visueller Informationen würde das Filmarchiv zum künftig maßgeblichen „Informationsspeicher" für die Massenmedien Film und Fernsehen machen.[38] Eine staatliche Dokumentation könne schließlich auch die „außerordentlich großen Lücken" in der Produktion von Film und Fernsehen schließen helfen.[39]

An dieser Stelle deutet sich ein später oft wiederholtes Argument an: Nur die Anbindung der Staatlichen Filmdokumentation an ein Archiv – nicht an ein Filmstudio – konnte ein tatsächliches „Lückenfüllen" gegenüber der DDR-Filmproduktion garantieren. 1969 kam so auch eine Leitungssitzung im Staatlichen Filmarchiv zu dem Ergebnis, unabdingbare „Voraussetzung für eine Filmdokumentation" sei die „genaue Übersicht, was von Film und Fernsehen produziert wird, um daraus Lücken in der filmischen Dokumentation zu erkennen"[40] – eine solche Arbeit konnte nur am Archiv geleistet werden.

Für die letztendliche Anbindung der Staatlichen Filmdokumentation an das Filmarchiv scheint die Verschärfung der SED-Kulturpolitik in der Folge des 11. Plenums insgesamt förderlich gewesen zu sein: Mit der sicheren Einlagerung der verbotenen Plenumsfilme beauftragt, hatte sich das Filmarchiv als eine Institution in Erinnerung gebracht, die im Gegensatz zu den DEFA-Studios Verbotsfilme und

36 Wolfgang Klaue verweist dabei auch auf die sowjetische Kino-Letopis. Wolfgang Klaue/SFA an Günter Klein/Leiter HV Film: *Politisch-ideologische Probleme der Perspektivplanung des Staatlichen Filmarchivs*, 25.03.1969. BArch, DR 140/90.

37 Ebd., S. 1.

38 Ebd., S. 3.

39 Ebd., S. 2.

40 Staatliches Filmarchiv: *Protokoll der Leitungssitzung vom 31.10.1969*, 27.11.1969. BArch, DR 140/563.

zugehörige Materialien kontrolliert aufbewahren konnte. Nicht zufällig gehörte die Entwicklung von Sicherungsvorkehrungen für filmische Indexmaterialien zu den Voraussetzungen der SFD-Gründung am Filmarchiv: Bevor dort mit einer Staatlichen Filmdokumentation gezielt neue Sperrmaterialien hergestellt werden sollten, bestand für das Filmarchiv die Aufgabe darin, deren Unzugänglichkeit zu sichern. Der enge zeitliche Zusammenhang sticht hier hervor: Die Arbeit an archivischen Kontrollinstrumenten für Indexmaterialien begann im Archiv Anfang 1968 und wurde unmittelbar vor Arbeitsbeginn der SFD am 1. August 1970 im Mai 1970 zum Abschluss gebracht. Diese wochengenaue Abstimmung zweier jahrelanger Entwicklungen zeigt die zentrale Bedeutung des Sicherungsaspektes für SFD-Filme.

Die Arbeit an der Definition des bis dahin nur vagen Begriffs des *Sperrfilms* mündete Ende Juni 1969 in der Festlegung von vier Indexkategorien.[41] Die endgültige Fassung der Dienstanweisung *Benutzung von Indexfilmen des Staatlichen Filmarchivs* wurde von der HV Film am 12. Mai 1970 bestätigt[42] und legte folgende Kategorien von Indexfilmen fest:

1. Filme faschistischen, antikommunistischen Inhalts (Sperrfilme),
2. Zurückgezogene Filme aus der Produktion der DEFA und dem Verleih,
3. Verschlussfilme,
4. Pornographische Filme.[43]

Die Staatliche Filmdokumentation selbst benutzte in ihren Filmakten den Terminus *Sperrfilm*, wie beispielsweise für eine Produktion wie *Lionel Ngakane. Regisseur. Südafrika* (1972, R: Dieter Harms).[44] Verschlussfilme bezeichneten in der Dienstanweisung „ausländische Filme, deren Rechtslage unklar ist“[45] – es war diejenige Indexkategorie mit den stärksten Sicherungsauflagen. Unter den späteren SFD-Filmen betraf das nur den Film *Elisabetha Wertowa II* (1973, R: Dieter Harms) mit der Witwe Dsiga Wertwos – ein Film, der sich

41 *Entwurf. Benutzung von Sperrfilmen des Staatlichen Filmarchivs*, 30.06.1969. BArch, DR 140/810.

42 *Dienstanweisung Nr.11/1970. Benutzung von Indexfilmen des Staatlichen Filmarchivs*, 13.05.1970. BArch, DR 140/743. – Vgl. auch Anne Barnert: Kein Zutritt. Verbotsfilme im Staatlichen Filmarchiv der DDR. In: *WerkstattGeschichte* 18,52 (2010), S. 39–52.

43 *Dienstanweisung Nr.11/1970. Benutzung von Indexfilmen des Staatlichen Filmarchivs*, 13.05.1970, S. 1. BArch, DR 140/743.

44 *Aktennotiz*, SFD-Filmakten, Ablage 76. BArch, DR 140/945.

45 Handschriftliche Ergänzung in *Entwurf. Benutzung von Sperrfilmen des Staatlichen Filmarchivs*, 30.06.1969, S. 1. BArch, DR 140/810.

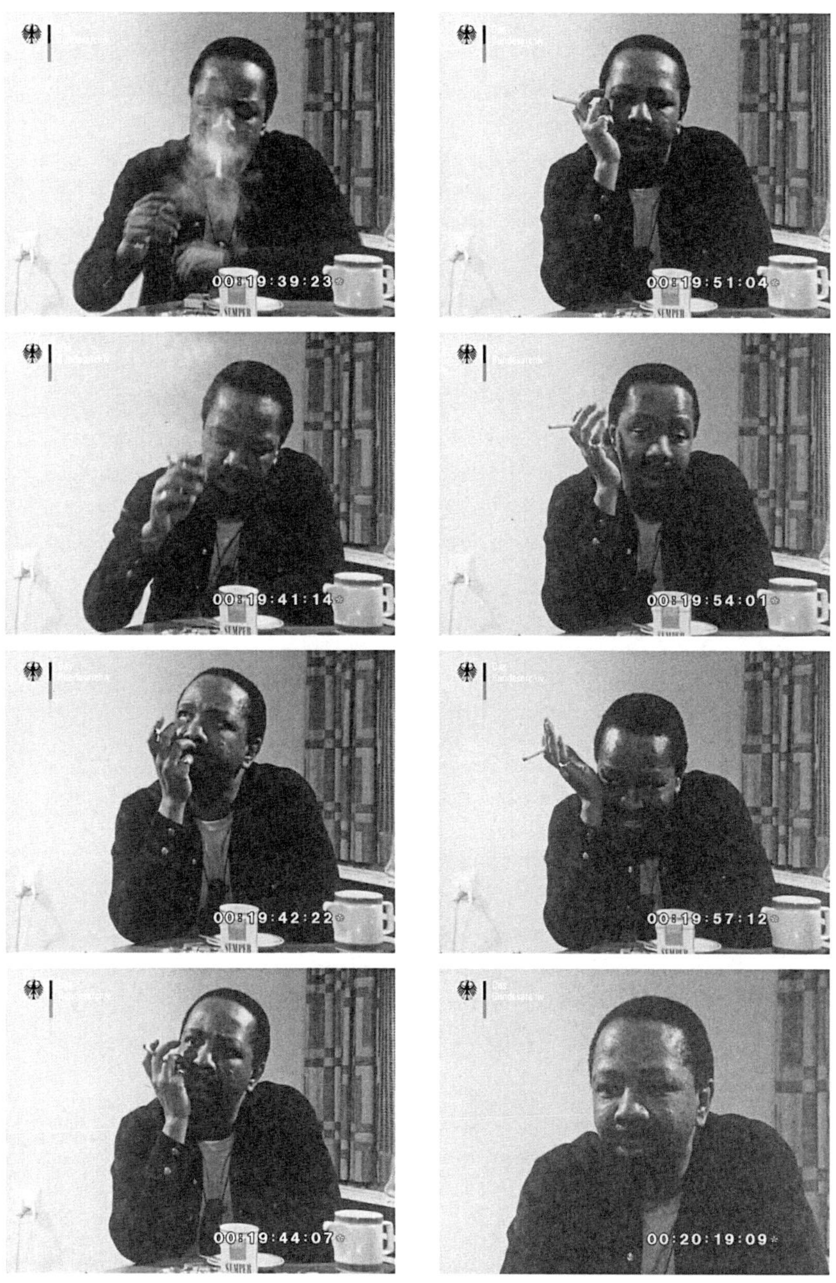

Abb. 5: *Lionel Ngakane. Regisseur. Südafrika* (1972, R: Dieter Harms).

unrechtmäßig im Besitz des SFA befand. Der Leiter der Staatlichen Filmdokumentation vermerkte: „Kategorie: *Sperrfilm.* Aufnahme in die Jahresberichte entfällt.“[46]
Die Frage, warum die SFD am Filmarchiv gegründet wurde und nicht am DEFA-Dokumentarfilmstudio, findet so mehrere Antworten: Ende der 1960er Jahre glaubte man, auf das neue *audiovisuelle Zeitalter* mit einer wissenschaftlich fundierten, umfassenden und systematischen Selbstdokumentation des Staates DDR für die Zukunft reagieren zu müssen. Um dies zu garantieren, musste die durch Zensur lückenhaft gewordene Filmproduktion vervollständigt werden. Wenige Jahre nach dem 11. Plenum des ZK der SED war dieses Ziel jedoch nur dann zu realisieren, wenn neben einer politisch-ökonomischen Legitimation auch für die Absicherung der SFD-Filme durch eine Indexfilm-Ordnung gesorgt wurde. Dies insgesamt waren Bedingungen, die von einem Filmarchiv besser gewährleistet werden konnten als von einem Filmstudio.

Die Gründung der Staatlichen Filmdokumentation

In der ersten Jahreshälfte 1970 lautete der SFD-Gründungsbeschluss durch das Kulturministerium:

> Die Staatliche Filmdokumentation ist die zentrale Einrichtung, die durch ihre Tätigkeit Ereignisse, Persönlichkeiten usw. in ihrem umfassenden Charakter dokumentarisch festhält; die durch Kooperation und Vorgaben dokumentarische Filmsujets produzieren lässt und vorhandene Materialien bewertet und sichert.[47]

Zum 1. August 1970 nahm Bernhard Musall als erster Leiter der Staatlichen Filmdokumentation die Arbeit auf,[48] wenige Wochen später stieß Gerd Barz als Redakteur hinzu.[49] Kaum etwas ist mehr in der Lage, die offiziellen Erwartungen an die neugegründete Staatliche

46 Klaus-Detlef Bausdorf: *Aktennotiz*, 01.12.1974, SFD-Filmakten, Ablage 125. BArch, DR 140/946. – Peter Konlechner, Direktor des Österreichischen Filmmuseums (Wien) erinnert sich, dass er den Film bei einem seiner Besuche in der DDR in Auftrag gab, ihn aber in Berlin zurückließ, weil er mit dem Ergebnis unzufrieden war. Gespräch Peter Konlechner mit der Autorin (05.06.2014).

47 Das Dokument selbst ist nicht überliefert. Ein Zitat aus dem MfK-Gründungsbeschluss der SFD findet sich in dem Dokument *Konzeption zur Arbeit der Staatlichen Filmdokumentation (Entwurf)*, [Dez. 1982], Fn. 1. BArch, DR 140/585.

48 Bernhard Musall war SFD-Leiter von August 1970 bis Dezember 1971.

49 Gerd Barz war SFD-Redakteur von Herbst 1970 bis Oktober 1984.

Filmdokumentation zu verdeutlichen, als die berufliche Herkunft ihrer ersten beiden Mitarbeiter.

Bernhard Musall hatte, als er die SFD-Leitung übernahm, bereits einen ungewöhnlichen Lebensweg hinter sich. Der 1926 geborene kaufmännische Angestellte im Elektrogroßhandel war Kreissekretär der Hamburger SPD (Nord) gewesen, bis er sich 1958 in die DDR absetzte, um einem Gerichtsverfahren wegen Verkaufs von SPD-Wählerlisten an eine Versicherung zu entgehen.[50] Diese schillernde Persönlichkeit, auffällig durch einen luxuriösen Lebensstil und zugleich von Westdeutschland aus für das MfS tätig, war nicht nur Mitglied der SPD, sondern auch der KPD, hatte unter dem Decknamen *Gottfried* Berichte über Hamburger Politiker geliefert und diese, darunter Helmut Schmidt, mit seinen Kenntnissen über Finanzierungen der Hamburger SPD zu erpressen versucht.[51] Nach seiner Flucht in die DDR arbeitete er als Journalist und Parteisekretär bei der *Berliner Zeitung* und war als IM *Gertrud* für das Ministerium für Staatssicherheit tätig.[52] Was erwartete man von einem Mann wie Bernhard Musall, als er 1970 zum ersten Leiter der Staatlichen Filmdokumentation berufen wurde? Offenbar waren die Erwartungen an ihn als Gesprächspartner hoher Funktionäre und als Geheimnisträger sehr hoch, die als Produzent und Filmemacher dagegen sehr niedrig.

Auch sein Mitarbeiter Gerd Barz kam nicht aus dem Filmbereich, sondern war zuvor als Historiker und Lektor beim Berliner Deutschen Institut für Zeitgeschichte (DIZ) im Bereich *Biographie* beschäftigt gewesen. Die frühe SFD begann somit als ein 2-Mann-Unternehmen, bei dem die Schwerpunkte keineswegs auf dem Filmischen lagen. Dies war allerdings ganz im Sinne der frühen Planungen in den 1950er Jahren, als es geheißen hatte: „Es kommt hier durchaus nicht darauf an, welcher Kameramann die Aufnahmen macht, sondern nur, dass sie überhaupt gemacht werden“[53] – eine Geringschätzung des

50 Christel Oldenburg: *Tradition und Modernität. Die Hamburger SPD von 1950–1966.* Berlin: LIT 2009, S. 356–372 (Kap. „Der Fall Musall“), siehe auch S. 731–732.

51 Ebd., S. 358, Fn. 28 und S. 361–362. Der gesamte „Fall Musall“ hätte, so Oldenburg, zum Ende der politischen Karriere Helmut Schmidts werden können (ebd., S. 372).

52 Vgl. BStU, MfS, HA II/6, Nr. 1158. Nach Hinweis von Christel Oldenburg: *Tradition und Modernität*, S. 358, Fn. 28.

53 Herbert Volkmann/SFA an Hans Rodenberg/HV Film: *Schreiben des Genossen Schifner vom 7.5.1962 betreffend Gründung einer Filmothek*, 23.08.1962, S. 2. BArch, DR 1/4324.

Abb. 6: Redakteur Gerd Barz beim Dreh von *Hans Jendretzky* (1973, R: Gerd Barz).

Ästhetischen, die später zum Problem der Staatlichen Filmdokumentation werden sollte.

Die ersten SFD-Filme waren Personendokumentationen. Die Produktion setzte nach einer Konzeptionierungsphase (August 1970 bis Mai 1971) direkt nach dem VIII. Parteitag der SED mit dem Film *Bruno Apitz* (30. Juni 1971) ein – und damit unmittelbar nach dem Machtwechsel von Walter Ulbricht zu Erich Honecker. Gerd Barz' Aufgabe bestand zunächst darin, nach einer von Bernhard Musall erstellten Liste im DDR-Fernseharchiv festzustellen, welche Persönlichkeiten des öffentlichen Lebens bisher nur unzureichend dokumentiert worden waren. Diese ersten Recherchen setzten in der obersten Führungsspitze von Partei und Staat an und lassen etwas von den Ambitionen des Anfangs in der Staatlichen Filmdokumentation erahnen: Eine erhalten gebliebene *Erste Liste potentieller Anwärter für „Tonfilmporträts" in alphabetischer Reihenfolge* zählt nahezu das gesamte Politbüro auf.[54]

54 In derselben Akte sind weitere solcher Listen enthalten, so zum Beispiel vom Februar 1972 folgende Namensliste: Alexander Abusch [SFD-Film realisiert als Anlassdokumentation zum 75. Geburtstag], Hilde Benjamin [in zwei Filmen realisiert], Franz Dahlem, Friedrich Ebert, Otto Gotsche [in zwei Filmen realisiert], Kurt Hager, Heinz Hoffmann, Erich Honecker, Hans Jendretzky [realisiert], Erwin Kramer, Werner Lamberz, Karl Maron, Erich Mückenberger, Alfred Neumann, Albert Norden, Horst Schumann [realisiert], Horst Sindermann, Willi Stoph, Josef Ernst Streit, Walter Ulbricht, Lotte Ulbricht, Paul Verner, Herbert Warnke, Otto Winzer. *Konzeption für Filmaufnahmen von Persönlichkeiten des Politbüros und des Zentralkomitees der SED, des Ministerrates, des Staatsrates, sowie von Sitzungen und Veranstaltungen zugehöriger Gremien*, Anlage 6, Februar 1972. BArch, DR 140/582.

Erich Honecker

privat	
Interview	X··························
SED Vers. [illegible]	XXXXXXXXXXXXXXXXXXXXXXXXX RRRRB
FDJ Kundgeb.	XXXXXXXXXXXXXXX RRRRB
Blockparteien	XXXXX G
Arbeiter, Betriebe	XXXXXXXXXXX GGRRR
Bauern	XXXXXX
Wissenschaftler	XX
Kampfgruppen	X
NVA, Warsch. Pakt	XXXXXXXXXXXXXXXX RRRV
Sowj. Truppen DDR	X
Jugend, MMM	XXXX
Volkskammer	XXXX
Gäste in DDR	XXXXXXXXXXXXXXXXX BBBBBBBBBBGGVVVV
Sport	XXXXXX V
gratuliert	XXXXXX
zeichnet aus	XXXXXXX
wird ausgez. Gratul.	XX
posth. Ehrungen	XXXXXXXXXXXXXXXXX B
in Delegation Hinfahrt	XXXXXXXXXX
in Delegation Ausland	XXXXXXXXXXX
in Delegation Rückfahrt	XXXXXXXX
festl. Empfänge fremde	XXXXXXXXXX
festl. Empfänge eigene	XXXXXXXXXXXX
Feiern, Bälle	XX R
Großkundgeb.	XXXXXX
intern. Verhandl.	XXXXXXXXXXXXXXXXXXX
Tagungen	
Messen	XXXXXX
div. Besichtig.	
im Volk	X
Wahlen	XXXXXXX WWWRRVN
div. Veranstalt.	XXXX·······················

Abb. 7: Eine von mehreren Tabellen zur Analyse über die Häufigkeit und die Art von Fernsehauftritten der DDR-Führung.

Es blieb nicht aus, dass Gerd Barz bei seinen Recherchen auf brisante Biographien stieß, wie die des ehemaligen Politbüromitglieds Franz Dahlem. Auf Barz' Frage im Vorgespräch, warum kaum Filmmaterialien zu ihm vorhanden seien, setzte Dahlem ihn anhand retuschierter Fotos über seinen politischen Fall in Kenntnis.[55]
1971 entstanden in schneller Folge weitere Personendokumentationen: mit dem Architekten Hermann Henselmann, mit den dänischen Gewerkschaftern Kai Buch und Harry Osborn, mit dem Chefredakteur der Wochenzeitschrift *Sonntag* (1957–1977) Bernt von Kügelgen, mit dem ZK- und Staatsratsmitglied Hans Rodenberg und mit dem Karikaturisten Erich Schmitt. Einige Merkmale späterer SFD-Produktionen sind in diesen frühen Filmen schon zu beobachten:

1) die Einbeziehung des privaten und familiären, auch des Arbeitsumfeldes, was oft über tonlose Zwischenschnitt-Aufnahmen geschieht und so auf den mitgedachten, späteren Verwendungszweck verweist,
2) die Verwendung von Inserts zur Strukturierung und Informationsvermittlung,[56]
3) der Zeigegestus der Porträtierten, die Fotos, Dokumente und andere persönliche Gegenstände präsentieren oder vor der Kamera Bild- und Tonaufnahmen abspielen,
4) die Offenheit der Filmstruktur, die eine Vielfalt von Zusammenhängen denkbar werden lässt.

Unter den genannten frühen Personendokumentationen fällt besonders das Filmdokument *Bernt v. Kügelgen* (1971, R: Gerd Barz) auf. Dass Bernt von Kügelgen im Film sehr bewusst eine autobiographische Darstellung für die Akten und damit für die Zukunft gab, ist in

55 Gespräch Gerd Barz mit der Autorin (30.01.2013). – Franz Dahlem (1892–1981), Mitglied des Politbüros des ZK und Kaderchef der SED, galt als Rivale Walter Ulbrichts. 1953 wurde er aus dem ZK ausgeschlossen und aller Partei- und Staatsfunktionen entbunden wegen „politischer Blindheit gegenüber der Tätigkeit imperialistischer Agenten und wegen nichtparteimäßigen Verhaltens zu seinen Fehlern". 1956 wurde er rehabilitiert. http://www.bundesstiftung-aufarbeitung.de/wer-war-wer-in-der-ddr-%2363%3B-1424.html?ID=517 (Zugriff am 17.09.2013). – Ein SFD-Filmdokument *Franz Dahlem* wurde nicht realisiert.

56 Inserts werden zudem genutzt, um besondere Merkmale der Aufnahmesituation offenzulegen, wie folgendes Insert: „Prof. Henselmann äußert sich zu 2 Mitarbeitern (er wusste nichts von dieser Aufnahme)". *Prof. Dr. - Ing. e.h. Hermann Henselmann. Architekt* (1971, R: Bernhard Musall).

der Einleitung schon erwähnt worden. Zusätzlich geht es hier aber auch um ein Vermächtnis, um die Kontrolle über eine Biographie. Von Kügelgen, der 1968 bis 1977 als Hauptamtlicher Inoffizieller Mitarbeiter des MfS tätig war,[57] entwickelt im Film ein kompliziertes, heute kaum noch entwirrbares Geflecht, bei dem der Grat des Sagbaren und des Nicht-Sagbaren immer neu vermessen wird. Seine explizite Besorgnis um die Wissenshorizonte zukünftiger Zuschauer, in denen etwa Kenntnisse über Care-Pakete nicht mehr vorhanden sein könnten, schließt implizit auch die Besorgnis desjenigen ein, der weiß, dass die eigene Biographie dem möglicherweise ungünstigen Urteil der Nachgeborenen ausgesetzt sein wird. Diese Sorge um die Erinnerung der Nachwelt spielte aus den unterschiedlichsten Gründen auch bei einigen anderen SFD-Personendokumentationen eine Rolle. Dass dies den SFD-Redakteuren nicht verborgen blieb, deuten ihre *Berichte über die Filmaufnahmen* an, die oft als Begleitmaterial zu den Filmaufnahmen angefertigt wurden. Wie begeistert ein solcher *Bericht* die „Ehrlichkeit" des Komponisten Wilhelm Weismann schildert, mit welcher dieser im Film „sein Wesen offenbart" und „nichts Zurechtgemachtes und Beschönigendes" vorgebracht habe, erhellt umgekehrt die Erfahrungen der Redakteure in anderen Produktionen.[58]

Die frühesten SFD-Filme entstanden durch Kooperation und nicht durch Eigenproduktion. Diese während der ersten Zeit erprobte Konstruktion – Verwaltung, Redaktion und Einlagerung der Filme beim SFA, Herstellung durch externe Filmproduzenten – erwies sich als nicht tragbar. Verantwortlich dafür waren produktionsorganisatorische Gründe, wie die Schwierigkeit, Auftragsarbeiten in den Studioplänen der DEFA unterzubringen. Sicher spielten aber auch Gründe der politischen Räson eine Rolle: Dass inmitten der reglementierten DDR-Studiowelt thematisch und ästhetisch freiere Auftragsarbeiten für das Staatliche Filmarchiv möglich sein sollten, war kaum vorstellbar – bedeutete dies doch, dass der Kontrast zwischen DEFA-Produktion und SFD-Freiräumen unmittelbar sichtbar geworden wäre.

57 Joachim Walther: *Sicherheitsbereich Literatur. Schriftsteller und Staatssicherheit in der Deutschen Demokratischen Republik*. Berlin: Links 1996, S. 294.

58 *Bericht zu den Filmaufnahmen mit Prof. Wilhelm Weismann, Komponist*, o. D. BAFA, Bibliothek, FiN 349. – Es entstand der Film *Prof. Wilhelm Weismann. geb. 20.9.1900 in Alfdorf/Württemberg. Komponist* (1976, R: Veronika Otten).

Einer institutionellen Konsequenz des VIII. Parteitages der SED ist es zuzuschreiben, dass die Staatliche Filmdokumentation nicht bereits 1971 scheiterte. Unmittelbar nach Walter Ulbrichts Entmachtung wurde die Akademie für marxistisch-leninistische Organisationswissenschaft (AMLO) aufgelöst – ein institutionalisierter Versuch, DDR-Funktionären Ulbrichts Reformprogramm *NÖSPL* (*Neues Ökonomisches System der Planung und Leitung*) nahezubringen. Die Filmgruppe der AMLO wurde auf Bitten Wolfgang Klaues und unter Vermittlung des Kulturministers Klaus Gysi mit Wirkung zum 18. Oktober 1971 der bisherigen SFD-Redaktion Musall/Barz angeschlossen. Unter ihrem Leiter Klaus-Detlef Bausdorf kam mit der zehnköpfigen AMLO-Filmgruppe nun ein vollständiges Filmteam an das Staatliche Filmarchiv.[59] Die Gruppe hatte zuvor bereits SFD-Produktionsaufträge übernommen und brachte eine aus Westdeutschland importierte 16mm-Aufnahmetechnik mit. Jetzt, nach dem Zusammenschluss mit der AMLO-Filmgruppe, begann die SFD gegenüber ihren Vorbildern und Ideengebern eigene Wege zu gehen und erprobte das Modell einer filmischen Überlieferungsbildung am Archiv, losgelöst von den DDR-Studiostrukturen.

Das ‚Erbe' der AMLO für die Staatliche Filmdokumentation lag vermittels ihrer Filmgruppe im Bereich der Methodologie: Mehr noch als die SFD war die AMLO ein Kind der Reformversuche der 1960er Jahre gewesen, als kybernetisch und systemtheoretisch inspirierte Ansätze auch zur Erneuerung von kulturpolitischen Konzepten und Methoden geführt hatten.[60] Als Reform- und Weiterbildungsakademie vor allem für DDR-Wirtschaftsfunktionäre eingerichtet, war die AMLO ein Umfeld gewesen, dass von Wertschätzung für wissenschaftliche Methoden und Erkenntnisse geprägt war. Da auch die SFD als „wissenschaftliche Dokumentation" firmierte,[61] ergaben sich

59 Klaus-Detlef Bausdorf (Leitung und Redaktion), Dieter Harms (Redaktion und Ton), Veronika Otten (Graphik), Kurt Casper (Redaktion), Roland Worel (Kamera), Dieter Schönberg (Kamera), Alfred Jendraszek (Produktionsleitung), Dieter Puttroweit (Ton), Christa Barth (Schnitt) und Renate Hofmann (Sekretärin).

60 Michael Franz: Der „Auszug der Ästhetik aus der Philosophie". Philosophische Ästhetik auf dem Weg in die Interdisziplinarität. In: Hans-Christoph Rauh / Peter Ruben (Hrsg.): *Denkversuche. DDR-Philosophie in den 60er Jahren.* Berlin: Links 2005, S. 281–305, hier S. 281.

61 So wird die SFD beispielsweise in Anschluss an die Kino-Letopis bei den Übergabeverhandlungen der AMLO-Filmgruppe an das Filmarchiv bezeichnet. Klaus

Überschneidungen und ähnliche Fragestellungen: Die SFD war bei ihren Filmen stets mit dem Problem konfrontiert, dass das *Typische* der DDR, das sie dokumentieren sollte, nur anhand von konkreten Filmsujets darstellbar war. Diese Problemstellung, das Allgemeine im Besonderen und Speziellen fassen zu müssen, wies Verbindungen zur gesellschaftswissenschaftlichen Grundlagenforschung der AMLO auf: Deren systemorientierte Ansätze sahen in abstrahierten Beschreibungen von Staat und Gesellschaft solange keine Ignoranz des Einzelnen, wie sie sich um die „konzentrierte Erfassung der Fülle des Konkreten" bemühten.[62] Wenn Abstraktion aber gerade durch eine „Fülle des Konkreten" zu erlangen war, dann bedeutete für die SFD dies eine unideologische, deutlich empirisch gewichtete Herangehensweise an die Frage, welche Personen, Prozesse und Erscheinungen der DDR als zu dokumentierendes Typisches gelten könnten und welche Arbeitsmethodik dabei anzuwenden sei. Mit diesem empirischen Ansatz begann nach dem Weggang Bernhard Musalls zum Jahresende 1971 eine erste, konzeptionell klar umrissene Phase der Staatlichen Filmdokumentation.

2. *Universale Dokumentation* unter Klaus-Detlef Bausdorf (1972–1977)

Zu Beginn des Jahres 1972 hatte die Staatliche Filmdokumentation unter der nun alleinigen Leitung Klaus-Detlef Bausdorfs ihre Gründungs- und Aufbauzeit hinter sich gelassen. 1972 herrschte Aufbruchsstimmung in der SFD, welche jetzt eine beträchtliche Produktivität entwickelte: Noch im November und Dezember 1971 war eine ganze Reihe von Personendokumentationen mit der neuen AMLO-Gruppe entstanden – unter anderem zu Horst Schumann, der als Erster Sekretär der SED-Bezirksleitung Leipzig und als Mitglied des ZK der SED über seine Arbeitsaufgaben sprach und dabei auch Probleme des Bezirks Leipzig bei Wohnungsbau und Versorgung einräumte.[63]

Gysi/Minister für Kultur an Günter Prey/Minister für Wissenschaft und Technik, 02.09.1971. BArch, DR 140/582.

62 Heinz Liebscher: Systemtheorie und Kybernetik in der philosophischen Sicht von Georg Klaus. In: Rauh / Ruben (Hrsg.): *Denkversuche*, S. 157–175, hier S. 160, 170.

63 Bis Jahresende entstanden noch Filme über Rainer Kerndl, Martin Lattmann, Alvaro Ramirez, Jerzy Bossak, Walter Kresse, Alberto Cavalcanti, Roman Karmen, Friedrich Karl Kaul, Hans Mahle, Leo Haas, Alfred Zimm.

Zu Filmbeginn findet sich außerdem eine für die Geschichte der SFD nicht unwichtige Darstellung des neuen, zunächst als Ko-Leiter eingesetzten Klaus-Detlef Bausdorf über Sinn und Zweck von Filmaufnahmen für die Zukunft:

> Horst Schumann: „Mal was Neues."
> Klaus-Detlef Bausdorf: „Ja, Genosse Schumann, wir können uns ja erstmal herzlich bedanken, dass Sie so bereitwillig darauf eingegangen sind."
> Horst Schumann: „Ich weiß ja gar nicht, was Ihr vorhabt so richtig!"
> Klaus-Detlef Bausdorf: „Ja, vielleicht darf ich das noch einmal ganz kurz erklären. Wir nennen uns von unserer Dienststelle Staatliche Filmdokumentation und haben es uns im Moment zur Hauptaufgabe gemacht, Aufnahmen von Persönlichkeiten aus der Politik, der Wirtschaft, der Kultur zu machen – einfach um sie vorhanden zu haben, sagen wir mal erst. Ohne dass jetzt konkret ein direktes Anliegen daraus entsteht, einen Film fertig zu produzieren."
> Horst Schumann: „Wie Ihr sagt, für die Büchse, ja?" (lacht)
> Klaus-Detlef Bausdorf: „Hm …, naja, für die Büchse, … im Moment … Aber dann natürlich nicht. Weil es sich gezeigt hat, dass eben doch in der Vergangenheit auf diesem Gebiet so viel versäumt wurde, dass man, wenn man nachher mal auf irgendwas zurückgreifen möchte, nichts hat außer solch einem Stückchen *Aktuelle Kamera*, woraus man keinen Film schneiden kann, nicht?"[64]

Klaus-Detlef Bausdorf, Jahrgang 1935 und ausgebildeter Mathematiklehrer, schafft es an dieser Stelle, den Ersten Sekretär zu einem Nicken zu bringen. Bausdorf argumentiert hier auf der Linie der Kino-Letopis und ausschließlich entlang der Erfordernisse späterer Filmproduktionen. Das „Lückenfüllen" wird von ihm denkbar unverfänglich interpretiert als die Dokumentation dessen, was die Kapazitäten des DDR-Films und Fernsehens schlicht überstieg.
Bausdorf gelang es während der Filmaufnahmen auch, dem Ersten Sekretär der SED-Bezirksleitung eine mündliche Bestätigung zur SFD-Konzeption zu entlocken – Schumann: „Das Anliegen verstehe ich – halte das auch für richtig." Diese Zustimmung eines hochrangigen SED-Funktionärs zur Arbeit der Staatlichen Filmdokumentation war für die neugegründete Gruppe von großem Wert. Dass sich eine Unterstützung gerade für heikle SFD-Filmvorhaben auf

64 Zit. n. dem Film. Zitate aus Filmen werden im Folgenden nicht eigens ausgewiesen.

Abb. 8: SFD-Filmdokument *Horst Schumann (geb. 6.2.1924 in Berlin). 1. Sekretär der Bezirksleitung der SED, Leipzig, Mitglied des ZK der SED* (1971, R: Dieter Harms). Der Leiter der Staatlichen Filmdokumentation, Klaus-Detlef Bausdorf, im Gespräch mit Horst Schumann.

Das
Bundesarchiv
00:00:33:08

Das
Bundesarchiv
00:00:35:04

Das
Bundesarchiv
00:00:42:16

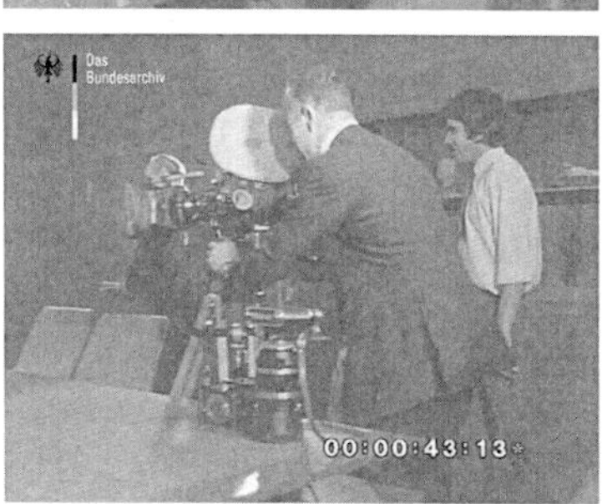
Das
Bundesarchiv
00:00:43:13

Das
Bundesarchiv
00:00:45:09

Das
Bundesarchiv
00:00:47:12

Das
Bundesarchiv
00:01:01:13

Das
Bundesarchiv
00:01:05:20

Das
Bundesarchiv
00:01:42:14

Das
Bundesarchiv
00:02:43:18

der SED-Bezirksebene eher als auf der Ebene des Zentralkomitees erwirken ließ, zeigten 1976 und 1977 drei Filmprojekte über sächsische Betriebe: Zum einen über die vollständige Enteignung eines bereits halbstaatlichen Dresdner Betriebes, sowie – auf Anregung der SED-Bezirksleitung Dresden – zwei Filme zum Thema der schweren Arbeitsbedingungen in technisch veralteten Betriebsteilen des VEB Stahl- und Walzwerkes Riesa.[65] Innerhalb dieser Spannbreite zwischen Selbstbeschränkung einerseits – Klaus-Detlef Bausdorf in *Horst Schumann* – und Sondergenehmigung andererseits – die Dokumentation sächsischer Betriebe – lagen die Schwierigkeiten, aber auch die Möglichkeiten der Staatlichen Filmdokumentation während der kommenden Jahre.

Personendokumentation. Hoffen auf „bewusste Zufälligkeiten“

Die Staatliche Filmdokumentation begann mit dem in der Presse offen publizierten Anspruch, ein umfassenderes Bild von Staat, Gesellschaft und Alltag der DDR zeigen zu können als Film und Fernsehen. Das „Lückenfüllen“, wie es der neue Leiter präsentierte, war von der Überzeugung bestimmt, dass die Kluft zwischen Theorie und Realität der DDR bald überwunden und die Filmdokumente der SFD dann benötigt würden.[66] Die in den Jahren 1971 bis 1975 verbreitete Aufbruchsstimmung schien diesen Zukunftsoptimismus zu bestätigen. Ein gewisses Maß an Öffentlichkeit war so auch zunächst für die Staatliche Filmdokumentation denkbar: Ein kurzer Beitrag Klaus-Detlef Bausdorfs in der Wochenzeitschrift *Sonntag* vom 9. Januar 1972 las sich wie eine Presseerklärung zur Eröffnung der SFD. Konstantin Simonows Plädoyer für die sowjetische Kino-Letopis und die daran anknüpfende Leserfrage, wer sich denn in der DDR einer allgemeinen Chronik des Landes verpflichtet fühle, nahm Bausdorf zum Anlass, programmatisch und in Abgrenzung zu seinem Vorgänger Musall anzukündigen, nun nicht mehr nur Persönlichkeiten und Augenzeugen zu dokumentieren:

65 *VEB Plastlüfter und Anlagenbau Dresden – ehemals halbstaatlicher Betrieb* – (1976, R: Gertraude Kühn); *Produktionsmethoden. Martinwerk I im VEB Stahl- und Walzwerk Riesa* (1976, R: Dieter Harms); *Produktionsmethoden. Rohrwerk I im VEB Stahl- und Walzwerk Riesa* (1977, R: Dieter Harms). – 1978–1980 konnte aufgrund der Bestätigung des Ersten SED-Sekretärs Berlins, Konrad Naumann, die Konzeption einer gesamten Phase, die *Berlin-Totale*, realisiert werden.

66 So auch SFA-Direktor Wolfgang Klaue im Gespräch mit der Autorin (10.08.2012).

Abb. 9: Klaus-Detlef Bausdorf, Leiter der Staatlichen Filmdokumentation 1972–1977. Hier in dem Filmdokument *Hans Jendretzky. geb. 20. Juli 1897 in Berlin. Ehemaliges Mitglied der Bundesleitung des Roten Frontkämpferbundes* (1973, R: Gerd Barz).

> Wir werden stärker mit Kamera und Mikrofon bei aktuellen Geschehnissen dabei sein, um für spätere Zeiten einen Fundus zu schaffen, der über die Berichterstattung von Film und Fernsehen hinausgeht.[67]

Wie schon in einer ersten Pressemeldung zur Staatlichen Filmdokumentation wenige Monate zuvor[68] reflektierte auch dieser Beitrag die Brisanz der öffentlich gemachten Information – über die Berichterstattung von Film und Fernsehen hinauszugehen – kaum. Nach den ersten Besichtigungen von SFD-Produktionsergebnissen sollte sich diese Offenheit jedoch bald ändern.

Die Phase der *Universalen Dokumentation* unter Klaus-Detlef Bausdorf erscheint auf den ersten Blick als eine Phase der reinen Personendokumentation.[69] Tatsächlich entstanden 1972 bis 1977 zahlreiche Filmporträts zu Persönlichkeiten, die der mittleren Elite der DDR zugerechnet werden können, teilweise auch der oberen

67 Klaus-Detlef Bausdorf: An die Redaktion. Filmdokumentation. In: *Sonntag*, 09.01.1972.

68 Manfred Heidicke: Zeugnis eines Zeitgenossen. In: *Film-Spiegel* 17,23 (1971), S. 9. Thema des Artikels sind die SFD-Dreharbeiten mit Hans Rodenberg am 08.10.1971.

69 Vgl. dazu Günter Jordan: *Film in der DDR. Daten, Fakten, Strukturen.* Potsdam: Filmmuseum Potsdam 2009, S. 203–205, hier S. 203. Jordan unterscheidet eine erste Phase (1972–1978, Herstellung von Porträts), eine zweite Phase (1978–1980, Erweiterung um Sachdokumentationen) und eine dritte Phase (1980–1986, kulturwissenschaftliche Neuorientierung).

Führungsebene.[70] Der nähere Blick auf zwei Filmtitel kann einen Eindruck von der Vielgestaltigkeit der SFD-Produktion dieser Jahre vermitteln.

Bei dem ersten Beispiel handelt es sich um *Fritz Selbmann. Schriftsteller. geb. 29.9.1899, gest. 26.1.1975* (1973, R: Veronika Otten). Mit Fritz Selbmann ist ein ehemals hoher Funktionär zu erleben, der sich vermittels des SFD-Films zu rehabilitieren sucht. Das ehemalige Mitglied des ZK der SED (1954–1958), der ehemalige stellvertretende Vorsitzende des Ministerrates (1955–1958) und Industrieminister (1949–1955) erlebte 1958 seinen politischen Sturz. Im SFD-Film zeigt er sich zunächst als Schriftsteller auf einer Lesung. Der weitaus größte Teil der Filmaufnahmen findet aber in seiner Wohnung statt. Hier erstaunt die Dokumentation einer Wohnumgebung aus dem Jahr 1973: einer Mischung aus nachempfunden großbürgerlicher Rahmung und kommunistischer Symbolik, kombiniert mit der Erzählung von einer einfachen Herkunft.[71] Am auffallendsten sind aber Sequenzen, in denen Fritz Selbmann für die Staatliche Filmdokumentation die Strafvollzugsanstalt Waldheim besucht – Jahre nach seiner eigenen Haft (1935–1940). Der Film gerät hier in den Bann der Erinnerungsperspektive Selbmanns. Diese ist geprägt von seiner, so Selbmann, „geschichtlichen Befriedigung", die er als ehemaliger Insasse des Gefängnisses und nunmehriges „Mitglied der herrschenden Klasse" zum Ausdruck bringt. In Folge des distanzlosen Nachvollzuges dieser Perspektive durch den Film kann kein dokumentarisches Interesse an dem gegenwärtigen Gefängnis Waldheim entstehen. Dies ist besonders deutlich während eines von der Kamera begleiteten Gangs Fritz Selbmanns durch das Gefängnis bis hin zu dem Raum, in dem die Filmaufnahmen stattfinden. Das dokumentarische Format schlägt hier in eine fiktionalisierende Re-Inszenierung um, welche die reale Gefängnisumgebung weitgehend irreal werden lässt. Der Umstand, dass die SFD hier Zugang zu einem DDR-Gefängnis hatte, ist erstaunlich. Der Vergangenheit wird

70 Vgl. für eine genaue Aufschlüsselung der SFD-Interviewpartner nach Gruppen Barnert: Personen, Großstadt, blinde Flecken.

71 Unter dem Titel *Über seine Herkunft* bzw. unter dem Titel *Zwischenschnitte* (tonlos) sind etwa zu sehen: sein Schreibtisch mit Löwenskulptur, Porzellanlampe und gesticktem Schillerzitat, zwei Wände voller Geweihe, Ölgemälde, großformatige Bilder Lenins und Thälmanns, wuchtige Möbel und Teppiche, eine Kuckucksuhr, ein Bärenfell.

jedoch in diesem „Film für die Zukunft" eine solche Rechtfertigungslast aufgebürdet, dass für die Dokumentation von Gegenwart kaum noch Platz bleibt.

Ein Filmdokument aus der Produktion der Jahres 1972 sticht aus ganz anderen Gründen hervor: *Helmut Kraatz, Prof. Dr. sc. med. (geb. 6.8.1902 in Wittenberg)* (R: Dieter Harms). Der Mediziner und Gynäkologe Helmut Kraatz diskutiert hier mit seinen Studenten auf deren Wunsch hin das neue Gesetz zur Schwangerschaftsunterbrechung. Die Aufnahmen fanden unmittelbar nach dem entsprechenden Volkskammer-Beschluss am 9. März 1972 statt. Während der Diskussion im Hörsaal fordert Kraatz seine Studenten dazu auf, nicht nur die medizinischen, sondern auch die „gesellschaftlichen Fragen" der Entscheidung zu bedenken. Ohne vorangegangene öffentliche Diskussion, so Kraatz mehrmals, konfrontiere die neue Gesetzeslage nun jeden Einzelnen, und besonders die Ärzte, mit den ethischen und moralischen Konsequenzen.

> Titel-Insert aus *Helmut Kraatz, Prof. Dr. sc. med. (geb. 6.8.1902 in Wittenberg)*, 1972, R: Dieter Harms:
> „Zu Problemen der Schwangerschaftsunterbrechung"
> Helmut Kraatz: „Also meine Damen und Herren, Sie haben mich gefragt, ob ich mit Ihnen einmal diskutieren würde über das neue Gesetz zur Schwangerschaftsunterbrechung. Das tue ich sehr gern […]
> [Eine Studentin spricht nun über mögliche medizinische Komplikationen eines Schwangerschaftsabbruchs.]
> Helmut Kraatz: „Das ist die eine Frage, die medizinische. Dahingehend müssen Sie beraten. Aber gibt es nicht auch noch gesellschaftliche Fragen, die beachtet werden müssen, die Sie als Arzt diskutieren müssen – mit Ihren Patienten?"
> Student: „Herr Professor, wir wissen aus Ihren Vorlesungen, dass die Gynäkologen sehr oft mit der Problematik Leben/Tod konfrontiert worden sind und konfrontiert werden. Jetzt werden die Gynäkologen von gesetzlicher Seite her verpflichtet, in dieses, möchte ich sagen, Naturgeschehen einzugreifen und ein durchdefiniertes Leben zu vernichten. Welche Problematik ist das für unsere Gynäkologen und Geburtshelfer?"
> Helmut Kraatz: „Ja, das ist eine sehr schwierige Frage, das ist das ethisch-moralische Problem dabei. Ich sagte Ihnen schon vorhin: Wir sind konfrontiert mit dem Gesetz. Wir sind nicht konfrontiert worden mit den moralisch-ethischen Bedenken. […] Die Frage, wann wir mit einem Leben zu rechnen haben, […] ist Gegenstand sehr vieler – wissenschaftlicher – Diskussionen gewesen. […] Diese Fragen werden, natürlich, diskutiert. Aber ich betone eben wieder, sie sind vom Gesetzgeber uns entzogen. Er hat uns ein Gesetz gegeben, und wir haben zu der bestehenden Situation Stellung zu nehmen. Die Frage ist aber noch in anderer Beziehung natürlich interessant. Sehen Sie, das haben Sie wahrscheinlich gelesen und auch gehört, auch von theologischer, besonders

> von katholischer Seite [...] Aber wie gesagt, wir sind konfrontiert mit einem bestimmten Gesetz. Den Fragen, die Sie gestellt haben, denen weiche ich nicht aus, ich habe sie mir, und das werden Sie wissen, meiner ganzen Entwicklung nach immer gestellt und habe Sie auch entsprechend erzogen, [...]. Ich halte das für durchaus berechtigt, wenn Sie da solche Überlegungen anstellen."
> Studentin: „Meinen Sie, dass diese Gynäkologen, die mit diesem Gesetz nicht einverstanden sind, und [die] in dem Krankenhaus, wo sie diese Interruptionen machen müssen, ... dass sie nicht psychisch belastet sind, wenn sie so im Laufe des Tages sieben, sechs Interruptionen machen müssen, dass da auch Nachteile für die Patientin aufkommen?"
> Helmut Kraatz: „Ja absolut! Das ist, Sie wissen, nicht nur der unzweckmäßigste Eingriff zur Familienplanung, sondern das ist einer der scheußlichsten, die ein Gynäkologe vornehmen soll. [...] Das ist ein ernstes Problem. [...]"
> Studentin: [zum Problem der Aufklärung der Frauen] „Wie kann man das lösen? Wenn man sich überlegt, dass in den Polikliniken jetzt ein doch erheblicher Ansturm der Frauen kommt und wenn man dagegen sieht, wie leichtfertig die Frauen teilweise kommen und sagen, naja, ich möchte eben die Schwangerschaft unterbrochen haben, und man hat das Gefühl, die machen sich gar keine Gedanken, ob das immer dann auch die Ärzte so ernst nehmen und die Frauen wirklich ganz ernsthaft aufklären [...]."
> Helmut Kraatz: „Das ist eine Frage der Zeit, also der Organisation. Sie haben vollkommen Recht. Und ich plädiere dafür, und habe das in allen amtlichen Gesprächen, die ich in dieser Frage zu führen hatte, immer wieder betont: Die Zeit muss da sein, sonst ist der Aufklärungspflicht des Arztes jede Grundlage entzogen! Sehen Sie, ich habe also früher in solchen Fragen, wo Frauen verzweifelt [...] zu mir gekommen sind, sie in dieser Frage zu beraten [... Er riet offenbar vom Abbruch ab.] Und sie sind dann wieder gekommen und haben mir gesagt, wie glücklich sie sind, [...]."

An dieser Stelle bricht der Filmausschnitt mitten im Satz ab – und schließt sich damit implizit Kraatz' Statement gegen den Abbruch an. Diese Möglichkeit, Anfang und Ende zu setzen, ist ein Mittel des Redakteurs, dem Film seine eigene Haltung zum Thema einzuschreiben. Das willkürlich gesetzte Ende, das mitten in einen Satz hinein platziert wurde, dokumentiert so zugleich auch den Standort, von dem die gesamte Szene aus gedreht wurde. Die Wahl des Filmausschnitts stellt in diesem Fall eine zeitgeschichtlich bedeutsame Information dar. Es ist aber auch die Diskussion der angehenden Mediziner mit ihrem Lehrer selbst, die den Film zu einem wichtigen Dokument

Abb. 10: SFD-Filmdokument *Helmut Kraatz, Prof. Dr. sc. med. (geb. 6.8.1902 in Wittenberg)* (1972, R: Dieter Harms). Helmut Kraatz (1902–1983), Gynäkologe, ehem. Direktor der Universitäts-Frauenklinik Berlin, Präsident des Rates für Planung und Koordinierung der medizinischen Wissenschaften beim Ministerium für Gesundheitswesen der DDR.

Das
Bundesarchiv
01:19:30:07 10:19:30:07

Das
Bundesarchiv
01:21:53:01 10:21:53:01

Das
Bundesarchiv
01:23:13:17 10:23:13:17

Das
Bundesarchiv
01:23:25:12 10:23:25:12

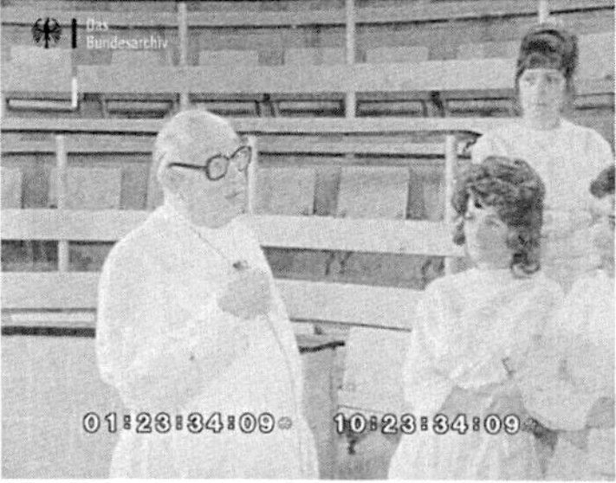
Das
Bundesarchiv
01:23:34:09 10:23:34:09

Das
Bundesarchiv
01:23:46:14 10:23:46:14

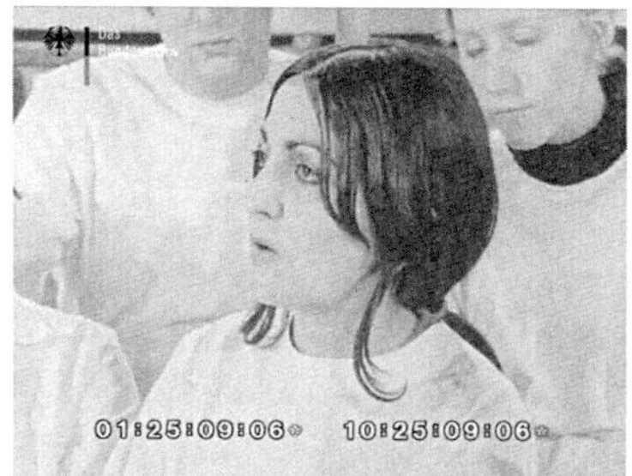
Das
Bundesarchiv
01:25:09:06 10:25:09:06

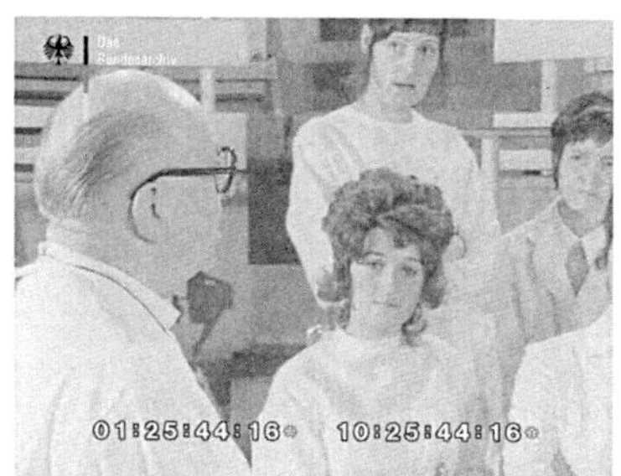
Das
Bundesarchiv
01:25:44:16 10:25:44:16

Das
Bundesarchiv
01:26:07:22 10:26:07:22

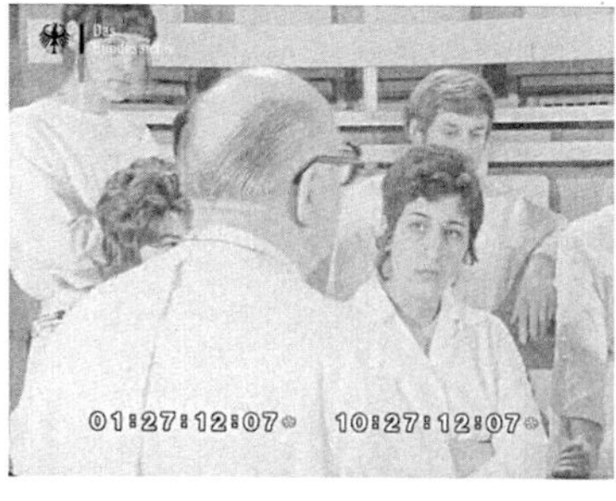
Das
Bundesarchiv
01:27:12:07 10:27:12:07

macht: Gegenüber der neuen Situation werden Unsicherheit und Beklommenheit spürbar. Der Staatlichen Filmdokumentation gelingt es hier, den verdichteten Moment eines gesellschaftlichen und sozialen Umbruchs festzuhalten, dessen Konsequenzen 1972 noch völlig offen sind.

Die Staatliche Filmdokumentation der Jahre 1972 bis 1977 ausschließlich als eine Phase von Personendokumentationen zu betrachten, hieße nicht nur eine große thematische Vielfalt zu übersehen, sondern auch den *universalen* Auftrag als das zentrale Merkmal im SFD-Dokumentationsprofil dieser Zeit. Die Staatliche Filmdokumentation begann unter Klaus-Detlef Bausdorf schon früh mit sozialhistorischen Erkundungen und Beobachtungen. Entsprechend der Presse-Ankündigung vom Januar 1972 entstanden neben den Personendokumentationen auch sogenannte *Sachdokumente* – Filme wie *LDPD. Parteiarbeit* (1972/1974, R: Gerd Barz), *Wochenmarkt in Pankow* (1973, R: Gerd Barz), *Der letzte O-Bus* (1973, R: Dieter Harms) oder *Produktionsmethoden – Zinnrestaurator* (1972/1973, R: Veronika Otten). Viele dieser Sachdokumente wurden später in die *Berlin-Totale* eingeordnet, entstanden aber tatsächlich schon während der *Universalen Phase*: Bereits aus dem Jahr 1976 datieren etwa die *Berlin-Totale*-Filme *Altersheim Koppenplatz* (R: Veronika Otten), *Die Volkskammer* (R: Dieter Harms) oder *Wahlen in einem Stadtbezirk* (R: Dieter Harms).

Sichtbares Zeichen, dass die SFD zudem ihr Privileg nutzte, Tabuthemen zu dokumentieren, ist in dieser Zeit *Berlin-Milieu. Ackerstraße 1973* (1973, R: Veronika Otten).[72] Die Redakteurin porträtiert hier den Lebensalltag von Berlinern, die im Berliner Grenzgebiet leben, zeigt detaillierte, tonlose Aufnahmen von DDR-Grenzsicherungsanlagen und kurze Einblicke in „asoziales Milieu".[73] Nicht nur die Filmbilder von *Ackerstraße*, sondern auch ihre Präsentation ohne Kommentar und andere rezeptionslenkende Mittel waren für zeitgleiche DEFA- und Fernsehproduktionen undenkbar.

72 Vgl. Anne Barnert: Alltag zwischen hier und dort. *Berlin-Milieu – Ackerstraße (1973)* der Staatlichen Filmdokumentation der DDR. In: *Filmblatt* 19,55/56 (2014/2015), S. 115–125.

73 Sichtungsprotokoll, S. 2. BAFA, Bibliothek, FiN 349.

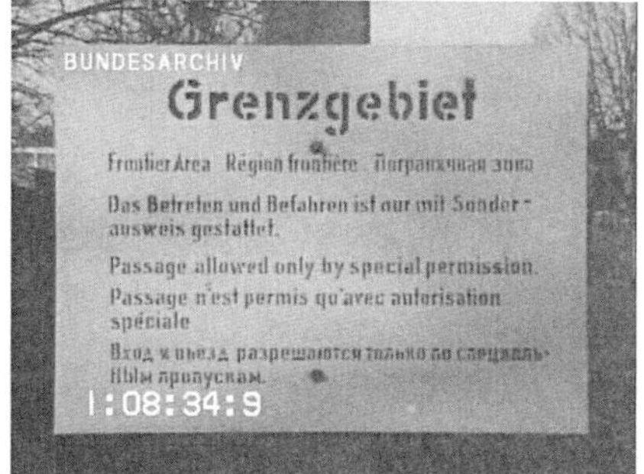

Abb. 11: SFD-Filmdokument *Berlin-Milieu. Ackerstraße 1973* (1973, R: Veronika Otten). Blick über den Mauerstreifen in Richtung West-Berlin. Eine etwa viertelstündige Sequenz gibt hier eine genaue Vorstellung von der Topographie der Berliner Mauer im Bereich Ackerstraße/Bernauer Straße. Mehrmals gerät die 1985 gesprengte, direkt auf dem Mauerstreifen stehende Versöhnungskirche ins Bild.

Erste kulturpolitische Probleme

Der Anspruch, die gesamte DDR *universal* zu dokumentieren, führte dazu, dass die Staatliche Filmdokumentation ihre Arbeit auf eine Fülle von Beobachtungen ausrichtete und weniger auf dramaturgische Verdichtung. Bis hin zu der Erkenntnis, dass schon durch die „Auswahl eines Themas und die Art der gedanklichen Aufbereitung einschränkende Eingriffe nicht zu vermeiden" sind,[74] befolgten die Redakteure der ersten Jahre eine strikte Zurückhaltung gegenüber dem Filmmaterial. Gerd Barz, Kurt Casper, Dieter Harms, Gertraude Kühn und Veronika Otten sind für diese unfilmische Arbeitsweise im Rückblick oft kritisiert worden. Übersehen wird bei dieser Kritik

74 *Aufgaben der Staatlichen Filmdokumentation*, Mai 1972, S. 7–8. BArch, DR 140/582.

aber, dass im Konzept des *Filmdokuments* und in der Aufgabenstellung durch das Kulturministerium das Filmische im Sinne einer künstlerischen Bearbeitung weder vorgesehen noch gestattet war.
1972 bis 1977 waren es daher auch weniger Methodik und Arbeitsweise der Staatlichen Filmdokumentation, die sie zu einem kulturpolitischen Problem werden ließen. Vielmehr konzentrierten sich die Schwierigkeiten, die sie den verantwortlichen Funktionären verursachte, auf Fragen der Sicherung und Geheimhaltung, auf Anleitung und Kontrolle sowie auf die Frage, wie die SFD in die Filmstrukturen der DDR überhaupt integriert werden könnte. Letztlich wirkte sich hier die doppelte Funktions- und Zweckbestimmung der SFD-Filme als wissenschaftliches Quellenmaterial und als Reservoir für spätere Propaganda aus. Im Kulturministerium wurde eine Klärung dieser Fragen über Jahre hinweg verschleppt: Umstrukturierungen, Amtswechsel und Zentralisierungsmaßnahmen verhinderten, dass für die neugegründete SFD eine klare Zuständigkeit geschaffen wurde. Die staatliche Bestätigung der SFD-Grundsatzkonzeption blieb bis 1976 aus, was eine Vielzahl ihrer Aktivitäten blockierte: Weder waren der Austausch von Informationen noch Kooperationen mit anderen Filmproduzenten denkbar; auch über die Grenzen und Möglichkeiten ihrer Öffentlichkeitsarbeit blieb die SFD im Unklaren.
Das grundsätzliche Problem war, dass die Staatspartei SED sich nicht äußerte. Die strategisch offengelassene, doppelte Funktion der Staatlichen Filmdokumentation führte dort offenbar ebenfalls zu ungeklärten Zuständigkeiten. Gehörte sie im ZK der SED in den Bereich *Agitation/Propaganda* (Werner Lamberz / Kurt Tiedke) oder in den Bereich *Kultur* unter Kurt Hager? Vor ihrer Gründung war die Frage einer staatlichen Dokumentation von dem ZK-Bereich *Agitation* unter Albert Norden und von seinem Stellvertreter Reginald Grimmer koordiniert,[75] dann aber an die staatlichen Institutionen abgegeben worden. Diese Linie endete 1962 in der Hauptverwaltung Film unter Hans Rodenberg.[76] Die offensichtlich nie völlig geklärte

75 Reginald Grimmer wird erst 1979 wieder als Sekretär für Agitation und Propaganda der SED-Bezirksleitung Berlin mit der Staatlichen Filmdokumentation befasst sein, nun in Bezug auf eine Entscheidung der SED zur *Berlin-Totale*.

76 Reginald Grimmer/ZK der SED an Hans Rodenberg/HV Film: *Filmothek*, 18.05.1962. BArch, DR 1/4324; Hausmitteilung MfK: Günter Mathyssek/Persönlicher Referent/Sekretariat des Stellvertretenden Ministers Hans Rodenberg an Günter P. Karl/Wissenschaftliche Arbeitsgruppe: *Schaffung einer Filmothek*, 05.09.1962. BArch, DR 1/4324.

Zuständigkeit im ZK der SED ging spätestens 1970 in die Zuständigkeit Kurt Hagers und der Abteilung *Kultur* unter Arno Hochmuth über.[77] Vorrangig war es schließlich das Zentrale Parteiarchiv (ZPA) am Kurt Hager direkt unterstehenden Institut für Marxismus-Leninismus (IML), das zum Ansprechpartner der SFD wurde.

Während das Kulturministerium untätig blieb, erfolgten erste korrigierende Eingriffe durch die Partei noch während des Jahres 1972: Im Juli waren Kurt Hagers enger Mitarbeiterin Erika Hinckel erste SFD-Filme vorgeführt worden. Das Ergebnis führte nicht nur zu einer Information an Hager, sondern auch zu einer Reihe von „Beratungen". Es begann eine Jahre währende Umarbeitung der SFD-Grundsatzkonzeption „entsprechend den Beratungsergebnissen mit ZK-Institutionen."[78] Langfristig bedeutete dies vor allem die Abstimmung der Staatlichen Filmdokumentation mit dem Zentralen Parteiarchiv,[79] das unter anderem die Auswahl von SFD-Themen und -Interviewpartnern steuern und beeinflussen sollte. Entscheidende Vorgabe war aber der Auftrag, eine Beschlussvorlage zur SFD für das ZK der SED vorzubereiten:

> Im Verlauf der qualitativen Entwicklung unserer Arbeit hat sich (besonders im 2. Halbjahr [1972]) die alleinige Verantwortung des SFA für die thematische Auswahl der Filmvorhaben als zu eng erwiesen. Wir sind darauf hingewiesen worden (besonders v. Prof. Rodenberg), dass für die Verfilmung gesellschaftlich bedeutender Themen das ZK der SED bestätigend und kontrollierend Einfluss nehmen muss. Eine entsprechende ZK-Vorlage ist zu erarbeiten.[80]

Diese Beschlussvorlage für das ZK der SED und die Arbeiten daran sollten sich über Jahre hinweg ergebnislos hinziehen. Mehrfach wurde sie auf der Ebene der SFA-Leitung bzw. der HV Film verzögert und zur Neufassung an die SFD zurückverwiesen. Eine Reihe dieser Entwürfe ist erhalten geblieben, so dass einige grundlegende Überlegungen und Probleme nachvollziehbar sind: In den seit 1972 diskutierten Entwürfen zur Arbeit der Staatlichen Filmdokumentation wurde

77 1966–1972. Es folgten Hans-Joachim Hoffmann (1972–1973, danach Kulturminister) und Ursula Ragwitz (1976–1989).

78 Klaus-Detlef Bausdorf/Leiter SFD an Wolfgang Klaue/Leiter SFA: *Schwerpunktaufgaben bis 1975*, 18.09.1972. BArch, DR 140/582.

79 Vgl. *Aktennotiz* über ein Gespräch mit [Lya] Rothe/Zentrales Parteiarchiv/IML, 24.07.1972. BArch, DR 140/582.

80 SFD: *Jahresbericht 1972*, 11.01.1973, S. 2. BArch, DR 140/582.

eine Rechenschaftspflicht gegenüber dem Institut für Marxismus-Leninismus sowie gegenüber den Abteilungen *Agitation* und *Parteiorgane* beim ZK der SED verlangt, und zwar sowohl, was die Festlegung des Jahresproduktionsplans als auch die Produktionsergebnisse betraf. Völlig abgelehnt wurde im ZK die Verantwortlichkeit der Staatlichen Filmdokumentation für solche Aufnahmen, die die Partei selbst betrafen, sowie für die Verfilmung „besonderer Erscheinungen unseres gesellschaftlichen Lebens“[81] – also für eben jene Themen, mit denen die SFD die Lücken der DDR-Medien füllen sollte. Die Umsetzung dieser restriktiven Vorgaben drohte die Dokumentationsaufgaben der Staatlichen Filmdokumentation in einer Weise zu verengen, dass sie von anderen DDR-Filmstudios kaum mehr zu unterscheiden gewesen wäre.

Unter diesen Voraussetzungen waren die jahrelangen Verzögerungen der ZK-Beschlussvorlage für die Staatliche Filmdokumentation zunächst von Vorteil. Dennoch hatte die ausbleibende politische Bestätigung durch das Zentralkomitee auch deutlich negative Folgen: Produktionsvorhaben aus dem Kernbereich der SFD – dem Lückenfüllen – waren ohne eine Bestätigung der Parteispitze kaum möglich. So war beispielsweise von der SFD noch unter Bernhard Musall eine Filmdokumentation über den Aufbau des Kernkraftwerks Greifswald-Rheinsberg unter besonderen Geheimhaltungsvorkehrungen begonnen worden. Diese Dokumentation musste nun abgebrochen werden, da die SED-Bezirksleitung Rostock anwies, die Drehgenehmigung zurückzuziehen.[82] Ebenso musste die Staatliche Filmdokumentation den Plan aufgeben, für ihre Persönlichkeitsaufnahmen mit den Politbüro-Mitgliedern auch die höchsten Repräsentanten der DDR zu gewinnen.

Die Folgen der ausbleibenden ZK-Bestätigung zeigten sich in ihrer vollen Wirkung erst mit der Zeit: Sie betrafen die Kooperationsmöglichen der Staatlichen Filmdokumentation mit anderen Institutionen, den Zugang zu Informationen und die Veröffentlichung der eigenen Arbeit. Der Ankündigung im *Sonntag* von Januar 1972 folgten unter Klaus-Detlef Bausdorf nur noch ein allgemeiner Hinweis in einem

81 *Entwurf. Vorlage über die Arbeit der Staatlichen Filmdokumentation beim Staatlichen Filmarchiv der DDR*, [1973], S. 4. BArch, DR 140/583.

82 Vgl. die Dokumente zur dieser bereits begonnenen Produktion in BArch, DR 140/582 und BArch, DR 140/931.

Pressebericht über das Staatliche Filmarchiv sowie ein kurzer Beitrag über SFD-Dreharbeiten mit dem DEFA-Regisseur Martin Hellberg.[83] Informationen über fertiggestellte SFD-Filme erhielt das DEFA-Studio für Dokumentarfilme. Das Jahrbuch *Filmobibliografische Jahresberichte* (*fbj*) erhielt die Angaben ebenfalls, allerdings oft um Jahre verspätet und mit Inhaltsanhaben und Filmtiteln, die oft nur wenig vom tatsächlichen Gehalt der SFD-Filme vermittelten.[84] Beim Fernsehen wurden ausgewählte Redaktionen durch „gezielte mündliche Information" über die aktuelle SFD-Produktion in Kenntnis gesetzt.[85] Durch diese restriktive Informationsvergabe an ausgewählte Partner blieb die SFD in nur sehr geringem Maße bekannt.

Diese Beschränkungen wurden in der Zeit der *Universalen Dokumentation* unter Klaus-Detlef Bausdorf noch als vorübergehende Lösung angesehen: „Die Publizierung der SFD-Filme ist durch Ausbleiben der Konzeptionsbestätigung bisher nur in taktisch vertretbarem Umfang geschehen", hieß es im Jahresbericht 1974 noch hoffnungsvoll.[86] Die Erwartung wurde enttäuscht: Da die Beschlussvorlage für das ZK der SED blockiert blieb und eine generelle Genehmigung durch die Partei damit fehlte, konnte auch die im Februar 1976 erteilte, staatliche Bestätigung an der Situation kaum etwas verbessern: Weiterhin wurden sämtliche Bemühungen der SFD unterbunden, sich mehr Handlungsmöglichkeiten und Öffentlichkeit zu erschließen.

Abgeschirmt selbst von den anderen Abteilungen des Filmarchivs – die Staatliche Filmdokumentation hatte ihre Räume am Rosenthaler Platz, während das Archiv seinen Hauptsitz am Hausvogteiplatz hatte – war die existentielle Voraussetzung der SFD ihre Verborgenheit. Es handelte sich hier um keine konspirativ zu nennende Geheimhaltung. Tatsächlich wurde eine weit wirkungsvollere Form des Verbergens praktiziert: Informationen wie an die *fbj* wurden zwar gegeben. Diejenigen Informationen aber, die für ein tatsächliches

83 Filmschätze im Archiv: 20 Jahre Staatliches Filmarchiv. Größte deutschsprachige Filmkollektion der Welt. In: *Der Morgen*, 12.10.1975; Michael Grüning: Ein Streifen für die Nachwelt. Filmarchiv-Mitarbeiter bei Prof. Hellberg. In: *Sächsisches Tageblatt*, 23.02.1976.

84 Die filmographischen Angaben der *fbj* zu Jahresangaben und Filmtiteln können daher nicht ungeprüft übernommen werden. Vgl. die Filmographie der SFD-Filmproduktion im Anhang.

85 *Jahresbericht 1974*, [Januar 1975], S. 3. BArch, DR 140/582.

86 Ebd.

Verständnis der Aufnahmen aus der Staatlichen Filmdokumentation entscheidend gewesen wären, wurden überhaupt nicht vergeben, nur an sehr eng definierte Personenkreise oder so, dass sie unverständlich blieben. Dieses streng gestaffelte System der Informationsvergabe machte weit vor der allgemeinen DDR-Öffentlichkeit halt.

Zum abgestuften Informationssystem gehörten auch die verschiedenen Indexkategorien für SFD-Filme. Generell wurden SFD-Filmdokumente unter dem Lizenzvermerk „Verbot" archiviert,[87] ihr Status im Filmarchiv war der von Sperrmaterial. Einzelne Vorgaben wie das Verfahren der Abnahme konnten somit zuweilen auch lockerer gehandhabt werden, da durch die Sperrung des Gesamtbestandes eine Kontrolle der Staatlichen Filmdokumentation ohnehin gegeben war. 1974 wurde eine *Ordnung für den Umgang mit Filmen der Staatlichen Filmdokumentation* erstellt, die 1984 geringfügige Ergänzungen erfuhr.[88]

Da in einem – allerdings sehr eingeschränkten – Maße auch an gegenwärtige Nutzung gedacht war, untergliederten sich die Lizenzvermerke für SFD-Filme in vier Sperrkategorien. Diese standen mit ihren differenzierten Bedingungen für Einsicht und Herausgabe jeweils im Ermessen des SFD- bzw. SFA-Leiters und waren nicht einklagbar. Vor allem aber waren sie politisch motiviert:[89] Als Grundlage für die Vergabe von Sperrkategorien verlangte die *Ordnung für den Umgang mit Filmen der Staatlichen Filmdokumentation* ausdrücklich eine „politische Wertung" des Inhalts der Filme.[90] Diese politische Wertung wurde von einer Abnahmekommission vorgenommen, der neben Archivdirektor Klaue und Vertretern der HV Film auch der jeweils porträtierte „Dokumentationspartner" angehörte – welcher sich hierin nochmals zusätzlich absichern konnte.

87 *Dienstanweisung Nr. 2/1981 (Überarbeitete Fassung, Juni 1984). Technologie Kataloge. Spielfilm und Nichtspielfilm*, S. 36. BArch, Altsignatur DR 140/933/2.

88 *Ordnung für den Umgang mit Filmen der Staatlichen Filmdokumentation*, 19.07.1974. BArch, Altsignatur DR 140/743; *Dienstanweisung 17/1984. Ordnung zur Produktion, Abnahme, Archivierung und Nutzung von Filmen der Staatlichen Filmdokumentation.* BArch, Altsignatur DR 140/933/2.

89 Im Gegensatz zu Günter Jordan, der von Sperrungen ausschließlich „zum Schutz der Persönlichkeitsrechte des Aufgenommenen" spricht. Jordan: *Film in der DDR*, S. 204.

90 *Ordnung für den Umgang mit Filmen der Staatlichen Filmdokumentation*, 19.07.1974. BArch, DR 140/743.

Sperrfilme im engeren Sinne bezeichnete „Kategorie 3". Diese Kategorie erhielt beispielsweise der Film *Lionel Ngakane. Regisseur. Südafrika* (1972, R: Dieter Harms) oder *Arno v. Lenski. geb. 20.7.1893 in Czymochen/Ostpreußen. Generalmajor a.D. NVA* (1973, R: Gerd Barz). Hier spricht der ehemalige Chef der NVA-Fachverwaltung Panzerwesen und NDPD-Funktionär unter anderem über die Gründe für die Auflösung der Arbeitsgemeinschaft ehemaliger Offiziere, deren Vorstandsmitglied und Vorsitzender er von 1964 bis 1971 war. Das SFD-Abnahmeprotokoll vermerkte zur Vergabe der Sperrkategorie 3: „Die Begründung für die Auflösung der *Arbeitsgemeinschaft ehemaliger Offiziere* darf nur mit Zustimmung des Sekretariats des Politbüros der SED veröffentlicht werden."[91] Hier ist zu sehen, wie sich trotz Unzugänglichkeit der Filme aktuelle politische Ereignisse noch einmal in einem besonderen Sicherungsbedürfnis niederschlagen konnten.[92]

Die schärfste Sperrkategorie für streng vertrauliche Filme schließlich – Kategorie 4 – existierte nur inoffiziell. Sie wurde selbst in den SFA-Dienstanweisungen nur implizit beschrieben, im internen SFA-Katalog aber verwendet.[93] Insgesamt stellen die Sperrkategorien mit ihren dazugehörigen *Abnahmeprotokollen* und *Berichten zu den Filmaufnahmen* eine aussagekräftige Quelle für zeitgenössische Selbsteinschätzungen dar. SFD-Filme – gerade die Personendokumentationen – sind ohne diese zusätzlichen Quellen oft nur schwer einzuordnen.

Die Überlieferung zum Film *Prof. Dr. hc. Hans Rodenberg* (1971, R: Dieter Harms) zeigt einen drastischen Fall, wie ein SFD-Film und seine Wahrnehmung durch den Porträtierten völlig auseinander treten konnten. In dem Film hätte Hans Rodenberg sicher vieles über sein politisches Leben und sein Exil in der Sowjetunion mitteilen können. Tatsächlich ist jedoch ein äußerst beherrschter Vortrag des ehemaligen Schauspielers Rodenberg erlebbar, in dem dieser sich vor allem als Freund der Sowjetunion präsentiert. Seine Haltung ist distanziert, die Arbeit mit der Kamera, auch über Blicke, sehr bewusst;

91 *Abnahmeprotokoll Arno von Lenski*, SFD-Filmakten, Ablage 4, S. 1. BArch, DR 140/943.

92 Der gerade in Kraft getretene Grundlagenvertrag (21.06.1973). Die Arbeitsgemeinschaft ehemaliger Offiziere galt nun als Provokation, die zu unterlassen war.

93 Vgl. die ehemalige SFA-Eingangskartei im BAFA.

die Sprache bleibt schauspielerhaft prononciert. Insgesamt entsteht die Wirkung einer schon oft geprobten Rolle. Umso erstaunlicher ist es, dass Hans Rodenberg den SFD-Film dennoch „vollständig sperren" ließ[94] und der überlieferte *Filmbericht* einen Eklat bei der Abnahmevorführung schildert:

> Der Kontakt wurde durch unseren damaligen Mitarbeiter Bernhard Musall hergestellt. Prof. Rodenberg wurde es freigestellt, über welche Etappen seines Lebens er berichten wolle. Es wurde lediglich die Zeit mit ca. 30 Minuten vorgegeben. Zu den Filmaufnahmen selbst gibt es keine Bemerkungen. Als jedoch der Film dem Prof. Rodenberg zur Abnahme vorgeführt wurde, bemerkte er, dass er sich in dem Film entblößt vorkäme. Er meinte damit, dass er sich vor einer Kamera noch nie so über Einzelheiten und Etappen seines Lebens geäußert hat. Weiterhin sollten die Aufnahmen fortgeführt werden, um die zu kurz gekommene Rolle der Partei in den richtigen Umfang zu bringen. Diese Aufnahmen haben bis zum heutigen Tag nicht stattgefunden, da Prof. Rodenberg das Abnahmeprotokoll erst nach der Bestätigung der Konzeption unserer Arbeitsgruppe durch das Zentralkomitee der SED unterzeichnen will.[95]

Hans Rodenberg – der in seinen politischen Ämtern mit der Staatlichen Filmdokumentation bereits in Berührung gekommen, mit ihrer besonderen Aufgabe also vertraut war – zeigt sich hier als ein von Parteidisziplin und Angst beherrschter Mensch und Politiker. Seine Weigerung, ohne die Partei eine Entscheidung über den Film zu fällen, ist besonders auffällig, da Rodenberg selbst eine recht hohe Funktion bekleidete. Die Angst vor der Partei kam hier mitten aus ihr selbst heraus.[96]

Erwartungen, die mittlere Elite der DDR würde sich in den Filmen der SFD selbst kritisieren, wären unangemessen. Die Intention der

94 SFD: *Jahresbericht 1972*, 11.01.1973, S. 5. BArch, DR 140/582.

95 *Bericht zu den Filmaufnahmen mit Prof. Hans Rodenberg*, o. D. BAFA, Bibliothek, FiN 349.

96 Hans Rodenberg (1895–1978) war 1954–1978 Mitglied des ZK der SED. 1957 wurde er Mitglied der Kulturkommission beim Politbüro des ZK der SED. Der Sohn eines jüdischen Kaufmanns und ausgebildete Schauspieler brach früh mit seiner Familie. Im Auftrag der KPD übersiedelte er 1932 nach Moskau. Vom NKWD wurde Rodenberg als geheimer Informant verpflichtet. März 1948 kehrte er nach Berlin zurück, war 1950–1954 Mitglied der BL Berlin der SED und 1960–1963 als Stellvertreter des Ministers für Kultur für Film zuständig, 1960–1976 war er Mitglied des Staatsrats der DDR. http://www.bundesstiftung-aufarbeitung.de/wer-war-wer-in-der-ddr-%2363%3B-1424.html?ID=2871 (Zugriff am 24.05.2012). – Im SFD-Film *Ilse Rodenberg* (1972, R: Dieter Harms) ist Hans Rodenberg im längeren Gespräch mit seiner Ehefrau zu erleben.

Funktionäre unter den dokumentierten Personen war es kaum, sich hier auf abweichende Diskurse einzulassen. Allenfalls bestand die Bereitschaft, ihr als „Lücke" empfundenes und in der DDR-Öffentlichkeit tatsächlich kaum dargestelltes, privates Lebensumfeld zu zeigen: Wohnhäuser, Gärten und Seegrundstücke öffneten sich der Staatlichen Filmdokumentation – oft mit Ehefrau und Familie –, so dass sich hier der Blick in ein regelrechtes ‚Milieu' ergibt. Im Film *Ernst Goldenbaum (II)* (1972/1973, R: Dieter Harms) ist beispielsweise der Vorsitzende der Demokratischen Bauernpartei Deutschlands (1948–1982) und Minister für Land- und Forstwirtschaft (1949/1950) beim Tennis zu erleben, im Garten mit Familie und am See (bis hin zu dem Wortwechsel der überraschten Familie mit Goldenbaums Mitarbeiter: „Wir machen jetzt einen Fluchtversuch." – „Geflüchtet wird nicht bei uns.").

Der Blick in die Filme zeigt, dass die Bereitschaft der Porträtierten, Kritik zu äußern und Gespräche zu sensiblen Themen zu führen, mit ihrem persönlichen Engagement und Interesse für ein Thema zusammenhing. Ein Beispiel hierfür war die Dokumentation mit dem Gynäkologen Helmut Kraatz, der im Film ganz offensichtlich über das neue Gesetz zur Schwangerschaftsunterbrechung in Form einer Diskussion mit seinen Studenten kritisch sprechen wollte.[97] Ein gewisses Maß an ungewohnter Offenheit – allerdings keine Kritik – bietet auch der Film *Karl Mewis* (1973, R: Gerd Barz). Dieses Filmdokument enthält eine recht unverstellte Erzählung der 1960 vollendeten Zwangskollektivierung der Mecklenburger Landwirtschaft. Mewis – ehemaliger Erster Sekretär der Bezirksleitung Rostock (1952–1961), Mitglied des ZK (1952–1981) und 1963 seiner Ämter enthoben – erinnert sich hier an die Umstände der Kollektivierung:

> Und es ging bald … sehr … hart zu – nicht nur lebendig … sehr hart. […] Ideologisch allein ging das nicht. […] In manchen Dörfern genügte es, wenn man Versammlungen durchführte: […] Jetzt müsst Ihr Euch entscheiden! So ultimativ haben wir die Frage gestellt und in einigen Versammlungen, in denen ich das machte, gelang es noch am selben Abend oder besser gesagt noch in der gleichen Nacht, die gesamte Bauernschaft des Dorfes zu gewinnen – mit … sehr … deutlicher Überzeugungsarbeit. […] Das ging mit … moralischem Druck, und manchmal reichte das nicht aus. Es hat Dörfer gegeben, die wurden von Arbeitern aus der Industrie und von anderen Bauern, die schon in den

97 Vgl. S. 63–66.

Abb. 12: SFD-Filmdokument *Karl Mewis. geb. 22.11.1907 in Hannoversch Münden. Mitglied des ZK der SED* (1973, R: Gerd Barz). Dem Film folgten 1976/1977 weitere Aufnahmen der SFD mit Karl Mewis für einen zweiten Teil.

> Genossenschaften waren, regelrecht umstellt. Und man ging von Haus zu Haus und hat agitiert … und man ist nicht weggegangen … tagelang – bis sich alle entschieden hatten. Das war mehr als moralischer Druck, das kann ich ohne weiteres sagen. Und wenn auch das nicht genügte … tja …

Mit Karl Mewis sprach hier eine Persönlichkeit, der es ganz offenbar Vergnügen bereitete, die gesetzten Grenzen des in der DDR vor einer Kamera Sagbaren in Worten, Gestik und Mimik kurzzeitig zu übertreten. Dies geschieht hier insofern, als dass ideologisches Handwerk offengelegt wird – ein Umstand, der sonst regelmäßig die Zensur auf den Plan rief.

Lösungsversuche

Angesichts der ausbleibenden Reaktion des Kulturministeriums zur SFD-Grundsatzkonzeption – die zugleich auch Voraussetzung der Vorlage für das ZK der SED war – arbeitete die Staatliche

Filmdokumentation in der Annahme ihres tatsächlich universalen Dokumentations-Auftrages weiter. „Lückenfüllen“ bedeutete für die SFD-Mitarbeiter weiterhin, die „besonderen Vorgänge der gesellschaftlichen Entwicklung zu erfassen, die sich aufgrund zeitbedingter Vertraulichkeit der Behandlung durch andere Filmproduzenten entziehen“.[98] Auch der Anspruch, Fehlendes systematisch und mit Blick auf die spätere Zentrale Sammlung zu vervollständigen, war noch gegeben. Zunehmende Schwierigkeiten waren allerdings unübersehbar, so dass erste Korrekturen an Konzeption und Arbeitsweise der Staatlichen Filmdokumentation vorgenommen wurden.

Ein zentrales Problem technischer Art war zunächst die Frage der Umstellung der westdeutschen SFD-Technik auf das ostdeutsche 35mm-Format und auf Farbfilm. Hieran war das Interesse des Fernsehens und der DEFA an den SFD-Filmaufnahmen geknüpft. Die mangelhafte Integration der Staatlichen Filmdokumentation in das Filmwesen der DDR begann somit schon auf der Ebene der materiellen Ausstattung. Ihre Problematik konzentrierte sich jedoch vor allem in der immer neu aufgeschobenen Beschlussvorlage für das ZK der SED. Eine mögliche Erklärung für die andauernde Verzögerung könnte sein, dass Mitte der 1970er Jahre immer noch der Plan bestand, eine Zentrale Film- und Fernsehdokumentensammlung der DDR zu gründen – als deren Vorform und produzierender Kern die Staatliche Filmdokumentation gedacht war. Eine Realisierung wurde allerdings immer fraglicher, und damit auch die letztendliche Funktion der Staatlichen Filmdokumentation am SFA.

Ohne die Bestätigung durch die Partei blieb die Staatliche Filmdokumentation in einem Schwebezustand, der ihre Bemühungen um weitergehende Information aus anderen Institutionen, um Kooperationen, die Übernahme von Filmmaterialien und die Dokumentation von Themen der „zeitbedingten Vertraulichkeit“ weitgehend erfolglos bleiben ließ. Ausnahmen bildeten die Sondergenehmigungen der SED-Bezirksleitungen sowie gelegentliche Freiheiten, die sich Porträtierte oder Redakteure nahmen. Fälle wie die Hans Rodenbergs schienen sich allerdings zu häufen, so dass ein erstes Resümee zur Arbeit der Staatlichen Filmdokumentation im Juni 1977 konstatierte,

98 *Entwurf. Vorlage über die Arbeit der Staatlichen Filmdokumentation beim Staatlichen Filmarchiv der DDR*, [1973], S. 2. BArch, DR 140/583.

Problem der SFD sei ihre mangelnde Autorität gegenüber anderen Institutionen der DDR – eine Autorität, die ihr nur von der Partei verliehen werden konnte. Die Hoffnungen, die sich 1977 an eine politische Bestätigung durch das ZK der SED knüpften, reflektierten zugleich auch die bisherigen Erfahrungen der Filmgruppe:

> Die Notwendigkeit, über die Tätigkeit der Staatlichen Filmdokumentation eine Entscheidung des Sekretariats zu erhalten, [besteht] vor allem aus folgenden Gründen
> - führenden Genossen der Partei wird dadurch die Zustimmung gegeben, sich vor der Kamera zu äußern
> - die Fachabteilungen des ZK werden dadurch beauftragt, Einfluss auf die Dokumentationsvorhaben zu nehmen
> - die Staatliche Filmdokumentation erhält gegenüber anderen Institutionen eine größere Autorität.[99]

Da der Weg zu einer ZK-Bestätigung auf unbestimmte Zeit blockiert blieb, unternahm die SFD Versuche, begrenzte Teilgenehmigungen zu erlangen – etwa in der Zusammenarbeit mit einzelnen Ministerien. Ein Präzedenzfall wurde 1973/1974 die Korrespondenz zwischen SFD und Ministerium des Innern (MdI) über ein Filmdokument mit Fritz Eikemeier. Der ehemalige Präsident der Berliner Volkspolizei (1953–1964) hatte im Vorgespräch signalisiert, auch über Ereignisse des Juni 1953 und über den Mauerbau sprechen zu wollen.[100] Als Klaus-Detlef Bausdorf das Innenministerium um Erlaubnis zur „tiefgründigen, über die Schilderung von Allgemeinfakten hinausgehenden Darstellung“ zum Mauerbau 1961 bat,[101] kamen die Vorarbeiten jedoch ins Stocken.

Das Filmdokument *Fritz Eikemeier* (1974, Gerd Barz) wurde nun zum Anlass, die Frage einer politischen Bestätigung der SFD auf Ministeriumsebene zu klären: Innenminister Friedrich Dickel wurde erst durch HV-Leiter Günter Klein, dann durch Kulturminister Hans-Joachim Hoffmann selbst um eine „generelle Zustimmung für Filmaufnahmen“ gebeten und dazu mit der Spezifik der Staatlichen Filmdokumentation vertraut gemacht:

99 SFD an Ruth Herlinghaus/Abt. Wissenschaft und Information/HV Film: *Information über Entwicklung, Aufgaben und bisherige Tätigkeit der Staatlichen Filmdokumentation beim Staatlichen Filmarchiv der DDR*, 17.06.1977, S. 4. BArch, DR 140/583.

100 *Bericht zum Film Fritz Eikemeier*. BAFA, Bibliothek, FiN 349.

101 Klaus-Detlef Bausdorf/SFD an Twarog/Leiter Pressestelle/MdI, 08.10.1973. BArch, DO 1/11200.

> Die dort produzierten Filmsujets sind also nicht für eine sofortige Veröffentlichung vorgesehen und unterliegen bei entsprechendem Anlass auch streng vertraulicher Behandlung und Bewahrung. [...] Sie werden mir sicher zustimmen, dass diese Arbeit, vorerst für das Archiv, in absehbarer Zeit von großem Wert sein wird. Da die Filme nicht für den aktuellen Einsatz vorgesehen sind und damit die behandelte Thematik unabhängig von den Empfehlungen für die Tagesinformation ist, möchten sich viele Genossen bei tieferem Eindringen in die Probleme der Zustimmung ihres Ministers versichern. Für die Genossen der Staatlichen Filmdokumentation, deren Leiter der Parteisekretär des Staatlichen Filmarchivs, Gen. Bausdorf, ist, wäre eine generelle Zustimmung für Filmaufnahmen von ehemaligen oder tätigen Mitarbeitern, sofern sie Ihrem Ministerium unterstehen, sehr arbeitserleichternd. [...] Das Sekretariat des ZK ist über die Arbeit dieser Gruppe informiert.[102]

Der Vorstoß führte nicht zum gewünschten Erfolg.[103] Der Innenminister nutzte den Fall Eikemeier vielmehr, um auf dem Prinzip der Einzelfallgenehmigung zu beharren und unter Berufung auf den notwendigen „Schutz der sozialistischen Staats-und Gesellschaftsordnung“ klarzustellen, dass hier ausschließlich die Politische Verwaltung des MdI zuständig sei.[104]

Nach dem Scheitern der Bemühungen um eine Bestätigung der Staatlichen Filmdokumentation durch einzelne Ministerien wie das MdI verfestigten sich die schon zuvor gehandhabten Vorgehensweisen. Lösungsansätze blieben weiterhin kontrollierte Einzelfallgenehmigungen bzw. auch die Vermeidung von Themen. Eine weitere Lösung war es, die Personendokumentationen auf Themenkomplexe zu konzentrieren: Ab 1974 begannen einzelne Schwerpunkte zu dominieren – *Konzentrationslager*, *Aktivisten*, *Nationalkomitee „Freies Deutschland“* (NKFD), *Spanienkämpfer* oder auch, zu dessen 100. Geburtstag, *Wilhelm Pieck*.[105] Diese Themen bewegten sich zwar überwiegend im

102 Hans-Joachim Hoffmann/Minister für Kultur an Friedrich Dickel/Minister des Innern, 15.01.1974, S. 1–2. BArch, DR 1/14922.

103 Friedrich Dickel (1913–1993), ZK-Mitglied, Minister des Innern (1963–1989), Chef der *Deutschen Volkspolizei*, war im August 1961 Mitglied des Stabes des Nationalen Verteidigungsrates der DDR beim Mauerbau in Berlin. http://www.bundesstiftung-aufarbeitung.de/wer-war-wer-in-der-ddr-%2363%3B-1424.html?ID=566 (Zugriff am 02.02.2015).

104 Dickel/MdI an Hoffmann/MfK, 21.02.1974. BArch, DR 1/14922.

105 Es entstanden Filmdokumente mit der Tochter Piecks, Elly Winter, mit Elli Schmidt (ehem. Politbüro-Mitglied), mit dem CDU-Funktionär Luitpold Steidle, mit Arthur Hofmann (ehem. MfS-Hauptabteilungsleiter). Vgl. Staatliches Filmarchiv der DDR (Hrsg.): *Wilhelm Pieck im Film*. Berlin: Staatliches Filmarchiv der DDR 1976, S. 49–52.

Rahmen dessen, was zum allgemeinen Spektrum der DDR-Filmproduktion gehörte, allerdings ist hier immer noch die besondere Form der SFD-Filmdokumente in Betracht zu ziehen:
Während für den DDR-Film allgemein galt, dass ohne den ‚parteilichen Standpunkt' Darstellungen und Einsichten in die gesellschaftliche Realität der DDR nicht möglich sein sollten, unterlief die Ästhetik der Staatlichen Filmdokumentation diese Schwelle. Die SFD stellte nicht Dokumentarfilme her, sondern *Filmdokumente*, nicht Regisseure waren mit der Produktion beauftragt, sondern *Redakteure*. Da ihre Filme als Arbeits- und Ausgangsmaterial für die Zukunft gedacht waren, verzichteten sie in einem für DDR-Filme ungewöhnlich hohen Maße auf formale Lenkungs- und Beeinflussungsmöglichkeiten der Rezeption. SFD-Filme waren meist nur lose strukturiert: durch Inserts, durch Nummerierung einzelner Szenen oder durch Schwarzblenden. Zusammen mit einer eingeschränkten Kamera- und Montagearbeit und dem Verzicht auf formale Mittel wie Kommentar und Musik ergab sich hieraus eine sehr einfache Filmform. Gegenüber dem an die ‚Parteilichkeit' gebundenen DDR-Film war damit aber in der Rezeption eine weitaus größere Vielfalt an Assoziationen und Verknüpfungsmöglichkeiten gewonnen.
Die Kontroll- und Beeinflussungsversuche der Personendokumentation der Staatlichen Filmdokumentation zeigen, dass während der *Universalen Phase* ihr kulturpolitisches Risiko vor allem hier gesehen wurde. Schon bei den ersten Besichtigungen muss deutlich geworden sein, dass sich gerade das *Typische* mit der offenen, in die Gespräche nicht eingreifenden SFD-Methode oft nicht ergab. Die Personendokumentationen sollten daher kalkulierbarer, die Faktoren Zufall und Persönlichkeit nach Möglichkeit ausgeschlossen werden. Anfang 1974 wurde dies als „Profilierung der Arbeit" umschrieben:[106] Die bisher allgemein auf die Biographien der Porträtierten ausgerichteten Aufnahmen, die es ihnen selbst überließen, worüber sie sprachen, wurden zugunsten von Themenkomplexen eingeschränkt. Kennzeichen der SFD-Personendokumentation sollte jetzt die „Orientierung auf gezielte Themen und die Abkehr von den einstmals geforderten *bewussten Zufälligkeiten* in einer längeren Aufnahme" sein.[107] Durch

106 *Staatliche Filmdokumentation. Jahresbericht 1973*, [Januar 1974], S. 3. BArch, DR 140/582.
107 Ebd.

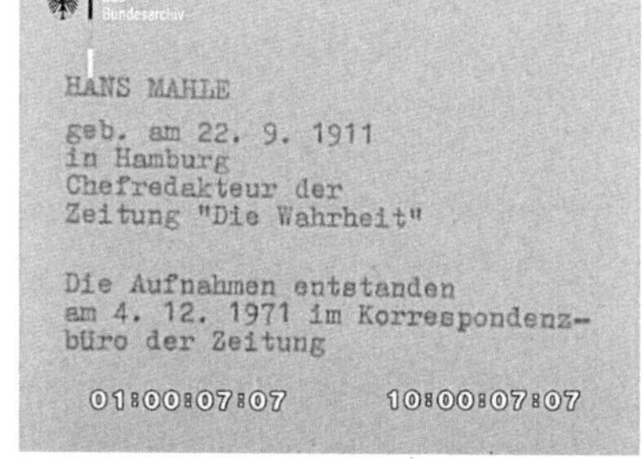

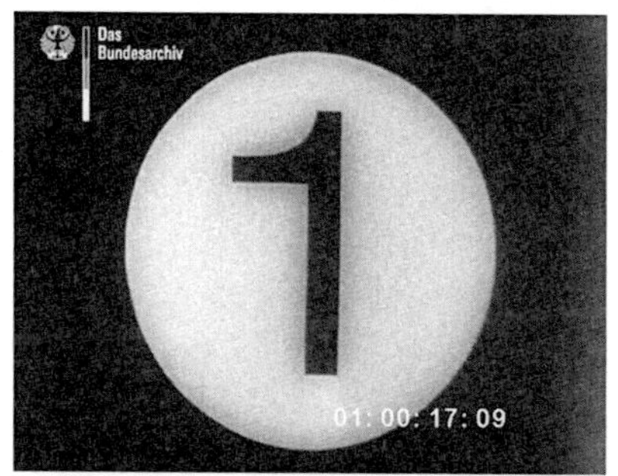

Abb. 13: Charakteristische Präsentationsformen. Zu sehen sind ein üblicher Vorspann, ein Titel, der Beginn einer Szene durch Nummerierung, ein Abspann.

eine präzisere Gesprächsregie sollten nun missverständliche oder unerwünschte Zungenschläge verhindert werden. Letztlich bedeutete die Einführung der Themenkomplexe in die Personendokumentation eine Begrenzung und Strukturierung der langen, nahezu ununterbrochenen Selbstdarstellungen – und damit eine Abschwächung der empirischen Methodik der Gründungszeit.

Ab 1975 stieg der Anteil der Sachdokumentationen an der SFD-Gesamtproduktion deutlich. Diese Filme sind sehr uneinheitlich. Einerseits setzten hier schon Filmthemen späterer Produktionsphasen ein – so begann 1976 die umfangreiche SFD-Dokumentation zum alten Berliner Scheunenviertel. Andererseits argumentierten Konzeptionen, warum Sachverhalte überhaupt im Film dokumentiert werden sollten, mit dem Begriff der „Darstellung" und einem sich daraus ergebenden „Bildungswert".[108] Bei einem solchen Verständnis des Sachdokuments war der Lehrfilm als gestalteter Auftragsfilm nicht weit. Bis 1977 entstanden hier einige Filme, die sich – im SFD-Katalog meist nicht enthalten – im Grunde außerhalb des Produktionsprofils der Staatlichen Filmdokumentation bewegten: Auftragsfilme von LDPD und DBD bis hin zu Parteitagsdokumentationen, auch archiv-interne Auftragsfilme der Filmgruppe.[109]

Im Rahmen der Vorgehensweise kontrollierter Einzelfälle gelang es aber auch, für einzelne Sachdokumente Sondergenehmigungen zu erwirken: Für den Film *VEB Plastlüfter und Anlagenbau Dresden – ehemals halbstaatlicher Betrieb* – (1976, R: Gertraude Kühn), der das sensible Thema der Betriebsenteignung dokumentierte, wurde eigens von der SED-Bezirksleitung Dresden die Genehmigung erteilt. Das Filmdokument vermittelt in seinen O-Tönen, dass ein Teil der Plastlüfter-Belegschaft gegen die Enteignung des Betriebes war. Auch der ehemalige Besitzer kommt zu Wort: „Überraschend" sei die Verstaatlichung gewesen und „nicht ganz einfach", besonders, „wenn man dies erst abends gesagt bekommt"; es sei ein Herzinfarkt gefolgt, aber „auch das haben wir überwunden". Neben der menschlichen Seite

108 Im Kontext der Dokumentation *Denkmale der Produktionsgeschichte. Fleether Mühle* (1977, R: Dieter Harms) findet sich der *Entwurf einer Konzeption zum Thema: Denkmale der Produktionsgeschichte*, der diesen Zusammenhang zwischen „Darstellung" und „Bildungswert" ausführt, Ablage 130. BArch, DR 140/946.

109 Als Beispiele seien genannt: *X. Parteitag der Demokratischen Bauernpartei Deutschlands* (1977, R: Dieter Harms) und *Anmerkungen zum Arbeitsschutz bei Havariefällen* (1977, R: Klaus-Detlef Bausdorf).

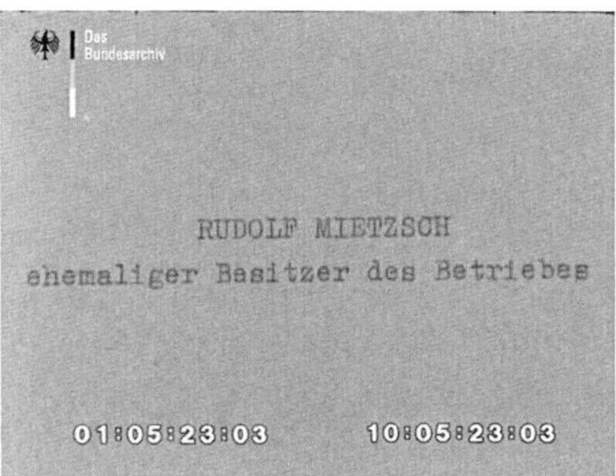

Abb. 14: Rudolf Mietzsch, enteigneter sächsischer Betriebsbesitzer. *VEB Plastlüfter und Anlagenbau Dresden – ehemals halbstaatlicher Betrieb* – (1976, R: Gertraude Kühn).

ist sein Argument gegen die Enteignung auch eine generelle Kritik des Plansystems, formuliert mit Blick auf den nunmehrigen Betriebsdirektor: „Die persönliche Initiative, die ich aufgebracht habe, wird er nicht aufbringen. Das kann vielleicht nicht ganz so vorhanden sein, wie es war." Die Wirkung solcher O-Töne konnte auch der hier verwendete, bei der SFD sonst unübliche Kommentar nicht wieder eingrenzen.

Leitungswechsel und neue Funktionskonzepte verunsicherten in der zweiten Hälfte der 1970er Jahre das DDR-Filmwesen; hinzu kam der kulturpolitische Schock der Biermann-Ausbürgerung am 6. November 1976, der, entgegen Honeckers Ankündigung von „Weite" und „Vielfalt", den Künsten neue Enge brachte. Mitte 1974 war Hans Starke Leiter der Hauptverwaltung Film geworden. Ihm direkt unterstellt war seit Juni 1976 die Abteilung *Wissenschaft und Information*, die unter der Leitung von Ruth Herlinghaus auch für die SFD zuständig war.[110] Anfang August 1975 war es letztendlich doch zu Beratungen im Kulturministerium gekommen, die einer Verständigung über die ZK-Beschlussvorlage zur Staatlichen Filmdokumentation dienen sollten. Das Ergebnis war, wiederum abzuwarten und die Vorlage erst nach dem IX. Parteitag im Mai 1976 einzureichen. Zwischenzeitlich wurde für die entstandene Problematik „SFD" die mangelhafte Anleitung und Kontrolle durch den vorangegangenen HV-Leiter Günter Klein verantwortlich gemacht. Der von ihm ausgegebene SFD-Auftrag sei „irreal" gewesen, so die Einschätzung seiner Nachfolger.[111]

Der Auftrag der Staatlichen Filmdokumentation wurde im Ministerium nun den ‚realen' Bedingungen angepasst: Aus der Konzeption verschwand die Formulierung, Funktion der SFD sei es, für eine zukünftige Zentrale Film- und Fernsehdokumentensammlung der DDR filmische Zeugnisse auszuwerten und zu ergänzen – offenbar im Zusammenhang damit, dass sich nun abzeichnete, dass diese Sammlung nicht zu verwirklichen sein würde. Entsprechend wurde aus dem Konzept auch der Auftrag entfernt, relevante Rest- bzw. Zensurmaterialien anderer Filminstitutionen zu sammeln. Der SFD verblieb die Aufgabe, eigene Filmdokumente herzustellen: Neben den Personenaufnahmen „für die Verwendung in Jahren, mitunter Jahrzehnten" sollten nun auch verstärkt Dokumente hergestellt werden „über soziales Milieu, Lebensgewohnheiten und andere typische Erscheinungsformen gegenwärtigen Lebens, die unwiederbringbar sind."[112]

Der Verlust der Perspektive, bereits produzierender Kern einer umfassenden Zentralen Sammlung zu sein, stellte die Frage nach der Funktion der SFD neu und nährte Zweifel an ihrem Sinn und Zweck als Abteilung des Filmarchivs. Die Sichtweise, dass die SFD institutionell zum DEFA-Dokumentarfilmstudio gehöre, fand nun

110 Ruth Herlinghaus war Abteilungsleiterin von 1973 bis 1986. Jordan: *Film in der DDR*, S. 82.

111 Nach: Karl-Heinz Wegner: *Arbeitsanalyse der Staatlichen Filmdokumentation (SFD). Probleme, Erfahrungen, Erkenntnisse und Schlussfolgerungen*, 01.11.1978, S. 6. BArch, DR 140/583.

112 Wolfgang Klaue/SFA an Ruth Herlinghaus/Abt. Wissenschaft und Information/HV Film, 16.11.1976 (angeheftete handschriftliche Notiz Klaues *Ergänzung der Begründung*). BArch, DR 140/583. Diese Vorschläge für die Beschlussvorlage gingen auf ein Gespräch zur SFD Mitte November 1976 in der Hauptverwaltung Film zurück.

auch Unterstützung in der Leitung der HV Film. Im September 1976 wurde dort festgelegt, dass Filmarchiv und DEFA-Dokumentarfilmstudio gemeinsam zur „inhaltlichen Hauptrichtung" der Staatlichen Filmdokumentation beraten und die ZK-Vorlage weiter vorbereiten sollten.[113] Unter Hinzuziehung des Zentralen Parteiarchivs beim IML zogen sich die Beratungen über eine Aufteilung der SFD-Aufgaben zwischen Studio und Archiv bis in den Mai 1977 hinein, stagnierten schließlich aber bei der Frage der Investitionen: Bedingung einer Übernahme bzw. Zusammenarbeit mit der DEFA war die Verwendung von 35mm-Farbfilmmaterial – eine Umstellung, durch die sich allein die Kosten für Rohfilm und Entwicklung bei der SFD vervierfacht hätten.[114] Die Staatliche Filmdokumentation befand sich in einem Teufelskreis: die ausbleibenden Investitionen in die SFD waren Folge der fehlenden Bestätigung durch die SED, diese Bestätigung setzte wiederum aber eine Zusammenarbeit mit der DEFA voraus.

Im Juni 1977 teilte die SFD mit, dass eine weitere Erfüllung ihrer Aufgaben kaum mehr möglich sei, und appellierte an die HV Film: Nötig seien jetzt deutliche Signale aus dem ZK, dass die Filme der Staatlichen Filmdokumentation im direkten Auftrage der Partei entstünden.[115]

Das Geflecht an Problematiken aber war unlösbar: SFD-Leiter Klaus-Detlef Bausdorf verließ im Sommer 1977 die Filmgruppe und wurde Redaktionsleiter im DDR-Schulfernsehen. Schon im Oktober 1977 legte Karl-Heinz Wegner als designierter neuer Leiter der Staatlichen Filmdokumentation eine grundlegend erneuerte Aufgabenbestimmung vor: Nach dem Vorbild der Sondergenehmigungen aus der SED-Bezirksleitung Dresden sollte die SFD jetzt von den dezentralen Parteiinstanzen auf Bezirksebene legitimiert und von

113 *Protokoll der Dienstbesprechung beim amt. Leiter der Hauptverwaltung Film, Genossen Rainer Otto, am 28.9.1976*, 29.09.1976. BArch, DR 1/4741; Ruth Herlinghaus/Abt. Wissenschaft und Information/HV Film an Wolfgang Klaue/SFA, 04.10.1976. BArch, DR 140/583.

114 Wolfgang Klaue an Ruth Herlinghaus/Abt. Wissenschaft und Information/HV Film: *Materielle und technische Konsequenzen für eine Umstellung der Produktionen der Staatlichen Filmdokumentation auf Farbfilm*, 10.05.1977. BArch, DR 140/583.

115 SFD an Ruth Herlinghaus/Abt. Wissenschaft und Information/HV Film: *Information über Entwicklung, Aufgaben und bisherige Tätigkeit der Staatlichen Filmdokumentation beim Staatlichen Filmarchiv der DDR*, 17.06.1977, S. 4. BArch, DR 140/583.

dort mit größeren Befugnissen ausgestattet werden. Die Jahreswende 1977/1978 brachte den formalen Leitungswechsel und mit der neuen Beschränkung auf die Hauptstadt Berlin den Abbruch der *Universalen Phase*.

3. *Berlin-Totale* unter Karl-Heinz Wegner (1978–1980)

Absicherung auf Zeit. Ein „Mosaik" Berlins

Mit Karl-Heinz Wegner (Jahrgang 1915) übernahm zum 1. Januar 1978 ein Journalist die Leitung der Staatlichen Filmdokumentation. Entlassen aus britischer Kriegsgefangenschaft im Januar 1947, hatte Wegner zunächst bei der *Täglichen Rundschau* gearbeitet und dann bei der *Freien Welt*, wo er 1967 wegen „politisch-ideologischer Fehler"[116] als Chefredakteur entlassen wurde. Am Jahresbeginn 1968 wechselte er zum Dokumentarfilm. Eingestellt als Chefredakteur, Sektor Fernsehen, arbeitete er in der Gruppe 67 unter Andrew Thorndike. 1969 berichtete das MfS nach einem Kontaktgespräch in Wegners Wohnung, die Zusammenarbeit mit Thorndike empfinde Wegner als nicht gut, er wolle sich eine neue Stelle suchen.[117] Aus der Zeit zwischen März 1970 und August 1974 ist eine Reihe von inoffiziellen Treffen Karl-Heinz Wegners mit der Staatsicherheit belegt.[118] Als das MfS im April bzw. Mai 1979 wiederum Kontakt zu Wegner aufnehmen wollte, war dieser bereits Leiter der Staatlichen Filmdokumentation. Die MfS-Ermittlungen ergaben, dass auch Wegners Nachbarschaft über die SFD vage informiert war:

> Neben seiner Tätigkeit leitet er eine Dokumentarfilmgruppe, die Filme über unsere Hauptstadt dreht. Bei diesem Filmmaterial soll es sich um Aufnahmen handeln, die gegenwärtig nicht für die Öffentlichkeit bestimmt sind. […] Der Ermittelte spricht über Einzelheiten seiner gegenwärtigen Tätigkeit. Es wurde beispielsweise bekannt, dass er mit seinem Kollektiv Filmaufnahmen im Grenzgebiet an der Staatsgrenze zu Westberlin dreht. In diesem Zusammenhang

116 HA XX/2: *Bericht über die Kontaktaufnahme zu dem IMK-Kandidaten Wegner*, 10.06.1969, S. 57. BStU, MfS, AIM 11171 / 75.

117 HA XX/2: *Bericht über die Kontaktaufnahme zu dem IMK-Kandidaten Wegner*, 10.06.1969, S. 59. BStU, MfS, AIM 11171/75. Die Kontaktaufnahme sollte Möglichkeiten prüfen, die Wohnung Wegners als konspirativen Treffpunkt zu nutzen. Die Verbindung wurde 1975 seitens des MfS abgebrochen (ebd., *Schlussbericht*, 04.04.1975, S. 121).

118 Wegner wird hier unter dem Decknamen *Schreiber* geführt. BStU, MfS, 11171/75/II/1.

> spricht er darüber, dass zu diesen Arbeiten von der VP und der NVA Sondergenehmigungen eingeholt werden müssen und dass die Dreharbeiten von den bewaffneten Organen abgesichert werden. Ferner brachte er sein Unverständnis zum Ausdruck, dass viele Filmemacher 1961 nicht die Möglichkeit erhielten, die Grenzsicherung zu filmen, sondern verpflichtet wurden, die Grenzen abzusichern. Nach seiner Meinung geht es jetzt, fast [20] Jahre danach, um Dokumentaraufnahmen über dieses politische Ereignis.[119]

Es handelt sich hier um die bislang frühesten Spuren, die die Staatliche Filmdokumentation in den Unterlagen des Ministeriums für Staatssicherheit hinterlassen hat. Zugleich spielten die inoffiziellen Kontakte Karl-Heinz Wegners insofern eine Rolle für die SFD, als dass sie Wegners recht große Offenheit, was die Probleme der Staatlichen Filmdokumentation betrifft, mit erklären können: Dass hier ein Funktionär sprach, der sich gut abgesichert fühlte, zeigte etwa Wegners neuer Entwurf für die ZK-Beschlussvorlage zur Staatlichen Filmdokumentation vom Herbst 1978 oder sein Auftreten als SFD-Leiter auf dem Neubrandenburger Dokumentarfilmfestival 1979.[120]

Die Berufung Karl-Heinz Wegners und die Einführung der *Berlin-Totale* zu Jahresbeginn 1978 waren als Befreiungsschlag gegenüber schon lange bestehenden Problemen der Staatlichen Filmdokumentation gedacht. Als Grundübel wirkte sich noch immer ihre letztlich doppelte Funktionsbestimmung aus: Zwischen dem Status als Lieferantin einerseits von Bildern und Tönen für spätere Agitation und Propaganda und andererseits von unparteiischem Informations- und Anschauungsmaterial für die Zukunft konnte es keine Vermittlung geben. Die fehlende Bestätigung durch das ZK der SED war das Resultat dieses Widerspruchs. Die Entscheidung durch das ZK verzögerte sich auf unabsehbare Zeit und in der Folge wurde auch im Plan der Dienstbesprechungen der Hauptverwaltung Film der Tagesordnungspunkt SFD regelmäßig auf spätere Termine verschoben. Die Staatliche Filmdokumentation richtete sich in diesem Zwischenzustand ein, soweit es ihr möglich war: Information und Kooperation mit anderen Institutionen wurden weitgehend vermieden, bei der Themenauswahl und -realisierung wurde auf die Einhaltung der

119 *Ermittlungsbericht*, 14.05.1979, S. 32. BStU, MfS, AOPK 17758/79. Die Ermittlung mit dem Ziel, Wegner erneut als IM einzusetzen, wurde kurz darauf abgebrochen.
120 Vgl. S. 99–100, 102–103.

gegebenen Grenzen geachtet, für Produktionen, welche die „zeitbedingte Vertraulichkeit“ berührten, wurden Sondererlaubnisse eingeholt.

Dieses Einrichten im Provisorium hatte jedoch auch seine Schattenseiten. Diese traten im Laufe der Zeit immer deutlicher hervor und erreichten während der *Berlin-Totale* schließlich existentielle Dimension. Der Schwebezustand bei Staat und Partei führte zu personellen, technischen, finanziellen und organisatorischen Belastungen, welche die SFD mehr und mehr behinderten: Das Fehlen eines vollständigen Drehstabes mit Kameramännern, Assistenten, einem Beleuchter und Tontechniker sowie der fehlende Aufnahmeleiter führten zu Leerlauf, Behinderungen und Zeitverlust. Die Situation wurde durch die westdeutsche 16mm-Ausrüstung verschärft, für die – in nur je einem Exemplar vorhanden – kaum Ersatzteile beschafft werden konnten. Ob zudem die teils erheblichen Beschädigungen von Filmaufnahmen im Kopierwerk nicht nur technisch bedingt, sondern auch Teil der politischen Probleme der SFD waren, lässt sich nur mutmaßen. Auffällig ist zumindest, dass gerade brisante Filmsequenzen von Verlust und Vernichtung betroffen waren. Es ist nicht auszuschließen, dass hier auch eine Form von Zensur praktiziert wurde.

Beispielsweise wurden große Teile des heute nur fünf-minütigen, zusammenhanglos anmutenden Filmdokuments *Berlin-Totale VI. Stadttechnik 3. Straßenbeleuchtung a. Gasleuchten* (1978, R: Dieter Harms) durch das Kopierwerk zerstört. Der *Informationsbericht* des Redakteurs enthält nicht nur die Information, dass der Film „ein Fragment“ ist, sondern schildert auch den eigentlichen Inhalt des Films: Die Filmemacher hatten den Berliner Gasleuchtenwärter Gerhard Lange bei dessen gesamtem Tagesablauf begleitet (das zeigen mehr oder weniger die erhalten gebliebenen fünf Minuten), dabei aber auch starke Verrottungen in den Berliner Gasversorgungsleitungen dokumentiert – mithin eine unmittelbare Gefährdung der Bevölkerung.[121] Bei den Filmaufnahmen in seiner Wohnung habe sich der Gasleuchtenwärter dann schließlich, so die Erinnerung des Redakteurs, „seinen Frust von der Seele geredet.“[122] Das Beispiel *Gasleuchten* zeigt, wie sich die

121 Dieter Harms: *Gasleuchtenwärter. Informationsbericht*, 23.01.1981. SFD-Filmakten, Ablage 217. BArch, DR 140/948.

122 Gespräch Dieter Harms mit der Autorin (27.06.2014).

Abb. 15: Karl-Heinz Wegner, Leiter der Staatlichen Filmdokumentation 1978–1980. Von Beruf Verwaltungsangestellter, wurde er nach 1945 Journalist und 1968–1977 stellvertretender Leiter und Chefredakteur der *Gruppe 67* unter Andrew Thorndike. Ab 1977 entwickelte er in Abstimmung mit der SED-Bezirksleitung Berlin die *Berlin-Totale* als neue Konzeption der SFD.

produktions-organisatorischen Probleme der SFD von ihrer politischen Problematik kaum trennen ließen.

Der neue Leiter Karl-Heinz Wegner wurde mit diesem Zusammenhang unmittelbar durch die SED-Bezirksleitung Berlin konfrontiert: Als Wegner während der konzeptionellen Vorarbeiten zur *Berlin-Totale* im Herbst 1977 mit der Bitte an die Bezirksleitung herantrat, der Staatlichen Filmdokumentation eine umfassende Bestätigung der Partei für den Bereich Berlin zu erteilen, sollte dies die ausbleibende ZK-Bestätigung auf der Parteiebene der Bezirke ersetzen. Der Rat, den Karl-Heinz Wegner dort von Roland Bauer, Sekretär der SED-Bezirksleitung Berlin, auf seine Anfrage hin erhielt, gab so deutlich wie sonst kaum die politischen Bedingungen wieder, unter denen die SFD arbeitete. Bauer erklärte, es sei die Zustimmung des Ersten Sekretärs der SED-BL Berlin, Konrad Naumann, die

> notwendige Voraussetzung für eine engere Zusammenarbeit der SFD mit einigen für bestimmte Themengebiete des Projektes verantwortlich leitenden Genossen. Ohne diese Zusammenarbeit, für die eine Weisung der Bezirksleitung

> erforderlich sei, bleiben den politisch verantwortlichen Redakteuren der SFD Informationsquellen verschlossen.[123]

Hier wird das System der abgestuften Informationsverteilung in der DDR deutlich: Wollte die Staatliche Filmdokumentation ihre Kernaufgabe einer vollständigen Selbstdokumentation der DDR erfüllen, benötigte sie dafür einen Informationszugang, der nur durch die Parteispitze legitimiert werden konnte. Andernfalls würden Kooperation und Informationsherausgabe auf der Stufe der allgemeinen Film- und Fernsehproduktion stehenbleiben. Dass in diesem Falle der Staatlichen Filmdokumentation jedoch die Gefahr drohte, ihre Existenzberechtigung zu verlieren, zeigt ihre Geschichte.

Zunächst erwies sich das auf Berlin begrenzte Konzept jedoch als vorteilhaft. Die weitere Konzeption der *Berlin-Totale* entstand seit Anfang 1978 in Zusammenarbeit der Staatlichen Filmdokumentation mit der SED-Bezirksleitung und mit dem Magistrat der Stadt Berlin. Im April 1978 erteilte der Erste Sekretär der Bezirksleitung Konrad Naumann der SFD schließlich die generelle Bestätigung für Berlin. Die Bezirksleitung knüpfte ihre Zustimmung für eine umfassende Berlin-Dokumentation an die Voraussetzung, dass diejenigen Filmdokumente, die zu streng vertraulichen Themen entstanden, von jedweder Nutzung ausgeschlossen sein würden. Die SFD konnte dies zusichern: Das im Staatlichen Filmarchiv bestehende Regelwerk an Sperrvermerken und Dienstvorschriften schließe eine „missbräuchliche Verwendung eines Teils der Dokumentationsaufnahmen mit Sicherheit“ aus.[124]

Konrad Naumanns Unterstützung der *Berlin-Totale* war ein Meilenstein für die SFD. Sie bedeutete, dass nun – parallel zu der weiterhin in Vorbereitung befindlichen ZK-Beschlussvorlage – ein Mitglied des Politbüros der SED die Dokumentationstätigkeit der Staatlichen Filmdokumentation bestätigt hatte. Wenn auch ausschließlich auf Berlin bezogen, hatte diese Bestätigung eine weit größere Reichweite als die bisherige Praxis. Erstmals verschaffte dies der SFD die von ihr seit jeher angestrebte ‚parteimäßige‘ Absicherung ihrer Arbeit. Gegenüber anderen Institutionen kam ihr nun ein größeres Gewicht

123 Karl-Heinz Wegner: *Aktenvermerk* über ein Gespräch zwischen Karl-Heinz Wegner, Alfred Jendraszek und Roland Bauer am 14.12.1977 zum Produktionsvorhaben *Berlin Totale 1978*, 16.12.1977. BArch, DR 140/583.

124 Ebd.

zu: Fortan konnten Anträge auf Drehgenehmigung, auf Informationszugang oder Kooperationsanfragen mit der Formel ausgestattet werden: „entsprechend unserer von der Bezirksleitung der SED Berlin bestätigten Aufgabenstellung".[125] Der Preis für diesen Zugewinn an Informations- und Handlungsfreiheit war ein auf Berlin reduziertes Dokumentationsgebiet.

Karl-Heinz Wegner leitete eine konzeptionelle Neuorientierung der SFD ein, die als *Berlin-Totale* ihre bisherige, universal gedachte Produktion auf eine Dokumentation der Hauptstadt konzentrierte. Für den Zeitraum 1978 bis 1992 geplant, wurde die *Berlin-Totale* mit 64 Filmen der umfangreichste, in sich geschlossene Themenkomplex der SFD.[126] Grundsätzlich blieben die seit dem HV-Beschluss 1976 festgelegten SFD-Dokumentationsbereiche erhalten: 1) Langzeitdokumentation, 2) Persönlichkeitsdokumentation, 3) Dokumentation sozialer Milieus und Lebensgewohnheiten, 4) Themen der „zeitbedingten Vertraulichkeit".[127]

Personenaufnahmen wurden nun der Berlin-Dokumentation angepasst. Lediglich der 1979 von der SFD-Redakteurin Gertraude Kühn realisierte Themenschwerpunkt *Filmdokumente zum Arbeiter- und Bauernstudium in der DDR* (*ABF*) führte die Persönlichkeitsaufnahmen im alten Stil fort. Das Thema, die „Brechung des Bildungsprivilegs" in der DDR,[128] erlaubte es, Filmdokumente auch mit hochrangigen Funktionären wie Siegfried Lorenz zu produzieren.[129] Solche Filmdokumente mit SED-Funktionären auch der obersten Führungsspitze waren jetzt streng auf das Thema *ABF* konzentriert, meist aufgrund persönlicher Kontakte Gertraude Kühns entstanden und besonders abgesichert durch ihre Inoffizielle Mitarbeit beim Ministerium für Staatssicherheit, das 1982 zu Kühn vermerkte:

125 Vgl. als Beispiel für diese Verwendung: Barbara Hanus/SFD-Produktionsleiterin an Bezirksdirektion der Volkspolizei, 16.04.1980. BArch, DR 140/737.

126 Missverständlich ist, dass die schon 1972–1977 unter Klaus-Detlef Bausdorf produzierten 20 Berlin-Filme nachträglich hier mit eingeordnet wurden. Nur 39 Filmdokumente sind eigentliche *Berlin-Totale*-Filme. Weitere vier Filme mit dem Zusatz *Berlin-Totale* im Titel entstanden noch 1981, ein Film 1984.

127 Karl-Heinz Wegner: *Arbeitsanalyse der Staatlichen Filmdokumentation (SFD). Probleme, Erfahrungen, Erkenntnisse und Schlussfolgerungen*, 01.11.1978, S. 8. BArch, DR 140/583.

128 *Thematischer Plan*, [1978/1979]. Private Unterlagen der SFD-Redakteurin Monika Reck.

129 Siegfried Lorenz war von 1976 bis 1989 Erster Sekretär der SED-Bezirksleitung Karl-Marx-Stadt und später Mitglied des Politbüros des ZK der SED (1986–1989).

> Seit 1977 besteht ein fester persönlicher Kontakt zu unserer DE. Die gestellten operativen Aufgaben wurden gewissenhaft erfüllt. Es kann eingeschätzt werden, dass es sich bei der Genn. K. um einen politisch zuverlässigen und verschwiegenen IM handelt.[130]

Jenseits solcher Absicherungen durch das MfS spielte die Personendokumentation mit Funktionsträgern und Persönlichkeiten nun aber eine untergeordnete Rolle. Sie machte alltäglichen Biographien im Rahmen der Interviews der *Berlin-Totale* Platz.

Annahme und Hoffnung der neuen Konzeption war es, dass der Ausschnitt *Berlin* Entwicklungen und Erscheinungen in der gesamten DDR repräsentativ abbilden könnte. Der Gedanke einer universalen und lückenlosen Darstellung von Staat und Gesellschaft wurde also auch mit der *Berlin-Totale* nicht gänzlich aufgegeben. Er kehrte vielmehr in einer akribischen Kleinteiligkeit wieder, bei der mit einem ausgeprägten Willen zur Systematik noch kleinste thematische Verästelungen des Gegenstandes nachgezeichnet wurden. Insgesamt unterteilte sich die Dokumentation der Hauptstadt Berlin in 13 Rubriken:

I. Politische und ökonomische Besonderheiten
II. Bauten und Bauplätze
III. Lebens- und Wohnverhältnisse
IV. Verkehr und Verkehrsmittel
V. Handel, Versorgung und Dienstleistungen
VI. Stadttechnik
VII. Handwerksbetriebe
VIII. Kunst und Kultur
IX. Naherholung, Körperkultur und Sport
X. Medizinische und soziale Betreuung
XI. Tourismus und Fremdenverkehr
XII. Stadtgeschichte, Denkmale und Denkmalspflege
XIII. Die Berliner

Zusätzliche Differenzierungen in diesen Rubriken führten zu kurzen Sujets von durchschnittlich 20 Minuten Länge, die sich zueinander im Baukastenprinzip verhalten. Zwei charakteristische Titel solcher *Berlin-Totale*-Filme können dieses Prinzip verdeutlichen: *Berlin-Totale V. Handel, Versorgung und Dienstleistungen 3. Klein- und Großhandel a. Kohlen-Handlung* (1978, R: Dieter Harms). Auch Titel wie *Berlin-Totale*

130 SWT/Abteilung XV: *Auskunftsbericht zur Genossin Kühn, Gertraude*, 23.07.1982, S. 12. BStU, MfS, HA XX, AP 2028/92.

Abb. 16: SFD-Filmdokument *Berlin-Totale III. Lebens- und Wohnverhältnisse 6. Einrichtung einer Wohnung* (1979, R: Monika Reck). Kreditabteilung der Sparkasse am Alexanderplatz. Der Film war gedacht als exemplarischer Film der *Berlin-Totale*.

III. Lebens- und Wohnverhältnisse 6. Einrichtung einer Wohnung (1979, R: Monika Reck) könnten vervollständigt werden zu einem Langtitel, der dann fortgeführt würde zu […] *a. Die gemeinsame Wohnung b. Der Ehekredit c. Die Wohnberatung d. Die neue Einrichtung*. Diese Herstellung kleiner, voneinander weitgehend unabhängiger filmischer Einheiten beruhte auf dem Prinzip einer unendlich fortsetzbaren Unterteilung und Ausdifferenzierung. Die *Berlin-Totale* entwickelte mit ihrer Suche nach größtmöglicher Variabilität und Vollständigkeit im Detail hier ihre ganz eigene Antwort auf die Frage, wie die DDR sich für die Zukunft „ohne Lücken" selbst dokumentieren könnte.

Der Schritt von der Universal- zur Spezialsystematik zwang die SFD zur Selbstvergewisserung. Mit Beginn der *Berlin-Totale* 1978 setzte daher eine neue Verständigung zum Filmdokument ein, die um die Frage kreiste: Mit welcher Berechtigung konnte ein Filmdokument als *typisch* für die gesamte DDR gelten? Der Begriff des *Typischen* spielte eine entscheidende Rolle für die Legitimierung der Staatlichen Filmdokumentation. Zur Selbstdarstellung der SFD nach außen wurde der Begriff genutzt und war Beweis genug, dass die Arbeit der Filmgruppe dem vorgegebenen politischen Rahmen entsprach. Bei der internen Verständigung traten an seine Stelle jedoch eher Redeweisen wie die vom „politisch und gesellschaftlich Charakteristischen", von den „wesentlichen Erscheinungen" der DDR, die abgebildet werden sollten. Eine besonders deutliche Abgrenzung vom Typischen

d14 1

Interesse für folg. Themenkomplexe:

(A) Schwerpunkt (da ausbildungsmäßig „vorbelastet")

1. (X) Kunst u. Kultur

– THEATERPREMIEREN / Theaterdiskussionen
(d.h. Dokumentation nur theatergeschichtlich bedeutsamer Inszenierungen wie z.B. „Mutter Courage" mit Gisela May – unter Ausnutzung der im Theater vorliegenden Notate, Analysen usw.

→ späterer Nutzer: Theaterwissenschaft, Studenten, auch Institut für Schauspiel-Regie, Theater der Republik ...

– Studio-Bühne (bat)
(wie umfangreich daß da ein Dokument sein?)

– Berliner Festtage
(Fernsehfunk macht viele Aufzeichnungen, wie kann man sie nutzen?)

– Filmtheater
(Kein Aufriß aller Berliner Filmtheater, sondern auf einen Schwerpunkt z.B. „International" mit seinen DEFA-Premieren Filmforen, zusätzlichen Veranstaltungen (Prominenten-Vorstellungen) usw.

kul.-pol. Stellung des Filmtheaters i. Territorium

– Filmaufnahmen in Berlin
wie?
vielleicht Zusammenfassung dessen, was in letzter Zeit gemacht wurde?

– Brechthaus (da gibts sicher schon viel Material!)

Abb. 17: Ein Urkern der späteren *Berlin*-Systematik. Dokumentations-Interesse unter anderem: „Grenzverkehr, Grenzbahnhof, Grenzübergänge", 1978.

2. (IX) Wissenschaft und Volksbildung

- HUMBOLDT-Universität einschl. Universitätsbibliothek u. Studentenheim (sehr umfangreich)
- Stadt- u. Staatsbibliothek (gabs da nicht mal was beim Fernsehen?)

(B) Interesse für folg. Komplexe:

1. (IV) Verkehr u. Verkehrsmittel
   - Berufs- u. Feiertagsverkehr
   - Reiseverkehr (Fernbahnhöfe)
2. (I.) Politische u. ökonomische Besonderheiten Berlins
   - Grenzverkehr, Grenzbahnhof grenzübergänge

(C) Interesse für folg. Komplexe

1. (V.) Handel, Versorgung u. Dienstleistungen
   - u.a. Markthalle u. Gebrauchtwarenladen Buchantiquariat
2. (II) Stadttechnik
   - Fernmeldewesen insbes. öffentl. Fernsprecher

stellte die Sprechweise vom „realistischen Bild" dar, das man finden wolle – verbunden mit der Hervorhebung: „im wirklichen Sinne des Wortes – also optisch!"[131] Dieser Sprachgebrauch zeigt Bemühungen an, sich – wie schon unter Musall und Bausdorf – von den kulturpolitischen Implikationen des Typischen und seiner Umsetzung in den DDR-Medien abzusetzen.

Entsprechend knüpfte die Arbeitsmethodik unter Karl-Heinz Wegner an die Jahre 1972 bis 1977 an, als Klaus-Detlef Bausdorf zur „Hauptaufgabe" erklärt hatte, späteren Nutzern „möglichst variabel verwendbares Filmmaterial über Geschehnisse und Personen unserer Zeit" zur Verfügung zu stellen.[132] Dieser Auftrag an den Nutzer, sich anhand von SFD-Materialien ein eigenes Bild, einen eigenen Film zu denken, tauchte in den *Berlin*-Konzeptionen Wegners nun erneuert wieder auf: optisch und akustisch sollten die Filmdokumente in einer Weise gestaltet werden, dass sie „mosaikartig zusammenfügbar" sein könnten und späteren Zwecken variabel zur Verfügung stünden.[133] Wegner fand dafür das Bild des „Mosaiks": Es sollte nun in einer Weise gefilmt werden, dass sich „verschiedene, thematisch pointierte Sujet-Gruppen [...] am Ende wie Mosaiksteinchen zu einem Gesamtbild zusammenfügen."[134] Die Frage, was das Charakteristische der DDR sei, wurde hier – umgesetzt in einer teils ins Äußerste getriebenen Systematik – wiederum nicht mit einer einzigen, festgefügten Sichtweise beantwortet, sondern mit einer Vielzahl an möglichen Perspektiven. Diese Vorgehensweise, ein filmisches Mosaik zu kreieren, kann als ein fortgesetzter Versuch der SFD angesehen werden, Fülle und Vielgestaltigkeit abzubilden, als ein erneuter Versuch, die empirische Herangehensweise zu stärken. Die *Berlin-Totale* stellt insofern einen weit weniger starken Bruch in der Geschichte der Staatlichen Filmdokumentation dar, als es zunächst erscheinen mag.

Das Konzept des Mosaiks ermöglichte eine gewisse Eigenständigkeit der SFD-Produktion. Dies belegen scheinbar alltäglich klingende

131 Karl-Heinz Wegner / Alfred Jendraszek: *Richtlinien für eine Analyse*, 15.10.1977, S. 5. BArch, DR 140/583.

132 *Aufgaben der Staatlichen Filmdokumentation*, Mai 1972, S. 8. BArch, DR 140/582.

133 Karl-Heinz Wegner / Roland Worel: *Diskussionsgrundlage. Konzeption für ein Film-Dokument Berlin 1978*, 07.11.1977, S. 1 u. 10. BArch, DR 140/737.

134 Ebd., S. 1. – Vgl. Rolf Aurich in diesem Band zum SFD-Vorbild Westberliner Landesbildstelle. Hier sollten ebenfalls „biographische Bausteine" für eine „Gesamtarchivierung" entstehen. Vgl. S. 184.

Themen der *Berlin-Totale*, in denen aber überraschende Seiten des DDR-Alltags oder -Lebensgefühls zum Ausdruck kommen. Hierzu gehört eine Filmreihe der Jahre 1978/1979 in der Redaktion von Veronika Otten, deren Titel Berliner Straßennamen bilden: *Sophienstraße*, *Große Hamburger Straße*, *Auguststraße*, *Mulackstraße*, *Almstadtstraße*, *Oranienburger Straße*, *Linienstraße*. Während die Gesamtkonzeption der *Berlin-Totale* optimistische Erwartungen beschreibt, wie Berlin als sozialistische Großstadt der Zukunft sich entwickeln würde, kann das, was die Straßenfilme als Bild der Hauptstadt entwerfen, als Verselbständigung gegenüber dem Gesamtkonzept bezeichnet werden: Die Häufigkeit, mit der Bilder von Verfall und Verwahrlosung ganzer Straßenzüge gezeigt werden, von leeren Geschäften, heruntergelassenen Jalousien ehemaliger Cafés und Kneipen, von alten Ladenschildern, Gravuren, Reliefs und verwaschenen Inschriften, dokumentiert immer wieder und in massiver Weise ein Gefühl von Nostalgie und Verlust.

Zu sehen ist hier kein Vorschein einer modernen, lebensfreundlichen Großstadt, sondern das, was verlorenzugehen droht oder schon verlorengegangen ist, was aber – so scheint es – Bedeutung hätte für die Gegenwart der DDR. Der faszinierte, fast sehnsüchtige Blick auf das Vergangene wird von keinem Hintergrund-Kommentar entkräftet oder durch andere filmische Mittel positiv in die Zukunft gewandt. Die Interviewpartner, die zu Wort kommen, intensivieren diesen Eindruck: *Linienstraße* (1979, R: Veronika Otten) etwa wird mit dem Satz eines Zeitzeugen unmittelbar zu Beginn „Da war mehr Leben wie heute" nahezu programmatisch eröffnet. Sein O-Ton mit Erinnerungen an das lebendige alte Berlin wird im Film mit tristen Bildern der gegenwärtigen Linienstraße kontrastiert. Dieser Kombination begegnet man in den Straßenfilmen der *Berlin-Totale* auffallend häufig, verstärkt durch entsprechende Suggestivfragen der Redakteurin.[135] Ein weiterer Zeitzeuge in *Linienstraße*, privater Hausbesitzer und ehemaliger Wurstfabrikant, antwortet auf die Frage Veronika Ottens „Wie sah's denn früher hier aus?" – „Na, das Gegenteil von heute", und mit Blick auf sein Privatunternehmen leiser hinterhergesprochen,

135 Die Redakteurin Veronika Otten lebte selbst in diesem Stadtgebiet in Berlin-Mitte, unweit der Staatlichen Filmdokumentation.

Das
Bundesarchiv
01:01:54:19
10:01:54:19

Das
Bundesarchiv
Fabrik ff Fle
01:06:42:10
10:06:42:10

Das
Bundesarchiv
01:02:07:10
10:02:07:10

Das
Bundesarchiv
Außer
Betrieb
01:07:30:18
10:07:30:18

Das
Bundesarchiv
01:04:44:00
10:04:44:00

Das
Bundesarchiv
01:08:10:00
10:08:10:00

Das
Bundesarchiv
01:05:11:21
10:05:11:21

Das
Bundesarchiv
01:17:10:24
10:17:10:24

Das
Bundesarchiv
01:05:26:04
10:05:26:04

Das
Bundesarchiv
02:01:02:18
10:20:46:14

kaum verständlich: „Man hat wohl eingesehen höheren Orts, dass das nach '45 falsch war, wie man das alles abgeschafft hat."

Die Straßenfilme beanspruchten zunächst nichts weiter, als Porträts einzelner Berliner Straßen zu sein. Dennoch weisen sie thematische Schwerpunkte auf, die in den Konzeptionen ungenannt bleiben, in den Filmen aber unübersehbar sind: das Interesse an architektonischen Überresten des alten Berlins, an vergangenen und bestehenden Privatunternehmen und an den Erinnerungen und Lebensweisen ihrer Inhaber. Auch eine immer wieder aufgenommene Suche nach den Spuren vergangener jüdischer Lebenswelten im ehemaligen Scheunenviertel fällt auf. Hier zeigt sich eine SFD, die das Charakteristische der DDR nicht im Typischen sucht, sondern im sonst nicht Sichtbaren, im Seltenen und Besonderen.

Das Provisorium kippt

Die bereits unter Klaus-Detlef Bausdorf ungelöst gebliebenen Probleme holten die Staatliche Filmdokumentation auch unter Karl-Heinz Wegner ein. Wegner verfasste im Herbst 1978 eine teils drastisch formulierte *Analyse* zur bestehenden Situation. Diese Analyse war eine Brandrede, die nicht nur das Scheitern ganzer SFD-Dokumentationsbereiche auf die fehlende Bestätigung durch das ZK der SED zurückführte. Sie stellte zudem fest, dass die Produktion der SFD sich in einem „ständigen Widerspruch zwischen gestellten Aufgaben und realen Möglichkeiten" vollziehe, auch was Zahl und filmspezifische Qualifikation der Mitarbeiter, Technik, finanzielle Mittel und Arbeitsbedingungen betreffe.[136] Ein letztes Mal erinnerte mit Wegners Analyse ein Dokument auch an die ausbleibende Zentrale Sammlung am Filmarchiv:

> Erfahrungen und Erkenntnisse berechtigen zu der Feststellung, dass die SFD im SFA *kein Ersatz* für die unentbehrliche und seit langem geforderte Zentrale Film-Dokumentensammlung ist und sein kann, *aber doch* eine effektive, politisch wirkungsvolle und deshalb vertretbare *Zwischenlösung*.[137]

136 *Arbeitsanalyse der Staatlichen Filmdokumentation (SFD). Probleme, Erfahrungen, Erkenntnisse und Schlussfolgerungen*, 01.11.1978, S. 18 u. 20. BArch, DR 140/583.

137 Ebd., S. 18 (Hervorhebungen im Original).

Abb. 18: Nostalgisches Interesse am alten Berlin, kontrastiert mit gegenwärtigem Verfall. Das Filmdokument *Berlin-Totale III. Lebens- und Wohnverhältnisse 2. Altbaugebiet Berlin-Mitte h. Linienstraße* (1979, R: Veronika Otten).

Am Ende der 1970er Jahre waren die Planungen zu einer Zentralen Film- und Fernsehdokumentensammlung endgültig aufgegeben worden. Damit war auch dem Dokumentationsauftrag der SFD eine wichtige Grundlage entzogen, denn als Urkern dieser zentralen Sammlung war die Staatliche Filmdokumentation ursprünglich ja entstanden. Plötzlich war auch wieder die Frage einer Anbindung der SFD an das DEFA-Dokumentarfilmstudio aktuell. Nicht zufällig hebt daher Karl-Heinz Wegner in seiner Analyse hervor, dass allein das DDR-Filmarchiv „die einzige berufene Institution" für eine staatliche Filmdokumentation sei. Hier sei die SFD weder den Beschränkungen „von irgendwelchen Studio-Notwendigkeiten" noch den „zeitbedingten tagespolitischen Erwägungen" unterworfen und könne somit „ausschließlich nach gesamtpolitischen Erfordernissen und objektivwissenschaftlichen Kriterien" verfahren.[138] Implizit lassen sich hier auch die Bedingungen ablesen, unter denen der Erfahrung Wegners nach DEFA-Filme entstanden.

Wegner mahnte in seiner Analyse im November 1978 zudem an, eine unerlässliche Voraussetzung für die vollständige Dokumentation der DDR sei es, Informationen über die Archivbestände bei Film und Fernsehen und über deren Dokumentationslücken zu erhalten – dazu aber sei eine Kooperation der leitenden Funktionäre erforderlich.[139] Der hier geforderte Zugang zu anderen DDR-Institutionen auf Leitungsebene hätte allerdings bedeutet, dass deren Informationen im Filmarchiv zusammengeflossen und systematisierbar geworden wären. Ein Einblick von solcher Tiefenschärfe konnte auch der Staatlichen Filmdokumentation nicht gestattet werden.

Das System der je nach Hierarchie-Ebene gestaffelten Informationsvergabe der DDR bestand auch innerhalb der Staatlichen Filmdokumentation selbst. Hier verlief die Grenze zwischen Parteimitgliedern und Nicht-Parteimitgliedern. Der weitere Umgang mit Wegners Analyse führt diese Unterscheidung vor Augen: Karl-Heinz Wegner leitete sie unter dem Titel *Probleme, Erfahrungen, Erkenntnisse und Schlussfolgerungen* an den Leiter des Filmarchivs Wolfgang Klaue weiter – begleitet von der Notiz, sie sei „noch nicht offiziell" und könne „noch nicht im Kollektiv besprochen werden, weil es

138 *Arbeitsanalyse der Staatlichen Filmdokumentation (SFD). Probleme, Erfahrungen, Erkenntnisse und Schlussfolgerungen*, 01.11.1978, S. 18. BArch, DR 140/583.

139 Ebd., S. 21.

bei einzelnen Genossen der Parteigruppe prinzipielle Einwände gibt".[140]

Einwände gegen die unmissverständliche Bestandsaufnahme Wegners hatten auch die übergeordneten Leiter Wolfgang Klaue und HV-Abteilungsleiterin Ruth Herlinghaus. Der Vergleich von Wegners ursprünglichem Entwurf für die ZK-Vorlage vom 1. November 1978 mit den Fassungen, die nun hergestellt wurden, bietet eine der seltenen Möglichkeiten nachzuvollziehen, wie der Informationsfluss über brisante Sachverhalte auch von unten nach oben eingeschränkt wurde. Nach den Korrekturen und Kürzungen, die an Wegners Analyse durch die SFA- und HV Film-Leitung zu Jahresbeginn 1979 vorgenommen wurden, konnte die endgültige Vorlage nur noch eine vage Vorstellung von der Staatlichen Filmdokumentation, ihren Schwierigkeiten und Potentialen vermitteln:

Die bereinigte Fassung des ZK-Entwurfs vom Februar 1979 verzichtete nicht nur im Titel auf „Probleme" und „Erkenntnisse", sondern auch im Text selbst:[141] Es entfiel die Forderung, die SFD durch Gründung einer Zentralen Sammlung endlich in das Filmwesen der DDR zu integrieren. Auch ein gesamter Absatz, in dem Wegner die Ursachen für die teils unbefriedigenden SFD-Produktionsergebnisse beschrieben hatte, fehlte jetzt. Jeder Verweis auf die so dringend geforderte Bestätigung der Staatlichen Filmdokumentation durch das ZK der SED war getilgt, auch Wegners Forderung nach Information und Kooperation mit anderen Institutionen als Voraussetzung für ein gezieltes Lückenschließen war stark abgeschwächt. Selbst diese entschärfte Korrekturfassung der ZK-Vorlage wurde im August bzw. September 1979 auf Anweisung der Hauptverwaltung Film „aus objektiven Gründen" zurückgezogen. Zu diesem Zeitpunkt ging es bereits um die Existenz der Staatlichen Filmdokumentation, welche, so die HV Film, „realistischere Varianten" für ihren Fortbestand vorschlagen sollte.[142]

140 Karl-Heinz Wegner an Wolfgang Klaue: Begleitnotiz zur *Analyse*, 23.11.1978. BArch, DR 140/583.

141 *Zur Tätigkeit der Staatlichen Filmdokumentation: Erfahrungen und Schlussfolgerungen*, 15.02.1979. BArch, DR 140/584.

142 *Arbeit an Analyse und Perspektive der SFD (Chronik)*, 06.11.1980, S. 2. BArch, DR 140/584.

Nach der positiven Erfahrung mit der SED-Bezirksleitung Berlin unternahm das Filmarchiv 1979 den Versuch, die Unterstützung für die Staatliche Filmdokumentation noch einmal in ähnlicher Weise voranzubringen. Von Mai bis Jahresende 1979 fand eine Reihe von halb-öffentlichen SFD-Filmvorführungen statt, bei denen die ihr erlaubten, eingeschränkten Öffentlichkeiten über die bisherige Arbeit informiert wurden: das DEFA-Dokumentarfilmstudio, die Akademie der Künste, das Institut für Denkmalpflege, der Verband der Film- und Fernsehschaffenden, die Hochschule für Film und Fernsehen.[143] Auch auf dem Neubrandenburger *II. Nationalen Festival des Dokumentar- und Kurzfilms* stellte sich die Staatliche Filmdokumentation am 12. Oktober 1979 etwa 30 Zuschauern aus dem DDR-Filmwesen vor. Gezeigt wurden Filme bzw. Filmausschnitte aus der *Berlin-Totale*: *Schornsteinfeger* (1978, R: Dieter Harms), *Rentner-Wohnung* (1978, R: Gertraude Kühn), *Hausmüll* (1978, R: Dieter Harms) und eine Beratung in der Redaktion *Sinn und Form* aus dem Filmdokument *Prof. Wilhelm Girnus I* (1978, R: Veronika Otten). Angekündigt unter der folgenden, „aktuellen" Fragestellung:

> Sind filmische Aufzeichnungen von Zeitgeschehen und Zeitgenossen – ohne Auftrag und künstlerische Gestaltung – zur Ergänzung der gegenwärtig vorhandenen Archivbestände an audiovisuellem Dokumentarmaterial notwendig? Sind sie zur Schließung wesentlicher Überlieferungslücken in der filmischen Dokumentation der historischen Entwicklung der DDR nicht sogar unentbehrlich? Was ist ein Filmdokument, was sein Spezifikum, in Inhalt, Form und optisch-akustischer Gestaltung? Wem nützt es und unter welchen Voraussetzungen?[144]

wurde die nachfolgende Diskussion mit DDR-Filmemachern und Kritikern zu einem Erfahrungsaustausch über Zensur. Die SFD-Filmbeispiele wurden mit der „Krakower Filmrealität" im polnischen Dokumentarfilm verglichen und eine Teilnehmerin fragte: „Packen Sie auch *Heiße Eisen* an? Koll. Tetzlaff z.B. hatte Schwierigkeiten, realistisches Archivmaterial für seinen Film über Adolf Hennecke zusammenzustellen".[145] In seiner Antwort verwies Karl-Heinz

143 *Arbeit an Analyse und Perspektive der SFD (Chronik)*, 06.11.1980, S.2. BArch, DR 140/584.

144 Sonderveranstaltung des Staatlichen Filmarchivs. In: *Bulletin* 2, *Nationales Festival Dokumentar- und Kurzfilm der DDR für Kino und Fernsehen. Neubrandenburg, vom 10. bis 14. Oktober 1979*. Berlin: Direktion Nationale und Internationale Filmfestivals in der DDR 1979, S.7.

145 *Bericht über eine Diskussion beim 2. Nationalen Festival des Dokumentar- und Kurzfilms*

Wegner auf zwei Filmdokumente von Veronika Otten, *Ackerstraße* (1973) und *Kurt und Jeanne Stern* (1976), sowie auf *Frida Hockauf* (1973, R: Dieter Harms). SFA-Direktor Wolfgang Klaue ergänzte:

> Es bestand und besteht eine spürbare Lücke in der filmischen Dokumentation – das war der Anlass, eine solche Gruppe zu bilden. Die Gruppe existiert jetzt 7 Jahre. Es besteht nicht die Absicht, Fertigprodukte zu liefern. Die Filmdokumente sollen so objektiv wie möglich gemacht werden, um später subjektiv interpretierbar zu sein.[146]

Dass die DEFA-Filmemacher sich der Problematik ihrer eigenen Arbeit bewusst waren, sprach der Kameramann Wolfgang Dietzel aus:

> Zu den „heißen Eisen“: Bei uns im Studio gab es vor einiger Zeit eine ähnliche Diskussion, die vor allem von Richard Ritterbusch initiiert wurde. Irgendwann passiert uns, dass wir z. B. *Druskat* als Dokument ausgeben müssen, ähnlich wie es mit Eisensteins *Sturm auf das Winterpalais* geschehen ist. Ich halte die Arbeit der filmischen Dokumentation für unbedingt nötig.[147]

Diese Diskussion auf dem Neubrandenburger Festival, die in Andeutungen auch in die Medien gelangte,[148] trug dazu bei, dass das Problem SFD nicht weiter ignoriert werden konnte. Hier waren Diskussionsstränge um Tabus und Zensurmechanismen im DDR-Film aufeinandergetroffen, an deren Bündelung kein Interesse bestand. Das absolute Öffentlichkeitsverbot für die Staatliche Filmdokumentation, das 1980 einsetzte, bezog sich ausdrücklich auch auf das Neubrandenburger Festival: „Auf Anweisung des Direktors unterblieb die geplante Informationsvorführung der SFD beim Nationalen Dok.-Filmfestival in Neubrandenburg.“[149] Im Dezember 1980 brachte die Tagespresse eine – bis zum Ende der DDR letzte – Meldung zur Staatlichen Filmdokumentation.[150]

der DDR in Neubrandenburg, 12.10.1979, S. 6 u. 4. Private Unterlagen Monika Reck. (Vgl. auch, nahezu identisch und datiert auf den 13.10.1979. BArch, DR 140/584.)

146 Ebd. (Unterlagen Monika Reck), S. 3–4.

147 Ebd., S. 5.

148 Andrea Klonower: Podium. Schatzkammer. In: *Bulletin* 2, *Nationales Festival Dokumentar- und Kurzfilm der DDR für Kino und Fernsehen. Neubrandenburg, vom 10. bis 14. Oktober 1979*, S. 19–21; Chronisten der Zeit mit der Kamera. Nationales Kurzfilmfestival in Neubrandenburg. In: *Berliner Zeitung*, 13.10.1979.

149 Karl-Heinz Wegner: *Bericht des Staatlichen Leiters der SFD über die Erfüllung der Planaufgaben 1980*, 31.12.1980, S. 6. BArch, DR 140/584.

150 Eva Poschmann: Hochzeitskutsche im Archiv. In: *BZ am Abend*, 27.12.1980.

Neubrandenburg war weder Ursache noch alleiniger Grund, dass schon 1979/1980 das Ende der SFD drohte. Diese Auflösung wurde seit Beginn des Jahres 1979 diskutiert und führte bereits einige Wochen vor dem Festival zu einem Entwurf über zukünftige Varianten der Staatlichen Filmdokumentation. Karl-Heinz Wegner legte am 25. September 1979 eine ausführlich ausgearbeitete *Variante 1* vor, die vom Weiterbestand der SFD „mit gewissen Einschränkungen" ausging. Die für ihn anscheinend noch undenkbare Alternative ergänzte er nur kurz und handschriftlich auf einem beigelegten Zettel: „ich habe vergessen, die Variante 2 aufzuführen. Sie heißt: Auflösung der SFD, Übernahme ihrer Stellen, Technik und Aufgaben durch das DEFA-Dok.Filmstudio".[151] Damit hatte die alte Diskussion auch die SFD erreicht, ob eine staatliche Filmdokumentation nicht besser und kontrollierter innerhalb der DEFA-Studiostrukturen funktionieren würde.

Entscheidend war die Haltung der SED-Bezirksleitung Berlin zur Staatlichen Filmdokumentation. Auch hier überwog mittlerweile anscheinend die Skepsis. Unmittelbar im Umfeld einer Serie von Dienstbesprechungen über die Zukunft der SFD im Kulturministerium führte die Filmgruppe am 13. Dezember 1979 erste Ergebnisse aus der *Berlin-Totale* vor der SED-Bezirksleitung vor. Gezeigt wurden das Filmdokument *Gleisbetterneuerung* (1978, R: Dieter Harms) sowie ein Ausschnitt aus dem Themenkomplex *Arbeiter- und Bauern-Studium*. Die anschließende deutliche Kritik der SED-Bezirksleitung konzentrierte sich auf *Gleisbetterneuerung*: Reginald Grimmer – Mitglied der Agitationskommission beim Politbüro und nicht zum ersten Mal mit dem Problem staatlicher Filmdokumentation befasst[152] – verlangte nach der Vorführung ausdrücklich, dass die Verantwortung für „die richtige Auswahl von Themen, Drehorten, Personen" nicht bei der SFD verbleiben dürfe, sondern dass sie „Fachberatern" übertragen werden müsse.[153] Damit unterstrich Grimmer eine wesentliche Vorgabe der noch immer ausstehenden ZK-Vorlage. Zuvor hatte der Sekretär der SED-Bezirksleitung für Bauwesen in *Gleisbetterneuerung*

151 Karl-Heinz Wegner: *Information*, 25.09.1979, S. 1 u. Begleitnotiz. BArch, DR 140/584.

152 Vgl. S. 68.

153 *Protokoll. Diskussion mit Genossen der SED-Bezirksleitung Berlin am 13.12.1979*, 25.12.1979, S. 2–3. BArch, DR 140/584.

Abb. 19: Schaulustige Passanten statt moderner Technik. Das Filmdokument *Berlin-Totale IV. Verkehr und Verkehrsmittel 2. Einführung der Tatra-Bahnen a. Gleisbetterneuerung* (1978, R: Dieter Harms).

bereits die Darstellung der „exakten Planung, Organisation und Zusammenarbeit“ vermisst, der modernen Technik an anderen Berliner Baustellen sowie der „schönen neuen Fassaden der sanierten Häuser“ in der Schönhauser Allee – zu häufig habe sich die Kamera dagegen auf Abrissvorgänge und die Beobachtung von Passanten und Zuschauern konzentriert.[154]

Diese Kritik der SED-Funktionäre war nicht unwesentlich: Es war nicht unbemerkt geblieben, dass der Verzicht auf erzählerische Formen in den SFD-Filmaufnahmen auch einen Verzicht auf die Lenkung der Rezeption bedeutete. Die eher zufällige und ungeordnete Fülle der Beobachtungen, mit der die Staatliche Filmdokumentation die allgemeine Situation vor Ort registrierte, kannte keinen Standpunkt der Parteilichkeit. Die Erwartung der SED-Bezirksleitung war demgegenüber, späteren Generationen hier ein Bild der entstehenden sozialistischen Großstadt Berlin zu präsentieren. Es ist dies einer der Momente in der Geschichte der Staatlichen Filmdokumentation, in dem der Widerspruch in ihrem Gründungsauftrag zwischen wissenschaftlichem Quellen- und zukünftigem Propaganda-Material deutlich zutage trat. Als Wolfgang Klaue abschließend im Namen des Filmarchivs bemerkte, dass „Rat und Hilfe“ der Bezirksleitung gern in Anspruch genommen würden, „sobald über die Perspektive der SFD von der HV Film entschieden worden sei“, schwang unverkennbar mit, dass der bestehende Schwebezustand für die SFD auch von Vorteil war:[155] Eine gewisse Eigenständigkeit war gerade noch so lange gegeben, wie grundsätzliche Entscheidungen über ihre Freiräume nicht gefallen waren.

Ab diesem Zeitpunkt begannen Versuche, den Propaganda-Auftrag im Profil der Staatlichen Filmdokumentation zu schärfen und den Aspekt einer empirisch motivierten Dokumentation zurückzudrängen. Nach jahrelangen Verzögerungen auf den Dienstbesprechungen des Leiters der Hauptverwaltung Film fanden im Dezember 1979 und Februar 1980 kurz nacheinander gleich drei Besprechungen zur Staatlichen Filmdokumentation statt. Erklärtes Ziel war es, die „akuten Probleme“ im Filmarchiv „unter Kontrolle zu nehmen“.[156]

154 *Protokoll. Diskussion mit Genossen der SED-Bezirksleitung Berlin am 13.12.1979*, 25.12.1979, S. 2. BArch, DR 140/584.

155 Ebd., S. 3.

156 *Protokoll der Dienstbesprechung beim Stellvertreter des Ministers und Leiter der Hauptverwaltung Film, Genossen Horst Pehnert, am 11.12.1979*, 07.01.1980. BArch, DR 1/4744; *Protokoll der Dienstbesprechung beim Stellvertreter des Ministers und Leiter der Hauptverwaltung*

Abb. 20: Das SFD-Filmteam beim Dreh zu *Berlin-Totale III. Lebens- und Wohnverhältnisse 4. Die Alten in der Stadt a. Goldene Hochzeit* (1979, R: Monika Reck).

Bereits am 11. Februar 1980 konnte eine Mitgliederversammlung der Betriebsparteiorganisation im Filmarchiv den Erläuterungen des stellvertretenden Kulturministers und HV-Leiters Horst Pehnert sowie Ruth Herlinghaus' entnehmen, dass die Abteilung Staatliche Filmdokumentation in Frage stand. Beide versicherten im Namen des Kulturministeriums lediglich, dass die Aufgabenstellung der SFD prinzipiell erhalten bleibe.[157]

Nicht gesagt worden war damit, dass schon längst über die Anbindung der Staatlichen Filmdokumentation an das DEFA-Dokumentarfilmstudio beratschlagt wurde. Die SFD sollte dort erweitert werden und zusätzlich auch Dokumentationsaufgaben der in Auflösung befindlichen DEFA-Wochenschau *Der Augenzeuge* übernehmen.[158]

Film, Genossen Horst Pehnert, am 05.02.1980, o. D. BArch, DR 1/4744; *Protokoll der Dienstbesprechung beim amt. Leiter der Hauptverwaltung Film, Gen. R. Otto, am 19.02.1980*, o. D., S. 2. BArch, DR 1/4744.

157 *Arbeit an Analyse und Perspektive der SFD (Chronik)*, 06.11.1980, S. 3. BArch, DR 140/584.

158 Horst Pehnert/Leiter der HV Film/MfK: *Information über die geplante Einstellung der DEFA-Wochenschau „Der Augenzeuge" in der gegenwärtigen Form*, 13.05.1980, S. 67. BStU, MfS, HA XX 11902. Auch dieses Papier betont, dass SFD-Aufnahmen „nicht für die Öffentlichkeit bestimmt" sind (ebd.).

Im Mai 1980 wurde im Kulturministerium schließlich eine Arbeitsgruppe unter dem stellvertretenden HV-Leiter Eberhard Ugowski gebildet, deren Auftrag lautete, die SFD an das DEFA-Dokumentarfilmstudio zu überführen. Die DEFA sollte für die geplante neue Gruppe „Filmdokumentation" von der SFD nur die technischen Mitarbeiter und keine Redakteure übernehmen. Dies zeigt, dass die Ablösung der SFD vom Filmarchiv auch eine Abkehr vom bisherigen Dokumentationsprofil bezweckte.
Im Sommer 1980 wurden erste organisatorische Schritte zur Übergabe der SFD an die DEFA eingeleitet, im September bestätigte die HV-Arbeitsgruppe die Entscheidung endgültig. Umso überraschender war es, als Horst Pehnert am 6. November 1980 sämtliche Vorbereitungen zur Auflösung der Staatlichen Filmdokumentation am Filmarchiv stoppte. Festlegungen darüber hinaus traf er nicht, die erzwungene Untätigkeit der Filmgruppe und das Warten auf Entscheidungen setzten sich somit fort. In dieser Situation verließen Karl-Heinz Wegner und weitere Mitarbeiter die Staatliche Filmdokumentation, die damit statt der notwendigen 18 nur noch neun Mitarbeiter besaß. Auf diesem Tiefpunkt in der Geschichte der SFD blieb dem in den Ruhestand scheidenden Leiter Karl-Heinz Wegner nichts weiter, als noch einmal zu appellieren, nun ohne Verzug all diejenigen Probleme zu lösen, „die das Kollektiv aus eigener Kraft nicht lösen kann".[159] Nur knapp war die SFD zum Ende des Jahres 1980 ihrer Auflösung entgangen. Die Produktionsphase der *Berlin-Totale* war damit allerdings endgültig beendet.

4. Dokumentation *Sozialistische Lebensweisen* unter Peter Glaß (1981–1985)

Zu Beginn des Jahres 1981 hielt die Krise der Staatlichen Filmdokumentation weiter an. Die Filmgruppe war ohne Leiter, die Produktion weitgehend zum Erliegen gekommen, das Kulturministerium traf keine Entscheidungen. Die Existenz der SFD stand bereits seit zwei Jahren in Frage. Erst mit der Drohung des Parteisekretärs des Staatlichen Filmarchivs Günter Schulz, die Partei einzuschalten, wurde das Schweigen der staatlichen Stellen gebrochen:

159 Karl-Heinz Wegner: *Bericht des Staatlichen Leiters der SFD über die Erfüllung der Planaufgaben 1980*, 31.12.1980, S. 9. BArch, DR 140/584.

> Dieser Ungewissheit des Kollektivs können wir als Parteiorganisation nicht mehr tatenlos zusehen. […] Wir teilen Dir hiermit mit, dass wir uns jetzt in der Frage Staatliche Filmdokumentation an unsere übergeordneten Instanzen der Partei wenden, – um es aber ganz deutlich zu sagen – ausschließlich deswegen, weil wir die Art und Weise, wie hier mit Menschen umgegangen wurde und wird, nicht billigen können.[160]

Auf Schulz' Ankündigung vom 12. Februar 1981, nun die Kulturabteilung des ZK der SED, die Bezirksleitung, den Ersten Sekretär der SED-Kreisleitung Berlin Mitte sowie die zentrale Parteileitung des Kulturministeriums über die Misere der SFD zu informieren, reagierte die Hauptverwaltung Film sofort. Bereits am 20. Februar kam es zu einer Beratung mit dem stellvertretenden Leiter der Hauptverwaltung Film, Rainer Otto, und Gerhard Cepnik aus der MfK-Hauptabteilung *Planung und Finanzen*.[161] Die Lösung wurde im Laufe des März gefunden: Abermals bestand sie in der Berufung eines neuen Leiters und in einer konzeptionellen Neuausrichtung. Diese Entscheidung für den Weiterbestand war der dritte Versuch in der Geschichte der SFD, das Projekt einer filmischen DDR-Selbstdokumentation zu retten, die nicht dazu verpflichtet war, ihre Materialien unmittelbar an den Zensurvorgaben auszurichten.

Der zukünftige Nutzer als Wissenschaftler

Peter Glaß (Jahrgang 1943) übernahm am 1. April 1981 die Leitung der Staatlichen Filmdokumentation. Der studierte Pädagoge (Deutsch / Geschichte) hatte zuvor unter anderem als Berufsschullehrer an der Fachhochschule Meißen-Siebeneichen gearbeitet und 1980 seine Promotion abgeschlossen.[162] Unter Peter Glaß erfuhr die SFD eine Veränderung, mit der sie sich von ihrem bisher empirischen Ansatz weitgehend distanzierte und in die Filmdokumentation ein subjektiv-strukturierendes Element einführte. Diese Entwicklung stand im Zusammenhang mit der allgemeinen Erosion des Konzepts des *Typischen*: ‚Wahrheitsgetreue Verallgemeinerungen' zum Alltag

160 Günter Schulz/Betriebsparteileitung/SFA an Horst Pehnert/Leiter HV Film, 12.02.1981. BArch, DR 140/584.

161 Das SFA wurde vertreten durch Wolfgang Klaue und Günter Schulz; die SFD selbst war nicht einbezogen. – *Fortsetzung. Arbeit an Analyse und Perspektive der Staatlichen Filmdokumentation (Chronik)*, 05.03.1981, S. 1. BArch, DR 140/584.

162 Für Auskünfte sowie die Einsicht in private Unterlagen aus dem Nachlass von Peter Glaß danke ich seiner Ehefrau Angela Glaß (26.10.2014).

der DDR, die zugleich auch verdichtete Abbilder historischen Fortschritts hin zum besseren Sozialismus waren, hatten zu Beginn der 1980er Jahre ihre Überzeugungskraft verloren. Angesichts der politischen und wirtschaftlichen Krise der DDR ließen die Bindekräfte der Utopie nach, die Verbindung zwischen Zukunft und Gegenwart brach ein.

Bisher waren die Produktionen der Staatlichen Filmdokumentation von der Vorstellung eines späteren Zuschauers motiviert worden, der – vermittelt über SFD-Filmdokumente – vom Standpunkt der besseren Zukunft aus auf den ‚schweren Anfang' der DDR zurückblicken würde. Die Gestalt dieses zukünftigen Zuschauers entfernte sich nun ins Schemenhafte. SFD-Filmdokumente begannen sich nun mehr und mehr an der Gegenwart auszurichten. Zur Definition des Filmdokuments legte Peter Glaß – im Gegensatz zu seinen Vorgängern – nun fest:

> Unter dem anzulegenden Gesichtspunkt ihrer gesellschaftlichen Funktion und Wirksamkeit sollte daher daran gearbeitet werden, die undialektische Gegenüberstellung von dokumentarischer Bearbeitung gesellschaftlicher Themen und *späterer* Nutzung zu überwinden.[163]

Der Weg dorthin führte über eine Form von ‚Objektivität', die nicht durch Ideologie vorgegeben war. In der Folge wurde jetzt die alte Definition der Staatlichen Filmdokumentation als „wissenschaftliche Dokumentation" neu gestärkt. Hatte die SFD bis dahin vorrangig spätere Dokumentarfilmer als Nutzer im Blick gehabt, wandte sie sich in der Phase der *Sozialistischen Lebensweisen* Wissenschaftlern als Zielgruppe zu: „Kulturwissenschaftler, Soziologen, Ethnografen oder Historiker"[164] sollten nun die hauptsächlichen Nutzer von SFD-Filmdokumenten werden. Deren wissenschaftliche Informationsbedürfnisse erschienen weit gegenwärtiger und fassbarer als die bisherigen, vagen Vermutungen über mögliche Filmproduktionen in der Zukunft. Unter Peter Glaß wurde die Staatliche Filmdokumentation so zu einem ausgesprochenen Kontrastprogramm, das nicht mehr Detail für Detail die Dokumentation einzelner DDR-Medien

163 Peter Glaß: *Zur inhaltlichen Aufgabenstellung der SFD und ihrem Dokumentationsprofil*, 1. Fassung, 06.08.1982. BArch, DR 140/585 (Hervorhebung im Original).

164 *Entwurf. Konzeption zur Tätigkeit der Staatlichen Filmdokumentation*, 10.05.1983, S. 3. BArch, DR 140/585.

Abb. 21: SFD, ca. 1983. v.l.n.r.: Holger Jahn (Kamera), Dieter Harms (Redaktion/ Ton), Peter Glaß (Leiter), Monika Wochau (Schnitt), Gerd Barz (Redaktion), Steffen Sebastian (Ton).

ergänzen und vervollständigen wollte, sondern das auf verallgemeinerbare Befunde zielte.

Diese Verschiebung – weg von der Filmproduktion, hin zur Wissenschaft – wurde durch das ohnehin geschwundene Interesse des DEFA-Dokumentarfilmstudios an der Staatlichen Filmdokumentation erleichtert. Nach der gescheiterten Übernahme durch das Studio war dort 1981 die Produktionsgruppe *Geschichte/Dokumentation* gegründet worden. Diese Gruppe erfüllte die ursprünglichen Erwartungen der DEFA an die Staatliche Filmdokumentation nun so, wie 1980 der Zusammenschluss von SFD und *Augenzeuge* geplant worden war. Der hergebrachte Bezug der Staatlichen Filmdokumentation zur DEFA löste sich jetzt auf. Dies wirkte sich auf die inhaltliche wie auch auf die ästhetische Konzeption der Staatlichen Filmdokumentation aus. Ihre Filme galten nun weit weniger als filmisches Grundlagen- und Ausgangsmaterial für spätere Filme, sondern als wissenschaftliches Anschauungs- und Informationsmaterial. Auf dieser Grundlage wurden die Kooperationsbeziehungen zu Archiven, zur Akademie der Künste, zur Akademie der Wissenschaften und besonders auch zu den Sektionen *Kulturwissenschaften* und *Geschichte* an der Humboldt-Universität Berlin ausgebaut.

Peter Glaß interessierte sich für Oral History und stellte, vermittelt durch die Humboldt-Universität, im August 1983 die Kulturwissenschaftlerin Martina Liebnitz als neue Redakteurin ein. Ebenfalls von der Humboldt-Universität kamen Thomas Grimm und Sybille Ploog.

Staatliches Filmarchiv der DDR
-Staatliche Filmdokumentation-

Langfristiger thematischer Produktionsplan der Staatlichen Filmdokumentation (Entwurf)

Vorbemerkung

Ausgangs -und Zielpunkt des dokumentarischen Arbeitens der SFD ist ihr möglicher Beitrag innerhalb des filmdokumentarischen Schaffens in der DDR. In der großen Spannweite des filmdokumentarischen Arbeitens bedingt das die Verständigung auf ihren spezifischen Beitrag, durch den sie sich in ihrem Dokumentationsprofil und der dokumentarischen Bearbeitung der Themen ausweisen muß.

Das Dokumentieren zeitgeschichtlich relevanter Tatsachen, Erscheinungen oder Personen ist eine unerläßliche geistige Form, in der sich die Gesellschaft über ihre Vergangenheit Rechenschaft zu geben vermag. Dem entsprechen kann das Filmdokument, indem es als Quelle zeitgeschichtliche Fakten authentisch belegt oder in dieser Funktion selbst wieder als "objektives" Ausgangsmaterial für eine zu dokumentierende Geschichte herangezogen werden kann. Unter dem Gesichtspunkt der vorgeplanten Dokumentationsarbeit weist sich das dokumentarische Anliegen der SFD hierin aus, solche gesellschaftlichen Aussagen zur Zeitgeschichte exemplarisch gefaßt aufzuarbeiten.

In der Ausprägung dieses dokumentarischen Selbstverständnisses ist nicht der Vergleich mit der aktualitätsbezogenen Dokumentationsarbeit der Medien ausschlaggebend als vielmehr das Einbringen historiografischer Gesichtspunkte in die zu dokumentierenden zeitgeschichtlich- aktuellen Erscheinungen und Tatsachen. In der Bereitstellung solchen dokumentarischen Materials kann die Leistung der SFD für den gesellschaftlichen Dialog zu ihrer Geschichte liegen. Die SFD konzentriert sich deshalb in der Bereitstellung dokumentarischen Materials nicht vorrangig auf Dokumentationen für unmittelbar publizistische Zwecke, sondern sieht den Ansatz der Bewertung in der Bereitstellung solcher dokumentarischen Belege, die vom dokumentarischen Wert für die Gesellschaft im Rückgriff auf ihre Geschichte sind.

Dokumentationsvorhaben und Zielstellungen sind an diesen Grundsätzen entwickelt und folgen in der Aufgliederung den in der bestätigten "Arbeitskonzeption der SFD" 1983 ausgewiesenen Schwerpunkten. Eine natürliche Begrenzung im Entscheid auf Schwerpunkte und Themen ergibt sich aus der der SFD zur Verfügung stehenden Produktionskapazität sowie der Notwendigkeit, in Ausgestaltung der dokumentarischen Aufgabenstellung aktuell auf Anforderungen in der dokumentarisshen Arbeit zu reagieren.

Abb. 22: Peter Glaß: „Einbringen historiografischer Gesichtspunkte“. *Langfristiger thematischer Produktionsplan der Staatlichen Filmdokumentation (Entwurf)*, Plan 1985.

Auch sie waren für den Filmbereich nicht ausgebildet, sondern hatten Philosophie und Ästhetik studiert. Das Filmdokument *Zweimal Leben* von Martina Liebnitz (1984, unter der Mitarbeit von Sybille Ploog) betont in einem Insert eingangs ganz im Sinne des neuen Schwerpunktes seine wissenschaftlichen Merkmale: „Zwei Frauen erzählen aus ihrem Leben. Beide blicken auf mehr als siebzig Lebensjahre zurück. Ihr bisheriges Leben, ihr Alltag, so sagen sie, war nicht außergewöhnlich. Viele hätten Ähnliches erlebt." Oral History, die erzählte Geschichte, wird hier mit der Formel „so sagen sie" betont sowie mit dem eigens hervorgehobenen Verweis auf den Bereich des Alltags. Schließlich steckt in der Feststellung „viele hätten Ähnliches erlebt" ein letzter Rest des nun seiner Zukunftsfunktion entkleideten *Typischen.*

Die neue Orientierung der Staatlichen Filmdokumentation zielte nicht allgemein auf Wissenschaft, sondern auf eine Form, Geschichte im Film als Alltagsgeschichte zu erzählen. Dies zeigen Filmthemen wie *Alltag und Krieg. Die Frauen* (1984) mit ihren geplanten Fortsetzungen *II Die Männer* und *III Die Kinder* in der Redaktion Holm-Henning Freiers. Der Vorspann zu *Umsiedler. Versuch eines filmischen Protokolls* (1986, R: Thomas Grimm) suchte die Produktion als filmische Fortsetzung des mehrbändigen Werkes *Geschichte des Alltags des deutschen Volkes* (ab 1980) des Historikers Jürgen Kuczynski zu deuten:

> Dieser Film unternimmt den Versuch, einen historischen Sachverhalt hinsichtlich seines alltäglichen Verlaufes mit Hilfe von Erinnerungen einer sozialen Gruppe zu rekonstruieren [...] Die Filmdokumentation fühlt sich der marxistischen Alltagsforschung verpflichtet.

Auch zu Jürgen Kuczynski selbst entstanden zwei Filmdokumente in der Redaktion von Thomas Grimm: *Jürgen Kuczynski* (1983) und *Fragen an Jürgen Kuczynski zu seinem Buch „Dialog mit meinem Urenkel"* (1986). Letztgenannter endet mit der Frage: „Fühlen Sie sich als ein vom Volk verehrter Historiker?" – die etwas von der eigenen Verehrung des Redakteurs verrät.

All diese Bemühungen, die Arbeit der Staatlichen Filmdokumentation an die universitäre Alltagsforschung anzuschließen, waren kaum mehr vereinbar mit dem alten SFD-Programm, das *Typische* zu dokumentieren. Eine Mitarbeit etwa von Gertraude Kühn, die als Redakteurin mehr als 40 Filme für die SFD erstellt hatte, war hierbei kaum mehr denkbar. Nicht nur, weil sie eine andere Generation repräsentierte

Abb. 23: *Jürgen Kuczynski. 1120 Berlin-Weißensee. Parkstraße 97. Studien und Randbemerkungen* (1983, R: Thomas Grimm).

(Jahrgang 1923), sondern auch, weil sie als Diplom-Historikerin eine nahezu konträre Geschichtsauffassung verkörperte. In seiner *Einschätzung der Genossin Gertraude Kühn* für das MfS schrieb Wolfgang Klaue 1982:

> Genossin Kühn – aus einer alten kommunistischen Familie stammend – ist seit 1945 politisch aktiv tätig. Sie ist ein klassenbewusster Kämpfer, der immer als Agitator und Propagandist für die Sache der Arbeiterklasse eintritt.[165]

Wie auch immer zeitgebunden solche Äußerungen sein mögen, man kann sicher sagen, dass Gertraude Kühn unter den zwei Auffassungen der Staatlichen Filmdokumentation die Seite einer DDR-Dokumentation vertrat, die gerade nicht den Alltag, sondern die historischen Leistungen der Gegenwart erfassen wollte. Unter der Leitung von Peter Glaß verließ sie die SFD und wechselte in den Filmarchiv-Bereich *Spielfilm*. Dass damit auch ein IM der Staatssicherheit die Staatliche Filmdokumentation verließ, weist darauf hin, dass die Filmgruppe zu diesem Zeitpunkt offenbar als genügend abgesichert galt.

In der Themenauswahl beschritt die SFD mit ihrer Ausrichtung auf *Sozialistische Lebensweisen* den noch einzig verbliebenen Weg. Schon Karl-Heinz Wegners *Analyse* hatte 1978 betont, dass ohne die Bestätigung des ZK der SED nur im Dokumentationsbereich *Soziales Milieu, Lebensgewohnheiten und andere kennzeichnende Erscheinungen des gegenwärtigen*

165 Wolfgang Klaue: *Einschätzung der Genossin Gertraude Kühn*, 15.04.1982, S. 9. BStU, MfS, HA XX, AP 2028/92.

Lebens eine relativ ungehinderte Produktion denkbar sei.[166] Peter Glaß gelang es ab 1981, dieser Beschränkung beträchtliche Potentiale abzugewinnen und sich Themen zuzuwenden, die die Chance begrenzter, aber wesentlicher Beobachtungen zum DDR-Alltag boten. Programmatisch tragen einige der SFD-Filme dieser Zeit die Überschrift *Lebensweisen* bereits in ihrem Titel:

> *Dokumente zur Lebensweise. Formen des Zusammenlebens: Unverheiratete Partner mit Kind* (1982, R: Veronika Otten)
> *Dokumente zur Lebensweise. Frau Reichardt – Kinderreich 1982* (1982, R: Klaus Fischer)
> *Dokumente zur Lebensweise. Wohnungsprobleme 1982/83. Dokument II. Gesperrter Wohnraum* (1982, R: Gerd Barz)
> *Dokumente zur Lebensweise. Wohnungsprobleme 1982/83 – Dokument I* (1983, R: Gerd Barz)

Auffällig an den neuen Themen ist ein besonderes Interesse an gesellschaftlichen Übergangs- und Wandlungsprozessen. Durch den großen SFD-Themenkomplex *Wohnen* zieht sich in dieser Zeit die Frage, ob und in welcher Weise die traditionellen, dörflich-kleinstädtisch geprägten Lebensformen in der Konfrontation mit dem modernen Großstadtleben bestehen können.[167] Das Neubaugebiet Berlin-Marzahn findet sich als Gegenbild einer lebenswerten Stadt in SFD-Filmdokumenten der folgenden Jahre immer wieder, so in *Familienbilder. Beobachtungen in einer Berliner Arbeiterfamilie* (1984, R: Sybille Ploog) oder in den beiden Filmen von Gerd Barz *Wohnungsprobleme 1982/83*: In Teil I gibt der Treptower Stadtbezirksrat der SFD ein Interview. In diesem schildert er als allgemeine Erfahrung, was eine Mieterin in Teil II *Gesperrter Wohnraum* so ausdrückt:

> Denn Marzahn, wissen Sie, ich weiß nicht, wir sind eigentlich für solche Klötzer nicht zu haben. Dieses kalte Beton, das grault einen ja schon an, wenn man's nur sieht. Und der Spielplatz mittendrin! Und kein Strauch. […] Und da haben wir gesagt, na was sollen wir in Marzahn, wenn wir es hier so schön haben.

166 Unter den 1976 von der HV Film bestätigten vier Dokumentationsbereichen hatten sich drei als schwer realisierbar erwiesen: Themen der „zeitbedingten Vertraulichkeit", Langzeitdokumentationen und Personendokumentationen. *Arbeitsanalyse der Staatlichen Filmdokumentation (SFD). Probleme, Erfahrungen, Erkenntnisse und Schlussfolgerungen*, 01.11.1978, S. 8. BArch, DR 140/583.

167 Explizit so in *Entwicklungsprobleme der Lebensweise – Auswirkungen des wissenschaftlich-technischen Fortschritts auf soziale Prozesse*. In: *Thematische Produktionsplanung für das Jahr 1982*, [1981], S. 1. BArch, DR 140/585.

Ein Wohnungsangebot in Marzahn schlägt sie mit ihrer Familie trotz defekter Küchendecke und ständigen Durchregnens aus.
Ein DEFA-Spielfilm mit gleicher Thematik erlebte zur selben Zeit äußerst heftige Gegenreaktionen: *Insel der Schwäne* (1983, R: Herrmann Zschoche, DB: Ulrich Plenzdorf) ist die Erzählung von einem Jungen, der den Umzug aus dem heimatlichen Dorf in ein Berliner Neubaugebiet als umfassenden Verlust an lebensfreundlicher Umwelt erlebt. Die Kritik von *Insel der Schwäne* am DDR-Wohnungsbauprogramm war Grund genug, die Kinoaufführung des Films einzuschränken, eine Fernsehausstrahlung wurde gänzlich abgelehnt. Künftig gelte, so der Generaldirektor des DEFA-Studios für Spielfilme auf einer Klausurberatung mit der Hauptverwaltung Film: „Mängel an Wachsamkeit wie bei *Insel der Schwäne* dürfen wir uns nicht mehr gestatten."[168]
Anfang der 1980er Jahre verschlechterte sich die Lage der DDR-Filmemacher durch sinkende Zuschauerzahlen und durch einen zunehmend dogmatischen, aber auch schwankenden Kurs in der SED-Kulturpolitik. Während dieser Entwicklung grenzte sich die Staatliche Filmdokumentation vom DEFA-Film und vom Fernsehen durch ihre Verwissenschaftlichung ab. Für die SFD spielten nun verstärkt historiographische Überlegungen zum Quellenwert ihrer Filme eine Rolle. Merkwürdig mutet heute an, wie dieser vom allgemeinen Quellenwert des Films abgesetzt wurde: Peter Glaß legte im Juni 1982 Überlegungen vor, nach denen die Filmdokumente der Staatlichen Filmdokumentation nach wie vor keine „Kunstwerke" sein sollten, über die bisherige Definition hinaus jedoch nicht nur „historische Dokumente", sondern vielmehr „ungestellte Primärquellen".[169]
Dieser implizite Verweis auf die ‚gestellten Primärquellen' des DEFA-Dokumentarfilms verdeutlicht den Vorteil des wissenschaftlichen Selbstverständnisses: Es schuf für die brisante Feststellung Raum, dass SFD-Filme ausschließlich „nach sachlichen und formalästhetischen Gesichtspunkten" bearbeitet sein sollten, und zwar unter „Verzicht auf die im Dokumentarfilm zur Anwendung kommenden filmästhetischen Wirkungsmöglichkeiten".[170] Angesichts des

168 Abt. Künstlerische Produktion/HV Film/MfK: *Protokoll – Klausurberatung am 18.5.1983*, 26.05.1983, S. 63. BStU, MfS, HA XX 18149.

169 *Zur inhaltlichen Aufgabenstellung der SFD und ihrem Dokumentationsprofil*, 16.06.1982, S. 2. BArch, DR 140/585.

170 Ebd., S. 2, auch Fn. 3.

Abb. 24: *Insel der Schwäne* (1983, R: Herrmann Zschoche).

geltenden DDR-Filmverständnisses war der Verzicht auf Zuschauerlenkung eine erstaunliche Feststellung, die nur damit gerechtfertigt werden konnte, dass für die SFD gegenwärtige Zwecke nicht relevant waren. Unter dem Schutz des Arguments also, die SFD produziere Quellen für die Wissenschaft, konnte ihr Privileg legitimiert werden, als einzige DDR-Filmgruppe „dokumentarische Zeugnisse ungestellter gesellschaftlicher Tatsachen“[171] zu vermitteln.

Mit der Definition der Staatlichen Filmdokumentation als Produzentin geschichtswissenschaftlicher Quellen sah sich das Filmarchiv schließlich vorbereitet, einen neuen Verstoß für die generelle institutionelle Absicherung der SFD zu unternehmen. Eine gewichtige Veränderung gegenüber den vorangegangenen Versuchen unter Klaus-Detlef Bausdorf und Karl-Heinz Wegner war, dass die Arbeit an der Beschlussvorlage für das ZK der SED inzwischen endgültig eingestellt worden war. Es muss offen bleiben, ob der Fall „Staatliche Filmdokumentation“ vom Zentralkomitee an die staatlichen Leitungen unter Auflagen zurückverwiesen worden ist, oder ob der Gegenstand SFD im ZK nicht behandelt wurde, weil die untergeordneten Institutionen auf die Unauffälligkeit der Filmgruppe achteten.[172] In der Folge lag die kulturpolitische Verantwortung für die Staatliche Filmdokumentation bei dem stellvertretenden Kulturminister und Leiter der HV Film, Horst Pehnert, und bei seinen Stellvertretern Eberhard Ugowski und Rainer Otto. Mit der konkreten Anleitung und Kontrolle der SFD waren in der HV-Abteilung *Wissenschaft und Information* unter Ruth Herlinghaus zu dieser Zeit Angelika de Wree, Manfred Huck und Evelin Matschke beauftragt.

Die seit 1972 andauernden Beratungen zur ZK-Vorlage waren damit anscheinend ohne Ergebnis beendet. Als jedoch das Filmarchiv zwischen Sommer 1982 und Herbst 1983 eine Reihe von Entwürfen zur Konzeption und Organisation der SFD im Kulturministerium vorzulegen hatte, erwies sich, dass das Areal, in dem die Staatliche Filmdokumentation sich bewegen durfte, schon abgesteckt war. Dabei entsprachen die wichtigsten Eckpunkte weitgehend den ehemaligen Vorgaben für die ZK-Beschlussvorlage: Keine Verantwortung bei der

171 *Zur inhaltlichen Aufgabenstellung der SFD und ihrem Dokumentationsprofil*, 16.06.1982, S. 2. BArch, DR 140/585.

172 Der SFD-Leiter ab 1981 bestätigte, dass eine Vorgabe existierte, das ZK aus den Überlegungen zur SFD herauszuhalten. Gespräch Peter Glaß mit der Autorin (23.11.2012). Vgl. auch Wolfgang Klaue in diesem Band, S. 283.

Gruppe für Themenplanung und Abnahme, keine Information und Abstimmung mit anderen Filmproduzenten und Filmwissenschaftlern, engmaschige Absprachen mit der HV Film. Insgesamt dienten die MfK-Festlegungen dazu, die Vorgänge innerhalb der Gruppe transparent zu halten und Verselbständigungen zu verhindern.
Als einer dieser Entwürfe am Rande doch wieder das ZK der SED ins Spiel brachte, führte dies zu einer scharfen Reaktion seitens des stellvertretenden HV-Leiters Eberhard Ugowski: Auf den Vorschlag hin, einen „konsultativen Anschluss" der Staatlichen Filmdokumentation an die *Kommission für Agitation und Propaganda* beim ZK der SED vorzusehen,[173] stellte Ugowski – der von 1973 bis 1977 filmpolitischer Mitarbeiter der ZK-Abteilung *Kultur* gewesen war – klar: „Die Forderung […] ist unreal. Sie ist politisch auch kaum zu begründen. Deshalb sollte sie gestrichen werden"[174]. Sie wurde gestrichen und in der 1983 von der HV Film letztlich bestätigten Fassung durch eine ausschließlich staatliche Kontrolle ersetzt. Dies ist zugleich der in den Archivalien bislang letzte Hinweis auf einen Versuch, die Parteispitze mit der Staatlichen Filmdokumentation zu befassen. Noch im Dezember 1985, als die SFD zu einer Vorführung im engen Teilnehmerkreis auch einen Mitarbeiter des ZK der SED (*Abteilung Wissenschaft*) einlud, reichte dieses Schreiben für ein Disziplinarverfahren am Staatlichen Filmarchiv. Die Überprüfung der SFD-Freiräume durch das Kulturministerium war in der zweiten Jahreshälfte 1983 abgeschlossen. Sie führte zu einer SFD-Arbeitskonzeption, 1984 gefolgt von einer *Ordnung zur Produktion, Abnahme, Archivierung und Nutzung von Filmen der Staatlichen Filmdokumentation.* Auf dieser Grundlage hätte die SFD weit über 1986 hinaus bestehen können.

Eine zweite SFD entsteht. „Das Subjekt hinter der Kamera"

Wie sehr das Neubrandenburger Dokumentarfilmfestival 1979 tatsächlich Anfang vom Ende der Staatlichen Filmdokumentation war, zeigt sich erst im Nachhinein. Einige Festivalteilnehmer sorgten im Anschluss dafür, dass die SFD unter anderem an der Hochschule für

173 *Konzeption zur Arbeit der Staatlichen Filmdokumentation (Entwurf)*, [30.06.1982], S. 7. BArch, DR 140/585.

174 Eberhard Ugowski/Stellvertretender Leiter HV Film an Ruth Herlinghaus/Leiterin Abt. Wissenschaft und Information: *Zur Konzeption*, 22.09.1982, S. 1. BArch, DR 1/4746.

Film und Fernsehen bekannt wurde. Die Filmkritikerin Regine Sylvester – die in Neubrandenburg gesagt hatte, von der Existenz der SFD bisher nichts gewusst zu haben, sich durch sie nun aber „an die Quelle des Dokumentarfilms erinnert" zu fühlen[175] – lud die Filmgruppe unmittelbar danach zu einer Vorführung an die Hochschule ein.[176] Die Idee, anhand von SFD-Filmen die Studenten auf mögliche eigene Verwendungen von Archivmaterial in ihren Filmen aufmerksam zu machen, führte im Mai 1980 zu einer weiteren Veranstaltung, dieses Mal mit der Fachrichtung Dokumentarfilmregie. Die Reaktion auf die Staatliche Filmdokumentation war kritisch:

> Sie bemühen sich, objektiv zu beobachten, reduzieren das Subjekt hinter der Kamera. […] Ich vermisse den Standpunkt des Menschen hinter der Kamera. Ich frage mich, worin liegt Ihr gesellschaftlicher Auftrag? […] Dokumentarfilm und Filmdokument, was ist das? Das ist sowieso ein Streit. Sich stärker als Subjekt einbringen, das wäre für Ihre Funktion wichtig.[177]

Diese Fragen des Regiestudenten Hans Wintgen nach dem „Subjekt hinter der Kamera" trafen einen sensiblen Punkt der SFD. Bisher hatte sie sich – unter Berufung auf den Auftrag, filmisches Ausgangs- und Anschauungsmaterial für die Zukunft herzustellen – ‚Objektivität' verordnet. Der Gedanke aber, dass eine historische Wahrheit bestünde, die es nur zu fassen gelte, befand sich 1980 längst in der Krise. Im Jahr darauf wurde unter Peter Glaß die Objektivität von SFD-Filmdokumenten mittels „Wissenschaftlichkeit" definiert. Dies brachte zunächst zwar eine Legitimation für den Fortbestand der Filmgruppe. Allerdings ging auch diese ‚Objektivität der Wissenschaftlichkeit', die ab 1981 für die SFD-Produktion galt, von einer abstrakten, vom Einzelnen unabhängig bestehenden Wahrheit aus, die nur ergründet werden musste. Es ging 1981 nicht mehr um *typische* Erscheinungen der DDR-Gegenwart, die als Entstehungskerne einer besseren Zukunft abgebildet werden sollten. Es ging aber ebenso um einen absolut gesetzten Begriff von Geschichte, der außerhalb des

175 *Bericht über eine Diskussion beim 2. Nationalen Festival des Dokumentar- und Kurzfilms der DDR in Neubrandenburg*, 12.10.1979, S. 1 u. 3. Private Unterlagen Monika Reck. Auch in BArch, DR 140/584.

176 *Protokoll. Diskussion mit Studenten der Hochschule für Film und Fernsehen am 1. November 1979 in Babelsberg*, 20.11.1979. Private Unterlagen Monika Reck.

177 Hans Wintgen. In: *Protokoll*, 09.05.1980, S. 2. Private Unterlagen Monika Reck. – Als Teilnehmer werden genannt: Karl-Heinz Bohm (Fachrichtungsleiter) und drei Studenten (Burmeister, Wintgen, Fora).

Individuums lag. Auf einer solchen Grundlage war kaum zu beantworten, wie konkrete Filmprojekte zu historiographischen Quellen werden könnten.

In der Diskussion mit den Studenten wurde auf eben diese Gefahr einer bloßen Verneinung des Subjektiven hingewiesen. Umschrieben als Frage nach dem „gesellschaftlichen Auftrag“, zielte dies auf die möglichen zukünftigen Aussagewerte: Da sich die Staatliche Filmdokumentation eine „eigene Haltung“[178] zum Dokumentierten glaubte versagen zu müssen, entzog sie ihren Filmen eben jenes Moment an Subjektivität, mit dem sie Strukturen und Kontexte hätte entfalten können. Heute wird dies als die Gefahr drohender „Maßstabslosigkeit“ zukünftigen Erinnerns diskutiert, welche bei bewussten Überlieferungsbildungen für später besteht:[179] Ohne Reflexion und Offenlegung der stets zeitgebundenen Auswahl- und Bewertungskriterien drohen Verzerrungen des Dokumentierten im späteren Verständnis und in zukünftigen Aneignungen. Die Aufforderung an die Staatliche Filmdokumentation, in ihren Filmen auch das „Subjekt hinter der Kamera“ zu zeigen, zielte auf eben diese Spannung zwischen dem „Erinnerungsrecht“ der Zukunft und dem Recht der gegenwärtigen Gesellschaft auf angemessene Erinnerung.[180]

In der schriftlichen Überlieferung zur Staatlichen Filmdokumentation haben sich solche Überlegungen nicht niedergeschlagen. Dass sie dennoch bestanden, zeigt die Entwicklung, welche die SFD unter Peter Glaß nahm. Aus dem DEFA-Dokumentarfilmstudio wurden immer wieder Arbeitsanfragen an die Staatliche Filmdokumentation gerichtet. Gerade Dokumentarfilmregisseure und -kameramänner, die anderswo unerwünscht waren und praktisch Berufsverbot hatten, wandten sich an die SFD. Jetzt schien sich der seit Neubrandenburg 1979 bestehende Ruf der Staatlichen Filmdokumentation auszuwirken, hier könnten Filme entstehen, die anderswo nicht möglich waren. Über Honorarmittel stellte Peter Glaß nun einige „Fremdredakteure“

178 Hans Wintgen, ebd.

179 Frank M. Bischoff: Maßstäblichkeit historischen Erinnerns. Anmerkungen zur Verbindlichkeit archivarischer Auslesetätigkeit, gestuften Archivwürdigkeit und Bewertungsdokumentation. In: Friedrich Beck / Botho Brachmann (Hrsg.): *Archive und Gedächtnis. Festschrift für Botho Brachmann.* Potsdam: VBB 2005, S. 253–275, hier S. 265.

180 Ebd., S. 259.

und „Fremdkameramänner" ein. Diese besetzten bei der SFD am Rosenthaler Platz zwar keinen Schreibtisch, prägten die Produktion der Jahre 1984 und 1985 aber so wesentlich, dass eine zweite SFD ‚neben den Strukturen' entstand. Durch sie wurde eben jenes fehlende Moment des Künstlerisch-Subjektiven in die Staatliche Filmdokumentation eingeführt.

Einer der Studenten von 1980, Hans Wintgen, arbeitete 1984/1985 selbst für die Staatliche Filmdokumentation. Mentor seines Diplomfilms war der DEFA-Kameramann Wolfgang Dietzel gewesen, der bei der Neubrandenburger Diskussion 1979 zur SFD gesagt hatte: „ich hätte sofort Lust mitzumachen!"[181] Hans Wintgen drehte 1984/1985 für die Staatliche Filmdokumentation den Film *Gespräche in einer strahlentherapeutischen Klinik*. Das Thema *Tod* war in der DDR weitgehend tabuisiert; bis dahin hatte sich kein Film mit dem Tod in seiner allgegenwärtigen, alltäglichen Form beschäftigt.[182] Wintgens Film konzentrierte sich vollständig auf Gespräche, die er mit dem Personal der Krebsstation im Berliner Klinikum Buch führte. Ihr Thema waren die möglichen Umgangsweisen mit dem täglich erlebten Tod; jeder Blick auf die Station selbst wurde vermieden.

Hans Wintgen recherchierte mit seinem Kameramann Jürgen Rudow ein Jahr lang, bevor er auf der Station mit dem Drehen begann. Vor der Kamera kamen schließlich der Chefarzt, Ärzte, Krankenschwestern und auch – im DDR-Film sonst undenkbar – der geistliche Seelsorger zu Wort. Die Beiträge reflektieren den Tod als das Unbegreifliche, „die furchtbare Wahrheit", die den Menschen zwingt, „sich auf sich selbst zurückzuziehen". Pflegepersonal und Seelsorger sprechen über die Konflikte, in die sie gestürzt werden. Gedreht wurden diese Gespräche in langen, nahezu unbewegten Einstellungen, nur von wenigen Montageschnitten unterbrochen. Inserts, die als subjektive Extrakte der Gespräche konzipiert sind, unterteilen den Film.[183] Diese Inserts sind neben den hörbaren Fragen zunächst der sichtbarste

181 *Bericht über eine Diskussion beim 2. Nationalen Festival des Dokumentar- und Kurzfilms der DDR in Neubrandenburg*, 12.10.1979, S. 6. Private Unterlagen Monika Reck.

182 Vgl. die Geschichte eines so ungewöhnlichen DEFA-Films wie *Die Legende von Paul und Paula* (1973, R: Heiner Carow), der den alltäglichen Tod der Protagonistin am Ende nur metaphorisiert durch eine Schwarzblende andeutet und dennoch Diskussionen nach sich zog. Übliches Erzählmuster war dagegen der ‚sinnvolle Tod', der durch Sterben Leben ermöglicht – der Opfer- und Heldentod.

183 Gespräch Hans Wintgen mit der Autorin (25.10.2014).

Abb. 25: Lineares und eschatologisches Zeitverständnis nebeneinander. Buchcover zweier DDR-Publikationen von 1982 bzw. 1976 zum Umgang mit Sterben und Tod. Beide waren Grundlage für Hans Wintgens Film. Der Autor Friedrich Winter ist zugleich der Seelsorger, der in *Strahlentherapie* Auskunft über seine Arbeit gibt.

Akzent, mit dem Hans Wintgen – seiner eigenen Forderung als Regiestudent entsprechend – sich als „Subjekt hinter der Kamera" einbringt. Als Autor zeigt er sich vor allem aber durch die Wirkung, die sein Film durch die gewählte Gesprächsform erreicht.

Durch die ausschließliche Konzentration auf das Gespräch tritt der Dissens, der zwischen den einzelnen Schlussfolgerungen aus der täglichen Konfrontation mit dem Tod besteht, im Film stark zutage. Diese Offenheit für Widersprüche lässt *Gespräche in einer strahlentherapeutischen Klinik* zunächst in einem ganz pragmatischen Sinne zum „Film für die Zukunft" werden. Er erinnert den Zuschauer an die Unabschließbarkeit des Themas – sichtbar etwa an der Debatte zur Sterbehilfe, die auch im Film anklingt. Darüber hinaus ergibt sich aber auch ein Blick darauf, warum der alltägliche Tod überhaupt ein Tabu des DDR-Films werden konnte. Ausgehend von dem Bedürfnis Sterbender, nicht einfach nur „Ruhe zu finden", sondern „nach Hause zu kommen", sind die Ärzte uneins darüber, wann dem Patienten „die Wahrheit" des kommenden Todes zu sagen ist. Von der „menschlichen Seele", so eine Ärztin, wisse der Arzt „überhaupt nichts". Es ist einzig der Seelsorger Friedrich Winter, der im Film etwas dazu sagen kann: Das Wissen, sterben zu müssen, sei eine entscheidende Voraussetzung für die Auseinandersetzung des Kranken mit seiner letzten Lebensphase, für die „Vollendung" seines Lebens. Winters Folgerung – „alles hat seine Zeit" – stellt hier einen grundlegenden Einspruch gegen das aus der Ideologie stammende Zeitverständnis dar. Radikal auf Zukunft ausgerichtet und einem linearen Fortschritts- und Technikdenken verpflichtet, prägte dieses das Geschichts- und Gegenwartsverständnis in der DDR. Allein der alltägliche Tod, der nicht in den Kategorien von (weltlicher) Zukunft gesehen werden kann, war ein widerständiger Rest innerhalb dieses Zukunftsdenkens.

Dieser gesamte Diskussionsstrang von *Gespräche in einer strahlentherapeutischen Klinik* wurde – ohne das Wissen Hans Wintgens – durch Schnitte zensiert. Der 1987 hergestellte „Medizinfilm" mit dem Titel *Patientenbetreuung in der letzten Lebensphase. Wahrheit – Hoffnung – Bewältigung*[184] hat statt 82 Minuten nur noch eine Länge von 54 Minuten. Es fehlen Aussagen des Chefarztes wie, dass er im Angesicht des Todes „weltanschaulich nicht manipulieren wolle", das Gespräch mit einer Ärztin, die auch das Problem der Sterbehilfe anspricht, sowie der gesamte Komplex, in welchem der Geistliche Friedrich Winter über sein Verhältnis zu Sterben und Tod spricht. Warum sich die Urfassung von *Gespräche in einer strahlentherapeutischen Klinik* im SFD-Bestand des Bundesarchivs nicht erhalten hat und ob sie dort als vernichtet gelten muss, ist unbekannt.[185] Die im Bundesarchiv erhaltene Zensurfassung des Films gibt im Vergleich mit dem ursprünglichen Film jedoch Hinweise darauf, inwieweit dieser mehr war als das individuelle Empfinden eines Einzelnen, dass die öffentliche Debatte zu einem wichtigen Thema fehlte.

An seinem Film, der in den SFD-Unterlagen auch als *Gespräch über Leben und Tod* oder *Der Tod gehört zum Leben* geführt wurde, arbeitete Hans Wintgen, obwohl er wusste, dass er nicht an die Öffentlichkeit

184 So die Einordnung des Films in den SFD-Karteikarten des BAFA. Von wem und an welcher Stelle zensiert wurde, ist unbekannt.

185 Die bisher einzig bekannte noch vorhandene Kopie der Urfassung *Gespräche in einer strahlentherapeutischen Klinik* (1985) befindet sich in privatem Besitz. Für die Überlassung dieser privaten Kopie bedanke ich mich bei Hans Wintgen. Die im Bundesarchiv erhaltende Zensurfassung *Patientenbetreuung in der letzten Lebensphase. Wahrheit – Hoffnung – Bewältigung* (1987) ist dort einsehbar.

gelangen würde. Für Wintgen – wie auch für Thomas Heise, der ebenfalls bei der SFD arbeitete – war dies eine Einschränkung, aber: „Wenn Du wirklich etwas sagen wolltest, war das eine gute Möglichkeit. Dadurch waren wir viel freier."[186] Wintgens Bemühungen, über die HV Film und über das Gesundheitsministerium, das die Drehgenehmigung zum Film erteilt hatte, *Gespräche in einer strahlentherapeutischen Klinik* doch noch an die Öffentlichkeit zu bringen, führten über zwei interne Vorführungen nicht hinaus. Selbst Einladungen durften nicht verschickt werden.

Ähnlich war es im Fall von *Volkspolizei/1985*. Thomas Heise war es gelungen, eine Kopie des Films über das Fernsehen zu beschaffen und ihn mehrfach privat vorzuführen.[187] Dieses Streben nach erreichbaren Öffentlichkeiten wurde von Peter Glaß gutgeheißen, auch wenn es der SFD im Grunde nicht gestattet war.

Der Umstand, dass Peter Glaß nicht nur Bestrebungen zuließ, SFD-Filme von ihrer originären Auffassung als ‚objektives' Zeitdokument und ungestaltete Archivalie wegzuführen, sondern dies auch gezielt förderte, entwickelte eine Sprengkraft, die das Ende der Staatlichen Filmdokumentation in Gang setzte. Mit dem Ziel der filmischen Professionalisierung der Filmgruppe versuchte er, die bisherigen Mitarbeiter durch ausgebildete Filmemacher wie Hans Wintgen und Thomas Heise zu ersetzen. Über die Bedingungen, unter denen die SFD ihre Freiräume erhalten hatte, wurden sie allerdings in Unkenntnis gelassen bzw. ihre bewussten Genre-Überschreitungen wurden von Peter Glaß stillschweigend toleriert. Thomas Heise, der zusammen mit dem Kameramann Peter Badel 1984/1985 als freier Regisseur für die SFD arbeitete, erinnert sich beispielsweise, er habe bewusst „diese Arbeitsmöglichkeit genutzt, [um] Filme, wenn auch einfache, statt rohes Material herzustellen"[188]. Allerdings waren Filmdokumente als ungestaltetes, „rohes Material" von jeher nicht nur Auftrag, sondern auch Vorbedingung für die Existenz der Staatlichen Filmdokumentation gewesen.

Peter Glaß hatte – entgegen der üblichen Vorgehensweise – Thomas Heise und Peter Badel ausschließlich mündliche Aufträge erteilt, ließ sie ohne Absprachen (bestätigte Drehkonzeption und Drehbuch)

186 Gespräch Hans Wintgen mit der Autorin (09.07.2014).

187 Vgl. Thomas Heise in diesem Band, S. 266.

188 Thomas Heise: Archäologie hat mit Graben zu tun. In: Ders.: *Material* [Booklet zur DVD], 2011, S. 5.

Abb. 26: Vertragsunterzeichnung in den Räumen der Staatlichen Filmdokumentation. *Oben*: v.l.n.r.: Peter Glaß, Thomas Heise, SFD-Mitarbeiterin. / SFD-Leiter Peter Glaß. *Unten*: SFD-Kameramann Roland Worel (am Schreibtisch) und Peter Glaß (stehend). / Peter Glaß und Thomas Heise.

arbeiten und verzichtete auf eine Kontrolle der fertiggestellten Filme *Das Haus/1984* und *Volkspolizei/1985*.[189] Glaß habe, so Peter Badel, absichtlich „weggeschaut", um nicht einschreiten zu müssen.[190] Auch die Filme anderer freier SFD-Mitarbeiter dieser Zeit,[191] etwa Holm-Henning Freiers *Alltag und Krieg. Die Frauen* (1984), weisen Stilmerkmale auf, die SFD-Filmen letztlich nicht gestattet waren.

Das Haus/1984 und *Volkspolizei/1985* sind Behördendokumentationen, die den Arbeitsalltag im Rat des Stadtbezirks Berlin Mitte sowie in einer Berliner Dienststelle der Volkspolizei zeigen.[192] Die Idee zu

189 *Protokoll der Gruppenabnahme „Volkspolizei 1985"*, 25.02.1986. BArch, DR 140/585.

190 Gespräch Peter Badel mit der Autorin (27.02.2015). So auch Thomas Heise in einer schriftlichen Auskunft (13.09.2012) und im Gespräch mit Autorin (30.08.2013).

191 Vgl. die Mitarbeiterliste in diesem Band, S. 320.

192 *Das Haus/1984* und *Volkspolizei/1985* sind die einzigen bisher veröffentlichten SFD-Filme (Reihe *Edition Film*, 2011). Die Drehbücher sind enthalten in Thomas Heise: *Spuren. Eine Archäologie der realen Existenz*. Berlin: Vorwerk 8 2010, S. 148–172, 173–205.

Abb. 27
Grufti in *Volkspolizei/1985*, *zugeführt* am Vorabend des 1. Mai.

diesen Filmprojekten stammte von Thomas Heise. Die Anregung wurde von der SFD aufgenommen, so dass von Mai bis September 1984 zunächst *Das Haus* gedreht werden konnte. Ab Herbst 1984 begannen in der SFD systematische Recherchen zu einer Dokumentationsreihe *Staatsorgane*, die schließlich Eingang in die *Langfristige Konzeption der SFD* fanden. Mit insgesamt fünf geplanten Filmproduktionen im Themenbereich *Dokumentation gesellschaftlicher Tatsachen und Erscheinungen* sollten hier „politische Herrschaftsverhältnisse in der DDR dokumentarisch belegt werden".[193]

Kennzeichen dieser „Herrschaftsverhältnisse" ist in *Das Haus* der Einsatz von Kommunikation als Mittel der Macht. Reflektiert wird das in diesem Film insbesondere durch die Inserts. In *Volkspolizei* wird Herrschaft vor allem als Durchsetzen von Ordnungsvorstellungen sichtbar: Der Film enthält Szenen wie die der Verhaftung eines Jugendlichen, der durch Frisur und Kleidung als Grufti erkennbar ist. Der O-Ton eines der Polizisten, dieser Jugendliche sei wegen seines „dekadenten Aussehens" verhaftet worden und werde nun „kontrolliert" und „überprüft", wird im Film mit Bildern des Säuberns, Reinemachens und Auskehrens im VP-Revier montiert. Kaum etwas kann

193 *Langfristiger thematischer Produktionsplan der Staatlichen Filmdokumentation,* [Dezember 1984], S. 2. BArch, DR 140/453.

besser die aggressiven Aspekte der hier herrschenden allgemeinen Ordnungs- und Reinheitsvorstellungen verdeutlichen als diese subjektive Kombination von Ton- und Bildmaterial.

Nach langem Ringen war in der zweiten Jahreshälfte 1983 eine Übereinkunft mit der Hauptverwaltung Film erreicht worden, auf deren Grundlage die Staatliche Filmdokumentation bis zum Ende der DDR hätte weiterarbeiten können: Die Ausnahmestellung der Staatlichen Filmdokumentation gegenüber Film und Fernsehen war innerhalb verbindlicher Grenzen abgesteckt, eine weitere Beschäftigung der Partei mit der SFD schien unnötig. Im Produktionsalltag der Staatlichen Filmdokumentation setzten 1984 aber Prozesse ein, welche die Vorgaben aus dem Kulturministerium von 1983 in Frage stellten. Sie bestanden in Peter Glaß' Bemühungen, die SFD hin zum künstlerischen Dokumentarfilm zu professionalisieren, in einigen Filmen, die die Grenzen des Erlaubten überschritten, wie auch im Streben nach mehr Öffentlichkeit. Allein für das Jahr 1984 plante die SFD mehrere „Informationsveranstaltungen" innerhalb des Filmarchivs, im DEFA-Dokumentarfilmstudio, für das Fernsehen und für Studios der Kooperationsgemeinschaft Film, zu der die SFD seit 1976 gehörte.[194]

Diese Neuorientierung der Staatlichen Filmdokumentation unter Peter Glaß wurde von den festangestellten Mitarbeitern nicht mitvollzogen. Sie führte zu Unstimmigkeiten, Diskussionen und Zerwürfnissen: Während die freien Mitarbeiter in der SFD die Chance sahen, Filme herzustellen, die ihnen kein anderes Filmstudio der DDR ermöglichte, wurde dies gerade von den langjährigen, zum Teil noch aus der AMLO stammenden Mitarbeitern als ein Generationswandel erlebt, als Preisgabe des ursprünglichen Dokumentationsauftrages und als politisch gefährliche Gratwanderung. Die vorzeitige Auflösung der Staatlichen Filmdokumentation ab Herbst 1985 bestätigte schließlich diese Befürchtungen.

194 Außerdem waren „Beratungen mit Partnerinstitutionen" über gemeinsame Dokumentationsvorhaben und die „wissenschaftlich-publizistische Nutzung", die „Erstellung eines Manuskriptes" zur filmdokumentarischen Arbeit der SFD und auch wieder eine Teilnahme am Neubrandenburger Festival geplant. *Arbeitsplan der Staatlichen Filmdokumentation für das Jahr 1984*, [1983], S. 1–2. Private Unterlagen Monika Reck.

Weder die filmische Professionalisierung noch vereinzelte Überschreitungen der gesetzten inhaltlichen Beschränkungen wären für sich genommen jedoch in der Lage gewesen, die SFD zu destabilisieren. Dass sie aber nicht kontrolliert *in*, sondern außerhalb der institutionellen Strukturen stattfanden und zudem in die Öffentlichkeit drängten, bedrohte die Existenz der SFD durchaus. Im Juni 1985 eröffnete Archivdirektor Wolfgang Klaue ein Disziplinarverfahren gegen Peter Glaß, gefolgt von einem Parteiverfahren. Der Vorwurf, gegen den Glaß sich zu verteidigen hatte, war, er habe „Parteilichkeit ersetzt durch Subjektivismus".[195] Dies war zugleich eine treffende Beschreibung der Wagnisse, die er und andere in den Jahren zuvor eingegangen waren.

5. Auflösung der Staatlichen Filmdokumentation (1984–1986)

Die Staatliche Filmdokumentation bestand bis zum 31. Dezember 1986. Bereits im Sommer 1985 war die Situation eskaliert und Peter Glaß im Herbst nach fünfeinhalb Jahren von der SFA-Leitung zum Rücktritt veranlasst worden. Kommissarischer Leiter wurde im November 1985 der langjährige Kameramann der Gruppe, Roland Worel – mit dem Auftrag, die Staatliche Filmdokumentation aufzulösen und letzte Dreharbeiten bis zum Sommer 1986 abzuschließen.[196]

Über die Einhaltung der SFD-Grundsätze hatte bis dahin eine Zensur gewacht, die seit den 1970er Jahren eher verdeckt auftrat und sich unter der Oberfläche vollzog.[197] Insgesamt ist zu sehen, wie die direkten Zensureingriffe zunehmend durch eine administrative Vorgehensweise ersetzt wurden. Vor allem die kontinuierliche, im Alltag meist unsichtbare Vorzensur hatte viele Gesichter: als ‚Empfehlungen' der Hauptverwaltung Film und anderer Institutionen zur Produktions- und Themenplanung, als versagte Drehgenehmigungen, als Absagen von Interviewpartnern oder als abgelehnte bzw. unbeantwortet bleibende Informations- und Kooperationsanfragen. Eine unmittelbare Zensur als Vernichtung von Filmmaterial lässt sich nicht

195 Peter Glaß: *Stellungnahme*, [September/Oktober 1985]. Nachlass Peter Glaß.

196 In der Endfertigung (Schnitt) wurde noch 1987 gearbeitet.

197 Vgl. Matthias Braun in diesem Band.

nachweisen, jedoch ist das Fehlen von bereits gedrehten Sequenzen mit brisanten Themen in manchen Filmen auffällig.[198]

Ab Mitte der 1980er Jahre hatte sich diese indirekte Begrenzung künstlerischer Spielräume als eine „Krisenbewältigung von Fall zu Fall“[199] für die gesamte Kulturpolitik durchgesetzt. Sie wies der internen Selbstkontrolle innerhalb der Institutionen eine entscheidende Rolle zu und verschaffte damit der Staatssicherheit mehr Einfluss: Neben der Bekämpfung der DDR-Bürgerbewegung war nun vorrangiges Ziel des MfS in dieser Zeit, „den Aufbau einer *zweiten Kultur* zu verhindern“.[200] Dies ist gerade mit Blick auf die Staatliche Filmdokumentation von Bedeutung, denn eine solche „zweite Kultur“ drohte bei der Staatlichen Filmdokumentation zu entstehen: Während die festangestellten Mitarbeiter nicht ausgelastet waren bzw. die SFD freiwillig, aber auch unfreiwillig verließen, vergab Peter Glaß wichtige Filmprojekte an freie Mitarbeiter, die weitgehend unkontrolliert arbeiten konnten. 1984/1985 war die Staatliche Filmdokumentation dabei, ein „Sammelbecken“[201] für Filmemacher zu werden, die ohnehin daran gewöhnt waren, dass sie in ihrer Arbeit behindert wurden bzw. überhaupt nicht arbeiten konnten. Bei der Staatlichen Filmdokumentation schien sich für sie zwar keine Öffentlichkeit, aber doch eine Arbeitsmöglichkeit zu bieten. Dass dies in einigen Fällen, wie Hans Wintgens oder Thomas Heises, zunächst auch geduldet wurde, verweist auf die in den 1970er und 1980er Jahren im Kulturbereich des Öfteren angewandte Strategie, unbequeme Filmemacher unter Beobachtung mit solchen Projekten zu beschäftigen, die ohnehin die Öffentlichkeit nie erreichen sollten.

Ein weiterer Vorteil war, dass mit der SFD – abgesondert vom DDR-Studiobetrieb – eine Institution zur Verfügung stand, die für offiziell

198 So etwa in *Hauswirtschaftspflege* (1981), Monika Recks Film über die Pflege alter Menschen, oder in ihrem Film *VEB Elektrokohle Berlin* (1984), bei dem gesamte Szenen verschwanden. Vgl. ebenso die Beschädigung des Filmdokuments *Gasleuchten* (1978) durch das Kopierwerk, S. 88.

199 Manfred Jäger zit. n. Dagmar Schittly: *Zwischen Regie und Regime. Die Filmpolitik der SED im Spiegel der DEFA-Produktionen*. Berlin: Links 2002, S. 230.

200 Das Zitat enthält, kursiviert, eine Formulierung von Klaus Michael. In: Ebd., S. 229–230.

201 Zitat Peter Glaß. Er erinnerte sich, dass er eine ganze Reihe von Arbeitsanfragen aus dem DEFA-Dokumentarfilmstudio abschlägig beantworten musste. Peter Glaß im Gespräch mit der Autorin (23.11.2012).

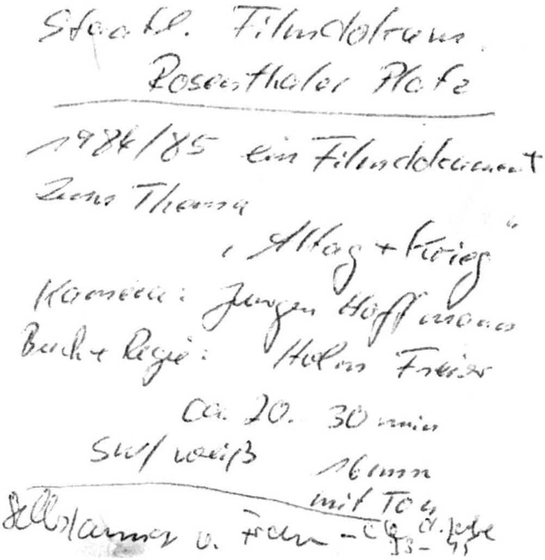

Staatl. Filmdokum.
Rosenthaler Platz

1984/85 ein Filmdokument
zum Thema
„Alltag + Krieg"
Kamera: Jürgen Hoffmann
Buch + Regie: Holm Freier
ca. 20. 30 min
sw/weiß
16mm
mit Ton
[illegible]

Abb. 28: Die Kenntnis über die SFD verbreitet sich. Merkzettel zu *Alltag und Krieg. Die Frauen* (1984, R: Holm-Henning Freier) beim Kulturbund der DDR, Bundessekretariat Berlin. Vermutlich ein Vorschlag für eine Programmreihe.

erwünschte Tabubrüche genutzt werden konnte. Dieser Versuch eines eng abgesteckten, kontrollierten Freiraumes geriet 1985 außer Kontrolle und drohte, sich Öffentlichkeit zu erobern. Die am Staatlichen Filmarchiv institutionalisierte Selbstdokumentation der DDR wurde als Filmexperiment Ende 1986 abgebrochen. Auch in den verschwimmenden Kategorien der späten DDR kann dies noch als Verbot bezeichnet werden.

Erwünschte Tabubrüche und Verselbständigung

Eine „Besichtigung" neuer SFD-Produktionen am 15. März 1984 durch Ruth Herlinghaus, Manfred Huck und Angelika de Wree aus dem Kulturministerium, HV-Abteilung *Wissenschaft und Information*, sowie durch Gerhard Cepnik aus der HA *Planung und Finanzen* stellte eine erste Kontrollmaßnahme seit der staatlichen SFD-Konzeptionsbestätigung dar – und wurde zum Eklat. Die staatliche Bestätigung der Arbeitskonzeption in der zweiten Hälfte 1983 hatte eine Stabilisierung der Produktionsgruppe einleiten sollen. Die Besichtigung war dazu gedacht, so Ruth Herlinghaus, Mitarbeitern des Kulturministeriums „eine Vorstellung von der Wirkung des Filmmaterials"

zu geben.[202] In einem Bericht, den sie im Anschluss daran verfasste, warnte Herlinghaus vor einer „sich abzeichnenden Problematik“: „Mit allem Nachdruck“ wolle sie auf eine fehlende „politisch-verantwortungsbewusste Orientierung der dokumentalistischen Arbeit“ in der Staatlichen Filmdokumentation aufmerksam machen, „und in diesem Zusammenhang auch [auf] die Auffassung des Charakters eines *Dokuments*“.[203]
Es handelte sich um eine Warnung vor politischen und ästhetischen Verselbständigungen in der SFD. Nach der Vorführung sei man sich einig gewesen, so Herlinghaus, dass in der Produktionsgruppe eine Entwicklung eingetreten sei, die nicht ohne Konsequenzen bleiben könne. So offen wie in keinem anderen Dokument wurde hier ausgesprochen, dass der SFD ungewöhnlich große Freiräume eingeräumt worden waren – und dass diese selbstverständlich nicht die Systemfrage berühren durften:

> Der Tatsache, dass wir in einer solchen Dokumentation auch problematische Faktoren aufnehmen und selbstverständlich zeigen, mit welchen Widersprüchen unsere Gesellschaft kämpft und welche sie dabei zu lösen hat, entsprechen wir selbstredend von unserem Klassenstandpunkt aus und unserer progressiven, sozialistischen Gesellschaftsordnung. Ich betone das deshalb – und darin waren wir uns alle, die die Streifen gesehen hatten, einig – weil die angesehenen Streifen diese Überzeugung nicht belegen.[204]

Stein des Anstoßes waren die vorgeführten Filmausschnitte aus *Wohnungsprobleme 1982/83* (1983, R: Gerd Barz) und *Jürgen Kuczynski* (1983, R: Thomas Grimm), vor allem aber das im Ganzen gezeigte Filmdokument *Christian Richter. Christ und Keramiker* (1983, R: Thomas Grimm). Während die technische Qualität der Filme als gut eingeschätzt wurde – *Kuczynski* und *Christian Richter* gehörten zu den ersten Farbfilmproduktionen der SFD[205] – wurde mit Blick auf Themenwahl und Ästhetik festgestellt, dass Absprachen aus der Arbeitskonzeption nicht eingehalten worden waren. Besonders *Christian Richter* veranlasste zu der grundsätzlichen Warnung:

202 Ruth Herlinghaus/Leiterin Abt. Wissenschaft und Information an Rainer Otto/stellv. Leiter HV Film: *Information über eine erste Besichtigung von Filmdokumenten der Staatlichen Filmdokumentation des SFA am 15.3.1984*, 22.03.1984, S. 1. BArch, DR 1/14935, b.

203 Ebd. (Hervorhebung im Original).

204 Ebd.

205 Vgl. S. 146.

> Das Dokument, das eher wie ein Dokumentarfilm gestaltet ist und wesentliche Angaben zur Person des recht militanten Christen, wie Erkundungen unsererseits nach Ansicht des Films ergaben, ausspart, belegt wohl, dass er für den Frieden eintritt. Seine aber nicht weiter durch erhellende Erläuterungen belegten Selbstaussagen wie, dass er den Wehrdienst in der NVA verweigerte, dass dies auch seine beiden Söhne tun und Bausoldaten werden, die Darstellung der Plakette *Schwerter zu Pflugscharen* lassen erhebliche Zweifel an seinem Verhältnis zu unserer sozialistischen Gesellschaft aufkommen. Die Frage stellt sich, ob die Wahl eines solchen Kandidaten für die Dokumentierung – im konzeptionellen Sinne der Dokumentation – durch solide Kenntnisnahme von der Gesamtpersönlichkeit dieses Mannes, seiner Lebensumstände und seinem gesamtgesellschaftlichen Auftreten begründet ist. Wir melden da ganz entschiedene Zweifel an. Unseres Erachtens ist nicht genau recherchiert und bedacht worden, wer hier vor die Kamera geholt wurde.[206]

Wehrdienstverweigerung, Bausoldaten, das Symbol der kirchlichen Friedensgruppen *Schwerter zu Pflugscharen*, schließlich die Dokumentarfilm-ähnliche Form – dies waren auch für die SFD deutliche Grenzüberschreitungen.

Wenn Ruth Herlinghaus feststellte, die Staatliche Filmdokumentation habe hier den Boden der gemeinsamen Weltanschauung verlassen, dann bedeutete dies ein vernichtendes Urteil, das nicht ohne Folgen bleiben konnte. Umso erstaunlicher ist es, dass diese für den Redakteur ausblieben. Im Gegenteil, Thomas Grimm, der seit Beginn des Jahres 1983 für die SFD frei arbeitete, konnte zum Juni 1984, also bald nach der „Besichtigung“, die Planstelle des zuvor gekündigten Dieter Harms übernehmen. Auch für den Themenkomplex *Kirche* war Thomas Grimm in der Staatlichen Filmdokumentation weiterhin zuständig. *Christ und Keramiker*, so zeigt sich, war weit weniger das Ergebnis eines besonderen Wagnisses seitens der Filmemacher (seitens des Porträtierten allerdings schon) als eine Umsetzung von Vorgaben.

Im Allgemeinen war eine Verknüpfung der Themen *Frieden* und *Kirche* riskant, berührte dies doch einen Bereich, in welchem es dem Staat gegenüber der Kirche in der DDR an Glaubwürdigkeit mangelte. Die kirchliche Friedensbewegung hatte 1981/1982, besonders aber im Frühjahr 1982, eine politische Kraft erreicht, die zeitweise auch direkte

206 Ruth Herlinghaus/Leiterin Abt. Wissenschaft und Information an Rainer Otto/stellv. Leiter HV Film: *Information über eine erste Besichtigung von Filmdokumenten der Staatlichen Filmdokumentation des SFA am 15.3.1984*, 22.03.1984, S. 2. BArch, DR 1/14935, b.

Konfrontationen einschloss. Diese Konfrontationen konzentrierten sich unter anderem auf das Symbol *Schwerter zu Pflugscharen.*[207]
In eben diesem Zeitraum, in dem der SED die Deutungshoheit über Frieden und Friedensengagement zu entgleiten drohte, begann die Staatliche Filmdokumentation, ihre Konzeption zu erneuern und staatliche Vorgaben einzuarbeiten. Diese enthielten im Juni 1982 – neben Jugend- und Sozialpolitik – auch die Anweisung, Themen zur „Friedensbewegung" zu bearbeiten.[208] Die drei neuen Schwerpunkte wurden zusätzlich mit der Forderung verbunden, zur Personendokumentation zurückzukehren, jetzt allerdings unter der stärkeren Kontrolle von Partnerinstitutionen. Mehr den „gegenwärtigen aktuell-politischen Anforderungen für eine Dokumentationstätigkeit"[209] zu entsprechen, war ein neuer Akzent im Auftrag der SFD. Nur mit Blick auf diese Umorientierung ist verständlich, warum das brisante Filmdokument *Christian Richter. Christ und Keramiker* für eine Besichtigung durch das Kulturministerium überhaupt ausgewählt werden konnte. Die Staatliche Filmdokumentation wurde nun auch in Überlegungen hineingezogen, ihre Ausnahmestellung politisch zu nutzen – das heißt, mit ihrer Hilfe nach außen wie nach innen bei Bedarf eine Liberalität der DDR zu demonstrieren.
Das neue Thema *Bewegung für den Frieden* wurde bereits im Februar 1983 von Thomas Grimm bearbeitet,[210] im *Produktionsplan 1983* findet sich unter dem Themenkomplex *Frieden im Alltagsbewusstsein* auch das geplante Filmdokument *Christian Richter.*[211] Der SFA-Direktor informierte im März 1983 die Staatssicherheit, dass Thomas Grimm – auf Grundlage der bestätigten Konzeption *Sozialistischer Staat und Kirche in der Frage der Friedensbewegung* – Recherchen „unter kirchlichen Kreisen" unternommen hatte, auch in der Samaritergemeinde Rainer Eppelmanns.[212] Thomas Grimm führte damit seine Recherchen inmitten der frühen DDR-Oppositionsbewegung durch: Der Pfarrer und

207 Ehrhart Neubert: *Geschichte der Opposition in der DDR 1949–1989.* Bonn: bpb 1997, S. 398–404.

208 Peter Glaß: *Protokoll Arbeitsberatung vom 30.6.1982.* BArch, DR 140/585.

209 Ebd.

210 *Protokoll über die Arbeitsbesprechung am 1.2.1983.* BArch, DR 140/585.

211 *Thematischer Produktionsplan für das Jahr 1983*, S. 3. BArch, DR 140/585.

212 Hauptabteilung XX/7: *Information über Thomas Grimm – tätig auf Honorarbasis für das Staatliche Filmarchiv der DDR*, 02.03.1983, S. 3–4. BStU, MfS, AP 40603/92.

Abb. 29
Schwerter zu Pflugscharen.
Das Symbol der kirchlichen Friedensbewegung der DDR der 1980er Jahre.

Bürgerrechtler Eppelmann hatte zusammen mit Robert Havemann im Januar 1982 den *Berliner Appell* mit Abrüstungsvorschlägen veröffentlicht – allein das Motto „Frieden schaffen ohne Waffen" war ein schwerer Affront für die SED. Im Februar 1982 war Rainer Eppelmann vom MfS verhaftet und erst nach internationalem Protest wieder freigelassen worden.[213]

Wolfgang Klaue musste dem MfS mitteilen, dass Grimms Anfragen zu Filmaufnahmen über *Friedenskreise* in der Kirche und über christliche Erziehungsauffassungen unterhalb der erhofften Reaktionen geblieben waren.[214] Es hatten sich aber auch Zusagen ergeben, so aus dem Konsistorium der evangelischen Kirche Berlin-Brandenburg. Hier konnte Thomas Grimm im Jahr darauf zwei Filmdokumente erstellen: *Zwischen Konsistorium und Synode. Unterwegs mit Konsistorialpräsident Manfred Stolpe* (1984) und *Verantwortung für die Schöpfung. Berichte von der 4. Tagung der IV. Synode des Bundes der Evangelischen Kirchen in der DDR* (1984). Diesen zwei Filmen gelangen teilweise Einblicke in die DDR-Friedens-, Umwelt- und Bürgerrechtsbewegung.[215]

Am 25. November 1983 gab ein Inoffizieller Mitarbeiter der Staatssicherheit, IMS *Tommy*, dem MfS-Führungsoffizier zur Kenntnis, er habe eine Veranstaltung im Rahmen der Friedensdekade der Samaritergemeinde besucht. Der IM berichtete, „dass Eppelmann nicht auf *Krawall* aus ist, sondern er seine Handlungen an Hand einer

213 Neubert: *Geschichte der Opposition in der DDR*, S. 408–409.

214 Hauptabteilung XX/7: *Information über Thomas Grimm – tätig auf Honorarbasis für das Staatliche Filmarchiv der DDR*, 02.03.1983, S. 4. BStU, MfS, AP 40603/92.

215 Vgl. Axel Noack in diesem Band.

langfristig ausgelegten Konzeption plant und aktiviert", zudem erfuhr er von einem geplanten Antikriegsmuseum der Kirche.[216]

Die interne Decknamenentschlüsselung in der Behörde des Beauftragten für die Unterlagen des Staatssicherheitsdienstes der ehemaligen DDR (BStU) führt im Falle des IMS *Tommy* über den MfS-Führungsoffizier Lothar Tiedtke zu Thomas Grimm: In Tiedtkes Vorgangsheft Nr. 6234 findet sich der Eintrag IMS *Tommy* vom 27. Oktober 1983, später durchgestrichen und korrigiert zu IMB *Tommy* – der damit zu einem für das MfS besonders wertvollen „Inoffiziellen Mitarbeiter der Abwehr mit Feindverbindung bzw. zur unmittelbaren Bearbeitung im Verdacht der Feindtätigkeit stehender Personen" wurde.[217]

In den MfS-Überwachungsakten zu Rainer Eppelmann findet sich ein IM-Bericht über die Samaritergemeinde, die von einem Führungsoffizier Tiedtke gezeichnet wird, hier allerdings ohne direkten Verweis

216 *Information über die Veranstaltung am 10.11.83 im Rahmen der Friedensdekade und ein Gespräch der Quelle mit dem operativ bekannten [Name BStU-geschwärzt]*, 25.11.1983, S. 71. BStU, MfS, BV Berlin, AOP 8695/91, Bd. 4 (Hervorhebung im Original).

217 IMS bedeutete dagegen lediglich: „Inoffizieller Mitarbeiter zur politisch-operativen Durchdringung und Sicherung eines Verantwortungsbereiches". – BStU, MfS, Vorgangsheft, Nr. 6234, unpaginiert. Das Vorgangsheft wurde in der MfS-Bezirksverwaltung (BV) Berlin geführt, Abteilung XX/4, Beginn 25.02.1983. Die Registraturnummer des IMS *Tommy* (XX/1515/83) ergab in der OibE-Datenbank des BStU den Namen Thomas Grimm und drei Akten: MfS, AP 40603/92; MfS, HA XVIII/15940; MfS, HA II/20214. Der IM-Vorgang *Tommy* wurde am 16.11.1989 an die HVA übergeben. – Die Akte BStU, MfS, HA XVIII/15940 enthält u. a. ein Dokument der Akademie der Wissenschaften, dass mit dem „freischaffenden Fernsehjournalisten" Thomas Grimm ein Honorarvertrag abgeschlossen worden sei. Die Bitte vom 18.03.1988, eine Reise Thomas Grimms nach Zürich zu genehmigen, wurde zunächst abgelehnt, mit Vermerk vom 05.04.1988 dann aber bestätigt. Am 28.03.1988 war bereits informiert worden, „dass der IM-führende op. MA, Gen. Tiedtke, aus Unkenntnis keinen Kontakt zur zust. op. DE aufgenommen hat, aber großes op. Interesse an der Realisierung dieser Reise besteht." Abt. Kontrolle/HA Auswertung und Kontrolle: *Vermerk über ein Gespräch mit Gen. Dr. [Name BStU-geschwärzt]*, 18.03.1988, S. 85, und Vermerke vom 28.03. und 05.04.1988, S. 86. Eine *Operative Auskunft* der Abteilung XII in derselben Akte vom 19.06.1987 über Thomas Grimm ist schließlich mit dem Eintrag versehen: „Gen. Tiedke. keine Einwände – positiv", S. 134. – Die Akte BStU, MfS, AP 40603/92 enthält u. a. ein Dokument aus dem hervorgeht, Thomas Grimm/SFA solle eine private Lizenz für Video-Filmaufnahmen erhalten, denn: „dies wäre ein operativ bedeutsamer Schritt im Rahmen der Bekämpfung der politischen Untergrundtätigkeit im Verantwortungsbereich". BV Berlin/Abt. XX an MfS, HA XX/7: *Ersuchen zur Unterstützung bei der Genehmigung einer privaten Lizenz zur Fertigung von Video-Filmen*, 06.01.1987, S. 1.

auf die Quelle.[218] Thomas Grimm wird in diesem Bericht als aktives Mitglied des Friedenskreises *Information* (AKI) erwähnt, als das er den Friedenskreis der Samaritergemeinde zusammen mit Rainer Eppelmann demnächst auch bei einem Friedensseminar in Stendal vertreten werde.[219] Es verwundert daher nicht, dass Thomas Grimm kurz darauf von anderen IMs als eines der „Mitglieder der Friedensbewegung der Samaritergemeinde Pfarrer Rainer Eppelmanns" wahrgenommen wurde.[220] Es ist dieser doppelte Status Thomas Grimms, der für das MfS von Bedeutung war, der aber auch für den Blick auf Grimms SFD-Filme in Betracht gezogen werden muss.

Sicher waren für das Ministerium für Staatssicherheit Informationen über Rainer Eppelmann und über Oppositionskreise der Samaritergemeinde weit bedeutsamer als Grimms Aktivitäten im Rahmen der Staatlichen Filmdokumentation. Diese Arbeit kann eher als eine Abdecktätigkeit betrachtet werden. Dennoch ist es für die Geschichte der Staatlichen Filmdokumentation nicht unerheblich, dass damit auch sie unter MfS-Beobachtung, möglicherweise auch MfS-Einfluss stand.[221]

Schon frühere SFD-Filmdokumente hatten einen Schwerpunkt auf christliches und jüdisches Leben in der DDR zu etablieren versucht.[222] Zusammen mit der *Berlin-Totale* abgebrochen, wurde das Thema 1982 nun als eine zehnteilige Dokumentationsreihe *Kirche im Sozialismus*

218 Abt. XX/4: *Information über den Arbeitskreis „Information" (AKI) innerhalb des Friedenskreises der Samaritergemeinde*, 10.03.1986, S. 73–74. BStU, MfS, BV Berlin, AOP 8695/91, Bd. 6.

219 Ebd., S. 73.

220 HA II: *Information zu zwei DDR-Bürgern, die in der sogenannten unabhängigen Friedensbewegung tätig sind*, 26.03.1986, S. 2. BStU, MfS, HA II/20214.

221 Zumindest fallen Themen auf, die in der Samaritergemeinde diskutiert wurden und ebenfalls Themen von SFD-Filmen sind: So lässt das Filmdokument *Anti-Kriegsmuseum (1923–1933)* (1985, R: Thomas Grimm) etwa an das im IM-Bericht vom 25.11.1983 erwähnte Anti-Kriegsmuseum der Kirche denken.

222 So entstanden 1976 Veronika Ottens Filme *Sophienkirche*, *Sophiengemeinde* und *Friedhof der Sophien-Gemeinde*. Ebenfalls in Veronika Ottens Redaktion entstanden 1979 zwei *Berlin-Totale*-Filme, die laut Arbeitstitel das Berliner Scheunenviertel als „Ehemaliges jüdisches Viertel" dokumentieren sollten: *Berlin-Totale XIV. Stadtgeschichte, Denkmale, Denkmalspflege 2. Historische Straßen und Plätze d. Almstadtstr.* sowie *Berlin-Totale III. Lebens- und Wohnverhältnisse 2. Altbaugebiet Berlin Mitte d. Große Hamburger Str.* Der später verworfene Arbeitstitel für *Almstadtstraße* lautete: *Zur Berlin-Totale. Historische Häuser, Straßen, Plätze (Stadtgeschichte, Denkmale und Denkmalpflege) 1. Ehemaliges jüdisches Viertel: Aussagen von Mischket Liebermann u. a.*

neu geplant und 1983 in die Redaktion von Thomas Grimm gegeben. Die älteren SFD-Mitarbeiter erlebten hier wiederum, dass jetzt Filmproduktionen realisiert wurden, die zuvor nicht möglich gewesen waren.

Eine umfangreiche Liste möglicher Kirchen-Themen wurde im Mai 1984 dem Staatssekretär für Kirchenfragen, Klaus Gysi, zur Genehmigung vorgelegt. Sie reichte von der theologischen Ausbildung über die Dokumentation von Gottesdienstformen bis hin zur kirchlichen Gefängnisseelsorge[223] – allesamt Themen, die in den DDR-Medien nicht vorkamen. Die für Kirchenpolitik zuständige Abteilung der Staatssicherheit XX/4 war informiert: „*Horst* weiß vom Sts [Staatssekretär], dass Du über das Projekt informiert bist. Er bat darum, in Ergänzung, Dir die *Themenkomplexe* (ohne Wissen des Sts) zu übergeben. Unsere Interessen könnten berücksichtigt werden."[224]

Im Interesse der Staatssicherheit lag zunächst, die Kirche insgesamt zu kontrollieren und sie aus der DDR-Öffentlichkeit zu verdrängen. Andererseits zeigte sich während der 1980er Jahre immer deutlicher, dass als Voraussetzung zur Eindämmung der oppositionellen Gruppen, die sich im Schutz der Kirche sammelten, die Zusammenarbeit mit Mitgliedern der Kirchenleitungen nötig war. Diese Kooperation sollte auch mit Entgegenkommen gewonnen werden. Die Rolle der Staatlichen Filmdokumentation scheint Manfred Stolpe selbst jedenfalls so gesehen zu haben: In Thomas Grimms Film *Zwischen Konsistorium und Synode. Unterwegs mit Konsistorialpräsident Manfred Stolpe* agiert er deutlich als Moderator, der vermittels des SFD-Films eine um Verständnis und Toleranz werbende Botschaft an Staat und Partei zu richten versucht.[225]

223 *Dem Staatssekretär werden folgende Themenkomplexe für die Gestaltung von Zeitdokumenten durch das Staatliche Filmarchiv der DDR zu Fragen des Staat-Kirche-Verhältnisses vorgeschlagen*, 07.05.1984, S. 3. BStU, MfS, HA XX/4, 3135.

224 Handschriftlicher Begleitzettel zu den *Themenkomplexen* für Joachim Wiegand/Leiter der kirchenpolitischen Abteilung des MfS, 10.05.1984, S. 1. BStU, MfS, HA XX/4, 3135. – Der Deckname *Horst* wurde im MfS mehrfach vergeben, lässt sich aber mit großer Wahrscheinlichkeit dem persönlichen Referenten Klaus Gysis, Horst Dohle, zuordnen. Vgl. *Das MfS-Lexikon. Begriffe, Personen und Strukturen der Staatssicherheit der DDR*, hrsg. v. Roger Engelmann / Bernd Florath / Helge Heidemeyer / Daniela Münkel / Arno Polzin / Walter Süß. Berlin: Links 2012, S. 196.

225 So auch Axel Noack in diesem Band, vgl. dazu und zum Folgenden S. 229, 232, 250–251.

Auch in der westdeutschen Wahrnehmung sollte der Eindruck einer sich liberalisierenden und gesprächsbereiten DDR erzeugt werden. Die Genehmigung für die Vorführung von SFD-Kirchenfilmen auf einem „Ökumenischen Seminar" der evangelischen Kirche im November 1984 deutet darauf hin, dass die Staatliche Filmdokumentation in einer solchen Funktion eingesetzt wurde. Der gewählte Ort, das Eisenacher Haus Hainstein, verweist ebenso wie der Titel der Veranstaltung darauf, dass die Vorführung ausschließlich für Westdeutsche sowie für hochrangige DDR-Besucher organisiert worden war.[226] Gezeigt wurden *Christ und Keramiker* sowie ein Ausschnitt aus *Zwischen Konsistorium und Synode*, der Manfred Stolpe bei einer Diskussion der Arbeitsgruppe *Menschenrechte* beim Bund der Evangelischen Kirchen zeigt. Unter den Eisenacher Zuschauern kamen nach der Vorführung Fragen zur Zensur von DDR-Filmen auf. Die Staatssicherheit „war dabei", so Peter Glaß, der sich an die Veranstaltung als einen der Fallstricke erinnerte, die zum Ende der SFD beitrugen: „Wir sind in diese Funktion, Weltoffenheit zu demonstrieren, reingetappt, reingeschoben worden."[227]

Ein anderer Faktor, der das Ende der SFD herbeiführte, scheint dem SFD-Leiter weniger bewusst gewesen zu sein: Sein an das Seminar anschließender Bericht an den Staatssekretär für Kirchenfragen fragte an, ob im Jahr 1985 auch Filmdokumente über die „Basisarbeit der Kirche in der DDR" möglich seien, und hob hervor: „In allen Wortmeldungen wurde das Interesse an einer Nutzung dieser Filme angemeldet und nach Bezugsmöglichkeiten und Verleihbedingungen gefragt."[228] Diese Bemerkung wurde als einzige vom Empfänger rot markiert. Sie entsprach Peter Glaß' Vorstellungen über die künftige Entwicklung der Staatlichen Filmdokumentation. Zugleich überschritt sie jedoch die absolute Grenze, die der Filmgruppe vorgegeben war. Je nach offiziellem Interesse kam ein gezielter Einsatz von SFD-Filmen oder von Ausschnitten innerhalb ausgewählter Teil-Öffentlichkeiten der DDR durchaus hin und wieder vor. Das

226 Ich danke Christoph Kähler und Curt Stauss für diesen Hinweis.

227 Gespräch Peter Glaß mit der Autorin (23.11.2012).

228 Glaß/SFD an Wilke/Abteilungsleiter Staatssekretär für Kirchenfragen/Regierung der DDR: *Vorführung von Dokumenten der SFD zum Ökumenischen Seminar in Eisenach*, 03.12.1984. BArch, DR 140/585. Die Vorführung hatte am 28.11.1984 stattgefunden.

Drängen der Staatlichen Filmdokumentation unter Peter Glaß in die allgemeine Öffentlichkeit der DDR aber war nicht hinnehmbar und wurde im Herbst 1985 mit dem Auflösungsbeschluss zur SFD abgebrochen.

Zu den wichtigen Produktionen der Staatlichen Filmdokumentation gehören deshalb auch die Überreste des geplanten Filmdokuments *Bürgerbilder*: Es handelt sich bei diesen Fragmenten um *Lutz Brandt – Ateliergespräch* – (14 min) und *Bilder auf Höfen* (25 min). In beiden Filmen, die im Sommer 1984 in der Redaktion von Martina Liebnitz entstanden, ist die Frage der Öffentlichkeit wesentlich: Wie war es möglich, sich freie Kommunikationsräume in der Öffentlichkeit der Stadt zu erschließen?

„Anregungen und Hinweise" zur Beantwortung dieser Frage gab die Ausstellung *Lebendige Stadt – Hinterhof und Spielplatzgestaltung*, so Rainer Eppelmann während seiner Eröffnungsrede in der Samariterkirche am 9. Juni 1984.[229] Aus der Perspektive der *operativen Ermittlung* beschreiben zwei MfS-Berichte diese Ausstellung. Beide vermitteln einen guten Eindruck von den zeitgenössisch diskutierten Zusammenhängen zwischen Frieden und Umweltschutz:[230] Gesucht wurde nach Möglichkeiten eines Engagements im Alltag, die dem Einzelnen offen standen und zugleich unterhalb der Schwelle offenen politischen Protests blieben. In Berlin Mitte und Prenzlauer Berg, wo die vom Verfall gezeichneten Mietskasernen aus der Jahrhundertwende standen, hatte die Gestaltung von Balkonen und Hinterhöfen eine solche, implizit politische Dimension. In der Ausstellung zeigte sich dies zunächst an der Verknüpfung mit dem Thema Kinderrechte. Die MfS-Berichte zitieren zwei ausgestellte Plakate aus Westdeutschland, „Auf Asphalt blühen keine Bäume" sowie „Auf Asphalt kann man sich nicht verstecken – Kinder brauchen Kreativität".[231] Sie zeigen, dass es hier letztlich um „Frieden" als Recht auf Freiheit ging.

229 BV Berlin, Abt. XX/4: *Information über die Eröffnung der Ausstellung „Lebendige Stadt – Hinterhof und Spielplatzgestaltung" in der Samariterkirche Berlin-Friedrichshain*, 09.06.1984, S. 61–62. BStU, MfS, BV Berlin, AOP 8695/91, Bd. 4.

230 Ebd., sowie *Information über einen Besuch der „Samariterkirche"*, 09.06.1984, S. 85. BStU, MfS, BV Berlin AOP 8695/91, Bd. 4.

231 BV Berlin, Abt. XX/4: *Information über die Eröffnung der Ausstellung „Lebendige Stadt – Hinterhof und Spielplatzgestaltung" in der Samariterkirche Berlin-Friedrichshain*, 09.06.1984, S. 61–62. BStU, MfS, BV Berlin, AOP 8695/91, Bd. 4.

Abb. 30: *Lutz Brandt – Ateliergespräch* – (1984, R: Martina Liebnitz).

Diese gesamte Debatte, die Friedensengagement, Umweltschutz und Freiheit in sich vereinte, findet sich in den SFD-Filmen *Bilder auf Höfen* und *Lutz Brandt*. Ob dies als Anregung für Filmthemen durch Thomas Grimms Kontakte zur Samaritergemeinde in die Staatliche Filmdokumentation hineingetragen wurde, ist nicht nachweisbar – immerhin fällt aber ein enger thematischer und zeitlicher Zusammenhang zwischen der Eröffnung der Ausstellung Anfang Juni 1984 und den SFD-Filmaufnahmen zu *Bilder auf Höfen* im Sommer 1984 auf.[232]

Bilder auf Höfen – das wie *Lutz Brandt* eine der wenigen Farbfilmproduktionen der Staatlichen Filmdokumentation ist – zeigt in privatem

232 Martina Liebnitz erinnert sich, dass ihr das Thema von Peter Glaß vorgeschlagen wurde. Zugleich bestand auch Gesprächskontakt zu Wolfgang Kil, einem Autor, der in seinen Publikationen u. a. die DDR-„Balkonkultur" beschrieb. Gespräch (14.08.2012) und E-Mail von Martina Liebnitz an die Autorin (29.04.2015).

Engagement entstandene Hofbemalungen in Berlin Mitte und Prenzlauer Berg. Es werden Interviews mit Bewohnern geführt – unter anderem mit dem freien Künstler Reinhard Zabka, der viele solcher Bemalungen initiierte, aber auch Straßenmusik, Straßenfeste und -spiele organisierte. Interessant sind die Überlegungen Zabkas zur grundsätzlichen Bedeutung von solchen, heute so alltäglich scheinenden Aktionen. Im Film spricht er darüber, dass es hier um die Eroberung von Öffentlichkeit geht. Problem der DDR-Gesellschaft sei die „Trennung zwischen Privatem und Öffentlichem". Aufgabe des Künstlers in der Gesellschaft sei es hier, durch seine Kunst „Verbindungen herzustellen zwischen Menschen, so dass diese Gesellschaft funktioniert":

> Ich glaube, dass die Stadt voll ist von Zeichen. Jeder hinterlässt seine Zeichen, meist unbewusst, und ich find's eben schade, dass nicht die normalen Bürger den Mut nehmen, bewusst Zeichen zu setzen und in ihrem Lebensraum, wo sie jeden Tag vorbeigehen und jeden Tag vorbeikommen, ihr Zeichen setzen [...] nicht störend und provokativ, sondern vielleicht mit Einfühlungsvermögen seine Zeichen setzen und die Kommunikationsräume als seine Räume in Besitz nehmen. [...] Diese Trennung zwischen den einen und den anderen Räumen, das ist das, was mich stört und was ich versuchen möchte – naja, die Trennung aufzulösen.

Kommunikationsräume als eigene Räume in Besitz nehmen – dies war ein Anspruch mit explizit politischer Dimension. Ebenso sah Zabka die von ihm angestoßenen Straßenfeste und -musiken: Im Spiel könnten Formen ausprobiert, überprüft und nutzbar gemacht werden, die erlebbar machten, „dass die Regeln nicht feststehen": „Es sind ja Traditionen oder gesellschaftliche Bestandteile, die funktionieren und verbindend wirken, aber bei uns nicht praktiziert werden."

Ebensolche Vorstellungen davon, wie die in der DDR fehlende Öffentlichkeit vom Künstler zurückgewonnen werden könnte, hatte der andere Gesprächspartner des geplanten Filmes *Bürgerbilder*, Lutz Brandt: Der um zwölf Jahre ältere Brandt – in den Inserts vorgestellt als Womacka-Meisterschüler und Preisträger eines Giebelwettbewerbes 1979 – gehört einer anderen Künstlergeneration an, die wenig mit dem Aussteiger-Milieu des Prenzlauer Berges der 1980er Jahre zu tun hat. Lutz Brandt spricht im Film von seiner Enttäuschung, von seinem Rückzug aus der am Bau veröffentlichten Kunst sowie

Abb. 31: *Bilder auf Höfen* (1984, R: Martina Liebnitz).

Das
Bundesarchiv
00:03:23:13

Das
Bundesarchiv
00:13:40:10

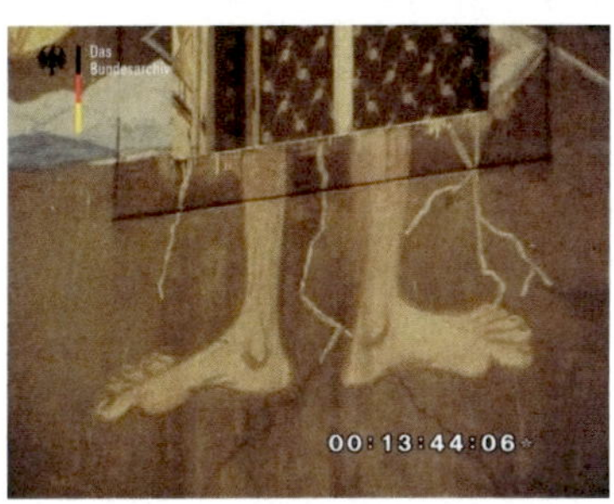
Das
Bundesarchiv
00:13:44:06

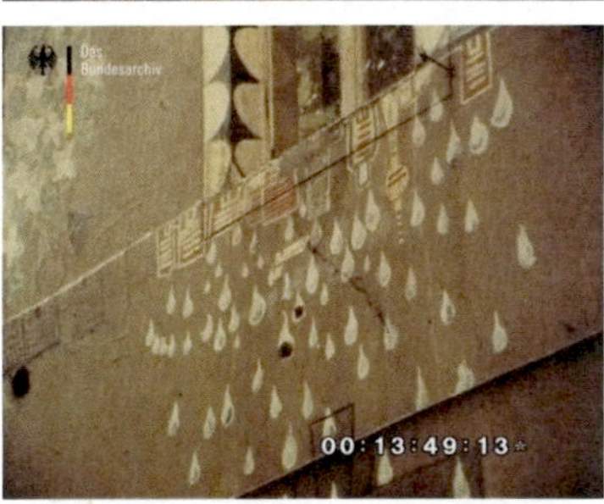
Das
Bundesarchiv
00:13:49:13

Das
Bundesarchiv
00:13:54:12

Das
Bundesarchiv
00:14:11:06

Das
Bundesarchiv
00:15:36:09

Das
Bundesarchiv
00:16:41:16

Das
Bundesarchiv
00:17:46:12

Das
Bundesarchiv
00:19:01:21

von seinem Drang nach mehr Freiraum, räumlich und geistig. Wohngebiete wie Marzahn – „natürlich ein Riesenproblem" – sieht er als die gescheiterte „Utopie" an, öffentliche Räume so zu gestalten, dass sie „die Leute glücklich und fröhlich machen". Der Künstler müsse hier sein wie „bunte Knete", die sich den Bewohnern zur Verfügung stelle, um Freiräume zu füllen. Was Lutz Brandt hier als eine Möglichkeit des ‚sanften Widerstands' beschrieb, kam der von Reinhard Zabka 1984 am Prenzlauer Berg gelebten Form sehr nahe.

Die Arbeit an dem SFD-Film *Bürgerbilder* wurde „mittendrin auf Weisung des Leiters abgebrochen". Auch bereits gedrehtes Filmmaterial fand in *Bilder auf Höfen* nur unvollständig Eingang.[233] Unmittelbarer Anlass für diesen Abbruch war, so Wolfgang Klaue, die ‚Republikflucht' eines Interviewpartners 1984 – gemeint ist hier Lutz Brandt.[234] Bei der Abnahmevorführung des Fragments am 6. Mai 1986 stellte die Filmgruppe trotzdem fest, dass die Filmaufnahmen „als Zeitdokument dennoch wichtig und kennzeichnend für das Berlin der 80er Jahre" seien.[235]

Explizit oppositionelle Diskussionen und Veranstaltungen wie die in der Berliner Samaritergemeinde scheinen in der breiten Bevölkerung auf den ersten Blick kaum wirksam gewesen zu sein. Selbst das MfS bemerkte zur Ausstellung *Lebendige Stadt*, sie trüge „keinen feindlich-negativen Charakter".[236] Langfristig gesehen waren sie aber durchaus wirkungsvoll. Dies lässt sich gerade an den thematisch und zeitlich verwandten SFD-Filmaufnahmen *Lutz Brandt* und *Bilder auf Höfen* sehen. Beide Filme machten Vorschläge, mit welchen künstlerischen und nicht-künstlerischen Formen und Verhaltensweisen auf die allgemeinen Lebensverhältnisse im DDR-Alltag reagiert werden konnte.

Damit zeigt sich, dass erwünschte Tabubrüche wie die Kirchendokumentation Thomas Grimms einerseits zwar durchaus ihre Funktion

233 Roland Worel: *Abnahmeprotokoll der Produktion „Bilder auf Höfen" (Arbeitstitel: „Bürgerbilder")*, Abnahme am 06.05.1986. BArch, DR 140/585.

234 Ich danke Martina Liebnitz für diesen Hinweis. – Wolfgang Klaue: *Ohne Titel*, 17.06.1985, S. 4. BArch, DR 140/120.

235 Roland Worel: *Abnahmeprotokoll der Produktion „Bilder auf Höfen" (Arbeitstitel: „Bürgerbilder")*, Abnahme am 06.05.1986. BArch, DR 140/585.

236 BV Berlin, Abt. XX/4: *Information über die Eröffnung der Ausstellung „Lebendige Stadt – Hinterhof und Spielplatzgestaltung" in der Samariterkirche Berlin-Friedrichshain*, 09.06.1984, S. 62. BStU, MfS, BV Berlin, AOP 8695/91, Bd. 4.

erfüllten. Andererseits brachten sie aber Bewegung in nur oberflächlich ruhiggestellte Themen, wie die der fehlenden Öffentlichkeit, der freien Information und Diskussion. Eine Verselbständigung dieser Störung in die größere Öffentlichkeit der DDR hinein sollte unbedingt verhindert werden. Ab Mitte 1984 wurde dieses Ziel in engmaschiger werdenden Kontrollen der Staatlichen Filmdokumentation sowie in einer zunehmenden Abschnürung ihrer Produktionsmöglichkeiten spürbar.

Ende. Die Rücknahme der institutionellen Freiräume

Seit dem Scheitern der *Berlin-Totale* hatte die Staatliche Filmdokumentation im Grunde nur auf Bewährung existiert. Ihre letzte Chance war ab 1981 der Versuch gewesen, sie am Staatlichen Filmarchiv der DDR in einer doppelten Funktion zu halten: offiziell als Produzentin wissenschaftlichen Quellenmaterials für die Zukunft, inoffiziell als Lieferantin von Filmmaterialien, die sich bei Bedarf nach innen und nach außen als Ausweis einer liberalen Kulturpolitik nutzen ließen. Hier scheint noch der alte Auftrag der Staatlichen Filmdokumentation durch, einerseits filmisches Ausgangsmaterial für spätere Propagandafilme herzustellen, andererseits die von den Medien gelassenen „Lücken" für eine vollständige Selbstdokumentation der DDR zu füllen.

Investitionen in ihre materielle und personelle Ausstattung wären für die Staatliche Filmdokumentation überlebenswichtig gewesen. Schon am 5. Juli 1983 hatte die Dienstberatung beim Leiter der Hauptverwaltung Film, Horst Pehnert, festgelegt, „Möglichkeiten und Erfordernisse der Umstellung der SFD" seien zu prüfen: „Zu gegebener Zeit" sollte erstens eine Umrüstung des Schwarz/weiß-Filmmaterials auf Farbe und zweitens des 16mm-Formats auf 35mm beraten werden; eine dritte langfristige Perspektive war die „Umunterstellung" der SFD zum DEFA-Studio für Dokumentarfilme.[237] Dies waren die Vorbehalte, unter denen die Staatliche Filmdokumentation seit Mitte 1983 stand, und in diesem Zusammenhang ist auch die „Besichtigung" von SFD-Produktionsergebnissen im März 1984 durch die HV-Abteilungsleiter Ruth Herlinghaus (*Wissenschaft und Information*) und Gerhard Cepnik (*Planung und Finanzen*) zu sehen.

237 *Protokoll der Dienstberatung beim Stellvertreter des Ministers und Leiter der Hauptverwaltung Film, Genossen Horst Pehnert, am 5. Juli 1983.* BArch, DR 1/4746.

Die Einführung von Farbfilmmaterial war, wenn auch verspätet, bei der Staatlichen Filmdokumentation seit 1983 in Gang gekommen. Dagegen wurde die ebenso in Aussicht gestellte Format-Umstellung auf 35mm nicht vollzogen. Erst dies hätte die SFD allerdings in das auf 35mm eingestellte DDR-Filmwesen integriert und Reparaturen und Ersatzteilbeschaffungen nicht stets zur Frage vorhandener Devisen gemacht. Auch das eng bemessene Benzinkontingent schränkte die Bewegungsmöglichkeiten der SFD ein. Zu den Transport- kamen die Arbeitsraumschwierigkeiten sowie personelle Probleme. Eklatant waren vor allem die geringen Kapazitäten beim Schnitt und der Mangel an festen redaktionellen Mitarbeitern. Infolgedessen entstanden teils lange Wartezeiten für Drehtermine und für die Endfertigung von Filmen.

Diese von permanentem Mangel geprägte Situation der Staatlichen Filmdokumentation war ohne Frage auch Teil der allgemein schlechten Lage des DDR-Filmwesens in den 1980er Jahren, bedingt durch Sparauflagen für Devisen, Rohstoffe, Energie und die strikte Anweisung, Investitionen zu vermeiden. Die Kehrseite dieser angespannten Situation war allerdings, dass damit ein kaum widerlegbares Sachargument bereitstand. In diesem Falle half es, den mangelnden politischen Willen zu überdecken, die Staatliche Filmdokumentation zu erhalten.

Diese Verquickung von Sachzwängen mit politischen Zwängen zeigt sich besonders an der personellen Situation der Staatlichen Filmdokumentation 1984/1985. Kündigungen von langjährigen Mitarbeitern und hinausgezögerte Stellenbesetzungen behinderten ihre Arbeit und führten dazu, dass im Mitarbeiterstamm ein Traditionsabbruch stattfand: Anfang 1985 arbeiteten neben den technischen Mitarbeitern noch Peter Glaß als Leiter, Jutta Soto als Kulturpolitische Mitarbeiterin, Thomas Grimm als „Filmredakteur" sowie Martina Liebnitz und Sybille Ploog als Redakteurinnen bei der SFD. Keiner von ihnen kannte Auftrag und Produktion der Staatlichen Filmdokumentation aus den Jahren vor 1981. Mit Gerd Barz und Dieter Harms hatten 1984 zwei Gründungsmitglieder die SFD verlassen.

Der Weggang von Monika Reck im Oktober desselben Jahres war – ebenso wie der von Dieter Harms – unfreiwillig und stand in unmittelbarem Zusammenhang mit der Langzeitdokumentation *VEB Elektrokohle Berlin* (1984, R: Monika Reck).[238] Das Selbstverständnis

238 Vgl. Monika Reck in diesem Band, S. 296–300.

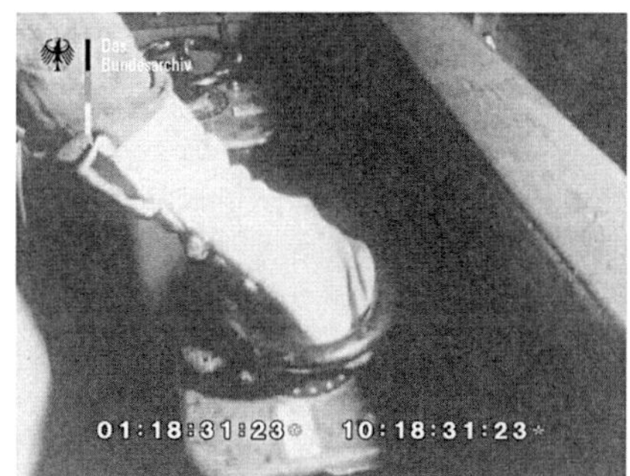

Abb. 32: Kranfahrer: „Sagen wir etwa vor zehn, fünfzehn Jahren sah es bei uns im Betrieb noch wesentlich freundlicher aus, sauberer … Da funktionierten die Absaugungen, da wurde viel mehr für die Instandsetzung oder die Wartung getan. Es ist hier natürlich sehr viel hinzugekommen an Maschinen; und weniger Leute natürlich auch. Aber wir können uns damit eigentlich nicht zufrieden geben und nicht abfinden, dass alles verdreckt. Das geht eigentlich gegen unseren Strich, bloß wir … verändern können wir nichts." *VEB Elektrokohle Berlin. Brigade „Fritz Heckert". Sequenzen einer Umgestaltung 1982–1984* (1984, R: Monika Reck).

Monika Recks als Redakteurin war während der *Berlin-Totale* von Karl-Heinz Wegner geprägt worden. Für sie bestand die Aufgabe von SFD-Filmen als Zeitdokument darin, bestimmte Themen über längere Zeiträume hinweg mit mehreren kurzen Dokumentationen in ihrer Entwicklung zu zeigen.[239] Einen solchen langfristigen Prozess sollte *VEB Elektrokohle Berlin. Brigade „Fritz Heckert". Sequenzen einer Umgestaltung 1982–1984* dokumentieren – ein Film, der ursprünglich auf zehn Teile konzipiert gewesen war. Sein Thema ist

239 Dies entspricht Wegners Konzept von SFD-Filmdokumenten als Bestandteile eines „Mosaiks". – Gespräch Monika Reck mit der Autorin (10.07.2014).

ein Rationalisierungsprojekt in einem großen Berliner Wirtschaftsbetrieb und die Konflikte, die daraus im Arbeits- und Lebensalltag des Einzelnen entstehen. Wie der *Thematische Plan* der Staatlichen Filmdokumentation vorgesehen hatte, untersuchte *VEB Elektrokohle Berlin* Widersprüche zwischen „gesellschaftlichen Erfordernissen und individuellen Interessen und Verhaltensweisen".[240] Die Frage war, wie im Sozialismus die industrielle Modernisierung – die sogenannte Wissenschaftlich-Technische Revolution (WTR) – als sozialer Prozess verlief. Das Filmdokument erbrachte einen so unerwarteten wie unbequemen Befund. Es zeigte sich anhand dieses Betriebs, dass der Anspruch, Rationalisierungs- und Modernisierungsprozesse in der DDR in einer humaneren Art und Weise als in marktwirtschaftlich strukturierten Ländern zu gestalten, auch im Sozialismus scheitern konnte.[241] Dieses Ergebnis erwies sich als so brisant, dass bei Teil IV abgebrochen wurde. Drehmaterial, das dies auch im privaten Lebensumfeld der Brigade zeigte, muss heute als verschollen gelten. Ein Jahr später erstellte die – in die SFD noch einmal kurzzeitig zurückgerufene – Redakteurin eine reduzierte, 60-minütige Kurzfassung. Trotzdem bietet *VEB Elektrokohle Berlin* Einblicke in die DDR-Arbeitswelt, die im damaligen Kino und Fernsehen undenkbar waren.

Die Zahl der festen Mitarbeiter reduzierte sich in der Staatlichen Filmdokumentation immer weiter, während es Peter Glaß nicht gelang, sie durch ausgebildete Filmemacher zu ersetzen. Die beabsichtigte weitere Professionalisierung der SFD wurde durch die Personalpolitik des Staatlichen Filmarchivs gestoppt: Sie sollte verhindern, dass die Staatliche Filmdokumentation zu einem Anlaufpunkt für Filmemacher wurde, die anderswo bereits kulturpolitische Probleme verursacht hatten und denen sich daher keine Arbeitsmöglichkeiten mehr boten.

Beispielhaft kann dies an Thomas Heise nachvollzogen werden. Das MfS erhielt im August 1984 einen IM-Bericht des DEFA-Autors Wolfram Witt über Heises Tätigkeit für die Staatliche Filmdokumentation:

> Diesem Archiv ist seit kurzem eine Abteilung staatl. Filmdokumentation angeschlossen, die Dokumentationen fertigt, die nicht für die Öffentlichkeit bestimmt

240 *Thematische Produktionsplanung für das Jahr 1982*, [1981], S. 2. BArch, DR 140/585.
241 Gespräch Monika Reck mit der Autorin (06.04.2013).

> sind. Für die Geschichte der DDR wird Typisches festgehalten. H. arbeitet mit dem Kameramann Peter Badel zusammen (Badel ist HFF-Absolvent 83 – ein ewig opponierender Student, F.) H. ist Redakteur und Regisseur. Beide fertigen Dokumentationen über Behördenvorgänge an, d. h. sie filmen Überführungen, Inhaftierungen, Befragungen usw. Das Typische soll dabei erfasst werden. Diese Arbeit entsteht in Verbindung mit einem Staatsanwalt. Bis Ende August 84 soll diese interessante Dokumentation abgeschlossen sein, erzählte H. Anschließend habe er aber bereits den nächsten Auftrag. Wieder mit Badel wird er Dokumentationen über den Bereich Handel anfertigen. Gefilmt werden soll der Handel von der Organisation bis zum Angebot. Von dieser Einrichtung – Filmdokumentation, die noch nicht lange existiert, habe er zufällig gehört (?), sich dort gemeldet und er sei sofort beschäftigt worden, informierte H. den IM auf dessen Fragen.[242]

Die Folgen solcher – und sicher auch anderer – Berichte wurden für Thomas Heise und Peter Badel unmittelbar spürbar: Schon im November 1984 berichtete derselbe IM *Klaus*, Heises Antrag auf Festanstellung beim Staatlichen Filmarchiv sei ohne Begründung abgelehnt worden – obwohl das Archiv dringend feste Mitarbeiter suche.[243] In dieser Situation begann Thomas Heise an seinem zweiten Film für die Staatliche Filmdokumentation zu arbeiten – von dem er nun schon wusste, so Thomas Heise, dass es sein letztes SFD-Filmprojekt sein würde. In *Volkspolizei/1985* wollten er und Peter Badel die Ausnahmestellung der Produktionsgruppe daher noch einmal so weit wie möglich nutzen.[244] Zu eben dieser Zeit berichtete Wolfram Witt dem MfS über Thomas Heise: „H. will einfach keine Position beziehen. Er sitzt in seiner Wohnung und schreibt *wahnsinnige Dinge*, Außenseiterprobleme, die keiner haben will. Diese Situation will H. nicht einsehen."[245]

Die Instrumente, mit denen die Staatliche Filmdokumentation unter Kontrolle gehalten wurde, hatten sie schon von ihrer Gründung 1970 an begleitet. Sicher gehörte *Volkspolizei/1985* zu denjenigen Filmen,

242 IM *Klaus* [Wolfram Witt]: *Informationen und Einschätzung zum ehem. HFF Studenten Thomas Heise*, 13.08.1984, S. 302–303. BStU, MfS, BV Pdm XX/107 (Anmerkungen im Original). – Thomas Heise hatte bereits mit weiteren Filmprojekten für die SFD begonnen: mit ersten Aufnahmen für ein Filmdokument über Heiner Müller und mit dem im IM-Bericht erwähnten Filmprojekt *Handel*.

243 IM *Klaus*: *Informationen zum ehem. HFF Studenten Thomas Heise*, 01.11.1984, S. 317. BStU, MfS, BV Pdm XX/107.

244 Gespräch der Autorin mit Thomas Heise (30.08.2013).

245 IM *Klaus*: *Informationen zu Thomas Heise, ehem. HFF Student*, 11.02.1985, S. 329. BStU, MfS, BV Pdm XX/107 (Hervorhebungen im Original).

Abb. 33: *Volkspolizei/1985* (1985, Regie: Thomas Heise, Kamera: Peter Badel).

die den Verdacht bei Staat, Partei und MfS verfestigten, dass die Kontrolle der in der SFD institutionalisierten Freiräume nicht mehr gegeben sei. Während der 1984 einsetzenden Demontage der Staatlichen Filmdokumentation verdichteten sich die regulären Eingriffe nun zur Blockade. Die verschärften materiellen und personellen Probleme der SFD in den Jahren 1984/1985 sind daher auch als die sichtbare Oberfläche einer gezielt herbeigeführten Situation zu sehen: Die allmähliche Austrocknung der Staatlichen Filmdokumentation sollte die Tatsache ihres Verbots überdecken.

Eine direkte Befassung der Partei mit der SFD in dieser Situation ist nicht zu erkennen. Offenbar galt immer noch die Vereinbarung, höhere Ebenen der Partei nicht mehr einzubeziehen. Da die offiziellen Kontakte des Ministeriums für Staatssicherheit zu den staatlichen

Leitungen der DDR nur selten verschriftlicht wurden, ist im Einzelnen auch nicht zu klären, inwiefern das MfS zu dem Auflösungsbeschluss der SFD im Herbst 1985 beitrug. Insgesamt sprechen die bekannten Umstände jedoch eine deutliche Sprache: Die reguläre Einflussnahme der Staatssicherheit auf sensible Bereiche wie Kaderpolitik, Finanz- und Themenplanung, auf die Festlegung von Sperrklauseln oder die Herausgabe bzw. Information zu vorhandenen Filmen war aufgrund des POZW gesichert: Dieses institutionalisierte, „politisch-operative Zusammenwirken" des MfS mit nach Schwerpunkten ausgewählten DDR-Institutionen traf auch auf das Staatliche Filmarchiv zu: Dessen Leiter Wolfgang Klaue arbeitete nicht nur inoffiziell, sondern auch in seiner Funktion als Direktor mit der Staatssicherheit zusammen, welche ihn als „politisch stets positiv" einschätzte:

> Auf ideologischem Gebiet duldet er keine Kompromisse. Es gibt keinerlei Hinweise, dass er auf kulturpolitischem Gebiet während seiner Tätigkeit jemals liberalen und von der Linie der Partei abweichenden Tendenzen unterworfen worden wäre. […] Seitens der HVA, Abteilung II besteht inoffizieller Kontakt zu Genossen Klaue. Er wird als sehr einsatzbereit und zuverlässig beurteilt. In Abstimmung mit dieser Diensteinheit besteht zu Genossen Klaue in seiner Eigenschaft als Direktor offizieller Kontakt durch die Hauptabteilung XX/7. Gegenüber den Belangen des MfS bringt er viel Verständnis auf und ist verschwiegen.[246]

Wolfgang Klaue selbst nimmt für sich in Anspruch, für das Ende der SFD verantwortlich zu sein.[247] Die Entscheidung darüber fiel letztlich jedoch an anderer Stelle. Dass er allerdings in einer Zeit, in der für Investitionen nur geringe Spielräume bestanden, mit Vorschlägen für Einsparungen sicher auf offene Ohren stieß, ist durchaus denkbar: Die Zeit für ökonomisch nicht zu rechtfertigende, zudem kulturpolitisch riskante Experimente war 1985 vorbei. Als unter den langfristigen Optionen des Kulturministeriums von 1983 schließlich gegen Investitionen in die endgültige Umrüstung der SFD auf Farbe und auf 35mm entschieden wurde, hätte damit nun eigentlich ihre „Umunterstellung" zum DEFA-Dokumentarfilmstudio im Raum gestanden. Dass dies nun aber gerade nicht geschah und die DEFA am 31. Dezember 1986 nur Ausrüstung und einzelne technische Mitarbeiter übernahm, zeigt, dass hier noch andere als ökonomische Gründe eine Rolle spielten.

246 HA XX/7: *Auskunftsbericht*, 14.01.1974, S. 11–12. BStU, MfS, HA XX/AP 02130/92.
247 Vgl. Wolfgang Klaue in diesem Band, S. 286.

Unter seinem Vorgänger Herbert Volkmann war Wolfgang Klaue bereits zu Beginn der 1960er Jahre an Planungen für eine staatliche Filmdokumentation beteiligt gewesen und hatte sie als Abteilung des Staatlichen Filmarchivs fast 16 Jahre lang erhalten. In der Jahresmitte 1985 gab er seine Unterstützung für die Staatliche Filmdokumentation auf. Noch im Juni hatte er den SFD-Leiter vor Vorwürfen in Schutz genommen: Peter Glaß habe lediglich eine notwendige inhaltliche Neuorientierung und höhere Leistungsanforderungen an die Mitarbeiter durchgesetzt; einigen habe er kündigen müssen.[248] Gravierend war der zu dieser Zeit anscheinend schon offen ausgesprochene Verdacht, der Arbeit der Staatlichen Filmdokumentation fehle es an Parteilichkeit. Auch diesen schwerwiegenden Vorwurf suchte Wolfgang Klaue im Juni 1985 noch zu entkräften, verwies auf die Anzahl der Parteimitglieder in der SFD und antwortete: „Die Feststellung vom *Unterlaufen* der führenden Rolle der Partei halte ich nicht für gerechtfertigt."[249] Letztlich aber drohte die Existenz politischer Probleme im Filmarchiv auf ihn als Direktor zurückzufallen.

Dies ist auch MfS-Unterlagen zu entnehmen, die einen IM-Bericht Edith Wäschers über Peter Glaß enthalten. Schon in ihrer Zeit als Persönliche Referentin des Stellvertretenden Ministers für Kultur, Günter Klein, hatte sie als IM *Dorothea* an das Ministerium für Staatssicherheit berichtet[250] und ihre Informationen seit 1972 als Mitarbeiterin des Staatlichen Filmarchivs – teils auch bei der SFD – fortgesetzt. Im Juli 1985 schrieb sie über Peter Glaß einen ausführlichen Bericht, der politisch überaus deutlich wurde:

> Ich halte P. G. – durch sein Gesamtverhalten – für ideologisch schädlich. […] Er ist nicht in der Lage, die Spezifik dieser Aufgabe zu erkennen: Filmdokumente solcher Ereignisse oder Erinnerungen oder Erfahrungen zu produzieren, die keine andere Institution herstellt. Er begreift nicht, Unwiederbringliches festzuhalten, sondern will „Kunst" machen. […] P. G. missbraucht auch das Vertrauen des Direktors. P. G. beauftragt viele Freischaffende, für die staatl. Filmdokumentation zu arbeiten. Die eigenen Mitarbeiter werden z. T. nicht voll ausgelastet, für „Fremdarbeitende" werden Honorare ausgegeben.[251]

248 Wolfgang Klaue: *Ohne Titel*, 17.06.1985, S. 4. BArch, DR 140/120.

249 Ebd. (Hervorhebung als Zitat im Original).

250 Vgl. auch Andreas Kötzing: *Kultur- und Filmpolitik im Kalten Krieg. Die Filmfestivals von Leipzig und Oberhausen in gesamtdeutscher Perspektive 1954–1972*. Göttingen: Wallstein 2013, S. 231.

251 IM *Dorothea* [Edith Wäscher]: *Betr. Dr. Peter Glaß und* [Name BStU-geschwärzt], 10.07.1985, S. 356–358. BStU, MfS, A-253/85, Bd. 5.

In diesem Bericht gab Edith Wäscher auch Direktor Klaue eine Mitschuld an der Situation. In ihrer *Vorbemerkung*, die neben Peter Glaß einen weiteren Abteilungsleiter im SFA betraf, fragte IM *Dorothea*, „warum der Direktor so viel Narrenfreiheit gibt“: Der Direktor stelle sich vor beide und bei den Mitarbeitern werde „das Unverständnis zunehmend größer, wieviel der Direktor den beiden gestattet sich zu leisten. Verstärkt taucht die Frage auf, was muss alles noch passieren, ehe der Direktor Einhalt gebietet.“[252]

Eben in diesen Tagen gab Wolfgang Klaue seine Unterstützung für Peter Glaß auf und leitete ein Disziplinarverfahren ein, das am 9. August mit „strengem Verweis“ endete.[253] Peter Glaß wurden nun Verstöße „gegen Grundprinzipien der sozialistischen Leitungstätigkeit“ vorgeworfen, unter anderem gegen Ordnungen und Weisungen bei der Abnahme und Freigabe von SFD-Produktionen sowie die Vernachlässigung von Kontroll- und Aufsichtspflichten.[254] Bei einer Gewerkschaftsversammlung Anfang Juli hatte sich zuvor bereits die über Jahre gewachsene allgemeine Unzufriedenheit innerhalb der Staatlichen Filmdokumentation an der Person von Peter Glaß entladen,[255] nur kurz darauf entstand Edith Wäschers IM-Bericht mit der oben zitierten Kernaussage, dass sie Peter Glaß „für ideologisch schädlich“ halte. Am 23. Juli gab Wolfgang Klaue während einer „Arbeitsberatung“ mit der SFD-Filmgruppe bekannt, dass er die Leitungsbefugnisse von Peter Glaß weitgehend eingeschränkt habe.[256] Bereits drei Tage später teilte die Parteileitung des Staatlichen Filmarchivs Peter Glaß schließlich mit, dass ein Parteiverfahren gegen ihn eröffnet werde. Die Parteileitung forderte eine schriftliche Selbstkritik zu den Themen „Vorbildwirkung, Kritik und Selbstkritik, Umgang mit den Menschen, Staatsdisziplin“. Peter Glaß’ Einspruch gegen das Parteiverfahren ließ erkennen, dass er nicht einmal wusste, was ihm konkret zur Last gelegt wurde.[257]

252 Ebd., S. 355.

253 Der Zeitpunkt kann nicht näher bestimmt werden als Juli 1985. – Wolfgang Klaue an Peter Glaß, 15.08.1985. Nachlass Peter Glaß.

254 Ebd.

255 *Protokoll zur Gewerkschaftsversammlung der SFD vom 2.7.1985*. BArch, DR 140/120.

256 Gisela Tammert/Schnittmeisterin SFD an Konrad Naumann/Erster Sekretär der Bezirksleitung der SED Berlin: *Eingabe*, 15.10.1985, S. 2. BArch, DR 140/120.

257 Peter Glaß an SED-Kreisleitung Berlin Mitte, 05.09.1985, S. 1. Nachlass Peter Glaß.

Die Demontage der Staatlichen Filmdokumentation war nun bei ihrem Leiter angekommen. Peter Glaß hatte es weder vermocht, seine und die Wagnisse der freien Mitarbeiter unterhalb einer akzeptablen Grenze zu halten, noch die festen Mitarbeiter von seiner Konzeption der Staatlichen Filmdokumentation zu überzeugen. Als diese rebellierten, war eine Situation entstanden, die Wolfgang Klaue für die Begründung seines Auflösungsantrags an die Hauptverwaltung Film nutzte. Peter Glaß' umstrittener Führungsstil ermöglichte dem SFA-Direktor den Ausweg, die Staatliche Filmdokumentation als ein personelles Problem darzustellen, in dessen Technik es sich nicht mehr lohne zu investieren.[258] Schon am Tag nach dem Abschluss des Parteiverfahrens mit einer „strengen Rüge" für Peter Glaß (14. Oktober 1985) wandte sich Wolfgang Klaue an HV-Leiter Horst Pehnert: Die „Funktionsfähigkeit" der SFD sei nicht mehr gewährleistet, Schuld an dieser Situation seien „Kader- und Technikprobleme", insbesondere der Leiter.[259] Von seiner Verteidigung der Gruppe und von Peter Glaß im Juni 1985 war hier keine Rede mehr, ebenso wenig fand der Vorwurf eines „Unterlaufens der führenden Rolle der Partei" bei der SFD noch Erwähnung. Dass dieser Vorgang auch die Abteilung *Kultur* des ZK der SED erreichte, ist am Weg einer Eingabe der SFD-Schnittmeisterin Gisela Tammert vom 15. Oktober 1985 ablesbar, abgezeichnet von der ZK-Abteilungsleiterin Ursula Ragwitz.[260]

Die Kette dieser Ereignisse auf das Ende der Staatlichen Filmdokumentation hin lässt sich detailliert nachvollziehen. Ihr Auslöser allerdings bleibt, wie auch schon für Peter Glaß selbst, ungewiss. Was genau Wolfgang Klaue bewog, sich im Juli 1985 von Peter Glaß und der Staatlichen Filmdokumentation zu distanzieren und nun ihr Ende zu forcieren, ist anhand der erhalten gebliebenen Akten und Unterlagen nicht zu klären. Möglicherweise war es der Bericht Edith Wäschers, in dem Wolfgang Klaue ausdrücklich beschuldigt wurde, am Staatlichen Filmarchiv eine ideologisch schädliche Situation zu dulden, auch Gerüchte eines SFD-Films über Rainer Eppelmann könnten eine Rolle gespielt haben.

258 Wolfgang Klaue/SFA an Horst Pehnert/HV Film, 15.10.1985. BArch, DR 140/120.

259 Ebd.

260 Gisela Tammert/Schnittmeisterin SFD an Konrad Naumann/Erster Sekretär der Bezirksleitung der SED Berlin: *Eingabe*, 15.10.1985. BArch, DR 140/120.

Beschreibbar sind dagegen die *Gründe* des faktischen Verbots der Staatlichen Filmdokumentation. Während der Jahre 1984/1985 sind dies insbesondere: die Entstehung einer zweiten SFD neben den Strukturen und die dabei entstandenen Filme (insbesondere die von Hans Wintgen / Jürgen Rudow und Thomas Heise / Peter Badel), das Streben nach Öffentlichkeit sowie die erwünschten Tabubrüche Thomas Grimms mit ihren unerwünschten Rückwirkungen auf die Filmgruppe. All dies wird in seiner Bedeutung allein in einer undatierten *Stellungnahme* von Peter Glaß sichtbar, die dieser offensichtlich im Verlaufe des Parteiverfahrens gegen ihn im September oder Oktober 1985 verfasste: Es handelt sich allem Anschein nach um die Ende Juli von der SFA-Parteileitung geforderte Selbstkritik. Den grundlegenden Vorwurf gegen ihn spricht er hier offen aus: „Es ist ein schwerwiegender Fehler, wenn man [...] die Parteilichkeit ersetzt durch Subjektivismus.“[261]

Liest man seine *Stellungnahme* – als einen erzwungen Text – umgekehrt, dann kann man zudem erfahren, wo genau die Staatliche Filmdokumentation unter Peter Glaß rote Linien überschritten hatte: Es fehlte danach die „Parteilichkeit in der Wahl der Themen, dem Einbringen der historischen Wahrheit in der realen Widerspiegelung tatsächlicher Sachverhalte, Authentizität und Direktheit in der Dokumentationsarbeit“.[262] Kurz gesagt, 1985 ging es um die Rückkehr staatlicher Selbstdokumentation im Film zum *Typischen* – zu einem von der Ideologie abgeleiteten, absolut gesetzten Wahrheits- und Zukunftsanspruch.

Nachdem Peter Glaß zum 1. November 1985 zum Rücktritt gebracht worden war, begann die Auflösung der Staatlichen Filmdokumentation unter dem SFD-Kameramann Roland Worel. Martina Liebnitz und Jutta Soto wurde die Arbeit am abschließenden, internen Katalog der Staatlichen Filmdokumentation übertragen. Das „Vorwort“ und die „Benutzungshinweise“ dazu schrieb Thomas Grimm, der darauf hinwies, dass über die Benutzungsbestimmungen des Staatlichen Filmarchivs hinaus einige SFD-Filme dem Zugang grundsätzlich entzogen seien und deswegen auch nicht in den Katalog aufgenommen

261 Peter Glaß: *Stellungnahme*, [September/Oktober 1985]. Nachlass Peter Glaß.
262 Ebd.

würden.[263] Außer Sybille Ploog, die ein Filmdokument mit der Verlegerin Lucie Groszer produzierte, war es einzig Thomas Grimm, der 1986 noch letzte SFD-Filme fertigstellte. Die institutionellen Freiräume der Staatlichen Filmdokumentation gingen nun – auch über 1986 hinaus – auf einen einzelnen, frei arbeitenden Redakteur über, der hierfür eigens durch das MfS abgesichert wurde.[264]

Das DEFA-Dokumentarfilmstudio übernahm am 31. Dezember 1986 die Ausrüstung der SFD sowie einzelne technische Mitarbeiter in seine Produktionsgruppe *Geschichte/Dokumentation*. Trotz der konzeptionellen Ähnlichkeiten, die von einer Weiterführung der Staatlichen Filmdokumentation bei der DEFA haben sprechen lassen,[265] wird der Sonderfall Staatliche Filmdokumentation gerade durch die Unterschiede zwischen beiden deutlich: Zwar war auch die DEFA-Gruppe *Geschichte/Dokumentation* auf die Herstellung von „Halbfabrikaten" für eine spätere Verwendung ausgerichtet[266] – aber dies gerade nicht in einer universal-dokumentierenden Haltung wie bei der SFD. Hier wurde ausschließlich solches Filmmaterial zur Versorgung der Studio-eigenen Filmothek hergestellt, das man als kulturpolitisch notwendig für zukünftige Dokumentarfilme einordnete. Bei der produktionsorientierten DEFA-Dokumentation von „Zeitgeschehen für die zukünftigen Generationen"[267] entfiel innerhalb des kontrollierten Studiobetriebes so vor allem das politische Risiko, das die SFD dargestellt hatte.

Das verdeckte Verbot der Staatlichen Filmdokumentation war der Versuch, eine nicht mehr zu kontrollierende Verselbständigung am Filmarchiv institutionell abzubrechen. Da diese Vorgehensweise – die Auflösung einer gesamten Filmproduktionsgruppe – Mitte der

263 „Die Publikation informiert über alle Produktionen der Staatlichen Filmdokumentation seit ihrem Bestehen. […] Ausgenommen sind Dokumentationen, die entsprechend den Ausleihbedingungen des Staatlichen Filmarchivs mit einem Sperrvermerk versehen sind." (*SFD-Katalog*, [1986/1987], S. 1 u. 2. BAFA, Bibliothek, FiB213.)

264 Vgl. zu Thomas Grimm S. 136, insbes. Anm. 217.

265 Jordan: *Film in der DDR*, S. 203.

266 Pedro Dutschke: *Entwurf einer Studiodirektive über den technologischen Ablauf zur Anfertigung von Dokumentationen im VEB DEFA-Studio für Dokumentarfilme. Produktionsgruppe CHRONIK, dargestellt am Beispiel des Auftraggebers, Ministerium für Kultur (Hauptverwaltung Film)* [Fachschulabschlussarbeit]. Potsdam: Hochschule für Film und Fernsehen „Konrad Wolf" 1989, S. 9.

267 Ebd.

Abb. 34: Türschild der Staatlichen Filmdokumentation.

1980er Jahre bereits eine verhältnismäßig brachiale Zensur-Methode darstellte, bestand Interesse an einer sachgebundenen Begründung. Der gesamte Vorgang wurde schließlich durch eine Umbenennung der bisherigen DEFA-Gruppe verborgen: Aus der Produktionsgruppe *Geschichte/Dokumentation* (1981–1985) ging jetzt die Gruppe *Chronik/Dokumentation* hervor (1986–1990). Diese neue Namensbildung spielte auf das einstige sowjetische Vorbild der Staatlichen Filmdokumentation an – die Kino-Letopis bzw. Kino-Chronik – und täuschte darüber hinweg, dass ein einmaliges filmisches Dokumentationsexperiment zu Ende gegangen war. Die Spuren der SFD waren getilgt, ihre Filme blieben bis zum Ende der DDR unter Verschluss.[268]

268 Noch die Dienstanweisung 9/1989 stellte SFD-Filme mit anderen gesperrten Filmmaterialien des Filmarchivs gleich. *Dienstanweisung 9/1989. Bearbeitung von Archivnutzungsanträgen des In- und Auslandes*, S. 2. BArch, Altsignatur DR 140/933/1.

Historische Quellen produzieren

Eine deutsche Filmtradition

Rolf Aurich

Der historische Quellencharakter des Films leitet sich ursprünglich aus dessen Verständnis als Dokument durch Abbildung von Realität ab. Dies zu betonen ist wichtig, weil es auf ein früheres Spezifikum von „Film" verweist – die Voraussetzung von vorfilmischer Realität, was heute, in digitalen Zeiten, als nicht mehr notwendig gilt. Solches Verständnis darf allerdings nicht dazu führen, dass im landläufigen Sinn nicht dokumentarische Filme vom Quellenverständnis ausgeklammert werden. Dies ist heute nicht der Fall und wäre auch fehl am Platz. Allerdings: Kein Spielfilm wird wohl je ausdrücklich zu dem Zweck entstehen, um ein Dokument für spätere Zeiten abzugeben. Aus dem dokumentarischen Bereich und den folgenden Einrichtungen gibt es dafür jedoch Beispiele: aus dem Filmarchiv der Persönlichkeiten (FdP), das von Gerhard Jeschke während des Zweiten Weltkriegs betrieben wurde; aus dem Institut für den wissenschaftlichen Film in Göttingen (IWF), wo nach dem Krieg besonders Friedrich Terveen federführend war; aus der Landesbildstelle Berlin, wieder mit Terveen als Mentor; sowie aus der Staatlichen Filmdokumentation der DDR (SFD), die zwischen 1970 und 1986 ein Schattendasein innerhalb des Staatlichen Filmarchivs der DDR (SFA) führte.

Die geistigen Ansätze solcher Impulse, die wir nicht in allen Fällen kennen, scheinen sich partikelweise zu ähneln, Begriffe wie „Wissenschaftlichkeit" und „Objektivität" spielen dabei eine Rolle. Es wohnte den erwähnten Initiativen wohl etwas wie ein „Ewigkeitsgedanke" inne. Absichtlich und geplant, sollte Film für eine spätere

Zeit als historisches Erkenntnismittel entstehen – als Traditionsquelle. Absichtslos jedoch und gewissermaßen als unerzogene ‚Kinder der Vergangenheit' sollten diese Produktionen gerade nicht in die jeweilige Rezeptionsgegenwart hineinragen. Sie sollten also keine Überrestquellen sein. Ob sie es allerdings nicht doch sein können?
Das Bemühen, Filmsammelstellen ins Leben zu rufen, hing sehr früh schon und stets auf das Engste mit der Überlegung zusammen, Filme später einmal nutzbar machen zu können – vor allem als Zeugnisse einer dann vergangenen Zeit. Es gab in Deutschland in den 1920er Jahren die überraschende Meinung, gerade nicht der für den Tag produzierte Filmbericht, die Bildreportage des Tages, der qualitativ häufig tiefstehende Kulturfilm usw. sei geeignet, künftiger Forschung als Auskunftsquelle ihrer Entstehungszeit zu dienen. Dies teile ja bereits die Illustrierte mit. Es bestehe die Gefahr der Verfälschung. Vielmehr sei es der Spielfilm, der das Leben früherer Zeiten unwandelbar konserviert habe – und zwar über seine Motivik des filmisch Registrierten. Symptome der jeweiligen Epoche würden danach im Spielfilm überliefert. Der Stoff selbst wird in dieser Überlegung wichtig, weniger der Dokumentcharakter.[1] Darin finden sich Spurenelemente dessen, was Siegfried Kracauer später, im Jahr 1947, feststellte. Es ist vielleicht der Beginn des „metaphorischen" Redens über historische Filme. Heute ist es eine Grundannahme unter Historikern, sich bei der Ausdeutung weder auf das Abbild beim Film zu beschränken noch – schon gar nicht – auf es zu verlassen.
Zur gleichen Zeit aber gab es von jenen Filmen und Fotografien, die von deutscher Seite im Ersten Weltkrieg entstanden waren und im Potsdamer Reichsarchiv aufbewahrt wurden, die Auffassung, es handle sich dabei ausschließlich um Traditionsquellen, die sozusagen zielgerichtet entstanden waren und einen Zweck zu erfüllen hatten – allerdings unter Berücksichtigung der Frage nach ihrer Echtheit und Authentizität.[2] Dabei ist geistig-praktisch eine Linie zu bemerken bis

1 Vgl. dazu u. a. Erwin Ackerknecht: Ein internationales Filmarchiv in Deutschland (1925). In: Ders.: *Lichtspielfragen*. Berlin: Weidmann 1928, S. 117–126; M-l. [Georg Victor Mendel]: Ein Reichs-Filmarchiv? In: *Lichtbild-Bühne* 68, 22.03.1926; zur Betonung von Spielfilm, vor allem aber des guten Kulturfilms bei Egon Benisch: Film und Zeit. In: *Illustrierte Film-Zeitung. Wochenschrift des Berliner Tageblatts*, o. D., verm. Ende Januar 1928, Fotokopie in den Beständen der Stiftung Deutsche Kinemathek (SDK).

2 Vgl. F.A. [Friedrich August] Raasché: Lichtbild und Film im Rahmen des Reichsarchivs. In: *Der Bildwart. Blätter für Volksbildung* 4 (1925), S. 349–354. Der Autor des

zum Schulunterricht der NS-Zeit, in der mit der Hilfe von Filmen aus dem Ersten Weltkrieg Verständnis für den deutschen „Heldenkampf" geweckt werden sollte.

1920er Jahre – Historisierung des Films

Die Filmtradition der bewusst produzierten historischen Filmquellen kann besonders deutlich an sogenannten „Persönlichkeitsaufnahmen" verfolgt werden. Die Forschung verweist als Vorbild auf französische Einflüsse seit dem Ersten Weltkrieg, etwa stumme Aufnahmen bedeutender Vertreter des französischen Geisteslebens durch Sacha Guitry, und auf englische Ansätze der 1930er Jahre, die „unter archivalisch-wissenschaftlichem Gesichtspunkt durchgeführt worden" waren.[3] Zu denken ist auch an Vorläufer wie die Künstlerporträts von Hans Cürlis aus den 1920er Jahren – etwa jenes über Heinrich Zille innerhalb des wie ein filmisches Archiv funktionierenden Zyklus *Schaffende Hände. Die Maler* (1926), worin durchaus die Persönlichkeit des Abgebildeten erkennbar wird. 1930, der Tonfilm hatte sich etabliert, wurde bei der Deutschen Gesellschaft für Ton und Bild (Degeto) an die Schaffung eines Tonfilmarchivs gedacht, „das sich auf alle bedeutenden Persönlichkeiten der Zeitgeschichte erstreckt",[4] einbezogen wurde ein Personenkreis aus Politik, Wissenschaft, Technik und Kunst. Die Funkausstellung des Jahres präsentierte – wie schon im Vorjahr – Filmbilder aus Archiven, die etwa den Ministerpräsidenten Otto Braun zeigten, den Staatssekretär Hans Bredow, Adolf von Harnack, Professor Max Planck oder den Schriftsteller

Beitrags (1893–1928) war nach militärischer Laufbahn von 1920 bis 1928 am Reichsarchiv beschäftigt, zuletzt in den Foto- und Filmsammlungen.

3 Fritz Terveen: Der Film als Hilfsmittel für Firmengeschichte und Unternehmerbiographie. In: *Tradition. Zeitschrift für Firmengeschichte und Unternehmerbiographie* 3 (Juni 1960), S. 132–141, hier S. 140, Fn. 35; vgl. ders.: Zur Herstellung von Filmdokumenten über bedeutende Persönlichkeiten der Gegenwart. In: *Research Film. Le Film de Recherche. Forschungsfilm* 3,5 (Mai 1960), S. 277–289, hier S. 280. Auch Karl Friedrich Reimers verweist für das FdP und seine „tieferen Entwicklungswurzeln" auf „französische Denk- und Überlieferungs-Schulen", wie er in einem Brief an den Autor vom 16.12.2013 schreibt.

4 Ein Tonfilm-Archiv der Zeitgeschichte. In: *Reichsfilmblatt* 34, 23.08.1930. Gewichtige Namen wurden gehandelt, um zu Archivaufnahmen von Persönlichkeiten zu gelangen. Max Liebermann, Albert Einstein, Ricarda Huch, Hans Bredow, Sigmund Freud und Konrad Adenauer sind nur einige aus dem Sample.

Gerhart Hauptmann. Auch die jeden Wochentag erscheinende Filmzeitschrift *Film-Kurier* unterstützte ein solches Archiv.
Film trat, befördert durch den allmählichen Medienumbruch vom Stummfilm zum Tonfilm, seit Mitte der 1920er Jahre in die Phase seiner Historisierung. Besonders deutlich spürbar wurde das an Filmausstellungen, die seit 1925 vermehrt organisiert wurden und die neben aktuellen Produktentwicklungen auch Retrospektives boten, so 30 Jahre alte Filme der Frühzeit, Überbleibsel der Kinogeschichte, etwa Fotos und Plakate. Bekannt bis heute ist die KIPHO von 1925, weil ein avantgardistischer Film für sie warb, der in Archiven überlebte. Die Deutsche Theater-Ausstellung 1927 in Magdeburg hatte eine Abteilung für Film. Zwei Jahre darauf erlebte Stuttgart die Internationale Werkbundausstellung *Film und Foto*, anderswo wurde sie wiederholt. In Berlin erregte 1932 die *Film- und Fotoschau* Aufmerksamkeit; 1936 sah Ausstellungen in Düsseldorf und – mit deutscher Beteiligung – Kopenhagen. Auch die eher ins Brancheninnere gerichtete Ufa-Lehrschau eröffnete in diesem Jahr. Erinnerungsselige Filme über Filmgeschichte, oftmals Kompilationen historischen Materials, nahmen in Deutschland zu. Wobei sich Walter Jerven besonders hervortat – als Live-Kommentator von Filmstreifen seines Privatarchivs und als cleverer Vermarkter fertig produzierter Filme, die von Kinos angemietet wurden. So konnten auch Filme selbst zum „Archiv“ werden. Die Sammlung der Zeitschrift *Lichtbild-Bühne*, eine bibliothekarische und filmarchivarische Pioniertat Karl Wolffsohns aus den frühen 1920er Jahren, übernahm 1931 zahlreiche Neueingänge, darunter auch Filme mit „Persönlichkeitsaufnahmen“.

1930er-Jahre – „Ewigkeitswerte“ im Reichsfilmarchiv

1934 wurde das Reichsfilmarchiv (RFA) gegründet und ein Jahr später eröffnet. Dies geschah ohne Beteiligung der Geschichtswissenschaft – obwohl gerade die Bedeutung des in den späten 1920er Jahren eingeführten Tonfilms bei der Vermittlung von Geschichte im Unterricht offenbar war. Auf diese produktive Zäsur wies etwa der ehemalige Lehrer Walther Günther 1934 in einem Aufsatz hin, der eine „planvolle Filmberichterstattung“ als Ziel formulierte, um zu „echten Bildurkunden“ zu gelangen – selbstverständlich im Einklang mit dem Geist der Zeit, allerdings nicht ohne

Hinweis auf die auch hier erforderliche Quellenkritik.[5] Zunächst in der Obhut der Reichsfilmkammer, wurde das Reichsfilmarchiv Mitte 1937 von Joseph Goebbels in eigene Regie genommen. Dies geschah im Zuge der durch ihn erfolgten Gründung einer „Kommission zur Bewahrung von Zeitdokumenten". Deren Leitung hatte Ministerialrat Alfred-Ingemar Berndt inne, Mitglieder der Kommission waren der Generaldirektor der Preußischen Staatsbibliothek, Hugo Andres Krüß, der Direktor des Reichsarchivs in Potsdam, Ernst Zipfel, der amtierende Leiter des RFA, Frank Hensel, und Konrad von Brauchitsch, Leiter des Schallplattenarchivs der Reichsrundfunkgesellschaft. Hinzugerufen als Vertreter des Propagandaministeriums wurde der Ministerialreferent Richard Quaas. Dieser bemühte sich intensiv um die Erhaltung filmischer Zeitdokumente. Er wurde am 9. Dezember 1937 von Goebbels zum neuen Leiter des RFA ernannt und damit Nachfolger von Hensel, dessen Bedeutung in der allmählich entstehenden internationalen Filmarchivbewegung fortan ebenso beträchtlich wuchs, wie seine Rolle bei der Beschaffung von ‚Beutefilmen' für die deutsche Seite im Krieg undurchsichtig war.

Es ging nun um ‚Ewigkeitswerte' der Nationalsozialisten, die – sich an einem Epochenumbruch wähnend – ihre eigene Kultur fixiert wissen wollten. Am Ende sollten Reichskulturarchive zur ‚richtigen' Vermittlung von NS-Geschichte entstehen. Maßloser Absolutheitsanspruch und geradezu ewige Kontrolle künftiger Geschichtsschreibung gehören zu den machtpolitischen Aspekten von Goebbels' Initiative, obwohl sie kein charakteristisches Merkmal der Nationalsozialisten darstellen, wie Muriel Favre ausführt.[6] Hervorzuheben bleibt aber deren spezifisches Interesse gerade an den technischen Medien zur Umsetzung dieses Ziels, wobei der Archivierung von Originaltönen des Rundfunks für Historiker ein besonderes Augenmerk galt. Es war offenbar die Dynamik der Technik, ihr Aktivum, das den zu schlagenden Bogen vom Abbild der Gegenwart zum Funktionieren im Futur so leicht vorstellbar werden ließ. Kontrapunktisch

5 Walther Günther: Lichtbild und Film im Geschichtsunterricht. In: *Lebensnaher Volksschulunterricht. Lehrpraktische Beilage zur „Deutschen Schule"* 10 (1934), S. 1–12, hier S. 12.

6 Muriel Favre: Goebbels' „phantastische Vorstellung". Sinn und Zweck des O-Tons im Nationalsozialismus. In: Harun Maye / Cornelius Reiber / Nikolaus Wegmann (Hrsg.): *Original / Ton. Zur Mediengeschichte des O-Tons.* Konstanz: UVK 2007, S. 91–100, hier S. 97.

auffällig ist jedoch, dass im Sommer 1937 die Filmpublizistin Hilde Hermann, nach dem Zweiten Weltkrieg unter anderem in Diensten des katholischen *Filmdienstes*, in einer Literaturzeitschrift über den „Film als Spiegel und Urkunde" nachdachte und dabei wohl „Richtigkeit" und „Genauigkeit" als Eigenschaften des Films anerkannte, eine dadurch vermeintlich vermittelte „Wahrheit" in diesem Medium aber in Zweifel zog.[7] Ein solcher Gedanke durchkreuzte zweifelsohne die an dieser Stelle allzu einfache Auffassung der Ideologen von der historischen und vollkommen kontrollierten Nutzung der Medien.
Auch eine Anbindung an die deutsche Geschichtswissenschaft der Zeit ist erkennbar. Erich Keyser hatte 1935 in einem Aufsatz alle Bilder potentiell als Quellen betrachtet und sie neben Wort, Schrift und Tat gestellt. Der 1933 der NSDAP beigetretene Historiker betont darin die „Gleichzeitigkeit" von Ereignis und Aufnahme, was zu einem Vertrauen in die Unmittelbarkeit führe, allein verbesserungswürdig sei die Planbarkeit der Aufnahmen unter wissenschaftlichen Gesichtspunkten, idealerweise sollten amtliche Fotografen die Verantwortung übernehmen. Solche gezielt produzierten Bildquellen sah Keyser in einer unmittelbaren Funktion für die Nachwelt und erkannte die Abhängigkeit von der Entstehungsgegenwart. Kurzum: Ziel sollte die Schaffung von Traditionsquellen sein.[8] Die innerhalb eines kurzen Zeitraums entstandenen Aufsätze von Günther und Keyser verfolgten dieselbe Stoßrichtung; sie bilden so zusammen mit der Goebbels-Kommission eine Art theoretische Rahmung für derlei Bestrebungen in Deutschland – auch für das Filmarchiv der Persönlichkeiten.[9] Dessen teilweise Überführung in die Hände des Bundesarchiv-Filmarchivs bzw. des IWF wurde Mitte der 1950er Jahre im Übrigen unter Mithilfe von Richard Quaas und einem früheren Kollegen beim RFA, Lorenz Pronnet, organisiert.

7 Hilde Herrmann: Der Film als Spiegel und Urkunde. In: *Die Literatur* 11 (August 1937), S. 681–683, hier S. 682.

8 Erich Keyser: Das Bild als Geschichtsquelle. In: *Historische Bildkunde*, hrsg. v. Walter Goetz. Hamburg: von Diepenbroick-Grüter & Schulz 1935, S. 5–32.

9 Inwieweit auch andere Filmproduktionen bzw. Filmgruppen der NS-Zeit innerhalb dieses Entstehungs- und Verständniskontextes zu fassen sind, bleibt zunächst eine offene Frage.

1940er Jahre – Ein Bild für spätere Zeiten: Filmarchiv der Persönlichkeiten

1941 war „im Rahmen des Aufgabengebietes der dem Propagandaministerium angeschlossenen Deutschen Kulturfilmzentrale" das „Filmarchiv der Persönlichkeiten" errichtet worden. Bei dem polnischen Historiker Boguslaw Drewniak heißt es, dass hier „Filmaufnahmen ‚führender Männer aus Politik, Kultur und Wirtschaft' gesammelt werden sollten. Die Aufnahmen dieses Filmarchivs, für die späteren Generationen gesammelt, waren nicht zur Veröffentlichung bestimmt."[10] Wobei im strengen Sinn kein „Archiv" entstand, sondern verschiedene Filme unter dem Sammeltitel „Filmarchiv der Persönlichkeiten" gefasst wurden. In dieser Ausdrücklichkeit hatte zuvor kein anderes Vorhaben, filmische Persönlichkeitsaufnahmen anzufertigen, den Akzent auf die Zukunft gelegt. Unterlagen zur Gründung, Konzeptionen oder andere intellektuell-organisatorische Planungsunterlagen sind nicht bekannt. Nicht einmal Vor- und Abspann der einzelnen Filme verraten mehr als die Zugehörigkeit zu dieser Filmgruppe. Von Beginn an war Gerhard Jeschke federführend mit dieser „selbständigen Produktion" verbunden,[11] die Anfang 1942 dem Referat Kulturfilmdramaturgie in der Filmabteilung des Ministeriums unterstellt wurde. Das Geld kam von der Cautio Treuhand, einem Finanzinstrument des Propagandaministers.[12] Zwischen 75 und 80 Porträts entstanden bis 1944 auf diese Weise, dann wurde Jeschke zum Militär einberufen und die Arbeit eingestellt. Auch „frühere Filmstreifen" sind nach Jeschke vom FdP erworben worden, ebenfalls „ältere wissenschaftliche Filme".[13] „Vorläufig", so schreibt

10 Boguslaw Drewniak: *Der deutsche Film 1938–1945. Ein Gesamtüberblick*. Düsseldorf: Droste 1987, S. 411–412.

11 Gerhard Jeschke an Wolfgang Kohte, Berlin, 31.08.1955. In: Dossier „Filmarchiv der Persönlichkeiten" (FdP), zsg. von Hans-Gunter Voigt (im Besitz des Autors). Der Filmarchivar und -historiker Hans-Gunter Voigt hat sich während seiner Dienstzeit im SFA und im Bundesarchiv-Filmarchiv mit Entstehung und Arbeit des FdP befasst. Ich danke ihm für die Überlassung seiner Materialien.

12 Vgl. Drewniak: *Der deutsche Film 1938–1945*, S. 411; Jeschke selbst bestätigt seinen Vertrag mit der Cautio, spricht jedoch davon, dass das FdP nach der Auflösung der Deutschen Kulturfilmzentrale der Deutschen Wochenschau angegliedert und auch sein Vertrag von dort übernommen wurde. Vgl. Gerhard Jeschke an Wolfgang Kohte, 21.09.1955. In: Dossier FdP.

13 Gerhard Jeschke an Wolfgang Kohte, Berlin, 31.08.1955; Gerhard Jeschke an Institut für den wissenschaftlichen Film / Dr. Terveen, Berlin, 10.04.1956 (über

er 1955, waren die produzierten Filme, von denen mitunter mehrere Kopien angefertigt wurden, im RFA untergebracht worden, eine Veröffentlichung zu Lebzeiten sei von der Erlaubnis der Porträtierten abhängig gewesen.[14]

Die Reihe der Gefilmten deckt Mediziner, Naturwissenschaftler, Politiker und Militärs ebenso ab wie Angehörige künstlerischer und kultureller Berufe (die eindeutig dominieren), während Techniker, Wirtschaftswissenschaftler und Personen des Rundfunks und der Presse klar die Minderzahl bilden. In der Mehrzahl standen die Porträtierten in einer Nähe zum Nationalsozialismus, weniger als fünf Prozent der Aufgenommenen sind Frauen. Jeschke schrieb im April 1942 an den Schriftsteller Hanns Johst, der rasch zum Präsidenten der Reichsschrifttumskammer und Staatsrat avanciert war und den er für eine Aufnahme gewinnen wollte. Diese sollte „als ein historisches Dokument der Nachwelt die Möglichkeit geben, sich von Ihnen eine lebendige Vorstellung zu machen".[15] In mehreren erhaltenen Dokumenten wiederholen sich solche Formulierungen – sogar indirekt, etwa wenn der Mediziner Karl Bonhoeffer, Vater des wegen ‚Wehrkraftzersetzung' inhaftierten Theologen Dietrich Bonhoeffer, im Sommer 1943 seinem Sohn ins Gefängnis schreibt, er habe „die Aufforderung bekommen, für das ‚Filmarchiv der Persönlichkeiten', das vor kurzem [im] Propagandaministerium eingerichtet worden ist, eine Tonfilmaufnahme von mir machen zu lassen, um ‚ein Bild von mir für spätere Zeiten' festzuhalten". Souveräne Reaktion des Angefragten: „Ich glaube, es genügt, wenn mein Bild in der Familie erhalten bleibt."[16]

Der 1899 in Königsberg geborene Arztsohn Jeschke, nach eigener Aussage Schüler des Schweizer Kunsthistorikers Heinrich Wölfflin,[17]

die Aufnahmen von Ferdinand Sauerbruch). In: IWF. Ordner Produktionsplan für 1955/56. Dauerleihgabe des IWF an die SDK / Rolf Aurich, 17.03.2010.

14 Gerhard Jeschke an Wolfgang Kohte, Berlin 31.08.1955.

15 Gerhard Jeschke an Hanns Johst, Berlin, 20.04.1942. In: RKK, RK J 52, Jeschke, Gerhard, geb. 21.02.1899, Bundesarchiv (ehem. BDC). Auch in: Dossier FdP.

16 Karl und Paula Bonhoeffer an Dietrich Bonhoeffer, Berlin-Charlottenburg 9, 08.06.1943. In: Dietrich Bonhoeffer: *Widerstand und Ergebung. Briefe und Aufzeichnungen aus der Haft*, hrsg. von Christian Gremmels / Eberhard Bethge / Renate Bethge in Zus.arbeit mit Ilse Tödt. Gütersloh: Kaiser 1998, S. 94–95. Für den Hinweis danke ich Dirk Jachomowski, Schleswig.

17 Gerhard Jeschke: Filmarchiv der Persönlichkeiten: Aufnahme: Geheimrat

hatte eine Schauspielausbildung unter anderem bei Ferdinand Gregori genossen. Seit 1924 auf Bühnen tätig, blieben seine Engagements als Sprecher für Kultur- und Werbefilme, Wochenschau und Schallplatten jedoch überschaubar. Grundlegende Fragen seiner Tätigkeit für das FdP sind unbeantwortet: Wer im Ministerium, das die Einrichtung finanzierte, gab Jeschke den Auftrag – und wieso ausgerechnet ihm? Konzipierte er selbst die Aufnahmepraxis, verfügte er über Spielräume bei Personenauswahl und formaler Gestaltung? Bekannt ist, dass die Deutsche Wochenschau ihr Atelier in der Berliner Jägerstraße 26 als Dienstsitz für Jeschke und seine Aufnahmen zur Verfügung stellte, auch Apparate und Personal – in erster Linie Wochenschaukameramänner.[18] Nur eine Minderzahl der Aufnahmen soll nach Auskunft Jeschkes allerdings dort entstanden sein. Häufige Drehorte waren bei den Gefilmten zu Hause oder am Arbeitsplatz – Johst etwa schlug Jeschke sein Zimmer in der Reichsschrifttumskammer als Aufnahmeort vor. Von einer „halbamtlichen Unterstützung" der Unternehmung sprach 1957 der Historiker Friedrich Terveen.[19] Eine Schlüsselaufgabe des Reichsfilmarchivs war es im Übrigen auch, die filmische Kriegsberichterstattung der Propagandakompanien (PK) zu archivieren und der ideologischen Kriegführung dienlich zu machen. Einzelne Historiker strebten eine Arbeitsallianz ihrer Zunft mit dem Film an.[20] Es dürfte deshalb kein Zufall sein, dass Jeschke zur Zeit des Krieges ähnliche Gedanken auf zivilem Gebiet in die Praxis umsetzte.

Wilhelm Pinder. Berlin, 14.04.1956. In: IWF. Ordner Produktionsplan für 1955/56; Ndr. in: *Filmdokumente zur Zeitgeschichte*, G 1/1955: Wilhelm Pinder spricht über Kunstgeschichte. Grundzüge seiner Methode und Lehre. Göttingen: Institut für den wissenschaftlichen Film 1957, S. 3–4. – Jeschkes Dissertation: *Die Bühnenbearbeitungen der Meininger während der Gastspielzeit (1874 bis 1890)*. Universität München 1922.

18 In der DDR hatte an dieser Stelle, seit 1958 Otto-Nuschke-Straße, das DEFA-Dokumentarfilmstudio seinen Sitz.

19 Friedrich Terveen: Zur Herstellung von Tonfilmaufnahmen bedeutender Persönlichkeiten der Gegenwart. In: *Mitteilungen des Instituts für den wissenschaftlichen Film* 4 (Januar 1957), S. 4–8, hier S. 7.

20 Vgl. Eugen Schäfer: Vom Quellenwert des dokumentarischen Geschichtsfilms. In: *Film und Bild* 11/12, 01.11.1943, S. 118–123, hier S. 120. Zu Schäfer knapp Malte Ewert: *Die Reichsanstalt für Film und Bild in Wissenschaft und Unterricht (1934–1945)*. Hamburg: Dr. Kovăc 1998, S. 126.

Jeschke, von dem wir kein Todesjahr kennen,[21] erläuterte 1950 in der Rückschau:

> Es war meine Absicht, mit diesen Filmen den späteren Generationen einen Eindruck aus dem Leben und Schaffen großer Männer unserer Zeit zu geben. Wenn ich die nötigen Mittel zur Verfügung hätte, würde ich heute Männer wie Hahn, Heisenberg, Gründgens, Prof. Windau und andere verfilmen.[22]

Terveen nannte Jeschke 1970 einen „Psychologen", dessen Arbeit „der erste ernstzunehmende Versuch einer wissenschaftlichen Dokumentation dieser Art war".[23] Bereits 1957 vertrat Terveen die Auffassung, bei Jeschke habe „der spätere wissenschaftliche Ertrag solcher eigens für Archivzwecke gedrehten Aufnahmen entscheidend im Vordergrund" gestanden (auch wenn zahlreiche Aufnahmen ausschnittweise in der *Deutschen Wochenschau* Verwendung fanden). Es sei mit jedem „kinematographischen Porträt" ein „wertvolles wissenschaftliches Auskunftsmittel" und eine „historische Quelle besonderer Art" entstanden.[24] Wissenschaftlichkeit, Zurückhaltung und „sachliche ‚Registrierung'" waren für Terveen Werte, die Jeschkes „Momentbilder" auszeichnen, die einer kritischen Interpretation freilich „nicht weniger bedürfen als andere biographische Quellen auch".[25]

Als konsistenter Korpus blieb das Filmarchiv der Persönlichkeiten bis heute weitgehend unbekannt, ja unentdeckt, wiewohl er im Bundesarchiv-Filmarchiv (BAFA) vorhanden ist. Dort wird er allerdings nicht als Gesamtheit verwahrt, sondern den porträtierten Personen zugeordnet. Literatur dazu wurde nicht veröffentlicht.[26] Die

21 Noch 1972 lebte er in Berlin, wie ein Brief vom 13. März 1972 an Hans Barkhausen (Bundesarchiv) preisgibt, sein Todesjahr ließ sich indes über die historische Einwohnermeldekartei der Stadt nicht ermitteln. Der Brief befindet sich in: Dossier FdP. Anfang Januar 2013 soll ein Nachlass Jeschkes bzw. Teile davon im Internet versteigert worden sein. Verkäufer und Käufer sind dem Autor leider unbekannt. Ich danke Dirk Alt für diesen Hinweis.

22 Jeschke in be: Prominenz auf Zelluloid. In: *Der Tag* (Berlin/West), 22.09.1950.

23 Fritz Terveen: Historische Filmdokumentation auf stadt- und landesgeschichtlicher Ebene. Das Landesfilmarchiv Berlin. In: Günter Moltmann / Karl Friedrich Reimers (Hrsg.): *Zeitgeschichte im Film- und Tondokument. 17 historische, pädagogische und sozialwissenschaftliche Beiträge*. Göttingen / Zürich / Frankfurt am Main: Musterschmidt 1970, S. 183–189, hier S. 186, Fn. 5.

24 Terveen: Zur Herstellung von Tonfilmaufnahmen, S. 6.

25 Terveen: Der Film als Hilfsmittel, S. 140.

26 Interne Arbeiten sind: Marianne Schulz: *Das Filmarchiv der Persönlichkeiten im Staatlichen Filmarchiv der DDR. Auswertung und Erschließung eines ungewöhnlichen Filmbestandes faschistischer Provenienz*. Potsdam: Fachschule für Archivwesen, Abschlussarbeit

Materiallage zeigt sich als problematisch, weil uneinheitlich und unklar, sie hat ihre Ursache auch in der getrennten Überlieferung im SFA und im Bundesarchiv Koblenz vor 1990. Das weiland im RFA verwahrte Material zeigt deutlichen Fragmentcharakter, mitunter fehlen Rollen oder es existiert kein Ton.[27]

Wie sah nun eine typische FdP-Produktion aus? Das Porträt des Geheimrats Max Planck hat ob seiner Online-Verfügbarkeit eine gewisse Bekanntheit erlangt.[28] Auf dieser Linie der scheinbar kunstlosen Dokumentation und optisch-akustischen Registrierung einer Person liegen auch andere Filme. Als Beispiel mag die 1944 entstandene Aufnahme von Hermann Joachim dienen, einem Kinotechniker sowie Vorstandsmitglied der Zeiß-Ikon AG und der Deutschen Kinotechnischen Gesellschaft (1881–1945). Er sitzt in dem knapp 27 Minuten langen Film an einem Tisch und tritt dabei sowohl als Historiker der Kinotechnik wie auch als ihr Prognostiker auf.[29] Nach Ausführungen über von ihm begleitete technische Umwälzungen – ein verbesserter Ölumlauf und helleres Licht im Projektor,

1980, 83 Bl.; Anika Hüttmann / Manuel Tanner: *Das Filmarchiv der Persönlichkeiten.* Forschungsarbeit innerhalb des Seminars „Sammeln, Ausstellen, Berichten: Vom Werden der Filmgeschichte in Deutschland" (Hochschule für Film und Fernsehen „Konrad Wolf", Potsdam-Babelsberg, 08.08.2013; nicht zugänglich).

27 Im BAFA ohne Ton überliefert ist eine Aufnahme, die seit längerer Zeit dem FdP zugerechnet wird: Bilder von Heinrich George, Intendant des Schillertheaters, wie er nach der Zerstörung des Hauses Ende November 1943 durch alliierte Bomben den Schaden in Augenschein nimmt und anschließend mit Kollegen demonstriert, wie man weiterzuarbeiten gedenkt. In der *Deutschen Wochenschau* vom 29. März 1944 (Nr. 708) wurden Auszüge daraus gebracht, mit Off-Kommentar und Georges Originalton. Aus einem Vergleich mit anderen FdP-Produktionen lässt sich folgern, dass es sich hier wohl um Rohmaterial handelt, jedoch keine Zugehörigkeit zu Jeschkes Aktivität vorliegt – es fällt formal tatsächlich aus dem Rahmen. Auch fehlt in den Durchschlägen der handschriftlich angefertigten Filmeingänge von Persönlichkeitsaufnahmen im RFA eine Erwähnung von Heinrich George. Vermutlich wurde das Rohmaterial zu einem späteren Zeitpunkt im SFA dem FdP zugeordnet. Für den Hinweis danke ich Hans-Gunter Voigt.

28 Vgl. http://planck.bbaw.de/filmportraet.php (Zugriff am 27.04.2014). Mit Planck sei auch hingewiesen auf einen komplementären Aspekt zu Jeschkes Projekt: das 1920 begründete Lautarchiv der Humboldt-Universität Berlin, wo u. a. eine dreiminütige Sprachaufnahme von ihm vorhanden ist – neben einer Vielzahl anderer Schallquellen auf verschiedenen Trägermaterialien, die vornehmlich Stimmporträts von Persönlichkeiten des Deutschen Kaiserreichs und der Weimarer Republik sowie eine Vielzahl von Sprachen und Mundarten dokumentieren. Für den Hinweis danke ich Wolfgang Ernst und Britta Lange.

29 Die am häufigsten anzutreffende Filmlänge pendelt zwischen 21 und 27 Minuten.

gleichmäßigere Ausleuchtung der Bildwand und Tonverstärker aus deutscher Produktion – gelangt er zum Kapitel des Stereofilms, des räumlichen Sehens im Kinosaal, dem er sich ausführlich widmet. Acht Einstellungen, in denen sich die Kamera dem Protagonisten zunächst annähert und sich sodann wieder von ihm entfernt, benötigt Jeschke. Joachim beschreibt als eigentliches Ziel schlussendlich ein „Gesamterlebnis" – der Kinozuschauer soll nicht mehr eine Wand vor sich sehen und erfahren, sondern glauben, er sei Zuschauer und Teilhaber des Vorgangs selbst. Es gelte, die Wahrnehmung der Schatten auf der Leinwand zu eliminieren und an ihre Stelle die Wirklichkeit selbst zu setzen – als totales Eintauchen des Betrachters. Mit einem heute in der Medienwissenschaft stark diskutierten Begriff scheint es sich 1944 um etwas wie eine Frühform der Immersion zu handeln. Hier hat der schlicht registrierende Film die Information von etwas aufgezeichnet, das als Wunschziel der nationalsozialistischen Kino- und Filmtechnik gerade von der Registrierung weg- und zu anderen Bewusstseinszuständen hinführen sollte, die einer Aufklärung gewiss wenig dienlich gewesen wären.[30] Jeschkes Film ist hier im Sinne einer Überrestquelle in vielerlei Hinsicht Zeugnis seiner Entstehungszeit.

So unterschiedlich die Redeweise und der Sprachstil der Persönlichkeiten sich darstellt – frei gehalten oder vom Manuskript gelesen, mit Bekenntnis zu Adolf Hitler oder ohne, offiziös in der Ansprache oder locker und souverän –, so verschieden sind auch die überlieferten Varianten der Entstehung der Aufnahmen durch Jeschke selbst. Innerhalb von ein oder zwei Tagen, bei einem Materialverbrauch, der zwischen 200 und 2.000 Metern lag, waren die Personen jeweils abgedreht. Zur Aufnahme des Kunsthistorikers Wilhelm Pinder, den Jeschke als eine Art Nachfolger seines Lehrers Wölfflin ansah und deshalb gezielt auswählte, wurde eine zugeneigte Vorbesprechung der Beteiligten organisiert, bevor das Filmteam am 5. Juni 1943 in Pinders Wohnung in Berlin-Grunewald, „mit einer

30 *Professor Hermann Joachim*, BAFA, Archivsignatur BA M 18253 (VHS). Interessant ist die zweimalige Aufnahme des Abschnitts zum Raumfilm in jeweils anderer Formulierung. Die Gründe für die Wiederholung sind unbekannt; da Joachim ein recht sicherer Redner ist, dürfte sie kaum auf einen mangelhaften Vortrag zurückzuführen sein. Auch sind während des wahrnehmbaren Wechsels der Filmrollen in der Kamera Geräusche aus dem Off zu hören und Schatten im Bild zu sehen – Zeichen einer nicht erfolgten Bearbeitung des Materials vor der Archivierung.

geräuschlosen Atelierkamera, zwei 2KW- und vier 0,5KW-Scheinwerfern ausgerüstet", erschien. Stichworte auf mehreren Bögen Papier lagen bereit, Pinder rauchte während der Aufnahme – eine Bedingung, die dieser durchsetzen konnte, obwohl noch nicht mit Sicherheitsfilm gedreht wurde.[31] Anders verliefen die Aufnahmen des Chirurgen Ferdinand Sauerbruch. Man filmte innerhalb eines Tages im Hörsaal und am Schreibtisch mit derselben Atelier-Kamera vom Typ Debrie Super Parvo, allein für die Aufnahmen im Operationsraum, wo eine „Kropfoperation" dokumentiert wurde, verwendete man eine stumme Kamera.[32] Während solche Eingriffe in den Alltag eines Arztes gewissenhaft geplant und abgestimmt werden mussten, waren beim schwedischen Forscher Sven Hedin Spontaneität und Tempo gefordert. Nachdem Jeschke von dessen Berliner Aufenthalt erfahren hatte, wurde in der Jägerstraße 26 ein bequemer Sessel hergerichtet, in dem Hedin Platz nahm und eine knappe Stunde auf Deutsch erzählte. Jeschke: „Es war die leichteste und schnellste aller Filmaufnahmen, die ich je für das Archiv gemacht habe."[33]

Sehr vieles ist noch unklar bei der FdP, sowohl in Bezug auf die Person Jeschke als auch auf die Einrichtung als solche. Wie war es während der NS-Diktatur möglich, auf diese Weise – ohne die Filmzensur zu berühren – Filme zu produzieren? Gibt es vergleichbare Phänomene, auch anderswo? Liegt hier ein Hinweis darauf vor, dass die Kontrollmechanismen der NS-Kulturpolitik nicht so rigoros funktionierten wie häufig angenommen? Galten die Aufnahmen des FdP, da fürs Archiv vorgesehen, als unverfänglich? Tatsächlich wurden sie in Einzelfällen erst nach dem Zusammenbruch des politischen Systems, in dem sie entstanden waren, öffentlich zugänglich – durch die Editionsarbeit des IWF. Dort wurde von Friedrich Terveen ihre erstmalige wissenschaftliche Bewertung vorgenommen.

31 Jeschke: Filmarchiv der Persönlichkeiten: Aufnahme: Geheimrat Wilhelm Pinder. Berlin, 14.04.1956; Ndr. in: *Filmdokumente zur Zeitgeschichte*, G 1/1955, S. 3–4.

32 Gerhard Jeschke an Institut für den wissenschaftlichen Film / Dr. Terveen, Berlin, 10.04.1956 (über die Aufnahmen von Ferdinand Sauerbruch). In: IWF. Ordner Produktionsplan für 1955/56.

33 Gerhard Jeschke: Sven Hedin, Berlin, o. D. In: IWF. Ordner Produktionsplan für 1955/56.

Dr. Gerhard Jeschke

Berlin W 30, den 10. April 1956
Berchtesgadener Str. 37
Tel.: 24 23 38
Postscheck: Berlin West 738 16

Dr.J./B.

F-T

An das
Institut für den
wissenschaftlichen Film
Göttingen
Bunsenstr. 10

Institut
für den Wissenschaftlichen Film
Eing.: 12. APR. 1956
Beantw.: ....

Sehr geehrter Herr Dr. Terveen !

Soeben erhalte ich Ihren Brief vom 9.d.M. Es tut mir leid, dass Sie mich telefonisch nicht erreichen konnten. Es wäre bestimmt viel zu fragen gewesen.

Inzwischen werden Sie die genauen Angaben, die Sie benötigen, aus meinem Sauerbruch-Text ersehen haben. Da die Aufnahmen alle am selben Tage hintereinander gedreht wurden, gelten für die Operation und den Hrösaal dieselben Daten. Die Aufnahmen am Schreibtisch, sowie im Hörsaal wurden mit derselben Kamera (Atelier-Kamera, Debrie-Super-Parvo) gemacht. Allein für die Aufnahmen im Operationsraum wurde eine stumme Kamera verwendet.

Nun zu der Kropfoperation: Ich habe - und daran ist kein Zweifel möglich - eine Kropfoperation aufgenommen.
Es wurden von mir allerdi ngs auch ältere wissenschaftliche Filme aufgekauft. Bevor ich den Film nicht gesehen habe, kann ich jedoch nichts sagen.

Der Text für die Begleithefte hat sich etwas verzögert, da unvorhergesehene Vorträge, die ich in letzter Zeit halten musste, mir leider nicht soviel Zeit ließen, sie fertig zu stellen.

Die Aufnahmen von Geheimrat Pinder sind am 5.6.43 in seiner Wohnung in Berlin - Grunewald, ebenfalls mit einer Atelier-Kamera (D.S.P.) gemacht worden. Ich werde Ihnen so schnell wie möglich den Text dazu übersenden lassen.

Ich hoffe, dass Ihnen diese kurzen Angaben helfen können.
Mit den besten Grüssen bin ich

Ihr sehr ergebener

Dr. Gerhard Jeschke

Abb. 1: Gerhard Jeschke an Institut für den wissenschaftlichen Film / Dr. Terveen, Berlin, 10.04.1956 (über die Aufnahmen von Ferdinand Sauerbruch).

Begleittext G 53

Dr. Gerhard Jeschke
(Historiker)

Berlin-Zehlendorf
~~Argentinische Allee 208~~
Telefon: 84 34 39

S v e n   H e d i n .

Als ich erfuhr, daß Sven Hedin im "Kaiserhof" abgestiegen war, suchte ich ihn umgehend auf. Ich wurde sofort empfangen und erhielt gleich eine Zusage.

Schon am nächsten Tage (es war im Jahre 1942 oder 1943) erschien er bei mir in der Jägerstraße 26, dem Büro des "Filmarchivs der Persönlichkeiten". Wir hatten den Vorführraum herrichten lassen:
Ein bequemer Sessel nahm den bedeutenden Gast auf.
Er sah auf die Uhr und fragte mich: "Wieviel Minuten soll ich reden, zehn, zwölf oder fünfzehn Minuten ?"
Ich bat um 15 Minuten und mehr.

Dann kam die Aufnahme: Die dramatische Episode des Wettlaufs mit dem Tode zur Wasserstelle, die auch in einem seiner Bücher festgehalten ist.

In einer knappen Stunde war alles vorüber.
Es war die leichteste und schnellste aller Filmaufnahmen, die ich je für das Archiv gemacht habe.

Von Dr. Terveen, Landesbildstelle Berlin, Levetzowstr.
(früher Sachbearbeiter Geschichte Institut für den
Wiss. Film, Göttingen) 1.11.63
erhalten. iwF.

Abb. 2: Gerhard Jeschke: Sven Hedin, Berlin o. D.

1950er Jahre – „Der große Augenschärfer": Institut für den Wissenschaftlichen Film

Was als Versuch, Persönlichkeiten in Bild und Ton zu fixieren, nach 1945 dem FdP folgte, waren teilweise Variationen davon unter neuen politischen und gesellschaftlichen Bedingungen, doch unter Beibehaltung der grundlegenden filmtheoretischen Annahmen. Am Beginn des in Göttingen beheimateten Instituts für den Wissenschaftlichen Film (IWF) steht ein Anstoß durch Historiker – damit ist ein entscheidender Unterschied zu Jeschkes Unternehmung benannt. Der schwierig zu klärende Beginn des IWF ist wohl auf politische Interessen zurückzuführen. 1949 regten die Göttinger Professoren Walther Hubatsch, Percy Ernst Schramm und Wilhelm Treue eine systematische Sammlung und kritische Erschließung historischer Filmdokumente wie überhaupt eine Beschäftigung mit dem geschichtswissenschaftlichen Film an. Damit war ein Arbeitszusammenhang angesprochen, der die Zeitgeschichte auf die analytische und editorische Beschäftigung mit Filmen als Dokumenten und Quellen verpflichten sollte.[34] Die problematische Hinterlassenschaft des Nationalsozialismus – nicht allein in filmmaterieller, sondern auch in psychologischer Hinsicht – dürfte für diesen Impetus eine wesentliche Rolle gespielt haben, schließlich gehörte Film bis 1945 zu den wesentlichen und zentral gelenkten Propagandainstrumenten. Aufklärung tat also not – wenn auch nur durch Dokumentarfilme und Wochenschauen. Spielfilme hingegen zogen in der Nachkriegszeit das Misstrauen der Historiker gegenüber Fiktion auf sich. Es wurde das historische Material selbst benötigt. Dieses war jedoch schon lange nicht mehr zentral gelagert wie einst in Babelsberg, Berlin oder bei München, sondern verstreut und in weiten Teilen von den Alliierten unter ihre Kontrolle gebracht worden. Insofern ist es bemerkenswert, dass Hubatsch im Juni 1950 der einzige deutsche

34 Hubatsch und Treue publizierten auch zum Thema, so Walther Hubatsch: Probleme des geschichtswissenschaftlichen Films. In: *Geschichte in Wissenschaft und Unterricht* 8 (1953), S. 476–479; Wilhelm Treue: Das Filmdokument als Geschichtsquelle. In: *Historische Zeitschrift* 186 (Oktober 1958), S. 308–327. Schramm hielt anlässlich der Tagung der bundesdeutschen Hochschulfilmreferenten am 22.10.1953 am IWF den Vortrag „Der Film als Dokument und Quelle für den Historiker" (Niederschrift der Tonbandaufnahme im Besitz des Verfassers). Vgl. dazu allg. Karl Friedrich Reimers: Audio-visuelle Dokumente in der Forschung und Hochschule. Die „Filmdokumente zur Zeitgeschichte" des Instituts für Wissenschaftlichen Film (IWF) Göttingen. In: Moltmann / Reimers (Hrsg.): *Zeitgeschichte im Film- und Tondokument*, S. 109–142.

Historiker war, der Gelegenheit bekam, bei einer kurzen Besichtigung das Filmlager auf dem Gelände der Bavaria-Filmproduktion in Geiselgasteig bei München in Augenschein zu nehmen. Es war dort unter der Aufsicht des ehemaligen RFA-Mitarbeiters Pronnet sortiert und zumindest in Ansätzen fachgerecht untergebracht worden.[35] Am bedeutsamsten für die Durchsetzung einer historischen Forschungsausrichtung des 1953 aus der „Abteilung Hochschule und Forschung" (ein Ableger der Reichsanstalt für Film und Bild in Wissenschaft und Unterricht) in Göttingen entstandenen IWF waren die Aktivitäten des Hubatsch-Schülers Friedrich Terveen (1923–1992). Terveen diente seit 1. Juni 1953 dem Institut als wissenschaftlicher Mitarbeiter und begleitete zugleich dessen Verhandlungen mit der im Entstehen begriffenen Filmabteilung des Koblenzer Bundesarchivs, eine Obere Bundesbehörde im Geschäftsbereich des Bundesministeriums des Innern. So entstand Ende des Jahres 1953 eine gemeinsame Vereinbarung über die Archivierung und Auswertung historischer Filmaufnahmen.[36] Während seines Studiums der Mittleren und Neueren Geschichte hatte Terveen historische Filmdokumente zu seinem Hauptarbeitsfeld gemacht. Eine mögliche Erklärung dafür könnte ein Besuch der Nürnberger Prozesse im Winter 1947/48 sein. Der Student der Geschichte veröffentlichte darüber eine Miszelle. Danach war er zusammen mit vier Jurastudenten offiziell eingeladener Zeuge der parallel laufenden Verhandlungen im Prozess „Generäle in Südosteuropa", im I.G.-Farben-Prozess und im Einsatzgruppen-Prozess. Eine für die Besucher veranstaltete Vorführung der Filmaufnahmen

35 Pronnet beschrieb im Nachhinein seine ersten Nachkriegsaktivitäten zwischen Oktober 1945 und September 1946 zur Rettung und Ordnung von Filmmaterial, das von den US-amerikanischen Besatzungsbehörden beschlagnahmt worden war und auf dem Gelände der Bavaria in Geiselgasteig lag, in einem „Jahresbericht 1945/46", der unter dem Titel „Wiederinstandsetzung des geschlagnahmten [sic!] Filmmaterials aus der US Zone" abgelegt ist im Nachlass des Filmstatistikers Alexander Jason. Zu den Kurzfilmen im Lager I rechnet Pronnet auch „Persönlichkeiten", denen die Nummern Per. 1 bis Per. 500 zugeordnet wurden. Bestandsliste. Herrn Pronnet. Bunker. November 1952. In: Nachlass Alexander Jason. Deutsches Filminstitut, Frankfurt am Main. Der Nachlass ist grob sortiert, ohne Verzeichnung und Signierung.

36 Terveens Nachlass befindet sich in der SDK. Ihm ist es zu verdanken, dass die frühen Schritte des IWF auf dem Gebiet des geschichtswissenschaftlichen Films rekonstruierbar sind. Eine Chronik dazu findet sich im Nachlass, Ordner „Privat / Geschichte / Denkschriften, Zwischenberichte, Arbeitsvorschläge, Jahresberichte des Referats Geschichte (IWF)", SDK.

von der NS-Verhandlung gegen die Angeklagten des 20. Juli 1944 vor dem Volksgerichtshof – und dies während eines „um äußerste Objektivität" bemühten Verfahrens in Nürnberg – führte Terveen zu der Erkenntnis, „nie ein überzeugenderes Dokument von der Verächtlichkeit des nationalsozialistischen Regimes gesehen" zu haben „als diese beschämende Bilderfolge schauerlichster Rechtspraktiken".[37]

Das IWF legte 1955 die ersten historischen Filmfassungen vor, darunter Editionen mit zeitgenössischem Material zu Paul von Hindenburg und Heinrich Brüning. Im selben Jahr wurde eine Edition von Aufnahmen mit dem Titel *Gerhart Hauptmann in seinem schlesischen Heim* fertiggestellt, die von Jeschke im Winter 1942 und von Rudolf W. Kipp im Frühjahr 1943 in Agnetendorf angefertigt worden waren.[38] Auch die FdP-Aufnahmen von Pinder und Sauerbruch wurden 1955 vom IWF unter Federführung Terveens neu ediert, jene von Hedin folgte 1960.[39] Konsultationen mit dem Bundesinnenministerium führten zu weiteren Überlegungen zum geschichtswissenschaftlichen Film und zu Planungen, am Institut künftig auch Neuaufnahmen noch lebender Zeitgenossen für wissenschaftliche Zwecke durchzuführen. Die Anregung dazu war von Schramm gekommen, der in einem Vortrag vom Oktober 1953 ausdrücklich den Wunsch geäußert hatte, „daß irgendwie dafür gesorgt wird, alle interessanten Männer […] aufzunehmen", damit solch „großartige Geschichtsquelle" verwahrt und verfügbar gemacht werde. Er dachte an Adenauer genau wie an andere prominente Personen der Gegenwart und verwies direkt auf Jeschkes Ende 1942 in der Jägerstraße entstandenen „Filmstreifen über den alten Max Planck", der ein „wunderbares Material" besonders für die Jüngeren sei, „die auf diese Weise in die Biographie eingeführt sind,

37 Fritz Terveen: Eine Woche als Beobachter in Nürnberg. In: *Hamburger Akademische Rundschau* 7/8 (Januar/Februar 1948), S. 419–420, hier S. 420.

38 Rudolf Werner Kipp (1919–1990), Regisseur, Produzent, Autor, war seit den 1930er Jahren auch Filmsammler, dessen Bestände häufige Verwendung durch Dritte fanden. Sein schriftlicher Nachlass befindet sich im Kulturarchiv der Hochschule Hannover, der filmische in der SDK. Zu Kipps Aufnahmen von Hauptmann, über den er einen Kulturfilm drehen wollte, sowie Jeschkes Filmvorbereitungen vgl. die Korrespondenz beider mit Hauptmann in dessen Nachlass, Staatsbibliothek zu Berlin, Preußischer Kulturbesitz (GH Br Nl C IV, MP. 1).

39 Als Überblick nützlich: *Verzeichnis der Filmdokumente zur Zeitgeschichte*. Stand vom 1. April 1961. Bearb. Harald Witthöft. Göttingen: IWF 1961 (mit Bibliografie und Personenregister). Material zur Entstehung dieser Editionen auch in: IWF. Ordner Produktionsplan für 1955/56.

wie man es sich gar nicht schöner denken kann".[40] Für Schramm war Film „der große Augenöffner" des Historikers – er gebe das Einmalige wieder und errege die historische Phantasie, „aber in dem Sinne, daß er sie reguliert, daß er sie ausrichtet".[41] Äußerst sensibel für die Probleme, die eine Bereitstellung von Filmmaterial als Quelle für historische Forschung mit sich bringt, schnitt er in seinen Ausführungen all jene kritischen Themen an, denen sich Terveen künftig ausführlicher widmen sollte. Die Frage des Sammelns, der Auswahl, Inventarisierung und Archivierung unter den günstigsten klimatischen Bedingungen, das Problem der Umkopierung und Erhaltung, auch die noch heute ungelöste Frage einer Abgabepflicht, all das war dem Historiker ebenso gegenwärtig wie nicht zuletzt die definitorische Frage, was eigentlich historisches Filmmaterial sei. Falsches oder verfälschtes Filmmaterial zu erkennen, war für ihn eine wissenschaftliche Aufgabe – er nannte als ein Beispiel den Film vom 20. Juli 1944 –, die sich unmittelbar auswirken würde auf die Verfügbarmachung des Materials. So war auch die Editionsfrage gestellt und mit ihr der Wunsch nach selbstverständlicher Eingliederung von Filmmaterial in die zeitgeschichtliche Lehre ausgesprochen.

Allerdings darf nicht vergessen werden, dass die Beschäftigung mit Geschichte und Film am IWF auch auf Zurückhaltung stieß. Die 1952 dort ins Leben gerufene „Encyclopaedia Cinematographica" (EC) genoss gewissermaßen als Inkarnation des wissenschaftlichen Films Vorrang. Gerade „keine menschlichen Persönlichkeiten, sondern filmische ‚Bewegungspräparate' nicht-menschlicher, un-persönlicher Wesen" standen dabei im Vordergrund, wie es der Medienarchäologe Wolfgang Ernst ausdrückt.[42] Die Gebiete Biologie, Ethnologie und technische Wissenschaften machten den Korpus der EC aus.[43]

40 Schramm: Der Film als Dokument und Quelle für den Historiker, S. 7. Noch 1960 hielt Terveen den Planck-Film für verschollen. Er wurde im SFA aufbewahrt – dorthin unterhielt man in Göttingen keine Kontakte, das bestätigten dem Autor gegenüber Hans-Gunter Voigt aus SFA-Sicht (16.03.2009) und Werner Große, ehedem im IWF beschäftigt (24.10.2013).

41 Schramm: Der Film als Dokument und Quelle für den Historiker, S. 6.

42 Wolfgang Ernst an Rolf Aurich, E-Mail vom 28.03.2014.

43 Die EC wird nach der Auflösung des IWF Ende 2010 nun zum Gegenstand der Wissenschaft, vgl. Torsten Näser: Das Filmarchiv (von IWF und EC) – Eine machtanalytische Nachlese. In: Irene Ziehe / Ulrich Hägele (Hrsg.): *Fotografie und Film im Archiv. Sammeln, Bewahren, Erforschen*. Münster: Waxmann 2013, S. 115–128.

Terveen meldete sich in den 1950er Jahren regelmäßig publizistisch-theoretisch in Fachorganen zu Wort, während er historische Materialien edierte und neue Filme produzierte. Noch 1960 klagte er – unmittelbar bevor er das IWF verließ, um als Beamter zur Landesbildstelle Berlin zu wechseln –, dass die Stellung des Historikers am Institut nicht hoch angesiedelt und dem Beirat und den Gesellschaftern historische Filmarbeit „unbehaglich" sei.[44] Als Gedankenspiel zu dieser Zeit interessant: Zwischen Terveen und Jeschke gab es kurzfristig die vermutlich nicht ganz ernst gemeinte Überlegung, den Älteren als Nachfolger des Jüngeren in Göttingen zu installieren.

Terveens Interesse galt der Verknüpfung von Film und Geschichte im Allgemeinen wie der Geschichte der Filmarchivierung im Besonderen. Er spezifizierte beides jeweils im editorischen Umgang mit überlieferten zeitgeschichtlichen Wochenschauaufnahmen, NSDAP- und FdP-Produktionen sowie anderen privat hergestellten Filmen. Als methodischer Ausgangspunkt wirkte dabei die Tatsache der schwierigen Einzelnutzung des Materials für Forschung und Lehre – nicht zuletzt wegen der Verstreuung auf verschiedene staatliche und private Archive. Die Produktion besonderer Quellenfassungen im Sinne eines wissenschaftlichen Handapparates wurde somit eine wichtige Aufgabe des Instituts. Mannigfache Stoffmassen mussten dazu analytisch abgeklärt, Kontexte rekonstruiert und Zeitzeugen befragt werden – all das schlug sich in informationsreichen Publikationen nieder, die als Begleitung der Schmalfilm-Editionen veröffentlicht wurden.[45]

44 Friedrich Terveen an Wilhelm Treue, 15.12.1959. In: Nachlass Friedrich Terveen, Ordner Privat, SDK.

45 Vgl. Fritz Terveen: Vorschläge zur Archivierung und wissenschaftlichen Aufarbeitung von historischen Filmdokumenten. In: *Geschichte in Wissenschaft und Unterricht* 3 (1955), S. 169–177. Dieses Verfahren der zweckgerichteten Modifizierung von Filmmaterial war nicht neu. Bereits die 1934 gegründete Reichsstelle für den Unterrichtsfilm (ab 1940 Reichsanstalt für Film und Bild in Wissenschaft und Unterricht) suchte nach einer Initiative des in der medialen Bildungs- und Weiterbildungsarbeit als Multifunktionär fungierenden Walther Günther erfahrene Lehrer zur Mitarbeit. Eine ihrer wichtigsten Aufgaben bestand in der Prüfung von Kulturfilmen auf Eignung zur Umarbeitung in Unterrichtsfilme. Die Mitarbeit wurde mit 3 RM entschädigt, die Filmbearbeitung selbst mit 30 RM und das Verfassen eines begleitenden Textheftes mit 50 RM honoriert. Ein Beispiel sei erwähnt: Das Beiheft F 114/1936 zu dem Film *Hindenburg* wurde von Paul Walter verfasst. Der Film selbst, so heißt es, „wurde aus Archivmaterial der Firmen: Ufa, Deutsche Fox-Film und Glombeck unter Mitarbeit des Studienassessors Paul Walter, Berlin, zusammengestellt" (ebd., S. 1).

Ein ebenso klares Credo hatte Terveen bei der Neuproduktion von Institutsfilmen. Mit dem, was das Publikum aus dem Kino kannte, sollten sie nichts zu tun haben. Dagegen seien diese Filme ausdrücklich „Hilfsmittel anderer Disziplinen", wie Terveen es 1958 in einem Brief an einen Tonmeister formulierte, der große Spielfilmerfahrung aufwies und offenbar kritische Einwendungen gegen die von Terveen betreute Arbeit an einer Persönlichkeitsaufnahme zum politischen Wirken des früheren Reichskanzlers Hans Luther geäußert hatte. Man habe es, so Terveens Erläuterung, bei diesen Aufnahmen „für wissenschaftliche Archivzwecke" mit „betagten, völlig filmungewohnten Männern zu tun, die überhaupt zu einer solchen Aufnahme zu bewegen, meist ungemein schwierig ist". Der Zweck liege „im Grunde ausserhalb des Filmischen", und deshalb sei es wesentlich, von einer Regie ganz abzusehen. Allenfalls „die Aufgabe eines Kontaktmannes" sei von der verantwortlichen Person zu erfüllen.[46] Über den Film als Hilfsquelle für den Historiker korrespondierte Terveen 1959 auch mit Siegfried Kracauer, der von dessen Arbeitsprinzipien beeindruckt war, es allerdings nicht versäumte, auf den dokumentarischen Wert auch mancher Spielfilme hinzuweisen.[47]

Es ging auch Terveen um die Schaffung von Traditionsquellen – noch 1954 hatte er Bezug auf Erich Keyser genommen.[48] Eindeutige Hinweise auf die Auswahl der in Frage kommenden Personen hat er nicht hinterlassen, allgemein sollten solche „Männer" erfasst werden, „die normalerweise nicht eben häufig von den Film- und Fernsehprogrammen erfaßt werden. Einen großen Teil der Politiker konnte man daher vorerst unberücksichtigt lassen", schrieb er 1960 rückblickend in einem Aufsatz, der auch zentrale Stichworte zur Methode des „Registrierprinzips" aufführt – „gestalterische Eingriffe" sollten

Vgl. dazu die Bestandsübersicht des Bundesarchivs an Filmen und filmbegleitenden Unterlagen: https://www.bundesarchiv.de/imperia/md/content/abteilungen/abtfa/rwu_synopse.pdf (Zugriff am 09.07.2014).

46 Friedrich Terveen an Heinz Martin, 03.07.1958. In: Nachlass Friedrich Terveen, Ordner Privat, SDK. Heinz Martin hatte seit den 1930er Jahren Erfahrungen als Verantwortlicher für den Ton beim Spielfilm, in den 1950er Jahren wirkte er häufig bei Produktionen in den Göttinger Filmateliers mit.

47 Korrespondenz im Nachlass Siegfried Kracauer, Deutsches Literaturarchiv, Marbach.

48 Vgl. Fritz Terveen: Film und Ton als Quelle des Historikers. In: *Film Bild Ton* 3 (Juni 1954), S. 132–135.

Abb. 3: 21. Mai 1958, Diessen, Ammersee, Wohnsitz von Carl Orff. Von rechts: Friedrich Terveen (rauchend), Carl Orff (im Blick der Kamera), Günther Bauch (Kameramann, blickt durch die Kamera, Arricord 35 mm), Hund, H. Borchert (Tontechniker, mit Kopfhörer).

vermieden werden, um „Momentbilder“ und „eigentlich gar keine Filme“, sondern stark interpretationsbedürftige „Bewegungsporträts“ entstehen zu lassen. Neben der inhaltlichen Vorbereitung und Schaffung eines persönlichen Vertrauensverhältnisses zur aufgenommenen Person, was Zurückhaltung und Selbstbescheidung erfordere, war für ihn das Bewusstsein vom Eingriff in eine spezifische Lebenssituation durch die Aufnahmeapparatur entscheidend. Aus dem Erfahrungsschatz des Zeithistorikers war ihm freilich zugleich die Möglichkeit einer heiklen übergroßen Nähe zwischen Betrachter und Person im Film gewiss. Terveen folgte also keineswegs naiven Objektivitätsbestrebungen, sondern hatte ein Bewusstsein von der individuellen, einzigartigen Bedingtheit einer Bild- und Tonproduktion. Zwischen acht und zehn Minuten schwankte für ihn die optimale Länge einer Persönlichkeitsaufnahme.[49] Die 1959 veröffentlichte, knapp 14-minütige Aufnahme Carl Orffs gehört zu den längeren Filmen, die er in Göttingen verantwortet hat.

49 Terveen: Zur Herstellung von Filmdokumenten, S. 282, 286.

Abb. 4
Von rechts: Friedrich Terveen im Gespräch mit Carl Orff.

Der Komponist war 1956 in den „Orden Pour le mérite für Wissenschaften und Künste" aufgenommen worden, und dieser gehörte nach einem Hinweis von Karl Friedrich Reimers – ab 1964 Referent für Geschichte am IWF – zum „Orientierungs- und Auswahlrahmen" für die vom IWF aufzunehmenden Persönlichkeiten.[50] Ein Blick auf die online verfügbare Aufnahme *Carl Orff in seinem Heim bei Diessen am Ammersee 1958* zeigt aus heutiger Sicht, dass sie phänomenologisch durchaus eingeordnet werden kann in die allgemeine Geschichte des deutschen Dokumentarfilms der späten 1950er Jahre.[51] Schlichte

50 Reimers: Audio-visuelle Dokumente, S. 116, Fn. 14. Reimers fungierte als „Sachbearbeiter" der Aufnahme und Verantwortlicher für die Begleitveröffentlichung zur Aufnahme von Percy Ernst Schramm, die 1966 unter der Nummer G 100/1965 publiziert wurde.

51 Recherchierbar und abzurufen unter https://getinfo.de/app (Zugriff am 03.05.2014). Nach Abwicklung des IWF hat Ende 2012 die Technische Informationsbibliothek Hannover dessen analoge und bereits digitalisierte Materialien übernommen. Einige IWF-Produktionen, darunter auch Arbeiten von Terveen und Reimers, sind unter der genannten Adresse abrufbar. Ziel ist die allgemeine Veröffentlichung der IWF-Produktionen im Internet unter einer Creative Commons Lizenz, derzeit läuft die bei Persönlichkeitsaufnahmen besonders aufwändige Rechteklärung. Als pdf-Dokumente stehen schriftliche Quellen zur Geschichte des IWF auf dem Publikationsserver der Goethe-Universität Frankfurt am Main online: http://publikationen.ub.uni-frankfurt.de. In der vom ehemaligen IWF-Mitarbeiter Werner Große vorgelegten Institutsgeschichte *Filme für die Wissenschaft. Die Epoche des wissenschaftlichen Films*

Abb. 5: Von rechts: unbekannte Frau (im Hintergrund), Carl Orff (blickt durch die Kamera), Günther Bauch (Kameramann), H. Borchert (hockend, Tontechniker, mit Kopfhörer).

Klarheit des Bildes, fehlender Kommentar und Achtsamkeit beim Ton finden sich dabei zu dieser Zeit immer wieder. Eine besondere Pointe entsteht durch die biografische Kontinuitätskomponente des hier verantwortlichen IWF-Kameramanns Günther Bauch. Dieser, von Werner Große neben Kurt Nowigk als „ein Doyen des Aufnahmedienstes" bezeichnet,[52] war Jahrgang 1910, gelernter Fotograf und mit 21 Jahren in die NSDAP eingetreten. Wenige Monate vor Kriegsbeginn nahm er an einem PK-Lehrgang in Berlin teil und lieferte in den Folgejahren für die *Deutsche Wochenschau* zahlreiche Beiträge als Kriegsberichter. In der Nr. 708 der *Deutschen Wochenschau* stammt so zum Beispiel das Sujet „40jähriges Militärjubiläum von Generalfeldmarschall Busch" von Bauch.[53] Nach 1945 wurde der ehemalige

in Göttingen. Göttingen: Göttinger Tageblatt 2012, spielt Terveen keine hervorgehobene Rolle. Detaillierte Berichte zu Ton- und Bildaufnahmen sowie umfangreichere Aufnahmeprotokolle zu den von Terveen verantworteten IWF-Filmen finden sich in dessen Nachlass in der SDK.

52 Große: Filme für die Wissenschaft, S. 40, Fn. 29.

53 Für biografische Informationen zu Bauch und seiner Arbeit als PK-Filmberichter danke ich Hans-Gunter Voigt.

PK-Mann Bauch mithin Mitarbeiter eines Instituts, in dem Wochenschauaufnahmen analysiert und ediert wurden, die im Einzelfall von ihm selbst stammen konnten. Festzuhalten bleibt zudem die Überführung von ideologisch zugerichteten Formen der NS-Propaganda in die mit objektivierendem Zug auftretenden Absichten des IWF. Die Wissenschaftsfilme des IWF dürften – besonders im praktisch-theoretischen Zusammenspiel mit Terveens Veröffentlichungen der 1950er Jahre – fundamental zur filmtheoretischen Diskussion und terminologischen Klärung beigetragen haben. Ohne Not können sie als Kunstwerke gelten. Ihre Tauglichkeit als historische Quelle wird dadurch in keiner Weise geschmälert.

1960er Jahre – Erfüllung eines alten Wunschtraums: Landesbildstelle Berlin

Bereits mit seinem Amtsantritt an der Landesbildstelle Berlin im Frühjahr 1960 stellte Terveen klar, dass auch weiterhin Persönlichkeitsaufnahmen zu seinen Schwerpunkten zählen würden.[54] So übernahm man vom Kulturfilm-Pionier Hans Cürlis, der dadurch wichtige Einnahmen erzielte, 1960/61 Teile aus dessen Zyklus *Schaffende Hände*, darunter die Aufnahmen von Richard Scheibe, Heinrich Zille, Max Liebermann und Max Slevogt.[55] Zentrale Aufgabe der Landesbildstelle war eine audiovisuelle Berlin-Dokumentation. Die Einrichtung war 1920 aus Kreisen der Lehrerschaft als Filmseminar gegründet worden, seit 1928 als Film- und Bildamt der Stadt Berlin in städtischer Verwaltung und 1938 in Landesbildstelle umbenannt worden. 1949 erhielt sie den Auftrag der Sammlung und Aufbewahrung von Filmen, Fotografien und Tönen aus Vergangenheit und Gegenwart der Stadt Berlin. Die entsprechenden Archive wurden

54 In seinem Aufsatz „Filmdokumente zur Zeitgeschichte", erschienen in Institut für den wissenschaftlichen Film (Hrsg.): *Der Film im Dienste der Wissenschaft. Festschrift zur Einweihung des Neubaues für das Institut für den wissenschaftlichen Film.* Göttingen: Hubert 1961, S. 83–91, rekapituliert der soeben nach Berlin gewechselte Terveen die bisherige Göttinger Entwicklung bei der Arbeit mit historischen Filmdokumenten innerhalb der wissenschaftlichen Filmarbeit. Die oben erwähnten Bauch (S. 144–150) und Nowigk (S. 129–137) berichten an dieser Stelle aus ihrer Arbeitspraxis von Erfahrungen mit dem 16-mm-Filmmaterial und der Zeitdehner-Aufnahme.

55 Dazugehörige Korrespondenz im Nachlass Hans Cürlis, ehem. LzK 2/12, Aktenordner 10, SDK. Vgl. Ulrich Döge: *Kulturfilm als Aufgabe. Hans Cürlis (1889–1982).* Berlin: Cinegraph Babelsberg 2005, S. 57.

nun von Terveen geleitet: „Die Thematik der Filmaufnahmen erstreckt sich auf alle Gebiete des städtischen Lebens.“[56] Ein eigenes Aufnahmeteam trug zu einer Filmchronik der Stadt bei, der Kameramann führte den Titel „Stadtbildchronist“. Legendär wurde in dieser Funktion Hans Jaehner, dessen Filmaufnahmen vom Bau der Berliner Mauer 1961 und vom Schöneberger Auftritt John F. Kennedys 1963 seit einigen Jahren zum UNESCO-Weltkulturerbe zählen. Auch Terveens Persönlichkeitsaufnahmen hatten nun einen starken Ortsbezug, die gefilmten Zeitgenossen mussten auf wissenschaftlichem, künstlerischem, politischem oder wirtschaftlichem Gebiet Bedeutendes für oder in Berlin geleistet haben. Absicht und Zweck der Berliner Unternehmung waren keine eigentlichen Filme, sondern „biographische Bausteine“ in der Form von „Tonfilm-Porträts“ mit einer Laufzeit von höchstens 15 Minuten (35mm-Filmmaterial), angestrebt wurde „eine möglichst unbeeinflußte Selbstaussage und Selbstdarstellung der aufgenommenen Persönlichkeit“. Dabei gab es laut Terveen keine politische Beeinflussung oder Programmatik nach politischem Proporz, bei der Auswahl der Themen sei der Filmaufnahmedienst der Landesbildstelle frei in seiner Entscheidung gewesen.[57] Am 5. Mai 1960 startete er nach Göttinger Vorbild mit der Aufnahme des Politikers Ferdinand Friedensburg. Bereits eine Durchsicht weniger Beispiele lässt die starke Prägung der Filmdokumente durch die aufgenommenen Persönlichkeiten im Verbund mit den gewählten Operationen des Apparates deutlich werden. Während der Berliner Publizistikwissenschaftler Emil Dovifat professoral wirkt, dabei im Sitzen grob vom Manuskript liest, das Thema Nationalsozialismus nur streift, sich dabei aber zum Oppositionellen stilisiert (12. April 1966), strahlt der Architekt und Präsident der Akademie der Künste, Hans Scharoun, bei seinen Erläuterungen städtebaulicher Probleme in Siemensstadt große Souveränität aus, während er Zigarre rauchend sein Arbeitszimmer durchquert (10. Juni 1961). Walter Höllerer wiederum, Schriftsteller und Literaturprofessor, liest – die Kamera bleibt in deutlicher Obersicht – in vollkommener Ernsthaftigkeit ellenlange Sätze aus eigenen Veröffentlichungen (9. März 1965). Während Joachim Tiburtius, Berliner Senator für

56 Terveen: Historische Filmdokumentation auf stadt- und landesgeschichtlicher Ebene, S. 185.

57 Ebd., S. 186, 187.

Volksbildung, nach knapp vier Minuten vor allem froh ist, dass er abgeschlossen hat (16. Januar 1963). Aus dem Kopierwerk kommend, wurden die Aufnahmen ungeschnitten und kaum bearbeitet in klimatisierten Spezialräumen eingelagert. Eine Aufschlüsselung der Inhalte einzelner Komplexe erfolgte in verschiedenen Karteien. Vermerke über Urheberrechte oder Benutzungseinschränkungen sind noch heute im sogenannten „Hauptbuch" nachzuvollziehen.[58] Für Terveen war die Arbeit an der Landesbildstelle Berlin die Erfüllung eines alten Wunschtraums „der Historiker und Archivare", der diskutiert wird, „seit der Film als Dokument für die Geschichtswissenschaft im Gespräch ist".[59] Terveen träumte von einer freien, unbeeinflussten und bewusst lücken- und bruchstückhaften Quellenproduktion, die er unter den Bedingungen der Westberliner Halbstadt als gegeben ansah – die üblichen Einschränkungen, finanziell, personell, waren ihm bewusst und stellten kein grundsätzliches Hindernis dar.

1970er und 1980er Jahre – Etwas lief schief: Die Staatliche Filmdokumentation am Filmarchiv der DDR

Nachdem Friedrich Terveen im März 1957 während einer westdeutschen Tagung über Tonbänder und Filmdokumente des ‚Dritten Reiches' den von Andrew und Annelie Thorndike sowie Karl-Eduard von Schnitzler realisierten, 1956 erschienenen DEFA-Kompilationsfilm *Du und mancher Kamerad* gesehen hatte, war dies für ihn eine filmische Geschichtsfälschung – das verwendete historische Material sei bedenkenlos mit gestellten Szenen vermischt worden.[60] Der DDR-Historiker Walter Zöllner (1932–2011) hingegen vertrat 1965 naturgemäß eine andere Auffassung. Für ihn zählte genau dieser Film zu den Dokumentarfilmen, die „primär der politischen Willensbildung dienen". Zu diesem Zweck sei es eben „durchaus möglich, einzelne Phasen nachspielen zu lassen, wenn man sie nicht missen will

58 Die Persönlichkeitsaufnahmen werden wie alle anderen Berlin-Filme der im Jahr 2000 aufgelösten Landesbildstelle im Landesarchiv Berlin verwahrt. Die dortige Überlieferung schriftlicher Materialien wird ergänzt durch Unterlagen im Nachlass Terveens, SDK.

59 Terveen: Historische Filmdokumentation auf stadt- und landesgeschichtlicher Ebene, S. 189.

60 Material dazu im Nachlass Terveens, Ordner „Gesch. + Film" (Manuskripte), SDK.

und aus irgendwelchen Gründen nicht in dokumentarischen Aufnahmen zur Verfügung hat". Zusammengefasst: „Alle diese Filme wollen die Geschichte deuten und zur Formung des Geschichtsbildes beitragen."[61] Deutlich wird an dieser Gegenüberstellung zweierlei – die gegensätzliche Haltung zu dieser spezifischen Verwendung von historischem Filmmaterial im Besonderen, und im Allgemeinen die unterschiedliche Nähe der beiden deutschen Geschichtswissenschaften zu Film als Quelle. In der Bundesrepublik nisteten sich die editorischen Arbeiten zu historischen Filmdokumenten im Schmalformat in das dafür ursprünglich nicht vorbereitete Institut für den Wissenschaftlichen Film ein; das Fach als solches zeigte in der Breite jedoch kaum Bewegung in dieser Richtung. In der DDR gab es seit 1955 ein Staatliches Filmarchiv, das allerdings mit zahlreichen ungelösten Grundsatzproblemen zu kämpfen hatte und die inhaltliche Beschäftigung mit den eigenen Beständen zunächst hintanstellen musste. Die historische Fachwissenschaft in der DDR indes nahm den Faden auf und diskutierte in den 1960er Jahren „filmdokumentarisches Material als historische Quelle" durchaus, wie Hans Wegners entsprechender Abschnitt in der *Einführung in das Studium der Geschichte* zeigt.[62] An gleicher Stelle tritt Walter Zöllner mit einem Abschnitt zur „Historischen Bildkunde" hervor und nennt in der Literatur unter anderem Keysers *Das Bild als Geschichtsquelle*.[63] Die letzte Auflage der *Einführung* von 1986 sieht „Filmdokumente" nach wie vor als ergiebige Quellen, weil sie Ereignisse und Prozesse in verschiedener Qualität widerspiegeln könnten – Spielfilme indes bleiben bei diesen Überlegungen noch immer unerwähnt. Entscheidendes Kriterium bei der wissenschaftlichen Bewertung des Filmdokuments sei der ideologische Standpunkt, von dem aus gedreht und gestaltet wurde. Wahre Aussagen über Produktionen kapitalistischer Herkunft seien entsprechend nur zu erlangen, wenn „das Bild von seinem verfälschenden Text" getrennt werde.[64] Dies wiederum ähnelt im Grundsatz der

61 Walter Zöllner: Der Film als Quelle der Geschichtsforschung. In: *Zeitschrift für Geschichtswissenschaft* 4 (1965), S. 638–647, hier S. 643.

62 H. [Hans] Wegner: Filmdokumentarisches Material als historische Quelle. In: Walther Eckermann / Hubert Mohr (Hrsg.) *Einführung in das Studium der Geschichte*. Berlin (DDR): VEB Deutscher Verlag der Wissenschaften 1966, S. 426–436, hier S. 426.

63 Walter Zöllner: Historische Bildkunde. In: Ebd., S. 470–473, hier S. 473.

64 H. [Hans] Wegner: Filmdokumente. In: Walther Eckermann (Hrsg.): *Einführung*

editorischen Methodik am IWF. Das Prinzip der Registrierung, der Glaube an Abbild und Ton, blieb dabei unangetastet.

Zöllner hat in seine Überlegungen Gerhard Jeschkes von berühmten Zeitgenossen gefertigte Filmaufnahmen eingeflochten, wusste also um den Bestand des Filmarchivs der Persönlichkeiten am SFA, der „ausschließlich für Archivzwecke bestimmt“ war. Er ordnete ihn deshalb zu den ebenfalls für die Geheimhaltung gedachten Filmbildern des 20. Juli 1944, sowie zu ebenfalls „besonders wertvoll[en]“ Aufnahmen, die von SS-Dienststellen über eigene Verbrechen in Auftrag gegeben worden seien.[65] Ein für Zöllner wesentliches Ziel des SFA, dessen ehemaliger RFA-Bestand für ihn zum größeren Teil aus „Dokumentarstreifen“ bestand, war aus seiner Sicht bislang „nicht verwirklicht worden“ – das Material wurde der „Geschichtsforschung“ bis dahin nicht zur Verfügung gestellt.[66] Bei dieser Beurteilung hatte der DDR-Historiker die Aktivität des IWF durchaus im Blick und sah den Ausweg aus der schwierigen und unübersichtlichen Archivlage nach Göttinger Vorbild in der Edition von Filmdokumenten, konstatierte allerdings zugleich einen starken Rückgang des Interesses „an dem ganzen Unternehmen“ nach Terveens Abgang von Göttingen.[67] Über die westdeutschen Bemühungen war der Autor gut informiert, das zeigt nicht nur die von ihm verarbeitete Literatur, sondern auch sein Nachlass. Darin findet sich auch ein Aufsatz Terveens – neben verstreuten filmbezüglichen Materialien, darunter ein umfangreiches Vorlesungsmanuskript mit Verbindung zum Film als Mittel der Hilfswissenschaft sowie das Fragment eines Briefentwurfs, der sich offenbar auf die ungenügende Kooperation zwischen SFA und Wissenschaft bezieht.[68]

in das Studium der Geschichte. Berlin/DDR: VEB Deutscher Verlag der Wissenschaften 1986, S. 438. Mit ähnlichem Ansatz und kritischer Note zur noch fehlenden marxistisch-leninistischen Theorie bei der Bewertung audiovisueller Dokumente vgl. Günter Müller: Zur Bewertung von Kino-, Foto und Phonodokumenten. In: *Archivmitteilungen* 5 (1983), S. 155–158.

65 Zöllner: Der Film als Quelle der Geschichtsforschung, S. 643.

66 Ebd., S. 645.

67 Ebd., S. 647, Fn. 46. Das Ende der Edition und Produktion von historischen Filmdokumenten am IWF datiert Werner Große auf das Ausscheiden von Stephan Dolezel – einer der Nachfolger Terveens – aus dem Geschichtsreferat 1999 sowie der anschließend nicht wiederbesetzten Stelle. Werner Große an Rolf Aurich, E-Mail vom 05.05.2014.

68 Fritz Terveen: Film und Ton als Quelle des Historikers. In: Nachlass Walter Zöllner, Halle. Ich danke Monika Lücke (Halle) für Hilfe und Unterstützung.

Nach dieser aus Sicht vermutlich aller Beteiligten unbefriedigenden Situation wurde in den frühen 1970er Jahren am SFA mit der Arbeit einer „Staatlichen Filmdokumentation" (SFD) begonnen, die sich anfangs an biografisch orientierten Persönlichkeitsaufnahmen orientierte. Man durfte allerdings, so Wolfgang Klaue, damals Direktor des SFA, „nicht offiziell sagen", dass das FdP von Jeschke „für das Projekt im SFA mit Pate gestanden hat".[69] Die Arbeit des Göttinger Instituts sei freilich von SFD und SFA wahrgenommen worden. Klaue betont auch, dass der Grundgedanke, eigenproduzierte Filme zu einer späteren Zeit als Quelle nutzbar zu machen, deren Zuordnung zum SFA als „logisch" erscheinen lasse.[70] Wesentlich für die SFD-Gründung war der Eindruck einer ungenügenden filmischen Eigendokumentation der Entwicklung des ersten deutschen Arbeiter- und Bauernstaates. Der Spiegel, in den man schauen wollte, gab offenkundig ein zu unkonturiertes Selbstbild. Es gab also einen imaginierten Maßstab als Vorgabe der filmischen Selbstbespiegelung. Das Heute bestimmte über das Bild für morgen, Bewertung und Kontrolle kamen unweigerlich als theoretische Faktoren ins Spiel, die freie Dokumentation hatte dagegen geringere Chancen. Stattdessen sollte es, das bezeugt die schriftliche Hinterlassenschaft der SFD im Bundesarchiv, um die Erstellung methodisch-wissenschaftlicher und die Erarbeitung allgemeingültiger, prinzipieller, orientierender Grundlagen gehen. Während die Arbeiten des IWF – und sogar jene Jeschkes – nur einen gegenwärtig noch unbestimmten Auskunftswert für künftige Fragestellungen annahmen und dabei keineswegs in jeder Hinsicht auf Nummer Sicher gehen wollten. Sicherheit für alle Zeiten – wie soll das gehen?

Obgleich die Nutzung des SFD-Archivmaterials für die historische Forschung in der DDR möglich gewesen wäre, erstaunt es, dass in einem auf der Hand liegenden Fall diese Chance offenkundig ungenutzt blieb. Ein wichtiger Funktionär des in der zweiten Hälfte der 1920er Jahre wirkenden Roten Frontkämpferbundes (RFB) war Hans Jendretzky. In seiner Pankower Wohnung, ein massiver Schrank im Bildhintergrund, in der Raummitte eine Obstschale auf weißer

69 Wolfgang Klaue an Rolf Aurich, E-Mail vom 28.09.2012.

70 Wolfgang Klaue während der Tagung „Offene Geheimnisse: Die Staatliche Filmdokumentation des DDR-Filmarchivs (1970–1986)", Institut für Zeitgeschichte, Berlin, 14./15.11.2013.

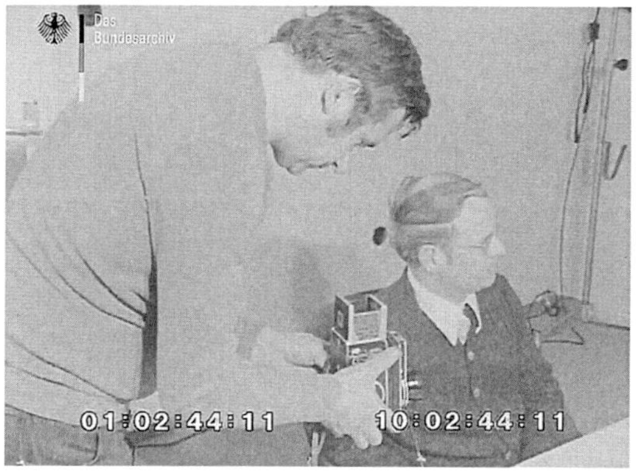

Abb. 6: Filmaufnahmen in der Wohnung Hans Jendretzkys, Berlin-Pankow.
Oben: von rechts: Klaus-Detlef Bausdorf, Hans Jendretzky, Gerd Barz.
Unten: von rechts: Gerd Barz, Roland Worel.

Tischdecke, wurde er am 9. November 1973 – man beachte das symbolische Datum – von einem Team der SFD besucht und filmisch dokumentiert.[71] Die im Gesprächsverlauf, der durchaus Fragen, aber keine Diskussion kennt, immer eindimensionaler werdenden Schilderungen Jendretzkys gipfeln in der Aussage, Irrtümer habe es nie gegeben. Als aussagekräftige Quelle scheinen sie wenig zu taugen. Dennoch bleiben es Jendretzkys persönliche Erinnerungen an den RFB, die nicht nur mit eigenen Bewertungen aufwarten, sondern auch mit individuellen Formen der Rückbesinnung – nicht zuletzt

71 BAFA, Eingangsnummer B 126678-1 (DVD).

sprachlich. Es ist kein Miterleben in seiner Geschichtserzählung, eher schon verwendet er eine Sprache der Distanz für Selbsterlebtes, „in der Nachschau" sei etwas auf eine bestimmte Weise zu sehen, eine andere Sache sei „erfolgt". Und dann wiederholt er wörtlich ein Gelöbnis gegenüber der Sowjetunion, man möchte beinah an eine Entblößung der Person durch Mikrofon und Kamera glauben, an die Selbstaufgabe des Individuums. Doch für den Historiker ist dieser Film eine Quelle. Deshalb ist es kaum verständlich, wieso der Autor Kurt Finker in seiner 1981 in der DDR erschienenen *Geschichte des Roten Fronkämpferbundes* Jendretzky an mehreren Stellen zwar erwähnt, die entsprechende SFD-Aufnahme unter den verwendeten Quellen jedoch nicht verzeichnet ist. Hatte Jendretzky etwas Falsches gesagt? Oder war Finker die Aufnahme nicht bekannt geworden? Wolfgang Klaue hält diese Erklärung für wahrscheinlich.[72] Was war in diesem Fall schiefgelaufen – war überhaupt etwas schiefgelaufen? Oder hat der Autor souverän entschieden, diesen Film als Quelle seiner Darstellung nicht zu berücksichtigen? Dann hätte er etwas gemeinsam mit all jenen Autoren, die weder Jeschkes Arbeiten noch jene aus Göttingen und Berlin jemals in ihre Überlegungen und Forschungen einbezogen haben, gleichviel ob bewusst oder aus Unkenntnis.

Erst 1986, im letzten Jahr der SFD, reflektierte eine studentische Abschlussarbeit der Hochschule für Film und Fernsehen der DDR „Konrad Wolf" (HFF) dieses Thema und zog dazu auch das Filmarchiv der Persönlichkeiten heran. In der Fachrichtung Kamera entstanden, nahm der heute als Kameramann arbeitende Steffen Sebastian – häufig für den ehemaligen SFD-Mitarbeiter Thomas Grimm – vom Standpunkt der Bildgestaltung Stellung „zum Anliegen, zur Aufgabenstellung und Bedeutung der Filmdokumentation" und diskutierte die gestalterische Verantwortung dabei. Für ihn sollten sich die drei Richtungen der SFD, Persönlichkeitsdokumente, Zeitzeugendokumentation und Sachdokumentation, tendenziell in die Richtung eines gestalteten Dokumentarfilms bewegen, also als künstlerische Angelegenheit aufgefasst werden.[73] Mit der traditionellen Auffassung vom

72 Gespräch mit Wolfgang Klaue am 25.06.2014.

73 Steffen Sebastian: *Filmdokumentation – Gedanken zum Anliegen, zur Aufgabenstellung und Bedeutung der Filmdokumentation. Bildgestaltung – die Verantwortung des Kameramannes bei der Gestaltung von Filmdokumenten.* Theoretische Abschlußarbeit. HFF Potsdam-Babelsberg, 06.06.1986 (Mentor: Thomas Grimm).

Filmdokument wäre dies kaum zu vereinbaren gewesen. Um seine Auffassung vom modernen Dokumentarfilm in der DDR plastisch hervorzuheben, untersucht der Autor Jeschkes Filme über Max Planck, den „Rundfunksprecher" Hans Fritzsche und den „Reichsgesundheitsführer" Leonardo Conti in aller Kürze „formal", um dann festzustellen, „daß Filmdokumentation im ‚Dritten Reich' zu propagandistischen Zwecken und zu einem Ideologieträger des Faschismus genutzt wurde". Kurz gesagt: Hier verwendet der Autor die fürs Archiv produzierten und im Archiv überlieferten Filme als historische Quelle – mit welchen Mitteln er das tut, wäre zu fragen, ist aber zunächst zweitrangig. Ganz anders, so Sebastian 1986, sei es „heute" bei der Filmdokumentation. Da gehe es „um die Frage des ‚Alltags', um die Darstellung, ‚wie der Mensch in der Welt zurechtkommt', wie und wo er seinen Platz findet".[74] Dieser eher holzschnittartige Vergleich enthält eine wichtige Information, beschreibt er doch eine historische Entwicklung im Bereich der dokumentarischen Formen. Die nur statische Dynamik der Präsentation einer Einzelperson, wie sie Jeschke und Terveen bevorzugten, barg die Gefahr schlichter Langeweile. Eine eher dialogische Auflösung auch des Filmdokuments war von dieser Warte aus dringend nötig. Am IWF wurde sie von Karl Friedrich Reimers seit den 1960er Jahren in die Tat umgesetzt. Die subjektive Frage war, ob durch „mehr Kunst" die Präsenz der Persönlichkeit im Film Schaden nimmt. Unter dem Aspekt des Quellencharakters jedoch spielt derlei Skepsis in keiner Weise eine Rolle.

Wie blicken wir heute auf historisches Filmmaterial? Leiten die Dokumente selbst unseren Blick? Oder sind wir frei genug, um sie nach unseren eigenen Verhältnissen zu interpretieren und zu verstehen? Sie als historische Überlieferungen zu betrachten, Kenntnisse und Wissen aus ihnen zu ziehen? Dies würde bedeuten: Der Grundgedanke, Quellen für eine spätere Zeit zu produzieren, kann ohnehin nicht vollständig aufgehen. Auch solche Filme sind eben Filme, gleich, welchem „Genre", welcher Sorte sie zugerechnet werden – und als Filme sind sie abhängig von den Zeiten ihrer Produktion, ihrer Rezeption und ihres Verstehens, von den jeweiligen Individuen und deren Prädispositionen. Mag sein, dass sie auf das ebenso

74 Ebd., S. 30.

unverfängliche wie – stärker noch – verfängliche Dokument schielten, das Dokumentarische, das Moment der Treue von Bild (und Ton) zur Wirklichkeit. Doch sie erzählen präsentisch stets mehr als das, was sie erzählen und mitteilen wollen. Immer mehr als das, was unmittelbar zu sehen und zu hören ist. Die Vielfalt der Möglichkeiten und Bedeutungen, der Zusammenhänge, aus denen sie kommen und in denen sie verstanden werden mögen, ist kaum abzuschätzen. Kontexte zumindest liefern sie ohnehin zumeist nicht mit. Diese sollten zunächst freigelegt werden, wenn Filme uns Auskünfte geben sollen. Auch und besonders bei Filmen, deren Funktion zur Entstehungszeit dezidiert als die einer Quelle formuliert worden war. Aus dieser engen Bedeutung entlassen, können die Filme als Quellen gegen den Strich gebürstet werden.

Zensur in Kunst und Kultur der DDR

Matthias Braun

> Wir hatten ja keine Zensur. Zensur bedeutet, man muss die Druckfahnen bringen und dann werden sie durchgeschaut. Von diesem Gesichtspunkt aus gesehen hatten wir im Unterschied zu anderen sozialistischen Ländern keine Zensur […] Bei uns gab es sie nicht. Bei uns gab es sie nur kraft des Bewusstseins. […] dass da unsachliche Dinge passiert sind, ist richtig, aber eine Zensur als solche gab es nicht.[1]

Autoritäre Systeme haben ein grundsätzliches Problem mit der freien Meinungsäußerung. In den Augen eines diktatorischen Machtapparates stellt das Grundrecht auf Meinungsfreiheit eine ernsthafte Gefahr auf die alleinige Deutungshoheit (Definitionsmacht) dar und wird als Bedrohung seiner Führungsrolle verstanden. Diese Rolle hatte sich die SED in die Verfassung der DDR selbst hineingeschrieben. So heißt es in Artikel 1: „Die Deutsche Demokratische Republik ist ein sozialistischer Staat der Arbeiter und Bauern. Sie ist die politische Organisation der Werktätigen in Stadt und Land unter der Führung der Arbeiterklasse und ihrer marxistisch-leninistischen Partei“.[2]

Zur Geschichte der Zensurforschung

Die wissenschaftliche Beschäftigung mit der literarischen Zensur reicht bis zur Mitte des 19. Jahrhunderts zurück. Zu diesem Zeitpunkt erschienen erste Materialsammlungen, welche die politisch brisante Zensur der Vormärzepoche dokumentierten. Zu Beginn des 20. Jahrhunderts haben die Arbeiten von Heinrich Hubert Houben bis in die

1 Reinhold Andert / Wolfgang Herzberg: *Der Sturz*. Berlin: Aufbau 1990, S. 324.

2 Vgl. Die Verfassung der DDR. In: *Gesetzblatt der DDR*, Teil I, Nr. 8, 09.04.1968, S. 205–222, hier 205.

1960er Jahre hinein den Zensurdiskurs und insbesondere die Beschäftigung mit konkreten Zensurfällen bestimmt.[3] Seitdem ist dem Phänomen Zensur aus unterschiedlichsten disziplinären Perspektiven, unter anderem der allgemeinen Geschichte, Literatur-, Rechts- und Kirchengeschichte wie auch der Soziologie und Publizistik, Beachtung geschenkt worden. Dessen unbenommen ist eine Geschichte der Zensur ein wissenschaftliches Desiderat geblieben.

Im literarisch bzw. literaturhistorisch orientierten Verständnis versucht Zensur, sowohl den kommunikativen Aspekt literarischer Äußerungen als auch deren prinzipiellen Autonomie-Anspruch zu begrenzen bzw. zu unterbinden. Beispielsweise betrachtete der SED-Machtapparat die sogenannte schöngeistige Literatur (die Belletristik), aber auch die Lyrik und Dramatik in erster Linie als Meinungsäußerung vor dem jeweils gültigen Normenhorizont und erst in zweiter Hinsicht als ästhetisches Produkt. Dieses Kunstverständnis der SED traf auf sämtliche Kunstbereiche und damit auch auf den Film, das Theater und die Bildende Kunst zu.

Aus historischer Perspektive lassen sich Normen und Normenwandel genauer fassen, die für Kollisionen zwischen der Kunst und konfessionellen oder staatlichen/politischen Institutionen verantwortlich sind. Auch die Kontrollsysteme und ihre Elemente (Gesetze, Vorschriften, Zensurinstitutionen), die solche Kollisionen zu verhindern suchen oder im Nachhinein mit Sanktionen belegen, häufig mittels repressiver Maßnahmen, sind auf diese Weise in ihrem jeweiligen Kontext rekonstruierbar und in ihrer Wirkung zu beurteilen.

Die SED und ihr Machtapparat, an vorderster Stelle das MfS, unterstellten dem geschriebenen oder auch gesprochenen Wort im positiven wie auch negativen Sinne eine vollkommen überzogene Wirkungskraft im gesellschaftlichen Raum. Geradezu jeder Satz wurde beim Wort genommen. Demzufolge besaß das gedruckte, gesprochene, gesendete oder auch verfilmte Wort ein großes ‚aufstörendes' Potential.[4]

3 Vgl. Bodo Plachta: *Zensur*. Stuttgart: Reclam 2006, S. 10.

4 Vgl. Carsten Gansel: Zu Aspekten einer Bestimmung der Kategorie ‚Störung' – Möglichkeiten der Anwendung für Analysen des Handlungs- und Symbolsystems Literatur. In: Carsten Gansel / Norman Ächtler (Hrsg.): *Das „Prinzip Störung" in den Geistes- und Sozialwissenschaften*. Berlin / Boston: de Gruyter 2013, S. 31–56.

Literatur und Kunst, also auch Bilder, Filme, U- und E-Musik, Theateraufführungen usw., die gegen die vorgegebenen Regeln der marxistischen Ästhetik verstießen – Stichwort: Prinzipien des sozialistischen Realismus mit seinen zentralen Kategorien der sozialistischen Parteilichkeit und Volksverbundenheit sowie der Kategorie des Typischen[5] –, waren in der Lesart der entsprechenden Parteiorgane und staatlichen Kontrollinstanzen stets dem Generalverdacht ausgesetzt, dem gesellschaftlichen Stabilisierungsprozess entgegenzustehen. Das konnte auch noch in den 1970er und 1980er Jahren sehr schnell geschehen, wuchsen doch in einer Gesellschaft, die weitgehend ohne philosophische, soziologische, politische und ohne ernstzunehmende journalistische Debatten existierte, der Literatur und Kunst Ersatzaufgaben zu, die zur Entwicklung einer begrenzten Ersatzöffentlichkeit führten.[6]

Was ist unter Zensur zu verstehen

Allgemein gefasst bezeichnet der Begriff Zensur „die Überprüfung einer Äußerung über eine Sache oder Person hinsichtlich ihrer Übereinstimmung mit geltenden Regeln als Voraussetzung für jede Form von Kommunikation und deren Wirksamkeit".[7] Zensur lässt sich demzufolge als „Gesamtheit aller formellen und informellen Mechanismen mit dem Zweck, die Produktion oder Distribution von Literatur und Kunst zu verhindern, zu kontrollieren oder fremdzubestimmen", definieren.[8]

Literarische bzw. künstlerische Zensur bezeichnet also das Verfahren, anhand gültiger oder als gültig erachteter Normen zu überprüfen, um

5 Sozialistischer Realismus. In: *Metzler Lexikon DDR-Literatur*, hrsg. v. Michael Opitz / Michael Hofmann. Stuttgart: Metzler 2009, S. 319–321.

6 Andreas G. Graf spricht von drei sich gegenseitig bedingenden und beeinflussenden Öffentlichkeit(en): 1. Die offizielle Öffentlichkeit unter Parteikontrolle, 2. die durch westliche Medien (bes. Fernsehen) geschaffene Öffentlichkeit und 3. eine sub- und gegenöffentliche, teilautonome Öffentlichkeit. Vgl. Andreas G. Graf: Öffentlichkeit und Gegenöffentlichkeit in der geschlossenen Gesellschaft der DDR. Eine Annäherung. In: *Enquete-Kommission „Überwindung der Folgen der SED-Diktatur im Prozeß der deutschen Einheit"*. Frankfurt am Main: Nomos / Suhrkamp 1999, Bd. IV.2, S. 1689–1744.

7 Klaus Kanzog: Zensur. In: *Reallexikon der deutschen Literaturwissenschaft*, hrsg. v. Jan-Dirk Müller, Bd. 3. New York: de Gruyter 2003, S. 891–894.

8 Christoph Guggenbühl: *Zensur und Pressefreiheit.* Zürich: Chronos 1996, S. 30.

eventuelle Änderungen zu erwirken oder ein Verbot auszusprechen. In den Stasi-Akten wird die Ausübung von Zensur stets als ein Akt gesellschaftlicher Kontrolle dargestellt.

Die aktuelle Zensurforschung geht von einem erweiterten Zensurbegriff aus, der unter Zensur eine generelle Kontrolle von Kommunikation versteht, die das Ziel verfolgt, die öffentliche Wirkung bestimmter Meinungen, Ansichten und Bilder zu unterbinden oder zu behindern. Zensur wird damit zu einem Mittel für eine soziale Kontrolle, die die jeweiligen Machtverhältnisse in ihrem Bestand garantieren soll.

So gesehen geht es bei Zensurfällen/Vorgängen nicht nur um einen weitgehend präzise beschreibbaren institutionalisierten Prozess zwischen demjenigen, der Zensur ausübt, und demjenigen, der zensiert wird, sondern um einen komplexen Prozess gesellschaftlicher Kommunikation. In diesem Sinne äußerte sich auch die Schriftstellerin Christa Wolf, wenn sie davon sprach, dass Zensur ein „kompliziertes, konfliktreiches Handeln zwischen Personen, nicht nur der anonyme Eingriff einer staatlichen Institution in Publikationsmöglichkeiten" sei.[9]

In der DDR waren nicht nur fertige Kunstwerke von zensorischen Eingriffen betroffen. Darüber hinaus gab es sowohl vielfältige Erscheinungsformen einer Vor- als auch Nachzensur. Außerdem beeinflusste die mehr oder weniger vorhandene Selbstzensur des Künstlers („die Schere im Kopf") die Entstehung eines Kunstwerkes.

Dem hier skizzierten Ansatz folgend, ist Zensur nicht mehr nur als eine staatliche Kontrolle einer vom Schriftsteller/Künstler zur Veröffentlichung bestimmten oder veröffentlichten Meinungsäußerung oder auch Botschaft seines Werkes zu begreifen, sondern vielmehr als umfassende Form von Diskurskontrolle zwecks Stabilisierung der eigenen Herrschaft.

‚Aufstörung' von gesellschaftlichen Toleranzgrenzen durch Literatur und Kunst

Eine Hauptfunktion von Kunst und Literatur – nicht nur in ‚geschlossenen Gesellschaften' – besteht in der Aufstörung von

9 Zit. n. Ernst Wichner / Herbert Wiesner: *‚Literaturentwicklungsprozesse'. Die Zensur der Literatur in der DDR*. Frankfurt am Main: Suhrkamp 1993, S. 85.

gesellschaftlichen Toleranzgrenzen.[10] Das Überschreiten dieser Grenzen wird vornehmlich in ‚geschlossenen Gesellschaften' als Störung von Normalität und Destabilisierung wahrgenommen, auf die der jeweilige Machtapparat in der Regel mit abgestuften Disziplinarmaßnahmen reagiert.

Niklas Luhmann zufolge sind ‚Störungen' Indikatoren für Ereignisse in der Umwelt eines Systems, die eine kommunikative Bearbeitung *innerhalb* des Systems in Form von ‚Selbstirritation' hervorrufen.[11] Auf die Künste übertragen, rechnet Luhmann die Auslösung von Irritationen (von Störungen) zu den vornehmsten Aufgaben der schönen Künste und er weist zugleich darauf hin, dass moderne Gesellschaftssysteme Formen negierender Selbstbeobachtung ausdifferenzieren, gerade um „Widerstand von Kommunikation gegen Kommunikation zu inszenieren und damit die Gesellschaft mit Realität zu versorgen, die sie anders nicht konstruieren konnte".[12] Das System kann einerseits durch Irritation angeregt werden, zu lernen und seine Strukturen neu zu koppeln. Es kann aber auch andererseits die Irritationen ignorieren, sie als einmaliges Ereignis einordnen und darauf setzen, dass sie sich nicht wiederholen. In der Chance, die Entscheidung offenzuhalten und eine der beiden Möglichkeiten zu wählen, liegt nach Luhmann eine „Garantie für die Autopoiesis des Systems und zugleich die Garantie seiner Evolutionsfähigkeit".[13] Diese Überlegung und die damit verbundenen produktiven Herausforderungen, die unter anderem zur Dynamisierung und Flexibilisierung von (Sinn-)Grenzen in einer Gesellschaft beitragen können, lagen für die SED-Kulturfunktionäre und ganz besonders für die hauptamtlichen MfS-Mitarbeiter außerhalb ihrer eindimensionalen Betrachtungsweise, wie sie vormodernen Gesellschaftstypen eigen ist. Folglich wurden vom Machtapparat ‚Störungen' im kulturellen Feld der DDR nicht als ein produktiver Prozess eines permanenten Wechsels von Aufstörung und Aushandlung gesellschaftlicher

10 Vgl. Norman Ächtler / Carsten Gansel: Das ‚Prinzip Störung' in den Geistes- und Sozialwissenschaften. In: Dies. (Hrsg.): *Das ‚Prinzip Störung' in den Geistes- und Sozialwissenschaften.* Berlin / Boston: de Gruyter 2013, S. 9–13.

11 Niklas Luhmann: *Die Gesellschaft der Gesellschaft.* Frankfurt am Main: Suhrkamp 1998, S. 118.

12 Ebd., S. 790 bzw. 865.

13 Ebd., S. 790.

Toleranzgrenzen, sondern als Störung von Normalität und Destabilisierung wahrgenommen.[14] Die SED-Staatspartei stufte diese Vorgänge regelmäßig als Angriffe auf ihre Definitionsmacht ein, die es zwecks eigener Herrschaftssicherung mittels Sanktionen zu unterbinden galt. Dementsprechend wandten SED und MfS viel Energie auf, um das sogenannte Grundrauschen in der Kunstszene ihres Landes zu registrieren, obwohl die große Mehrheit der Künstler und Schriftsteller grundsätzlich mit den Vorstellungen und Zielen von Partei und Regierung übereinstimmten und sich von ihrem Selbstverständnis allenfalls als systemloyale Kritiker betätigten.

Entstehung und Wirkung von Zensurinstitutionen in der SBZ/DDR

Um dieser latenten Gefahr entgegenzutreten, entwickelte der SED-Machtapparat ein auf mehreren Ebenen wirkendes, hierarchisch strukturiertes Zensursystem (Zensurinstanzen), welches neben der Literatur auch alle anderen Bereiche des künstlerischen Lebens umfasste. Stellvertretend für alle Kunstbereiche sei hier die Entstehung und Wirkung des Zensursystems im literarischen Leben der DDR etwas ausführlicher beschrieben.

In der Sowjetischen Besatzungszone hatte zunächst einmal die sowjetische Militäradministration einen Kulturellen Beirat als Zensurgremium für das Verlagswesen eingesetzt.[15] Diese Aufgabe übernahm im Wesentlichen das 1951 gegründete Amt für Literatur und Verlagswesen, welches anfangs zwischen 10 und 15 „politische Mitarbeiter" beschäftigte. 1956 wurde diese staatliche Institution in Hauptverwaltung Verlagswesen im Ministerium für Kultur umbenannt und erhielt schließlich 1963 als Hauptverwaltung (HV) Verlage im Ministerium für Kultur (MfK) seinen endgültigen Namen. Angeleitet wurde diese zentralstaatliche Institution von der Abteilung *Wissenschaft* und der

14 Nach Homi K. Bhabha lässt sich das kulturelle Feld als einer jenen ‚Dritten Räume' ungebändigter Kommunikation auffassen, *in* bzw. *auf* dem es zu einem permanenten Wechsel von Aufstörung und Aushandlung gesellschaftlicher Toleranzgrenzen kommt. Vgl. Homi K Bhabha: *The Location of Culture*. London: Routledge 1994.

15 Thomas Bille: Der Börsenverein der Deutschen Buchhändler zu Leipzig 1945–1949. Aspekte der Verlagspolitik in der sowjetischen Besatzungszone. In: *Leipziger Jahrbuch zur Buchgeschichte* 2 (1992), S. 165–208.

Abteilung *Kultur* des ZK der SED. Die HV Verlage und Buchhandel war seit 1963 für alle Bereiche der Literaturproduktion und Distribution und damit formal auch für die Ausübung einer staatlichen Vorzensur, offiziell *Druckgenehmigungsverfahren* genannt, zuständig.[16] Diese Zensur konnte in der täglichen Praxis zu Eingriffen in die Textgestalt oder zu Einschränkungen der Auflagenhöhe führen bzw. sich auch in einem gesteuerten Einsatz der Literaturkritik („angeleitete Literaturkritik") äußern. Im extremsten Fall konnte die HV Verlage als ausführendes staatliches Organ ein Publikationsverbot aussprechen.
Zusätzlich existierte die Möglichkeit der Nachzensur, in dem die weitere Auslieferung von Buchtiteln gestoppt, Nachauflagen untersagt oder auch öffentliche Lesungen/Filmaufführungen durch organisiertes Publikum gestört oder gar nicht erst genehmigt wurden.
Darüber hinaus behielt sich der Machtapparat zahlreiche Disziplinierungsmaßnahmen wegen unterschiedlicher Verstöße gegen gesetzliche Bestimmungen und Paragraphen vor. Dabei kamen vornehmlich der Paragraph 106 „Staatsfeindliche Hetze", der § 219 „Ungesetzliche Verbindungsaufnahme"[17] sowie der § 220 „Öffentliche Herabwürdigung" des Strafgesetzbuches der DDR zur Anwendung.[18] In den 1980er Jahren bevorzugte der Sicherheitsapparat vor allem im Umkreis der literarischen Underground-Szene solche restriktiven Maßnahmen, die unterhalb einer strafrechtlichen Schwelle lagen. Dazu wurden beispielsweise Verstöße gegen das Ordnungswidrigkeitsgesetz oder auch die Anordnung über das Genehmigungsverfahren für die Herstellung von Druck- und Vervielfältigungserzeugnissen herangezogen. Eine privat organisierte Lesung fiel beispielsweise unter den § 4 der Verordnung zur Bekämpfung von Ordnungswidrigkeiten und konnte von der Volkspolizei verboten oder mit einer Geldstrafe geahndet werden. Der Vorteil für das MfS lag auf der Hand, es konnte dezent im Hintergrund bleiben.

16 Die gesetzlichen Grundlagen zum Druckgenehmigungsverfahren enthielten auch ordnungs- und strafrechtliche Bestimmungen. Ergänzend wurden hier die Regelungen des Zollgesetzes, des Urheberrechtes und des Devisengesetzes herangezogen.

17 Laut § 219 konnte mit einer Freiheitsstrafe bis zu fünf Jahren bestraft werden, „wer Schriften, Manuskripte oder andere Materialien, die geeignet sind, den Interessen der Deutschen Demokratischen Republik zu schaden, unter Umgehung von Rechtsvorschriften an Organisationen, Einrichtungen oder Personen im Ausland übergibt oder übergeben lässt".

18 Vgl. *Strafgesetzbuch der DDR*. Berlin: Staatsverlag der DDR 1988.

Nach dem gleichen Muster liefen die Zensurprozesse in den anderen Kunstsparten, entsprechend der dort vorhandenen spezifischen Produktionsbedingungen und künstlerischen Besonderheiten ab. Beispielsweise verfügten die Filmemacher weder über eigene Produktionsmittel noch eigenes Geld, um Filme zu produzieren. Sie befanden sich in totaler Abhängigkeit von dem staatlichen Monopolisten DEFA. Sie waren im wahrsten Sinne des Wortes abhängig Beschäftigte des DEFA-Studios und hatten innerhalb ihres Landes nicht die Möglichkeit, bei einem anderen Studio, wie etwa ein Schriftsteller bei einem anderen Verlag oder auch ein Theaterregisseur bei einem anderen Theater, ein Engagement zu erhalten. Als einzige Möglichkeit blieb das staatliche Fernsehen, welches jedoch neben den anderen Massenmedien Presse und Rundfunk nach Auffassung der SED „als scharfe Waffe in unserer Zeit“[19] zu wirken hatte und dementsprechend von der ZK-Abteilung für *Agitation und Propaganda* direkt angeleitet wurde.
Der Filmwissenschaftler Günter Jordan schreibt:

> In der DDR gab es keine Zensurbehörde als staatliche Institution. Einmischung, Veränderung, Verhinderung, die den Begriff Zensur erfüllten, erfolgten aus Institutionen heraus, die zur Förderung der Kultur eingerichtet waren, aber die Staatsdoktrin durchzusetzen hatten und denen Künstler und Kunstproduktionen ausgeliefert waren. Öffentlichkeit und Klageweg waren ausgeschlossen.[20]

Signifikante Zensurfälle

Ein markantes frühes Beispiel von Nachzensur im Filmwesen der DDR stellte das nachträgliche Aufführungsverbot der Verfilmung von Arnold Zweigs Roman *Das Beil von Wandsbek* dar. In diesem Fall machte die harsche Kritik der SED selbst vor dem international bekannten Schriftsteller und damaligen Präsidenten der Akademie der Künste, Arnold Zweig, nicht halt.

19 Protokoll der Politbürositzung, 07.11.1972. Zit. n. Andreas G. Graf: Öffentlichkeit und Gegenöffentlichkeit in der geschlossenen Gesellschaft der DDR. Eine Annäherung. In: *Materialien der Enquete-Kommission „Überwindung der Folgen der SED-Diktatur im Prozeß der deutschen Einheit“*. Frankfurt am Main: Suhrkamp 1999, Bd. IV.2, S. 1689–1744, hier S. 1703.

20 Günter Jordan: *Film in der DDR*. Potsdam: Filmmuseum 2009, S. 15.

Nachdem der Film zunächst im Frühjahr 1951 erfolgreich angelaufen war – 180.000 Zuschauer hatten ihn bereits gesehen – wurde er auf Intervention der Sowjetunion von einem auf den anderen Tag verboten.[21]

Das SED-Politbüro lastete Arnold Zweig an, in der Verfilmung seines Romans *Das Beil von Wandsbek* „nicht die Kämpfer der deutschen Arbeiterklasse zu den Hauptthelden [gemacht zu haben,] sondern ihren Henker".[22] Die Filmemacher[23] hätten angeblich Verständnis, sogar Mitleid mit dem Nationalsozialisten Teetjen ausgedrückt.

In Wahrheit hatte der Regisseur Falk Harnack den Szenen mit den inhaftierten Opfern besonderes Gewicht gegeben. Zweig, „der sehr betroffen, ja bestürzt"[24] über den Verriss war, schilderte in der Ostberliner Akademie der Künste die Entstehung des Films:

> Der Film ist von der DEFA selbst angeregt und gewünscht worden. Sie wissen alle, dass die Schwierigkeiten, einen Regisseur zu finden, sehr groß waren. Als der Film gedreht war, wurde er zwei- oder dreimal vor den Autoritäten der Regierung vorgeführt und gebilligt. Er hatte dann einen sehr großen Erfolg. Plötzlich erschien in der *Berliner Zeitung* ein Leserbrief,[25] der erklärte, dieser Film dürfe nicht weiter gezeigt werden, er beleidige die Widerstandskämpfer unter dem Hitler-Regime. Daraufhin wurde der Film abgesetzt.[26]

Die Absetzung des Films war nicht „eine Maßnahme mittlerer Bonzen"[27], wie Zweig vermutet hatte, sie ging auf eine Forderung der

21 Zu den Vorgängen um das Verbot des Films *Das Beil von Wandsbek* vgl. Günter Agde: „Mitleid mit den Mördern"? Das Beil von Wandsbek als Film und Bühnenstoff. In: Martin Sabrow (Hrsg.): *Verwaltete Vergangenheit: Geschichtskultur und Herrschaftslegitimation in der DDR*. Leipzig: Akademische Verlagsanstalt 1997, S. 169–183.

22 Beschluss des Politbüros der SED, 22.07.1952. In: Elimar Schubbe (Hrsg.): *Dokumente zur Kunst-, Literatur- und Kulturpolitik*. Stuttgart: Seewald 1972, S. 245–246.

23 Das von Wolfgang Staudte vorbereitete Projekt übernahm Falk Harnack, damals Leitungsmitglied der DEFA. Das Drehbuch von Hans-Robert Bortfeldt beruhte auf einem Manuskript von Wolfgang Staudte und Werner Jörg Lüddecke. Albert Teetjen wurde von Erwin Geschonneck gespielt.

24 Ilse Lange: Arnold Zweigs teuerste Epoche. In: *Berliner Zeitung*, 24.03.2000.

25 Am 23.05.1951 erschien in der *Berliner Zeitung* ein sogenannter Leserbrief „Mitleid mit dem Henker". Weitere Zeitungsbeiträge, die ebenfalls massive Vorwürfe gegen den Film erheben, sind verzeichnet in Maritta Rost: *Bibliographie. Arnold Zweig*, Bd. 2. Berlin / Weimar: Aufbau 1987.

26 Stenographische Niederschrift der Plenarsitzung, 23.04.1953. Archiv der Akademie der Künste [AdK]-O, ZAA 118.

27 Arnold Zweig an Direktion der DEFA, 07.07.1951. AdK-O, ZAA, MF, OM 20.

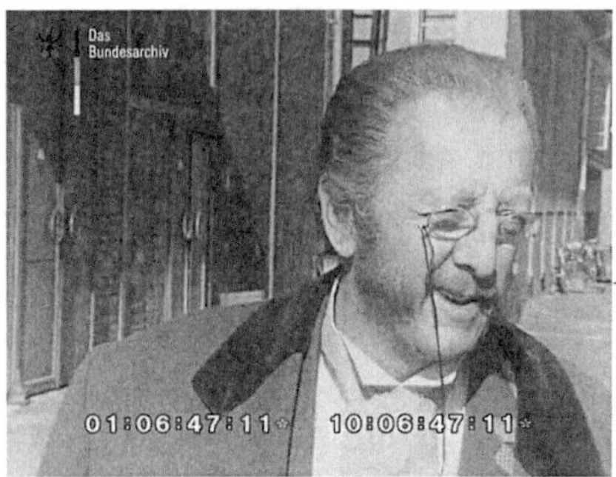

Abb. 1: Erwin Geschonneck im gleichnamigen SFD-Filmdokument (1975/1976, R: Veronika Otten). *Oben*: Bei den Proben zu Schlaraffenland. *Unten*: Bei der XIII. Leipziger Dokumentar- und Kurzfilmwoche.

KPdSU zurück,[28] der sich das SED-Politbüro grundsätzlich beugte. Lediglich ein sofortiges Verbot wurde von dem damaligen Staatspräsidenten Wilhelm Pieck aus taktischen Gründen als ungünstig erachtet. Man einigte sich schließlich darauf, den zunächst gelobten Film in der Presse nun zu verurteilen und spätestens innerhalb von zwei Wochen aus dem Verkehr zu ziehen. Ein solches Verfahren bezeichneten die Funktionäre als ein Mittel zur Massenerziehung und zugleich als ein Beispiel, „unsere Linie der Erziehung der Künstler“[29] zu praktizieren. Diese vermeintliche Erziehung schloss ein, sich weder mit dem betroffenen Präsidenten der Akademie, geschweige denn mit dem Regisseur Falk Harnack persönlich auseinanderzusetzen.

28 Vgl. Agde: „Mitleid mit den Mördern“?

29 Persönliche Notiz von Wilhelm Pieck, 15.05.1951. BArch, NL 36/677.

Arnold Zweig hat das Wesen dieses Skandals auf einer späteren Plenarsitzung in der Akademie der Künste treffend beschrieben:

> Wir haben hier also den Fall, dass die Akademie geschlossen versucht hat, mit den verbietenden, zensierenden, eingreifenden [...] Organen zusammenzukommen und ihnen mit uns zusammen den Film noch einmal vorzuführen, damit wir uns über einzelne Punkte, die zu beanstanden wären, unterhalten könnten. Wer nicht kam, waren die Verbieter. [...] Es ist also so, dass wir mit unserer Selbstkritik sehr gut tun, uns aber zu gleicher Zeit darüber klar sein müssen: Es liegt nicht an unserem Mangel an Selbstkritik, dass wir nicht gehört werden, sondern es liegt an der Tatsache, dass andere Organisationen über einen schnelleren und stoßkräftigeren Apparat verfügen, um die Dinge zu verhindern, die ihnen nicht gefallen.[30]

Offiziell wurde die Kontrolltätigkeit der Partei- und Staatsorgane als Fördertätigkeit verkauft. Förderung und Bevormundung in Form von ständigem Hineinreden bis hin zu Eingriffen in fertige Manuskripte lagen im „Leseland DDR“ nahe beieinander. Da der Begriff Zensur über lange Zeit tabuisiert war, kommt er in den Akten der HV Verlage und Buchhandel auch nicht vor. An seiner Stelle tauchen solche Wendungen wie „operative Anleitung der Verlage“ oder auch „Hebung der literarischen Qualität durch Begutachtung“ auf. Die Zensurbehörde monierte bei „komplizierten Schmorfällen“ allenfalls „Schwankungen“, „Unklarheiten“ oder einfach nur „Stellen“.[31]

Die Leitungsebenen der SED (Generalsekretär, ZK-Sekretäre, Kulturabteilung, Bezirksleitungen etc.) konnten ebenso wie staatliche Institutionen (z.B. das Ministerium für Volksbildung, das Ministerium des Innern und der Verteidigung oder auch der Staatssekretär für Kirchenfragen) zensorisch in Texte und Kunstproduktionen eingreifen.

Selbst einem so überaus erfolgreichen Buch wie beispielsweise dem in 30 Sprachen übersetzten Bestseller *Nackt unter Wölfen* von Bruno Apitz gingen ein aufwendiges Lektorierungsverfahren und zahlreiche Diskussionen mit Co-Autoren, der Leitung des Komitees der Antifaschistischen Widerstandskämpfer und dem ZK der SED

30 Stenographische Niederschrift der Plenarsitzung, 23.04.1953. AdK-O, ZAA 118.

31 Vgl. Siegfried Lokatis: Geschichtswerkstatt Zensur. In: Martin Sabrow (Hrsg.): *Geschichte als Herrschaftsdiskurs.* Köln / Weimar / Wien: Böhlau 2000, S. 175–225, hier S. 179.

voraus.[32] So soll, nach Auskunft des zuständigen Verlagslektors, das ZK der SED allein sieben Fahnenabzüge des Romans zur Überprüfung des Textes angefordert haben.[33]

Im Vorfeld einer für den Juli 1958 anberaumten dreitägigen Filmkonferenz hatte das Politbüro der SED eine sogenannte „Empfehlung“ ausgesprochen, in der das DEFA-Spielfilmstudio massiv gerügt wurde, weil es in den letzten Jahren in einer Reihe von Filmen „Unverbindlichkeit und Neutralität statt sozialistischer Parteilichkeit“ zugelassen und die Politbüro-Resolution von 1952 „nur ungenügend ausgewertet“ habe. Nach Auffassung der Parteiführung waren „Naturalismus und kritischer Realismus völlig ungeeignet, die sozialistische Wirklichkeit darzustellen“.[34] Dementsprechend wurden auf der Filmkonferenz solche Filme wie *Spielbank-Affäre* (1957, R: Artur Pohl / Joachim Hasler), wegen des unkritischen Bildes des Westens, oder auch Martin Hellbergs Literaturverfilmungen *Der Richter von Zalamea* (1956) und *Emilia Galotti* (1958) wegen ihrer „falschen ideologischen Konzeption“ des „Ewigen“ von Kulturminister Alexander Abusch angegriffen. Vor allem aber wurden die jugendlichen Helden in Gerhard Kleins Berlin-Filmen *Berliner Romanze* (1956) und *Berlin – Ecke Schönhauser* (1957) von Alexander Abusch als „anormale und gar abnorme Figuren“ denunziert, weil sie „noch nicht bei uns verwurzelt sind“.[35] Die Filmkonferenz lähmte, wie der Filmwissenschaftler Wolfgang Gersch feststellte,

> den Gegenwartsfilm über Jahre hin, denn die Parteikritik zog einschneidende Zensurmaßnahmen nach sich. Die gravierendste war das kaschierte Verbot von Konrad Wolfs Film *Sonnensucher*, der 1957 gedreht, im Oktober 1959 endlich herauskommen sollte, doch am Premierentag angeblich vom Studio, ‚in Übereinstimmung mit den Schöpfern‘ wegen der ‚politischen Entwicklung‘ zurückgezogen wurde.[36]

32 Zur Entstehung des Romans und zu seiner Rezeptionsgeschichte siehe Simone Barck: *Antifa-Geschichte(n). Eine literarische Spurensuche in der DDR der 1950er und 1960er Jahre*. Köln: Böhlau 2003, S.187–193.

33 Vgl. BArch, DR 1/3941.

34 *Für die Entwicklung der sozialistischen Filmkunst in der DDR. Empfehlung der Kommission für Fragen der Kultur beim Politbüro des ZK der SED*. Zit. n. Wolfgang Gersch: Film in der DDR. Die verlorene Alternative. In: Wolfgang Jacobsen / Anton Kaes / Hans Helmut Prinzler (Hrsg.): *Geschichte des Deutschen Films*. Stuttgart: Metzler 1993, S. 323–364, hier S. 334.

35 Ebd., S. 336.

36 Gersch: Film in der DDR. Die verlorene Alternative, S. 336.

In einer der zahlreichen Unterlagen der Kulturabteilung des ZK zur DEFA-Spielfilmproduktion in der ersten Hälfte der 1960er Jahre heißt es dann:

> Der Zeitpunkt ist herangereift, um verbindliche Festlegungen über die Abnahmeordnung von Spielfilmen auf der Ebene des Studios, der Leitung und der HV-Film sowie über die Wege zu treffen, auf dem künftig Konsultationen mit anderen staatlichen Stellen, gesellschaftlichen Organisationen über Vorhaben, Stoffe und Bücher erfolgen sollen.
> Der *Heiratsschwindler vom Alexanderplatz* – Produktionsfreigabe durch Studioleitung und HV Film erfolgte vor 3 Monaten – Genossen des MdI [Ministerium des Innern] lehnen nach Konsultation ab. Es wird eine Änderungskonzeption gefordert.
> *Berlin um die Ecke* – Durch die KAG [Künstlerische Arbeitsgruppe] abgenommen – Studioleitung nimmt Rohschnitt nicht ab – Genossen der Jugendkommission im ZK äußern nach Konsultation scharfe Einwände – HV Film nimmt nicht Stellung.[37]

Als besonders kurios liest sich die Anmerkung zu der Produktion *Der Flieger und das Mädchen*:[38]

> Rohdrehbuch durch alte Leitung des Studios nach Konsultation mit Genossen Heinz Keßler [damals Chef der Luftstreitkräfte der NVA] abgenommen – neue Leitung hat Einwände und konsultiert Politverwaltung der NVA – Genosse Waldemar Verner lehnt begründet ab. (Roman von Herbert Nachbar bei uns verlegt und viel gelesen).[39]

Dabei handelte es sich um den Roman *Haus unterm Regen,* der in der *Neuen Berliner Illustrierten* unter dem Titel *Die Liebe des Christoph B.* vorabgedruckt wurde. Im Zentrum dieses Romans stehen Konflikte, die sich für einen NVA-Jagdflieger und seine Braut ergeben, deren Vater als unverbesserlicher Nazi im Westen lebt. Das Papier der Kulturabteilung endet mit der Feststellung: „Es ist erforderlich, dass zu wichtigen Erscheinungen und Ereignissen im Filmbereich einheitliche Standpunkte bezogen werden."[40]

Anfang der 1970er Jahre hatte der Schriftsteller Stephan Hermlin auf Bitte des neuen Ersten Sekretärs des ZK, Erich Honecker, eine

37 Kulturabteilung des ZK, 16.05.1966; BArch, IV A 2/9.06/12.

38 In Frank Burkhard Habel: *Das große Lexikon der DEFA-Spielfilme. Die vollständige Dokumentation aller DEFA-Spielfilme von 1946 bis 1993*. Berlin Schwarzkopf & Schwarzkopf 2000, ist dieser Titel nicht nachgewiesen.

39 Kulturabteilung des ZK, 16.05.1966; BArch, IV A 2/9.06/12.

40 Ebd.

Analyse der SED- Kulturpolitik, ein *Aide Mémoire* angefertigt.[41] In diesem schrieb Hermlin zur Zensurproblematik:

> Der für uns wichtigste Bereich, in dem auch die meisten Mängel vorliegen, ist der unserer eigenen Literatur. Die Verengungen, die man hier in den letzten Jahren zuließ, eine jedes Maß übersteigende Zensur (die natürlich um keinen Preis Zensur genannt werden will), Manipulationen jeder Art – alles das, was angeblich der Förderung unserer Literatur dienen sollte, hat in Wirklichkeit der Gleichgültigkeit, der Verbitterung, dem Zynismus Vorschub geleistet.
> Man kann darüber streiten, ob ein sozialistischer Staat Zensurmaßnahmen braucht. […] Einig sollten wir uns jedenfalls darüber sein, dass das Nichtzulassen eines Kunstwerks immer nur eine Ausnahme, nicht die Regel sein darf. In den letzten Jahren wurde das Gegenteil Wirklichkeit.[42]

Das MfS und die Zensur

Primär interessierte sich die Stasi nicht für Literatur und Kunst. Es ging der Geheimpolizei nicht darum:

> Ob ein künstlerisches Produkt vom Inhalt und der Form, von der Themenwahl und der Gestaltung her gefällt oder nicht – es geht in der Untersuchungstätigkeit ausschließlich um die objektive Einschätzung der rechtlichen Relevanz eines Textes, eines Gedichtes, eines Bildes usw. […] Das MfS ist kein Kulturinstitut und die Mitarbeiter seines Untersuchungsorgans sind keine Kunstkritiker.[43]

„Der *Wer ist Wer-Prozess* ist unsere Pflicht – nicht die Programmgestaltung“, lautete die verbale Vorgabe an die Stasi-Offiziere im „Sicherungsbereich“ Literatur und Kunst. Die Klärung der Frage „Wer ist Wer“, bedeutete,

> eine Antwort darauf zu geben, wer der Feind ist, wer eine feindlich-negative Haltung, wer aufgrund des Wirkens feindlich-negativer und anderer Einflüsse zum Feind werden kann, wer den Feindeinflüssen unterliegt und sich vom Feind missbrauchen lassen könnte, wer eine schwankende Position einnimmt und auf wen sich Partei und Staat jederzeit verlassen und zuverlässig stützen können.[44]

41 Hermlins Text ist im Frühjahr 1972 entstanden und in der DDR nie veröffentlicht worden.

42 Stephan Hermlin: Aide Mémoire. In: Ders.: *In den Kämpfen der Zeit.* Berlin: Wagenbach 1995, S. 10–11.

43 HA IX: *Ausgewählte Grundsätze der Untersuchungsarbeit der Linie IX zur vorbeugenden Aufdeckung, Verhinderung und Bekämpfung des feindlichen Missbrauchs künstlerischer und kultureller Ausdrucksmittel.* BStU, MfS, HA IX/327, Bl. 9.

44 Erich Mielke: *Zu Problemen und Aufgaben der weiteren Qualifizierung,* 03.04.1981. BStU, MfS, BdL 7385.

Erst in diesem Kontext gelangte Kunst und Kulturpolitik „als Element des Klassenkampfes, als wichtiger Bestandteil der ideologischen Auseinandersetzung mit dem Klassenfeind“[45] in den Focus der politischen Geheimpolizei.

Als zentralem Instrument der Optimierung von Überwachungs- und Verfolgungsmaßnahmen des Machtapparates kam der Stasi letztendlich auch auf dem gesellschaftlichen Sektor von Literatur und Kunst eine besondere Rolle zu. Diese nahm sie vornehmlich im Rahmen des sogenannten „politisch-operativen Zusammenwirkens“ (POZW) wahr. Als POZW wird vor allem die Kooperation des MfS mit anderen staatlichen Organen (unter anderem Volkspolizei, Nationale Volksarmee, Grenztruppen, Räte der Bezirke und Kreise) zum Zwecke der „Gewährleistung der staatlichen Sicherheit“ bezeichnet. Das politisch-operative Zusammenwirken wurde jedoch auch mit anderen Einrichtungen wie Wirtschaftsbetrieben und „gesellschaftlichen Organisationen“ praktiziert. Das POZW hatte dem sogenannten Schwerpunktprinzip[46] zu folgen. Es vollzog sich geheim und konspirativ unter faktischer Federführung des MfS, das hierfür auch Inoffizielle Mitarbeiter und Offiziere im besonderen Einsatz (OibE) einsetzte.

Durch die Nutzung der Möglichkeiten anderer staatlicher Organe bzw. Institutionen gewährleistete das politisch-operative Zusammenwirken die Optimierung von Überwachungs-, Steuerungs- und Verfolgungsmaßnahmen.[47] Dabei waren die Einflussmöglichkeiten der Staatssicherheit bzw. die Durchsetzung ihrer Interessen sehr stark von den lokalen Gegebenheiten, der aktuellen politischen bzw. kulturpolitischen Linie der SED und der Prominenz des jeweils bearbeiteten Schriftstellers/Künstlers abhängig. Unabhängig davon förderte bereits die bloße Existenz der politischen Geheimpolizei als solcher – und die damit verbundene Tatsache geheimer Überwachung bis hin zu Repressionsmaßnahmen – die Angst und führte zu verstärkter Selbstzensur bei den Künstlern, verhinderte Öffentlichkeit und behinderte künstlerische Potenz und gesellschaftliche Wirkungsmöglichkeiten von Kunst.

45 HA XX/AKG: *Grundaufgaben des MfS*. BStU, MfS, HA XX/AKG 098, Bl. 160.

46 Vgl. *Das MfS-Lexikon*, hrsg. v. Roger Engelmann u. a. Berlin: Links 2012, S. 294–295.

47 Ebd., S. 393.

Hielt es der Machtapparat in den 1950er Jahren noch für nötig, die Instrumente zu zeigen oder auch bis zu einer Verhaftung anzuwenden, so verlegte sich der Sicherheitsapparat der Staatspartei in den letzten beiden Jahrzehnten der DDR zunehmend darauf, subtilere Formen der Repression anzuwenden. In diesem Kontext wurde die Eröffnung einer *Operativen Personenkontrolle* (OPK) bzw. eines *Operativen Vorgangs* (OV),[48] also einer verdeckten geheimpolizeilichen Maßnahme, zu missliebigen Schriftstellern und Künstlern die Regel und ein Ermittlungsverfahren mit Haft eher die Ausnahme.

Ende der 1960er Jahre hatte das MfS erstmals umfassende Arbeitsrichtlinien/Anweisungen für die entsprechenden politisch-operativen Abwehraufgaben im Kunst- und Kulturbereich festgelegt und konkrete Handlungsräume mit spezifischen Personenkreisen definiert. Dabei sollten zukünftig „alle inoffiziellen und offiziellen Möglichkeiten zur zielgerichteten und ständigen Informationsbeschaffung und zur operativen Bearbeitung feindlicher Kräfte“ eingesetzt und eine „den Erfordernissen der Gestaltung des entwickelten gesellschaftlichen Systems des Sozialismus und der offensiven Abwehr der feindlichen Angriffe entsprechende Sicherung zentraler Objekte, Einrichtungen und Organisationen im Bereich der Kultur und Massenkommunikationsmittel“ gewährleistet werden.[49]

Dazu gehörten im Literaturbereich an vorderster Stelle der Schriftstellerverband, das Verlagswesen und Einrichtungen des Volks- und privaten Buchhandels, die Ausbildungsstätten in diesem Bereich und die Druckereien, sowie sämtliche Einrichtungen im Bereich des Films, unter anderem mit den Studios und Produktionsräumen, Übertragungs- und Richtfunkwagen, der Studiotechnik und den Kopierwerken. Zu den dazugehörigen Personenkreisen zählt die Dienstanweisung 3/69 des MfS im literarischen Bereich: „Schriftsteller, Lektoren, Redakteure, Gutachter in Verlagen unter besonderer Beachtung der freiberuflichen Gutachter und Übersetzer sowie Kulturfunktionäre staatlicher Organe, die Druckgenehmigungen erteilen“. Im Filmbereich waren dies „Regisseure, Dramaturgen, Schauspieler, Musiker, Bühnenbildner und Bühnentechniker“.[50]

48 Zu OPK und OV siehe die entsprechenden Stichworte. In: *Das MfS-Lexikon.*

49 Dienstanweisung 3/69 des Ministers: *Zur Organisierung der politisch-operativen Arbeit in den Bereichen der Kultur und Massenkommunikationsmittel*, 18.06.1969. BStU, MfS, BdL/Dok. 002468.

50 Ebd.

Das Phänomen der Selbstzensur und ihre Folgen

Als Machtinstrument zur Kontrolle künstlerischer Kommunikation bewirkte die Zensur auch einen Anpassungsdruck auf die Künstler und ihre Kunsteinrichtungen, durch Selbstzensur mögliche Sanktionen vorwegzunehmen. Für den Dichter Heinrich Heine hatte Selbstzensur bedeutet, „Gedankenkindermord“[51] zu betreiben. Die Schriftstellerin Christa Wolf warnte bereits Ende der 1960er Jahre vor den schwerwiegenden Folgen der Selbstzensur:

> Wenn man über längere Zeit daran gehindert werde, die aktuellen Probleme der Gesellschaft öffentlich zu benennen, könne man überhaupt verlernen, die bedeutsamen Fragen, wenigstens ohne Umschweife zu stellen, und sei es zunächst nur sich selbst. Der Mechanismus der Selbstzensur, der dem der Zensur folge, sei gefährlicher als dieser: Er verinnerliche Forderungen, die das Entstehen von Literatur verhindern könnten.[52]

War ein Künstler Parteimitglied, unterlag er in Form der Parteidisziplin zusätzlich einer besonderen Form von Selbstzensur. In diesem Sinne entsprach der Filmregisseur Kurt Maetzig nach der massiven Kritik an seinem Film *Das Kaninchen bin ich* (1965) auf dem 11. ZK-Plenum 1965 der Forderung seiner Partei, für das Zentralorgan der SED, das *Neue Deutschland*, eine Selbstkritik zu verfassen.[53] Eine andere Spielart der Parteidisziplin praktizierte der Filmregisseur und Akademiepräsident Konrad Wolf auf einer Pressekonferenz der Westberliner Filmfestspiele auf die Frage nach dem Abnahmeprocedere (Zensureingriffen) bei der DEFA, indem er nicht als Künstler, sondern als Parteisoldat wie folgt antwortete:

> Er kenne keine Filmproduktion in der Welt, die frei, ohne Hineinreden, produziere. Im Westen reden die Geldgeber hinein; bei uns in der DDR gewissermaßen auch die Geldgeber, aber das ist bei uns die Bevölkerung, die er akzeptiere,

51 Heinrich Heine: *Einleitung zu „Kahlendorf über den Adel, in Briefen an den Grafen M. v. Moltke“*. Berlin: Aufbau 1974, Bd. 3, Kap. 84. Hier heißt es: „Ach! diese Geisteshenker machen uns selbst zu Verbrechern, und der Schriftsteller, der wie eine Gebärerin während des Schreibens gar bedenklich aufgeregt ist, begeht in diesem Zustande sehr oft einen Gedankenkindermord, eben aus wahnsinniger Angst vor dem Richtschwerte des Zensors.“

52 HA XX: *Information zum operativen Schwerpunkt „Skorpion“*, 29.07.1969. BStU, MfS, AOP16578/89, Bd. 2, Bl. 36.

53 Vgl. Kurt Maetzig: Der Künstler steht nicht außerhalb des Kampfes. In: *Neues Deutschland*, 05.01.1966, S. 4.

> weil er sich den Leuten verantwortlich fühle, die seine Arbeit ermöglichen und bezahlen.[54]

Der DEFA-Generaldirektor Hans Dieter Mäde ging auf dieser Pressekonferenz sogar noch einen Schritt weiter, indem er den Begriff von einem „Gremienhürdenlauf als eine Mystifikation" bezeichnete. Vielmehr, so Mäde, hat

> die Leitung des Studios die Vollmacht, über jeden Film selbst zu entscheiden und natürlich dann auch zu verantworten. Es herrsche im DEFA-Spielfilmstudio ein Klima, in dem nach der besten Lösung gesucht werden kann.[55]

„Wo wir nicht führen, geht es nicht in unsere Richtung"[56]

Der Zensurakt war in seiner direkten und indirekten Form in das System der sogenannten Lenkung und Steuerung künstlerischer Prozesse in der DDR eingebunden. „Wir waren als Genossen aufgefordert, auf der Grundlage unseres Wissens, unserer Parteilichkeit und der jeweiligen Orientierungen herauszufinden, ob ein Manuskript dem Sozialismus nütze oder schade"[57], bekennt das langjährige Leitungsmitglied der HV Verlage Christine Horn. Sich phasenweise in den 1970er und 1980er Jahren abzeichnende Tendenzen der Lockerung der direkten Zensur sind als taktische Manöver der SED-Kulturpolitik einzustufen, verbunden mit dem Versuch, den Zensurvorgang stärker in den Schreibprozess der Autoren sowie in die Lektoratsarbeit in den Verlagen vorzuverlegen.

Besonders in den 1950er und 1960er Jahren mussten sich die Schriftsteller und Künstler mit Kulturfunktionären auseinandersetzen, hinter deren engen Stirnen, wie Bertolt Brecht einmal sagte, der Frieden wohnte. Im Gegensatz zur großen Mehrheit der Bevölkerung, die den Bau der Berliner Mauer als ein Schwächezeichen des Regimes

54 Wochenübersicht 10/80: *Hinweis über die Pressekonferenz zum DEFA-Film „Solo Sunny" während der Filmfestspiele in Westberlin*, 04.03.1980. BStU, MfS, HA XX/AKG 162, Bl. 96–97.

55 Ebd.

56 Alfred Kurella in: Bericht der Kulturabteilung des ZK der SED, 05.10.1970. BArch, IV A/9.06./100.

57 Christine Horn: Staatliche Literaturaufsicht, Themenplan und Druckgenehmigungsverfahren. In: Siegfried Lokatis / Theresia Rost / Grit Steuer (Hrsg.): *Vom Autor zur Zensurakte. Abenteuer im Leseland DDR*. Halle: Mitteldeutscher Verlag 2014, S. 17–32, hier S. 26.

Abb. 2: *Oben*: Konrad Wolf (rechts) in dem SFD-Filmdokument *Michael Tschesno-Hell* (1977, R: Veronika Otten). *Unten*: Kurt Maetzig in *DEFA-Geschichte. Prof. Dr. Kurt Maetzig* (1977, R: Veronika Otten) im Gespräch mit der Redakteurin.

ansah, erhoffte sich die SED-Führung durch die „Abschottung vom Westen" eine Konsolidierung der DDR. Diese Überzeugung teilte damals auch mancher Schriftsteller und Künstler und verband mit der neuen politischen Situation die Hoffnung, souveräner, das heißt offener und selbstkritischer, mit der eigenen Entwicklung umgehen zu können.

Heiner Müller: „Da wurde die Mauer gebaut, und wir waren erleichtert, und wir fanden das richtig und notwendig. Eine ganz neue Möglichkeit zu arbeiten [...] und nun konnte man im Land kritisch und realistisch mit allem umgehen."[58] Doch schon wenige Wochen nach dem Mauerbau entpuppte sich diese Hoffnung als eine der zahlreichen Illusionen in Bezug auf diesen Staat. Es wurde Tacheles geredet.

58 Heiner Müller: *Krieg ohne Schlacht*. Köln: Kiepenheuer & Witsch 1994, S. 487.

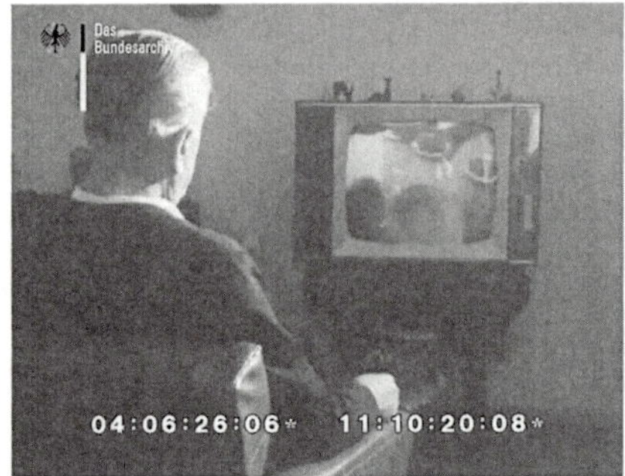

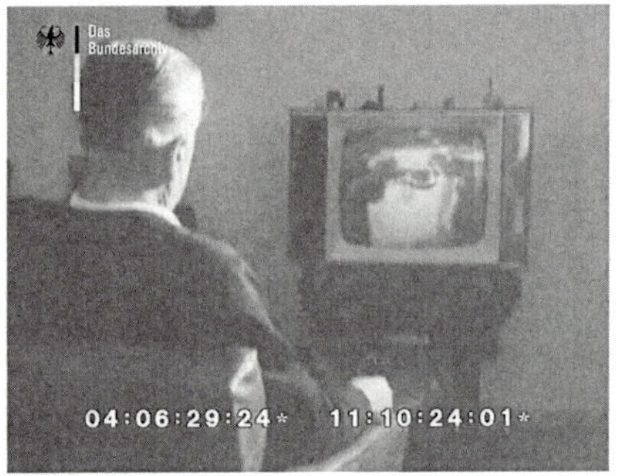

Abb. 3: Otto Gotsche im SFD-Filmdokument *Otto Gotsche. Schriftsteller, ehem. Staatsfunktionär* (1974, R: Veronika Otten).

Was darunter zu verstehen war, soll Walter Ulbrichts Sekretär Otto Gotsche ungeschminkt in dem Satz zusammengefasst haben: „Jetzt haben wir die Mauer, und jetzt werden wir jeden daran zerquetschen, der gegen uns ist“[59].

Unter der von Alfred Kurella, dem obersten Kulturfunktionär der frühen 1960er Jahre, ausgegebenen Überschrift „Wo wir nicht führen, geht es nicht in unsere Richtung“[60] mischte sich die Partei massiv in den Literatur- und Kunstbetrieb ein, verteilte nach außerästhetischen Maßstäben Zensuren zu neuen Büchern, Theaterstücken, Filmen und Musikstücken. Die SED-Funktionäre mahnten stets eine parteiliche Kunst an und übten durch die entsprechenden Partei- und Staatsorgane Zensur aus.

59 Müller: *Krieg ohne Schlacht*, S. 487.

60 Alfred Kurella in *Bericht der Kulturabteilung des ZK der SED*, 05.10.1970. BArch, IV A/9.06./100.

Beispielsweise wurde bei der Gegenwartsdramatik bemängelt, „dass bei den neuen Problemen und Sachverhalten die Größe und der Reichtum menschlichen Verhaltens noch nicht entdeckt ist“[61]. Auch das „ungenügende Erfassen des Persönlichkeitsbildes der sozialistischen Gemeinschaft beschränkt die Wirkung einiger neuer Werke. Auf dem Gebiet der Musik habe es zwar einige Fortschritte gegeben“ – genannt wird hier eine Kantate von Gerhard Rosenfeld mit dem Titel *Wenn die roten Früchte reifen*. Bemängelt wird jedoch noch immer, dass es „zu wenig große, massenwirksame, volkstümliche Werke (Opern, Sinfonien) [gibt], die dem optimistischen Lebensgefühl und der Siegesgewissheit unserer sozialistischen Gegenwart Ausdruck verleihen“[62]. Positiv vermerkt dagegen das Papier der Kulturabteilung des ZK zur gegenwärtigen kulturpolitischen Situation in der DDR im Jahre 1970:

> Auf dem Gebiet des Spielfilms ist die komplizierte Situation des Jahres 1965 (Eindringen des Entfremdungsmodells, Aufbau einer ‚kritischen Richtung‘) überwunden. Unter den Filmschaffenden ist durch ideologischen Klärungsprozess ein parteiliches Verhältnis zur sozialistischen Gegenwart gewonnen.[63]

Das bereits erwähnte Misstrauen der SED dem Wort gegenüber hing im Realsozialismus mit seiner scheinbaren visionären Macht zusammen. In diesem Sinne, so Lutz Rathenow, „verstanden die Gründer und Gestalter die DDR als verwirklichte Vision von Schriften“[64]. Vom Schriftsteller erwartete die Partei die kreative Fortsetzung dieser Visionen in den parteilich vorgezeichneten Bahnen. Auch bei der Einschätzung von Spielfilmen konzentrierten sich die Zensoren auf den Dialog und das gesprochene Wort, wie wir beispielsweise einem Brief der Kulturabteilung an den zuständigen ZK-Sekretär Kurt Hager entnehmen können.

> Im Zusammenhang mit der Aufführung und Aussprache des bereits geänderten Films *Spur der Steine* vor leitenden Kulturfunktionären gab es bei einigen Textstellen noch immer Bedenken. In der Weihnachtsszene sagt Elbers: „und hier bin ich ein halber Kriegsverbrecher.“

61 Ebd.

62 Ebd.

63 Ebd.

64 Lutz Rathenow: Was bleibt? Die Echos der DDR-Literatur nach dem Ende der DDR. In: *DeutschlandArchiv* 41,6 (2008), S. 980–984, hier S. 980.

> Balla verlässt Horrath [den Parteisekretär] mit den Worten „er hat mir abgeraten, in die Partei einzutreten".
> Wir glauben, dass es trotz dieser noch vorhandenen Meinungsverschiedenheiten möglich wäre, den Film einer kleinen Gruppe von Genossen des Politbüros – evtl. auch dem Genossen Walter Ulbricht zu zeigen.[65]

Kontrolltätigkeit und Zensurentscheidungen nach dem VIII. Parteitag der SED

Der auf dem VIII. SED-Parteitag im Juni 1971 eingeleitete Machtwechsel von Walter Ulbricht zu Erich Honecker hatte einen Paradigmenwechsel in der Wirtschaftspolitik von einer akkumulationsorientierten zu einer konsumorientierten Politik zur Folge. Honecker kündigte eine neue Einheit von Wirtschafts- und Sozialpolitik als künftiges Parteiprogramm an. Über die dritte Säule, die neue Sicherheitspolitik, ließ er dagegen öffentlich nur wenig verlauten. Der neue Parteichef griff in seiner Wirtschaftspolitik zu vielfältigen populistischen Maßnahmen, die der Bevölkerung beweisen sollten, dass es mit dem Sozialismus in der DDR bergauf gehe.

Mit der neuen Politik verbanden viele Künstler und Schriftsteller auch Hoffnungen auf eine Liberalisierung der Kulturpolitik. Schon bald nach seinem Amtsantritt, auf der 4. Tagung des ZK der SED im Dezember 1971, schien Erich Honecker die in seine Politik gesetzten Erwartungen zu bestätigen. Es war insbesondere sein Satz: „Wenn man von der festen Position des Sozialismus ausgeht, kann es meines Erachtens auf dem Gebiet von Kunst und Literatur keine Tabus geben"[66], der Illusionen hervorrief. Mit dieser vollmundigen Ankündigung wollte sich Honecker gezielt von Ulbrichts einstigen rigiden Bevormundungen gegenüber den Künstlern absetzen. Selbstverständlich nahmen Honecker und der Parteiapparat weiterhin für sich das Recht in Anspruch, dem ganzen Volk und damit auch den Künstlern den Weg zu weisen, ihnen Ziel und Orientierung vorzugeben, wenn sie vom rechten Weg abzukommen drohten. In dem Bestreben, die Reputation des Regimes nach innen und außen zu erhöhen, ließ die Parteiführung scheinbar die Zügel zunächst etwas lockerer. Für

65 Heinz Kimmel an Kurt Hager, 18.04.1966. BArch, IV A2/9.06/124.

66 Erich Honecker: Schlusswort auf der 4. Tagung des ZK der SED am 17.12.1971. In: Gisela Rüß (Hrsg.): *Dokumente zur Kunst-, Literatur- und Kulturpolitik der SED*. Stuttgart: Seewald 1976, S. 287–288, hier S. 287.

sie waren das flankierende Maßnahmen im Rahmen der SED-Entspannungspolitik. Ein weniger enger Umgang mit den Schriftstellern und Künstlern sollte als Zeichen entspannungsfreundlicher Politik und als Beweis guten Willens wirken.

Eine gelockerte kulturpolitische Atmosphäre diente der Kompensation materieller Mängel in der Bevölkerung und der Wirtschaft sowie der weiterhin bestehenden innenpolitischen Zwänge. Gleichzeitig warb die Partei um neues Vertrauen zwischen den Kulturschaffenden und der SED, um die wichtige Minderheit der Kulturarbeiter nach Jahren der Konfrontation zu befrieden.

Um sich auf die Situation einzustellen, sondierte das MfS zunächst einmal die Lage unter den Schriftstellern und Künstlern nach dem VIII. Parteitag der SED. Stasi-Minister Erich Mielke zur „neuen" Ausgangslage:

> Wie und von welchen Personen werden die Festlegungen des Parteitages verfälscht, um der Kulturpolitik von Partei und Regierung den Klasseninhalt zu nehmen, gegen die führende Rolle von Partei und Regierung und Staatsmacht aufzutreten und feindliche Ideologien und Auffassungen zu verbreiten? [...] Wo werden unter dem Deckmantel eines offenherzigen, sachlichen und schöpferischen Meinungsstreites Fehlerdiskussionen entwickelt, geduldet und gefördert, unberechtigte Forderungen gestellt? [...] Wie ist das gegenwärtige Verhalten profilierter Kulturschaffender, die durch ihr Schaffen bzw. ihre gesellschaftliche Stellung massenwirksam sind?[67]

Um den neuen Herausforderungen gewachsen zu sein, gelte es im kulturellen Bereich die tschekistische Grundfrage „Wer ist wer?" umfassend anzuwenden. Das bedeutete nichts anderes, als die politisch-ideologischen Grundeinstellungen aller Kulturschaffenden möglichst gründlich zu erkunden. Besonders sei dabei auf „Doppelzüngler" zu achten. Die Bildung feindlicher Stützpunkte müsse verhindert, bereits existierende unter Kontrolle gehalten und nach Möglichkeit „systematisch ausgeschaltet" werden. Es sei notwendig, „immer im Bilde zu sein". Erst am Schluss seiner langen Rede kam Erich Mielke auf die neuen Herausforderungen bei der operativen Bearbeitung der Kulturschaffenden zu sprechen.

> Bei feindlich-negativen Kulturschaffenden ist die Anwendung strafrechtlicher Maßnahmen nicht so ohne weiteres angebracht. Obwohl wir hier natürlich

67 Erich Mielke: *Analysierung der politisch- operativen Lage unter den Künstlern und Schriftstellern nach dem VIII. Parteitag der SED*, 15.11.1971. BStU, MfS, BdL-Dok 004527.

> ebenso die Beweise für solche Maßnahmen erarbeiten müssen. Aber die Vorgangsbearbeitung, die operative Bearbeitung solcher Personen und Gruppierungen muss von vornherein stärker auf die Zielsetzung ausgerichtet sein, zersetzend zu wirken, sie unglaubhaft zu machen und zu isolieren, Misstrauen zu erzeugen, um sie am feindlich-negativen Wirken zu hindern, um ihnen die Basis für ihr Wirksamwerden zu entziehen, um es ihnen nicht zu ermöglichen, ihre Rolle als politisch-ideologische Stützpunkte des Gegners wahrzunehmen. Erfolge der Vorgangsbearbeitung in dieser aufgezeigten Richtung sind politisch wirksamer als Festnahmen und Verurteilungen.[68]

Schriftstellerkongresse waren in der DDR stets ein wichtiger Indikator für das aktuelle kulturpolitische Klima. Auf dem VII. Schriftstellerkongress im November 1973 war der mit dem VIII. Parteitag eingeleitete kulturpolitische Kurs bestätigt worden. Die Vorstellung einer homogenen „sozialistischen Menschengemeinschaft" war aufgegeben und die Vielfalt der ästhetischen Positionen und Schreibweisen begrüßt worden. Die Dialektik von Individuum und Gesellschaft wurde als zentrales Problem benannt und eine Kollision der beiden Faktoren durchaus für möglich erklärt. Für einen kurzen Zeitraum erhielt die politische Zweckmäßigkeit, eine gewisse Weltoffenheit und scheinbare Liberalität nach außen zu demonstrieren, das Primat vor der ideologischen Beckmesserei früherer Jahre.

Doch schon damals war Euphorie nicht angebracht. Im Gegenteil, die Dogmatiker schürten nach Kräften die alten Konflikte. Bereits auf dem 9. ZK-Plenum im Mai 1973 gab SED-Chef Honecker einen ersten Warnschuss ab:

> Hier dem Neuen nachzuspüren, es aufzudecken und mitzugestalten, gelingt wohl nicht immer beim ersten Versuch und am wenigsten dadurch, dass versucht wird, eigene Leiden der Gesellschaft aufzuoktroyieren. Die in verschiedenen Theaterstücken und Filmen dargestellte Vereinsamung und Isolierung des Menschen von der Gesellschaft, ihre Anonymität in Bezug auf die gesellschaftlichen Verhältnisse machen schon jetzt deutlich, dass die Grundhaltung solcher Werke dem Anspruch des Sozialismus in der Kunst und Literatur entgegensteht.[69]

„Schon jetzt" – also offenbar vor einer weniger rücksichtsvollen Bewertung.

68 *Referat des Genossen Minister auf der Dienstbesprechung am 13.07.1972.* BStU, MfS, BdL-Dok 005698.

69 Vgl. Erich Honecker: Bericht des Politbüros an die 9. Tagung des ZK der SED am 28.5.1973. In: Rüß (Hrsg.): *Dokumente zur Kunst-, Literatur- und Kulturpolitik der SED*, S. 776–778, hier S. 777.

> Manches mutet Bürgern unserer Republik, die sich mit ihrem sozialistischen Staat fest verbunden fühlen, Arbeitern, Genossenschaftsbauern und Angehörigen der Intelligenz, die ihn aufgebaut haben und Hervorragendes für seinen weiteren Fortschritt leisten, zu viel Selbstverleugnung zu. Sie stellen, und wir meinen mit Recht, in Abrede, dass bestimmte Kunstwerke zur weiteren Herausbildung sozialistischer Denk- und Verhaltensweisen beitragen.[70]

Der Lyriker Volker Braun hat das Beharrungsvermögen der alten SED-Kader in dem – Anfang der 1970er Jahre entstandenen – Gedicht *Eigene Kontinuität* auf seine Weise beschrieben:

> Während wir beinahe gekonnt
> Um die Ecke biegen, erklären wir ruhig,
> Daß wir die Richtung beibehalten.[71]

Die SED-Zensurpolitik der 1980er Jahre

Bei aller Konzeptionslosigkeit der SED-Parteiführung in Sachen Kulturpolitik der 1980er Jahre behielt sie beim Thema Zensur jedoch die Grundrichtung bei. Es existierte zwar keine ausformulierte Richtlinie dazu, welche unausgesprochenen Wahrheiten in belletristischen Texten nicht erscheinen durften. Nach Auskunft der langjährigen Sektorenleiterin der HV Verlage, Christine Horn, waren jedoch folgende Themen Tabu: „Darstellungen zu Republikflucht, Mauer oder Ausreise, zum mangelnden Umweltschutz, zur Geschichte der Arbeiterbewegung zur Zeit des Faschismus, zur Geschichte der DDR, wenn sie die Standpunkte der Geschichtswissenschaft bzw. Parteieinschätzungen überschritten“. Ferner: „Geschichtspessimismus, satirische-komische Darstellungen von Funktionären, Leitern oder Leuten der Staatssicherheit, Fehlentwicklungen durch das Erziehungswesen, Kriminalität, Rechtsprechung und Erfahrungen mit dem Stalinismus“.[72]

In deren Folge kam es schließlich auf dem X. Schriftstellerkongress (November 1988), in Abweichung von den vorausgegangenen Kongressen dazu, dass alle wichtigen Konflikte der letzten Jahre, sowohl die neu aufgetretenen als auch die alten ungelösten, mehr oder weniger deutlich zur Sprache kamen. Beflügelt von Glasnost und Perestroika

70 Ebd.

71 Volker Braun: *Gedichte*. Frankfurt am Main: Suhrkamp 1979, S. 70.

72 Horn: Staatliche Literaturaufsicht, S. 28.

in der Sowjetunion und von dem Ärger über die entschiedene Abwehr der SED-Führung gegenüber diesen Reformbestrebungen, wurden Themen wie die fortschreitende Umweltzerstörung, die Bewertung der Stalinzeit, der Umgang mit Friedrich Nietzsche und auch die Forderung, endlich die staatliche Zensur abzuschaffen, angesprochen. Deutlich mehr Autoren und Autorinnen als bei den vorausgegangenen Kongressen fühlten sich zu kritischen Beiträgen gedrängt. Im Mittelpunkt der Diskussionen im Plenum und in den Arbeitsgruppen standen dabei Forderungen nach der Abschaffung der staatlichen Zensur, einer Veränderung der Informations- und Medienpolitik entsprechend den Erfordernissen der Gegenwart, die Schaffung neuer staatsunabhängiger Strukturen im kulturell-künstlerischen Bereich, die Wiederaufnahme ausgeschlossener Kollegen in den Verband[73] und der Ruf nach einer offensiven Umweltschutzpolitik.
In der Matrix des MfS wurden selbst zu dem parteilichen Grundsatzreferat des Verbandspräsidenten Hermann Kant noch Bedenken laut. Einerseits habe er zwar durch „das Ansprechen von Problemen in der gesellschaftlichen Entwicklung der DDR, negativen bzw. die gesellschaftlichen Verhältnisse ablehnenden Personenkreisen Diskussionsstoff entzogen", aber andererseits stellte sich für das MfS die Frage,

> ob nicht gerade durch die inhaltliche Abfassung des Referates hinlänglich operativ bekannte Personen, die bereits in der Vergangenheit mit negativen oder sozialistischen Verhältnissen in der DDR entstellendem Gedankengut in Erscheinung getreten sind, ermuntert oder sogar herausgefordert waren, ihre Auffassungen in Anwesenheit der erstmals im Plenum zugelassenen Westjournalisten öffentlichkeitswirksam kund zu tun.[74]

Blicken wir auf die Welt des DDR-Theaters in den späten 1980er Jahren zurück, so bietet sich in der Tat eine widersprüchliche Szenerie. Einerseits repräsentierten auch zu diesem Zeitpunkt noch die Theater als staatliche Institutionen einen Teil der offiziellen SED-Kulturpolitik. Gleichzeitig boten jedoch die Theater mit ihren Inszenierungen

73 1979 wurden mehrere Schriftsteller aus dem Schriftstellerverband ausgeschlossen. Darunter Kurt Bartsch, Adolf Endler, Klaus Schlesinger, Erich Loest und Stefan Heym.

74 HA XX/7: *Information über die Ergebnisse des X. Schriftstellerkongresses der DDR und die sich daraus ergebenden politisch-operativen Schlussfolgerungen.* BStU, MfS, HA XX 4808, Bl. 12.

immer wieder auch einen gewissen Freiraum, in dem kleine Wahrheiten ausgesprochen wurden. Anders als das ideologisch streng angeleitete Fernsehen der DDR, wie auch der Rundfunk, erreichte das Theater erheblich weniger Menschen,[75] eröffnete aber gerade deshalb zumindest an manchen Bühnen ein Refugium für ästhetisch eigenwillige und zuweilen auch politisch provokante Aufführungen. Dessen ungeachtet stand das künstlerische Schaffen bis zum Ende der DDR unter dem Vorbehalt eines möglichen Eingriffs seitens der Staatsmacht. Sämtliche Spielpläne unterlagen der Genehmigungspflicht von Staat und Partei. Neue Stücke benötigten vor der Uraufführung eine Zulassung durch das Ministerium für Kultur. Zahlreich und vielfältig waren die entsprechenden Restriktionen, mit denen die SED-Kulturpolitik die Künstler bevormundete. Immer wieder mussten die Theatermacher auf zentraler oder lokaler Ebene um Aufführungsgenehmigungen kämpfen. Selbst Premieren von bereits genehmigten Stücken wurden ein ums andere Mal kurzfristig abgesagt. Direkte Eingriffe ins Bühnenbild oder auch die Streichung von missliebigen Textpassagen durch Partei- und Staatsfunktionäre kamen immer wieder vor. Zusätzlich unterlagen auch die Theater einer Objektüberwachung durch das MfS und einer Infiltration durch Inoffizielle Mitarbeiter der Stasi.[76]

Wie obsolet die Zensurmaßnahmen im DDR Literatur- und Kulturbetrieb geworden waren, beschrieben auf dem X. Schriftstellerkongress ganz ungeschminkt Günter de Bruyn und Christoph Hein. In einer mit viel Beifall bedachten Rede wandte sich de Bruyn vor dem Plenum gegen die Zensur in der DDR. Eine Gesellschaft, die dieses Verfahren nicht abschaffe, verliere ihr Ansehen, argumentierte er. Sein Kollege Christoph Hein griff das bestehende Zensursystem noch weitaus radikaler an, indem er sagte: Das Genehmigungsverfahren, die staatliche Aufsicht, kürzer und nicht weniger klar gesagt: die Zensur der Verlage und Bücher, der Verleger und Autoren ist überlebt, nutzlos, paradox, menschenfeindlich, volksfeindlich,

75 Im Durchschnitt etwa 10 Millionen Zuschauer pro Jahr.

76 Jürgen Balitzke: *Castorf, der Eisenhändler. Theater zwischen Kartoffelsalat und Stahlgewitter.* Berlin: Links 1995; Matthias Braun: Dramaturgie der Repression – Der ZOV Bühne. In: Lutz Niethammer / Roger Engelmann (Hrsg.): *Bühne der Dissidenz und Dramaturgie der Repression. Ein Kulturkonflikt in der späten DDR.* Göttingen: Vandenhoeck & Ruprecht 2014, S. 121–236.

ungesetzlich und strafbar.[77] Spätestens in den fünfziger Jahren, so Hein, hätte die Zensur zusammen mit den Lebensmittelmarken verschwinden müssen.

Fazit

Insgesamt gesehen bedeutete Zensur im DDR-Kulturbetrieb die Unterdrückung kritischer bzw. vom sozialistischen Realismus abweichender Äußerungen in Schrift, Bild, Wort und Ton, durch Beeinflussung, Disziplinierung und Maßregelung der Schriftsteller und Künstler.[78] In der „literarischen Zensur" reichten die Methoden von leichten Textänderungen bis zum absoluten Publikationsverbot (in anderen Kunstgattungen Auftritts-, Aufführungs- und Ausstellungsverbot), von der sozialen Ausgrenzung über Berufsverbot, Observation, Kriminalisierung und Inhaftierung missliebiger Schriftsteller/Künstler (überwiegend durch das MfS) bis zur Ausbürgerung oder der erzwungenen Ausreise in den Westen.

Nach bisherigen Forschungsergebnissen wurden in der DDR allein mehr als 100 Autorinnen und Autoren wegen ihrer Texte verhaftet. Noch im Oktober 1989 wollte die Staatsmacht eine Schriftstellerin hinter Schloss und Riegel bringen.[79]

Parallel zu diesen Repressionsmaßnahmen gab es mildere Restriktionen, wie die Untersagung öffentlicher Lesungen, eine wiederholte Verzögerung der Buchveröffentlichung bzw. die Genehmigung der Publikation in nur äußerst geringer Auflage, den Verzicht auf Nachdrucke sowie den Ausschluss aus dem Verband (quasi Berufsverbot) oder der Partei sowie die Nichtgenehmigung von Reisen ins westliche Ausland. Viele der hier aufgezählten Maßnahmen wurden häufig parallel zueinander eingesetzt, sie konnten aber auch einzeln und fallweise angewandt werden. Dabei war für den einzelnen Künstler nicht voraussehbar, welche Maßnahmen in seinem konkreten Fall in Gang

77 Christoph Hein: o. T. In: *Protokoll des Schriftstellerverbands der DDR. Arbeitsgruppen*, Bd. 2. Berlin (Ost): Aufbau 1988, S. 228–231, hier S. 228.

78 Vgl. zum Thema Zensur u. a. Robert Grünbaum: Zensur in der DDR: Restriktion und Emanzipation der Schriftsteller im literarischen Schaffensprozess. In: Heiner Timmermann (Hrsg.): *Die DDR – Politik und Ideologie als Instrument.* Berlin: Duncker & Humblot 1999, S. 551–566.

79 Gegen die Schriftstellerin Heidemarie Härtl wurde noch im Oktober 1989 ein Haftbefehl ausgestellt, aber dann nicht mehr umgesetzt.

gesetzt werden könnten. Der Zensurvorgang als solcher war ganz bewusst unpräzise und dementsprechend seine Folgen schwer zu kalkulieren. Es gab keinen unmittelbar durchschaubaren, fest umrissenen Ge- und Verbotskatalog für das Schreiben, Filmemachen, Malen oder auch Theaterspielen.

Im Unterschied zu anderen sozialistischen Ländern gab es in der DDR keine offizielle Zensurbehörde. Beispielsweise sucht man vergeblich nach einem Druckgenehmigungsgesetz. So war es möglich, Einzelfallentscheidungen zu treffen und bei der Erteilung von Druckgenehmigungen, von Reisen, der Freigabe von Filmen, der Aufführungsgenehmigung für ein einzelnes Theater immer wieder Ausnahmen von den Regeln zu machen. Hierbei gaben nicht selten aktuelle kulturpolitische Erwägungen des SED-Machtapparates den Ausschlag, dessen Kurs im Literatur- und Kunstsektor durchaus schwankend, in den 1980er Jahren zunehmend „chaotisch und ohne strategisches Konzept" war.[80]

1989 wurde zwar das Verfahren zum Erwerb der „Druckgenehmigung" leicht verändert, das Genehmigungsverfahren als solches – und damit die Zensur – blieb aber entgegen der vom ehemaligen „Buchminister" Klaus Höpcke in die Welt gesetzten Legende insgesamt bestehen. Auch 1989 galt in der DDR für belletristische Werke noch der Parteibeschluss, „dass keine den Grundsätzen unseres Staates und unserer Gesellschaft widersprechende Literatur veröffentlicht wird".[81]

Auf den ideologischen Kernbereich der SED – gemeint sind damit die im Schulbuchverlag Volk und Wissen und im offiziellen Parteiverlag Dietz, den Sprachröhren der SED, veröffentlichten Texte – traf das 1989 auf die Verlage delegierte Genehmigungsverfahren ohnehin nicht zu. Sie wurden weiterhin vom Ministerium für Volksbildung bzw. dem ZK der SED direkt angeleitet.

Für den Bereich der Druckgenehmigungen, für die nicht-lizenzpflichtigen Verlage bzw. für das nicht-verlagsgebundene örtliche Druckgenehmigungsverfahren wurden sogar bis zum Ende der 1980er Jahre verschärfte Bestimmungen ausgearbeitet, in die auch die Kirchen und Religionsgemeinschaften miteinbezogen werden sollten. Durch

80 Vgl. Manfred Jäger: *Kultur und Politik in der DDR*. Köln: Wissenschaft und Politik 1994, S.187–263.

81 Vgl. Klaus Höpcke: *Geordnete Verhältnisse?* Schkeuditz: GNN 1996, S.207.

die friedliche Revolution erhielten diese Überlegungen aber keine Gesetzeskraft mehr. Erst der Beschluss der Volkskammer über die Gewährleistung der Meinungs-, Informations- und Medienfreiheit vom 5. Februar 1990 verbot jegliche Zensur und schaffte die Lizenzpflicht im Bereich der Druckmedien in der DDR ab. Mit der „Anordnung über die Aufhebung von Rechtsvorschriften auf dem Gebiet des Verlagswesens“ vom 15. März 1990 wurden die noch geltenden restriktiven Anordnungen endgültig außer Kraft gesetzt.

Verbote, mal häufiger, mal seltener, begleiten die DDR-Filmgeschichte. Der spektakulärste und berühmteste Fall von radikaler Zensurausübung durch die SED im Verbund mit den staatlichen Organen, aber bei weitem nicht der einzige, war das Verbot von zwölf Spielfilmen in der Folge des 11. Plenums des ZK der SED im Dezember 1965. Aufs Ganze gesehen, sind die darüber hinaus verbotenen bzw. stark behinderten Spielfilme wie *Das Beil von Wandsbek* (1951), *Sonnensucher* (1959), *Die Russen kommen* (1968), *Der verlorene Engel* (1971), *Jadup und Boel* (1980) sehr unterschiedlich. Neben diese Spielfilme, die verboten wurden, ließen sich problemlos weitere Filme stellen, die ebenso viel „Sprengstoff“ enthielten, aber nicht verboten wurden.

Andere Möglichkeiten, den Wirkungsradius eines Films fast auf Null einzuschränken, waren etwa die minimale Herstellung von Kopien oder eine begrenzte Zahl von Tageskritiken in festgelegten Zeitungen.[82] Zuweilen wurden DEFA-Filme, wie etwa *Abschied* (1968, R: Egon Günther) oder auch *Die Schlüssel* (1974, R: Egon Günther) formal zwar nie verboten, sie gelangten ‚bloß‘ nicht mehr in den Kinos der DDR zur Aufführung. Die Leitung der DEFA war Gesamtauftraggeber und zugleich Produzent. Sie agierte oft zwischen den Vorgaben der Partei, einem Kinopragmatismus und den Kunstforderungen der Filmemacher. Die staatliche Leitung forderte und förderte (als Produzent), verhinderte und verbot vorsorglich oder auftragsgemäß (als Funktionär). „Ihre Zwitterfunktion in der Hierarchie von Staat und Partei ergab zunehmend die schlimmstmögliche Wirkung jeder Verwaltung: Lähmung.“[83]

82 *Der verlorene Engel* (1971, R: Ralf Kirsten) wurde beispielsweise nach fünfjährigen Querelen 1971 mit lediglich fünf Kopien und ohne Werbung sehr zurückhaltend eingesetzt.

83 Klaus Wischnewski: Die Darstellung des DDR-Alltags im DEFA Spielfilm. In: Filmarchiv Austria (Hrsg.): *Der geteilte Himmel. Höhepunkte des DEFA-Kinos 1946–1992.*

Zensur hat in der ostdeutschen Literatur -und Kunstlandschaft tiefe Spuren hinterlassen und so manche Biographie beschädigt. Zur Geschichte der künstlerischen Zensur gehörten aber auch die von ihr bei den Zensierten ausgelösten Gegenstrategien in allen Kunstbereichen, sowie die Entwicklung individueller Taktiken (Anpassungen, Auflehnungen etc.) in der Auseinandersetzung mit den Zensoren. Ein nicht zu unterschätzender Nebeneffekt der SED-Zensurpolitik ist daher, dass sie zur Herausbildung und Etablierung einer subversiven Kulturszene in einigen größeren Städten der Republik führte, wie etwa in Berlin, Leipzig und Karl-Marx Stadt (heute wieder Chemnitz).
Die hier skizzierten Zensurmechanismen und Zensurfälle aus dem Literatur-, Film-, Theater- und Kunstbetrieb verdeutlichen insgesamt ein grundlegendes Systemdefizit der DDR. Die Ursachen für Irritationen, egal in welchem gesellschaftlichen Bereich, wurden nur in Ausnahmefällen in sich selbst gesehen und notwendige Lernprozesse nicht in Gang gesetzt. Stattdessen wurden nicht selten kritische Bücher, Filme, Bilder, Theaterinszenierungen usw. als Störung empfunden und – als nicht zum System gehörend – durch Zensur ausgeschaltet. Diese Vorgänge zeigen uns, mit Niklas Luhmann und Johannes Berger gesprochen, wie eine selbstreferenzielle, autopoietische Organisation der Teilbereiche oder ganzer Systeme be- bzw. verhindert wird. Da aber alle einmal in Gang gesetzten Systeme auf eine verbesserte Funktionserfüllung abzielen, besteht die entscheidende Bedingung für die stetige Modernisierung darin, dass keine systemischen Stoppregeln für innersystemisches Handeln gesetzt werden.[84] Weil dies in der DDR nicht der Fall war, musste das System fast zwangsläufig zugrunde gehen.

Wien: Filmarchiv Austria 2001, Bd. 2, S. 25–35, hier S. 26.

84 Johannes Berger: Modernitätsbegriffe und Modernitätskritik in der Soziologie. In: *Soziale Welt* 39,2 (1988), S. 224–236.

Jenseits der ‚zeitbedingten Vertraulichkeit'?

Die Staatliche Filmdokumentation und die *Sonderöffentlichkeit* Kirche

Axel Noack

Jetzt kommt – der Titel deutet es an – vermutlich etwas mehr Exotisches auf Sie zu: Das Thema „Kirche" in der Staatlichen Filmdokumentation.

1. Bei dem ersten Film handelt es sich um einen Film über den christlichen Keramiker Christian Richter, Titel: *Christian Richter. Christ und Keramiker* (1983, Redaktion: Thomas Grimm, Kamera: Roland Worel, Holger Jahn. 18 min, Farbe).[1]
2. Vergleichbar gestaltet ist auch der zweite Film in der Länge von fast einer Stunde, ein Porträt über den Konsistorialpräsidenten und späteren Ministerpräsidenten des Landes Brandenburg, Manfred Stolpe. Titel: *Zwischen Konsistorium und Synode. Unterwegs mit Konsistorialpräsident Manfred Stolpe. Eine Filmdokumentation* (1984, Redaktion: Thomas Grimm, Kamera: Klaus Schmidt, Holger Jahn. 56 min, Farbe).
3. Drittens geht es um die Dokumentation einer Synodaltagung des Bundes der evangelischen Kirchen in der DDR aus dem Jahre 1984. Titel: *Verantwortung für die Schöpfung. Berichte von der 4. Tagung der IV. Synode des Bundes der Evangelischen Kirchen in der DDR. 21.–25. September 1984 in Greifswald* (1984, Redaktion:

1 Anmerkung der Herausgeberin: Dieser Film entstand für die ursprünglich geplante SFD-Dokumentationsreihe *Bewegung für den Frieden in der DDR* (verantwortlich: Thomas Grimm). Die „Kirchenfilme" gehörten zu den ersten SFD-Farbproduktionen. Vgl. zur Geschichte dieser Filme auch den Beitrag von Anne Barnert, S. 131–139.

Thomas Grimm, Kamera: Klaus Schmidt, Holger Jahn. 58 min, Farbe).

Die drei Filme sind fertige, aufführbare Arbeiten. Sie haben einen Titel, nennen (zum Teil) Zwischentitel und verfügen über einen Abspann. Auch wenn diese Zugaben mit denkbar einfachen Mitteln gestaltet worden sind, wäre es ohne weiteres möglich, diese Filme als Dokumentationen vorzuführen. Dennoch lässt sich an allen Filmen zeigen: In der DDR wären diese Filme nie öffentlich gezeigt worden.

Das erste Beispiel: *Christian Richter. Christ und Keramiker* (1983)

Den christlichen Keramiker Christian Richter (1935–2014) erleben wir als einen frommen, betenden und singenden Menschen in seiner Familie und seinem Arbeitsumfeld.[2] Er gibt sich deutlich als Pazifist zu erkennen, der auch klar davon spricht, dass er damit rechnet, durch diese Haltung Nachteile in Kauf nehmen zu müssen. Er hat eine eigens gestaltete Schautafel in seinem Garten am Zaun aufgestellt und zeigt pazifistische Symbole, die in der DDR ganz bestimmt nicht in einem Film ins Bild gerückt worden wären. Es steht sogar zu vermuten, dass er immer wieder genötigt worden ist, seine „feindlich-negative" Tafel entfernen zu sollen. Hier wird sie per Film dokumentiert. Auf seiner „Wandzeitung" lädt er zum Friedensgebet des Pankower Friedenskreises ein.[3] Wie sehr er mit seiner Haltung auch in seine Familie mit fünf Kindern hineinwirkt, zeigt der gemeinsame Gesang der alten Friedensbitte *Dona nobis pacem*, der den Film einleitet und beschließt.[4]

2 Seine Werkstatt befand sich im Norden von Berlin, in Schildow.

3 Vgl. Marianne Subklew (Hrsg.): *Ich wurde mutiger – Der Pankower Friedenskreis – politische Selbstbehauptung und öffentlicher Widerspruch. Interviews und Dokumente aus 20 Jahren.* Berlin: Selbstverlag 2003; Marianne Subklew-Jeutner: *Der Pankower Friedenskreis. Geschichte einer Ost-Berliner Gruppe innerhalb der Evangelischen Kirchen in der DDR 1981–1989.* Osnabrück: Der Andere Verlag 2004.

4 Anmerkung der Herausgeberin: Entsprechend der dem Film ursprünglich zugedachten Einordnung in den Themenkomplex *Bewegung für den Frieden in der DDR* entstand *Christian Richter. Christ und Keramiker* unter dem Arbeitstitel *Dona nobis pacem.* Der später geänderte Titel bildet diesen christlich-pazifistischen Kontext nicht mehr ab. In ähnlicher Weise bleibt auch der Titel des dritten Filmes *Verantwortung für die Schöpfung* vage: Gemäß Titel der dokumentierten Veranstaltung hätte dieser Film *Christliche Verantwortung für die Schöpfung* heißen müssen. – Vgl. auch Abb. 4, S. 239.

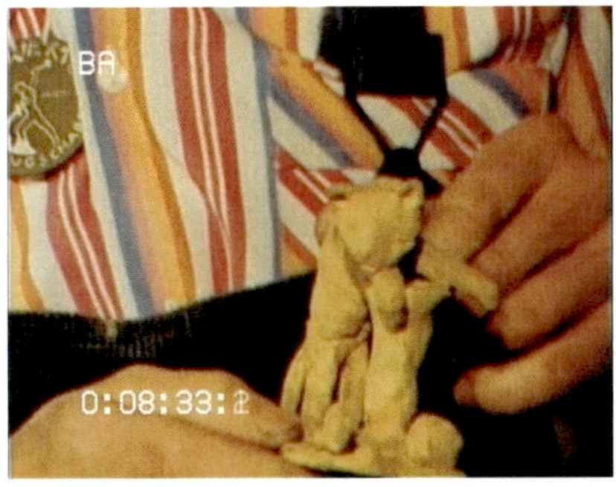

Abb. 1: *Oben*: Christian Richter mit der Plakette *Schwerter zu Pflugscharen* am Hals. / Die Plakette an der Wand seiner Werkstatt. *Unten*: Ein pazifistisches Plakat an der Wand seiner Werkstatt. / Richter vor seiner Schautafel zur Straße hin. SFD-Filmdokument *Christian Richter. Christ und Keramiker* (1983, R: Thomas Grimm).

Christian Richter, langjähriger freischaffender Handwerksmeister und Mitglied im Künstlerverband, gestaltete vor allem Tierplastiken für Kindergärten und Kinderheime. Seine eigenen Kinder wurden schon sehr frühzeitig an solche Arbeiten herangeführt und stolz präsentiert Christian Richter die ersten Arbeiten seiner vierjährigen Tochter Tabea.

Als Keramiker – auch das zeigt der Film deutlich – fertigte er plastische Abbildungen des in der DDR lange Zeit so umstrittenen Symbols „Schwerter zu Pflugscharen", das zum Symbol der Friedensbewegung schlechthin geworden ist.[5] Er selbst trägt dieses Symbol während der

5 Gemeint ist die graphische Nachbildung der Bronze-Plastik von Jewgeni Wutschetitsch, die die Regierung der Sowjetunion im Jahre 1959 der UNO zum Geschenk gemacht hatte.

Filmaufnahmen als Plakette an einer Schnur um seinen Hals. Auch wenn im Jahre 1983, als der Film gedreht wurde, die härteste Phase der Verfolgung Jugendlicher, die dieses Symbol als Aufnäher an ihren Jackenärmeln trugen, mittlerweile abgeklungen war – öffentlich gezeigt wurde das Symbol dennoch nicht. Richter bewegt sich da in einer Grauzone, weil für keramische Darstellungen keine „Druckgenehmigung" eingeholt werden musste.
Auch die ersten textilen Lesezeichen und Aufnäher, die auf Vliesstoff gedruckt worden waren, umschifften als „textile Oberflächenveredlung" das Druckgenehmigungsverfahren. Das alles macht den Film so interessant. Er zeigt uns einen unangepassten glaubenden Familienvater. Wir sehen eine gar nicht typische DDR-Existenz mit seinem Leben in Familie, Werkstatt, Haus und Garten. Alles in allem ein schönes Porträt von erstaunlicher Offenheit.
Übrigens: Die *Potsdamer Neuesten Nachrichten* zeigen auf ihrer Internetseite ein Foto aus dem Jahre 2011, auf welchem der Keramiker Christian Richter Manfred Stolpe zu dessen 75. Geburtstag einen getöpferten Kerzenleuchter mit einer brennenden Kerze überreicht.[6] Dieser Hinweis soll der Überleitung zum zweiten Film dienen.

Das zweite Beispiel: *Zwischen Konsistorium und Synode. Unterwegs mit Konsistorialpräsident Manfred Stolpe. Eine Filmdokumentation* (1984)

Ganz ähnlich gestaltet ist auch der Film über Manfred Stolpe, der ihn in den verschiedenen Arbeitsbereichen, in denen er zu tun hat, sehr freundlich zeichnet. Die Zwischentitel deuten an, um welche Tätigkeitsfelder es sich jeweils handelt:

1. storkow juni 1984 jugendheim hirschluch der evangelischen kirche berlin brandenburg
2. berlin juni 1984 konsistorium der evangelischen kirche berlin-brandenburg arbeitszimmer des konsistorialpräsidenten
3. berlin juni 1984 kirchliches bauamt beratung mit den architekten horst göbel, heinz tellbach, werner arndt
4. berlin juni 1984 Bauplatz berliner dom gespräch mit dem architekt rüdiger hoht

6 Link zum Foto: http://www.pnn.de/mediathek/427146/3/ (Zugriff am 02.05.2015).

5. berlin juni 1984 arbeitsgruppe menschenrechte beim bund der evangelischen kirchen in der ddr generalsuperintendent dr. günther krusche, oberkirchenrätin christa lewek, pfarrer dr. götz planer-friedrich

6. potsdam juni 1984 bei familie stolpe

7. greifswald september 1984, 4. tagung der 4. synode des bundes der evangelischen kirche in der ddr jakobikirche

Schon bei diesem Film ist einiges Hintergrundwissen nötig, um wirklich zu verstehen, was da erzählt, und auch, was da verschwiegen wird. Zunächst begegnet uns Stolpe auf einer Jugendfreizeit in Hirschluch bei Storkow. Das war damals ein ganz typischer Vorgang: zu solchen Freizeiten bzw. Rüstzeiten, wie sie damals hießen, wurden Vertreter der Kirchenleitung zum „Bericht zur Lage" eingeladen. Dabei handelte es sich regelmäßig um kirchliche, kirchenpolitische und auch um politische Informationen, also um so etwas wie „politische Bildung". Geschuldet waren diese Unternehmen der schlichten Tatsache, dass solche Informationen nicht hätten gedruckt werden dürfen und also nur mündlich weiterzugeben waren.
Wer die weitere Geschichte kennt, kann schon sehr plastisch erleben, wie souverän Manfred Stolpe den Film und das Filmteam einsetzt, um es auch gleich ein Stück dazu zu benutzen, Informationen an die richtigen Stellen weiterzugeben. Er scheint jedenfalls vermutet zu haben, dass die Aufnahmen nicht nur für das Archiv gefertigt worden sind. (Eine ganz ähnliche Beobachtung lässt sich an dem Gespräch mit dem Dombauarchitekten (Kapitel 4) machen: Stolpe spricht hier weniger zum Architekten als zum Filmteam und damit zur Öffentlichkeit.) Das ist so seine Art. Freilich, der kurze Ausschnitt vermittelt nur ganz unvollkommen die Brisanz, die solche „Berichte zur Lage" oft hatten.
Ein weiterer Ausschnitt zeigt Manfred Stolpe im Alltag seiner Büroarbeit im Berliner Konsistorium in der Neuen Grünstraße. Hier schließt sich eine Art Baubesprechung mit den Architekten zum Neubau eines kirchlichen Gemeindezentrums in Potsdam am Stern an.[7] Der Neubau von Kirchen und/oder Gemeindehäusern war in der DDR erst möglich, als die Devisenknappheit überwog und man sozusagen für „Westgeld" sogar Kirchen kaufen konnte. Dass die

7 Bilder von diesem Gemeindezentrum vermittelt die Website der Kirchengemeinde: http://www.sternkirche-potsdam.de/ (Zugriff am 02.05.2015).

Abb. 2: Manfred Stolpe zu Besuch im evangelischen Rüstzeitheim Hirschluch. SFD-Filmdokument *Zwischen Konsistorium und Synode* (1984, R: Thomas Grimm).

Kirchengemeinden massiv darum zu streiten hatten, dass wenigstens die Gardinen oder die Bestuhlung gegen DDR-Währung gekauft werden konnten, wird nicht erzählt.[8] Hart angeschnitten an diese Besprechung mit den Architekten folgt ein Bericht darüber, wie Stolpe die Baustelle des Berliner Doms besucht. Auch hier wird er im Gespräch mit dem verantwortlichen Architekten gezeigt. Eingeweihte wissen natürlich, dass der Dombau – so die Auflage des Staates – zur Voraussetzung für die Möglichkeiten zum Bau neuer Kirchen überhaupt gemacht worden war. Alles musste mit Devisen

8 Auf der Synodaltagung, über die der nächste Film handelt, war auch dies Thema. Im Beschlusstext der Synode heißt es: „Die Synode bittet die Konferenz der Kirchenleitungen, sich um Bereitstellung von Baukapazitäten in Mark der DDR zu bemühen, die für die Erhaltung und Instandsetzung kirchlicher Gebäude dringend notwendig sind, um sie vor dem Verfall zu bewahren." Rechenschaftsbericht der Konferenz der Kirchenleitungen. In: *Mitteilungsblatt des Bundes der Evangelischen Kirchen in der Deutschen Demokratischen Republik* (MBB) 5/6, 10.12.1984, S. 62–70.

Abb. 3: *Oben*: Kamerablick vom Dom auf den Palast der Republik. / Kirche und Staat: Spiegelung des Domes im Palast. *Unten*: Manfred Stolpe (rechts) im Gespräch mit dem Architekten. / Kamerablick vom Dom auf den Palast der Republik. SFD-Filmdokument *Zwischen Konsistorium und Synode* (1984, R: Thomas Grimm).

bezahlt werden. Neben dem Palast der Republik sollte keine Domruine stehen. Also wurde ein Zusammenhang hergestellt zwischen dem „Sonderbauprogramm" für Kirchen in neuen Städten und dem Wiederaufbau des Berliner Domes. Auch im Film trifft beides deutlich aufeinander, allerdings wird der wirkliche Zusammenhang nicht erwähnt. Stolpe macht deutlich, welche Bedeutung die Kirche – nach anfänglicher Zögerlichkeit – dem Dom in seinem gewaltigen Ausmaß an dem zentralen Platz neben dem Palast der Republik zurechnet. O-Ton Stolpe im Film: „Hier manifestiert sich das Vorhandensein von Kirche in der Gesellschaft in einer unübersehbaren Weise." Er spielt dabei sogar auf den Umstand an, dass sich der Dom in der Glasfassade des Palastes der Republik spiegelt, was die Kamera dann auch exakt einfängt.

In dem kurzen Kapitel über eine Beratung der kleinen Arbeitsgruppe „Menschrechte" beim Kirchenbund kommt Stolpe fast gar nicht zu Wort. In längeren Interviews erläutert der Berliner Generalsuperintendent Günther Krusche Sinn und Auftrag dieser Arbeitsgruppe. Oberkirchenrätin Christa Lewek deutet in ihrem Wortbeitrag auf eine damals heftig debattierte Nuance des Themas hin: auf den Konflikt zwischen den sogenannten „kollektiven" und den „individuellen" Menschenrechten, also den klassischen bürgerlichen Freiheitsrechten. Es waren schließlich die Basisgruppen der Kirche, die die Kirche daran erinnerten, dass individuelle Freiheitsrechte nötig sind, damit kollektive Wohlfahrt des Staates gestaltet werden kann.

Dann wird Manfred Stolpe im privaten Lebensbereich, in seinem Wohnumfeld in Potsdam, gezeigt. Er sitzt mit seiner Frau – einer Ärztin – im Garten und spricht über das Gesundheitswesen, über Bäume und Gartenbau. Es schließt sich ein Gespräch mit den Filmemachern in Stolpes Wohnung an. Hierbei handelt es sich um das einzige längere Interview, das die Filmemacher in diesem Film führen.

Schließlich folgt ein kurzer Einblick in die Synodaltagung vom September 1984. Hier wird – neben Bildern vom Tagungsraum und einem kurzen Interview mit Stolpe nach Abschluss der Tagung – vor allem Stolpes Plenarbeitrag als Teil der Antwort der Konferenz der Kirchenleitungen auf die Debatte über den Rechenschaftsbericht dieser Konferenz gezeigt. Leider fehlt genau dieser Teil im eigentlichen Film über diese Synodaltagung.

Alles in allem handelt es sich auch im Falle Stolpe um ein gutes und sehr freundliches Porträt. (Dieser Film ist m.W. nicht ganz so verborgen geblieben wie die anderen Materialien. Er war auch schon Gegenstand der Debatten des Stolpe-Untersuchungsausschusses im Potsdamer Landtag.)

Das dritte Beispiel: *Verantwortung für die Schöpfung. Berichte von der 4. Tagung der IV. Synode des Bundes der Evangelischen Kirchen in der DDR. 21.–25. September 1984 in Greifswald* (1984)

Der dritte Film, über den ich jetzt etwas ausführlicher reden will, ist ein Film nun ganz anderer Art als wir bisher gesehen haben. Es handelt sich um einen Film über eine Tagung der Synode des Bundes der evangelischen Kirchen in der DDR im Jahre 1984 mit der Länge von einer Stunde.

Die Zwischentitel lauten:

1. Aus dem Bericht der Konferenz der evangelischen Kirchenleitungen
2. Empfang des Staatssekretärs für Kirchenfragen
3. Aus den Antworten der Kirchenleitung auf Anfragen zum Bericht
4. Beobachtungen zwischen den Berichten
5. Präses der Bundessynode der Evangelischen Kirche in Deutschland
6. Aus den Berichts- und Ausschussvorlagen
7. Beschlussantrag des Berichtsausschusses
8. Von der Pressekonferenz
9. Interview mit Präses Wahrmann

Diese Zwischentitel helfen den Film zu gliedern, sind aber weder sehr exakt noch strikt durchgehalten. So wird beispielsweise der Präses der Synode der Evangelischen Kirche in Deutschland (also Westdeutschland), Cornelius von Heyl, der als Gast auf der Synode des Kirchenbundes das Wort ergriff, als „Präses der Bundessynode der Evangelischen Kirche in Deutschland" bezeichnet, was unsinnig und verwirrend ist. Hier ist Hintergrundinformation nötig: Eine Synode ist für eine evangelische Kirche eine ganz wichtige Angelegenheit. Populär wird sie immer wieder verglichen mit einem Parlament, sie ist also ein „Kirchenparlament". Auch wenn das nicht so ganz stimmt und der Vergleich deutlich hinkt: es gibt viel Gemeinsamkeiten zur parlamentarischen Arbeit. Deshalb konnten auch die kirchlichen Synoden in der DDR zur „Schule der Demokratie" werden, was sich nach der friedlichen Revolution positiv ausgewirkt hat, in dem nicht wenige Synodale bald auch leitende Verantwortung in den neugewählten Parlamenten im Bundestag und in den neuen Bundesländern übernehmen konnten.

Synodaltagungen sind öffentliche Veranstaltungen. Kamerateams waren öfters dabei. Besonders nach 1979, nachdem zahlreiche westliche Journalisten in der DDR akkreditiert waren, waren ZDF und ARD bei den Synodaltagungen besonders des Bundes der Evangelischen Kirche eigentlich immer dabei. Zeitweise auch das Schweizer Fernsehen. Österreichische Fernsehanstalten brachen z. B. im September 1989 in großer Zahl ein, als in Ungarn der Grenzzaun zerschnitten worden war und Massen von Flüchtlingen aus der DDR über Ungarn und Österreich nach Bayern reisten.

Filmbeiträge entstanden dann so, dass die Kamerateams – ohne eigene Gestaltungsmöglichkeiten – die öffentlichen Verhandlungen, Vorträge und Debatten aufzeichneten und dann im Studio für ihre Verwendung zurechtschnitten. Manchmal wurde diese Berichterstattung durch kleine Interviews mit Beteiligten ergänzt, was von der Staatssicherheit kritisch beäugt worden ist.[9] Schnittbilder wurden in den Pausen und auf den „Wandelgängen" zusätzlich aufgenommen. Die so entstandenen Filmbeiträge wurden dann sehr häufig schon in den Abendnachrichten von ARD und ZDF gesendet und wurden damit zum Transportmittel der Informationen auch zu den Menschen in der DDR. Das DDR-Fernsehen selbst war nur höchst selten anwesend und die Berichterstattung in den Medien in aller Regel mehr als spärlich. Zwangsläufig sind Verkürzungen eingetreten: die synodalen Verhandlungen, die sich in der Regel über drei bis vier Tage erstreckten, mussten auf wenige Minuten zusammengeschnitten werden.

Der uns nun hier zur Verfügung stehende Film aus der Staatlichen Filmdokumentation ist hingegen ein richtiger Dokumentarfilm geworden. Er enthält (geschnittene) Wortbeiträge von Synodalen und kirchenleitenden Vertretern, vermittelt Eindrücke vom Tagungsraum (z. B. Plakate, die bei dieser Synodaltagung von Umweltgruppen im Synodenplenum ausgestellt worden waren) und enthält auch einige gezielt gestaltete Interviews.

Für die heutige Forschungslage ist sehr interessant und hilfreich, dass die Synodaltagungen kirchlicherseits selbst gut dokumentiert worden sind. Von den Wortbeiträgen im Plenum (nicht von den hinter verschlossenen Türen tagenden Ausschüssen!) gibt es in aller Regel stenographische Nachschriften bzw. Tonaufzeichnungen. Es ist dem Forscher dadurch leicht möglich zu rekonstruieren, was in den SFD-Film aufgenommen und was weggelassen worden ist.[10]

9 Nicht für die Synodaltagung von 1984 in Greifswald, wohl aber für die Tagung, die drei Jahre später in Görlitz stattfand, gibt es eine gründliche Untersuchung über die Rolle des Staatssicherheitsdienstes im Umfeld einer Synodaltagung: Anke Silomon: *Synode und SED-Staat – Die Synode des Bundes der Evangelischen Kirchen in der DDR in Görlitz vom 18. bis 22. September 1987*. Göttingen: Vandenhoeck & Ruprecht 1997.

10 Ein Beispiel biete ich im Anhang. Dort wird der Beschluss der Synode im Wortlaut wiedergegeben. Im Text habe ich die Sätze markiert, die von den Filmemachern ausgewählt worden sind.

Mein persönlicher Eindruck beim Anschauen war: das versteht nur jemand, der das synodale Geschäft kennt und mit der inneren Dramaturgie einer Synode vertraut ist. Es fällt deutlich auf, dass die wirklich spannenden, prickelnden Teile der Synodaltagung überhaupt nicht bzw. nur für Eingeweihte verständlich aufgenommen worden sind. Zu den Kernpunkten einer solchen Tagung gehört die öffentliche, kritische Aussprache zu den Themen, die in Kirche und Gesellschaft anliegen.

Wie das funktionierte – und bis heute funktioniert – will ich kurz schildern: Am Anfang steht der Bericht der Kirchenleitung über das vergangene Jahr. Er liegt schriftlich vor, nachdem er mündlich vorgetragen worden ist. (Auch von der hier in Rede stehenden Tagung der Synode des Kirchenbundes von 1984 gibt es einen solchen *Rechenschaftsbericht der Konferenz der Kirchenleitungen* (KKL).[11]) Die „Aussprache zum Bericht" erfolgt öffentlich. Die Synodalen melden sich mit Wortbeiträgen zu den Themen, die im Bericht angesprochen worden sind. Bei brisanten gesellschaftlichen oder politischen Themen gehörte bei den Synodalen, die in einem „normalen" Beruf tätig sind (den sogenannten „Laien", die immer mehr als die Hälfte aller Synodalen ausmachen müssen), ein gutes Stück Mut und Zivilcourage dazu, hier öffentlich zu reden. Die Spannung war deshalb im Plenarsaal oft mit Händen zu greifen. Der Synodale muss sich gewissermaßen „warm reden" und dankt erst einmal für den Bericht, dann spricht er kritisch oder zustimmend bestimmte Themen an. Falls ihm ein Thema wichtig war, welches im Bericht nicht erwähnt worden ist, konnte er mit dem Hinweis des Bedauerns, dass der Bericht darüber geschwiegen habe, dennoch auch solche Themen einbringen. Es handelt sich also um eine Art Generalaussprache, in der alles zur Sprache gebracht werden kann, was in Kirche und Gesellschaft gerade ‚anliegt'. Von diesem so gewichtigen Teil der Synodaltagung ist im Film nichts zu sehen.

An der Generalaussprache beteiligen sich die Mitglieder der Konferenz der Kirchenleitungen in der Regel nicht. Sie hören auf das, was die Synodalen zu sagen haben und machen sich dazu Notizen. In einer internen Runde nach der großen Aussprache verständigen

11 Rechenschaftsbericht der Konferenz der Kirchenleitungen. In: *Mitteilungsblatt des Bundes der Evangelischen Kirchen in der Deutschen Demokratischen Republik* (*MBB*) 5/6, 10.12.1984, S. 62–70.

sich die Leitungsmitglieder dann untereinander, wer von ihnen auf welche Fragen und angesprochenen Themen reagieren soll. Das wird bei den ganz kniffligen Sachen meistens Manfred Stolpe gewesen sein, dem diese Punkte zugeordnet wurden. Dass dies auch 1984 der Fall war, zeigt der Film über die Synode leider nicht, wohl aber das Filmporträt über Manfred Stolpe, *Zwischen Konsistorium und Synode.* Es folgt im Plenum der Tagesordnungspunkt „Antwort der Konferenz der Kirchenleitung". Hier sehen wir im Film zwei Beiträge: Zum einen spricht der Magdeburger Konsistorialpräsident Martin Kramer – Mitglied im Vorstand der Konferenz der Kirchenleitungen – zum Thema der „Eigenständigkeit" der kirchlichen Friedensbewegung. Die Kirchenleitungen waren immer wieder angefragt, ob sie sich im Engagement für den Frieden nicht zu sehr von der Friedensrhetorik der DDR beeinflussen ließen und sich so vor den Karren der Regierenden spannen ließen. Besonders das vorangegangene „Lutherjahr" 1983[12] und eine erst wenige Wochen zurückliegende Tagung des Friedensrates der DDR am 31. August 1984[13] hatten in dieser Hinsicht Diskussionen ausgelöst. Martin Kramer betont hingegen die Eigenständigkeit der kirchlichen Friedensarbeit und dass dies vom Friedensrat akzeptiert worden sei. Als zweiter tritt dann im Film der sächsische Landesbischof Johannes Hempel auf. Er antwortet auf die Anfragen zum Thema „Grundvertrauen". In dem Rechenschaftsbericht der KKL – ein Teil, der im Film nicht dokumentiert

12 Die Titelseite des *Neuen Deutschland* vom 10.11.1983, die vom Festakt zu Luthers 500. Geburtstag berichtete, trug die Balkenüberschrift: Unsere Friedenspolitik steht in einer großen progressiven Traditionslinie (*Neues Deutschland*, 10.11.1983, S. 1).

13 Vgl. Rechenschaftsbericht der Konferenz der Kirchenleitungen: „Der Wille zur Kooperation mit gesellschaftlichen Kräften in der Wahrnehmung der Friedensverantwortung wurde auf der Tagung des Friedensrates am 31. August 1984 deutlich. Der Bund der Evangelischen Kirchen war dazu im Gaststatus eingeladen worden. Bei dieser Gelegenheit erläuterte Konsistorialpräsident Stolpe die eigenständige Friedensarbeit der Kirche. Im Blick auf die heute fälligen Friedensbemühungen sagte er: ‚Friedensbemühung muss konkrete Ziele nennen und wird auch geduldig zwischen Fern- und Nahzielen zu unterscheiden haben. Wir müssen an dem Ziel der Menschheit, die Schwerter zu Pflugscharen umschmiedet, festhalten. Wir dürfen darüber aber auch die ersten Schritte nicht vergessen. Das sind heute vor allem der Stopp weiterer Raketenstationierung und der Abbau der bereits bestehenden Systeme, der Abschluss eines Vertrages über den Verzicht auf die Anwendung militärischer Gewalt, das Einfrieren aller nuklearen Rüstungen, der Verzicht auf die Erstanwendung von Kernwaffen, das Verbot chemischer und bakteriologischer Waffen und nicht zuletzt das Verbot der Militarisierung des Weltraumes.'" (Rechenschaftsbericht der Konferenz der Kirchenleitungen, Textziffer 5.2.6., S. 67.)

worden ist – war dieser neue Begriff zur Verhältnisbestimmung von Staat und Kirche eingeführt worden.[14] Dem wurde in der Synode widersprochen. Und: im Beschluss der Synode zum Bericht[15] wird dieser Begriff auch nicht mehr erwähnt, was einer klaren Absage an die neue Begrifflichkeit gleichkommt. Johannes Hempel versucht im Film eine rechtfertigende Interpretation. Hier hätte nun auch der Wortbeitrag Manfred Stolpes aus dem Porträtfilm *Zwischen Konsistorium und Synode* hingehört. Er antwortet auf drei Anfragen des Synodalen Oswald Wutzke, der damals ein sehr bekannter synodaler Debattenredner war und kein Blatt vor den Mund nahm.[16] Pfarrer Wutzke hatte kritisch zu den Themen der christlichen Kinder in der marxistischen Schule der DDR, zur Rolle der westdeutschen Evangelischen Kirche in der Nachrüstungsdebatte und zur Thematik der Reise- und Ausreisemöglichkeiten Stellung genommen. Darauf antwortet Manfred Stolpe. Allerdings: diese Antwort Stolpes (festgehalten in dem anderen Film) wird stark beschnitten, sodass der Übergang von Thema zwei (westdeutsche Kirche in der Nachrüstungsdebatte) zu Thema drei (Ausreise) nicht mehr kenntlich ist.

In der Regie einer Synodaltagung geht das dann so weiter: nach den „Antworten" der Leitungsmitglieder erhält der sogenannte synodale „Berichtsausschuss" das ganze Paket: Bericht der Konferenz der Kirchenleitungen, Aussprache der Synodalen, Antworten der

14 Im Rechenschaftsbericht heißt es dazu: „So können wir heute wagen, von einem Grundvertrauen zwischen Staat und Kirche zu sprechen. Wir meinen damit, dass Staat und Kirche an der Bewahrung und Vertiefung gewachsenen Vertrauens trotz mancher Schwierigkeiten arbeiten wollen und darin einen friedensfördernden Sinn sehen. ‚Kirche im Sozialismus' ist vor 13 Jahren formuliert worden. Wir verstehen darunter an Jesus Christus gebundene Kirchen, die innerhalb der sozialistischen Gesellschaft ihre Möglichkeiten für Gottes Lob, Zeugnis und Dienst, aber auch ihre Aufgaben zur Bewährung haben. Von verschiedenen Seiten wird in letzter Zeit gefragt, ob die Standortbestimmung ‚Kirche im Sozialismus' oder die Berufung auf das Gespräch am 6. März 1978 der gegenwärtigen Wirklichkeit noch entsprechen oder ob eine neue Interpretation nötig sei." (Rechenschaftsbericht der Konferenz der Kirchenleitungen, Textziffer 6.3, S. 69.)

15 Der Text des Beschlusses findet sich im Anhang.

16 Pfarrer Oswald Wutzke (geb. 1936) war von 1990 bis 1992 Kultusminister in der Regierung des Landes Mecklenburg-Vorpommern. Von 1994 bis 2000 war er als Sonderbeauftragter der Bundesregierung beim Bundesinnenministerium (Russlanddeutsche) tätig. Im Juli 2002 wurde er Propst einer der Evangelisch-Lutherischen Kirche in Russland, der Ukraine, in Kasachstan und Mittelasien angehörenden Propstei im Nordkaukasus. http://de.wikipedia.org/wiki/Oswald_Wutzke (Zugriff am 02.05.2015).

Leitungsmitglieder. Dieser Ausschuss tagt nicht öffentlich (Protokolle werden allerdings geschrieben). Er muss aus dem Gehörten einen Beschlusstext für die Synode vorbereiten. Das geschieht in nächtlichen, lang währenden Sitzungen. Dabei geht es oft ziemlich hart zu und unterschiedliche theologische Positionen und verschiedene politische Meinungen treffen aufeinander. (Ich verrate kein Geheimnis, dass der Berichtsauschuss bei der Wahl zu den Ausschüssen zu den beliebtesten bei den engagierten Synodalen gehört und sie sich geradezu in diesen Ausschuss drängen.) Der Ausschuss beauftragt dann eines oder zwei seiner Mitglieder, die den Beschlussvorschlag in das Plenum der Synode ‚einbringen' sollen. Die Einbringungsrede dieser Ausschussvorlage ist im Film zu sehen und wurde von mir als Beispiel ausgewählt.

In der Regel gibt es nach der Einbringung dann noch einmal Diskussionen im Plenum (ohne Aufnahmen), kleine Änderungen werden eingebracht. Wenn es ganz hart kommt, kann der Beschlussvorschlag auch noch einmal in den Ausschuss zurückverwiesen werden. Dann wird er nochmals überarbeitet. Am Ende wird der Beschluss dann doch – nach all den Aussprachen im Plenum und im Ausschuss relativ einmütig, wenn auch selten ganz einstimmig – gefasst. Solche Texte entstehen nach einem sogenannten ‚Konsensprinzip'. Da wird nicht oder nur ganz selten mit Mehrheit abgestimmt, sondern die Teilnehmenden müssen sich einigen. Und wenn man sich dabei vor Augen führt, wie breit in unserer Kirche das Spektrum der vertretenen Meinungen ist, ist das Erzielen eines Konsens eine schwierige und zeitaufwendige Angelegenheit. So der ‚normale' Ablauf einer Synodaltagung.

Nun noch etwas zu der speziellen Tagung im September 1984, die unserem Film zugrunde liegt. Dies ist die einzige Synodaltagung, die von der Staatlichen Filmdokumentation gefilmt worden ist. Die Filmemacher haben dabei auch versucht, gewissermaßen am Rande, etwas vom „Synodenklima" einzufangen. Sie haben mit zwei Synodalen Gespräche geführt, um noch Meinungen von Synodalen festzuhalten. Diese Interviews finden sich – nicht sonderlich geschickt platziert – im Kapitel „Aus den Berichts- und Ausschussvorlagen". Sie werden geführt mit dem Synodalen Pfarrer Martin-Michael Passauer (später Generalsuperintendent von Berlin) und mit dem Leipziger Theologieprofessor Dr. Hans Seidel. Die Filmemacher haben

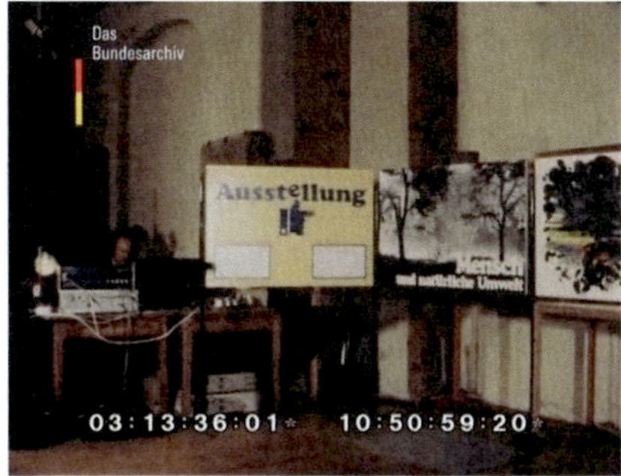

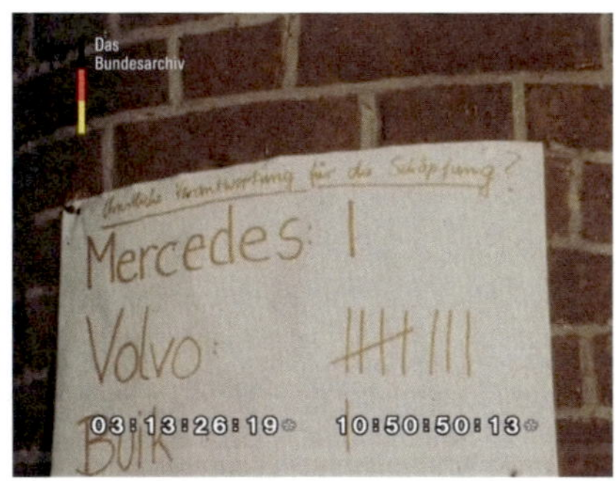

Abb. 4: *Oben links*: Podium, im Hintergrund der vollständige Titel der IV. Synode. / Plakate der kirchlichen Umweltgruppen im Tagungsraum.
SFD-Filmdokument *Verantwortung für die Schöpfung* (1984, R: Thomas Grimm).

auch sehr informative Aufnahmen vom Tagungsraum selbst gemacht. (Oft tagte das Plenum einer Synode in einer Kirche. Die Synodaltagung 1984 fand in Greifswald in der Jakobikirche statt.) Die Kamera schwenkt durch den Kirchenraum und zeigt etliche der von Umweltgruppen ausgestellten Plakate. (Die 1984er Tagung hatte die Umweltfrage als Schwerpunktthema, was im Filmtitel ja auch anklingt.) Am Rande sei vermerkt: Die oft unangepassten Gruppen hatten z.B. auch ein Plakat aufgehängt, dass spöttisch vermerkt, wie viele Autos vor der Tür standen und dass davon einer auch ein Mercedes gewesen ist. Das Plakat trägt die Überschrift „Christliche Verantwortung für die Schöpfung?"[17]

17 Das Plakat vermerkt neben dem einen Mercedes, der dem westdeutschen Gast, Cornelius von Heyl, zur Verfügung stand, acht Volvos. Die Bischöfe der DDR hatten in der Regel einen Volvo, der auch vom Westen bezahlt worden war, aber eben keinen Mercedes.

Nun noch etwas zum historischen Hintergrund: 1984 ist eine Zeit, in der die staatliche Kirchenpolitik sich schon geändert hatte. Ganz am Anfang der DDR – ich argumentiere hier zum besseren Verständnis etwas holzschnittartig – gab es klare Positionen: man wollte an der kirchlichen Basis, also in den Gemeinden und unter der Pfarrerschaft, Menschen gewinnen, die sich gegen die ‚reaktionären' Kirchenleitungen stellen. Das hat man mit verschiedenen Methoden versucht, indem man manche Pfarrer besonders gefördert hat, etwa mit Geldgeschenken oder Urlaubsplätzen. Sie sollten vor allem in der Nationalen Front aktiv werden. 1958 hat die SED sogar für eine Organisation angepasster Pfarrer gesorgt,[18] indem sie Pate bei der Gründung des Bundes Evangelischer Pfarrer in der DDR stand und diesen finanziell gefördert hat. Auch die Konzeption für eine christliche Zeitschrift (*Glaube und Gewissen*) wurde im Parteiapparat entwickelt.[19] Das alles waren Versuche, an der Basis der Kirche kritische Stimmen gegen die als reaktionär angesehenen Kirchenleitungen zu sammeln.

Diese Position hatte sich im Laufe der Jahre gründlich geändert, ja es lässt sich vereinfacht und vergröbert feststellen: Zum Ende der DDR hin – zumal nach dem „Lutherjahr" 1983 – war hier eine deutliche Wende eingetreten. Nun wurden vielmehr die Kirchenleitungen hofiert, und die sollten dazu mobilisiert werden, die immer unruhiger werdende Basis zu dämpfen. Also die politische Richtung war eine völlig andere geworden. Das ist für das Jahr 1984 schon deutlich zu spüren. Im Jahr 1984 gewinnt in allen Kirchen der DDR ein Thema an Brisanz, dass die evangelische Kirche bis 1989 nicht wieder losgelassen hat: Das Thema „Kirche und Basisgruppen". Das waren zuerst

18 Der Bund Evangelischer Pfarrer in der DDR wurde zum 01.07.1958 in Leipzig gegründet und bestand bis 1974. In die Öffentlichkeit trat er vor allem durch seine Zeitschrift *Evangelisches Pfarrerblatt* und durch regelmäßig veranstaltete „Pfarrertage". Die aktenmäßige Überlieferung im Bundesarchiv stammt aus dem Nachlass des Nationalrates der Nationalen Front. (Stiftung Archiv der Parteien und Massenorganisationen der DDR im Bundesarchiv [SAPMO], DY 8/1957–1974; bearb. v. Elisabeth Nicpon / Fabian Forst / Solveig Nestler, Berlin 2005. http://www.argus.bstu.bundesarchiv.de/dy8/index.htm (Zugriff am 31.03.2015).)

19 Vgl. Beschluss auf der Sitzung des Politbüros der SED vom 07.02.1956: „3. In der Zeitschrift *Glaube und Gewissen* soll ein Leitartikel erscheinen über den Canossagang Dibelius zum Papst und dass sein Verhalten gegen die lutherische Auffassung verstößt." (Zitat nach Kopie vom Original), vgl. dazu auch: Dokument 32. In: Frédéric Hartweg (Hrsg.): *SED und Kirche – Eine Dokumentation ihrer Beziehungen*, Bd. 1: SED 1946–1967, bearb. v. Joachim Heise. Neukirchen: Neukirchner Verlag 1995, S. 186–187.

die Friedensgruppen, aber dann kamen Umweltgruppen und Menschenrechtsgruppen dazu und die brachten auch Unruhe in die Kirchen. Das fing an mit Punkern und mit Punkmusik. Das hieß damals noch „sozialdiakonische Arbeit der Kirche". Das heißt also, die Gruppenmitglieder waren mehr ‚Objekte' unserer diakonischen Aufmerksamkeit und Betreuung, bis dann Synodale – hier ist vor allem der Synodale Propst Heino Falcke aus Erfurt zu nennen, der auch Vorsitzender des Ausschusses „Kirche und Gesellschaft" war – in die Bundessynode neue theologische Überlegungen einbrachten und von den „Gruppen als Sozialgestalt der Kirche" redeten.[20] Die Gruppen wurden immer stärker als Teile der Kirche verstanden, die in den Kirchen eine Vorreiterrolle hatten. Dieser Prozess war nicht ganz einfach. Auch in den Kirchen gab es Widerstände. Das hat sich dann bis zum Jahr 1988/89 weiterentwickelt, als die so wichtige „Ökumenische Versammlung für Frieden, Gerechtigkeit und Bewahrung der Schöpfung" zusammentrat: Diese Versammlung gilt zu Recht als Meilenstein, war sie doch paritätisch aus Kirchenleitungen und Gruppenvertretern zusammengesetzt. Das alles beginnt allerdings ab 1983/84 und war durchaus nicht stressfrei. In Halle z. B. wurde schon 1983 ein Jugenddiakon inhaftiert, der große Scharen von Jugendlichen in der „Offenen Arbeit" der Kirchengemeinde Halle-Neustadt gesammelt hatte.[21]

Zu der neuen Rolle, die den Kirchleitungen zugedacht war – nämlich die Disziplinierung der Basisgruppen –, will auch passen, dass es auf der Tagung der Bundessynode 1984 einen Empfang für die Synodalen durch den Staatssekretär für Kirchenfragen, Klaus Gysi, gegeben hat. Der Empfang wird im Film breit dargestellt.

Meines Wissens ist das ein einmaliger Vorgang in der DDR-Zeit gewesen. Solche Empfänge hat es weder vorher noch nachher gegeben.

20 Heino Falcke: Die Kirche und ihre Gruppen, Vortrag vom 05.03.1985, Maschinenschrift, vervielfältigt, Original im Besitz des Vf. Darin heißt es: „(ich) spreche zuerst von der heutigen Herausforderung zum Bekennen. Dann werde ich eine notwendigerweise fragmentarische kleine Phänomenologie der Gruppen versuchen und darauf die Hypothese der Hoffnung erläutern: Die Gruppe als Sozialgestalt des Bekennens".

21 Vgl. Rudolf Schultze (Hrsg.): *Die Konflikte um den Jugenddiakon Lothar Rochau und seinen Dienst in Halle-Neustadt 1981–1983. Ein Bericht im Auftrag der Kirchenleitung der Evangelischen Kirche der Kirchenprovinz Sachsen, erarbeitet von Oberkirchenrat i. R. Rudolf Schultze.* Hannover: Kirchenamt der Evangelischen Kirche in Deutschland 1996.

(In Richtung auf 1989 verschlechterte sich das Verhältnis Staat und Kirche wieder zunehmend.) So gesehen, eine einzigartige und auch eigenartige Veranstaltung. Im Film kann man das erkennen – allerdings nur, wenn man Berichte von Teilnehmenden kennt. Es muss fürchterlich gewesen sein. Da standen voll gedeckte Tische mit leckeren Speisen – das ist im Film auch schön zu sehen. Die Leute stehen daneben, kein Stuhl, und der Staatssekretär redet (gefühlt) über eine Stunde, was im Film – Gott sei Dank – nur verkürzt zu sehen ist. Angesichts der Fleischtöpfe predigt es sich immer schlecht, das ist eine alte pastorale Erkenntnis. Hier nahm das Ganze gespenstische Züge an. Auf Gysis Rede musste es Erwiderungen geben und auch ein ökumenischer Gast nimmt das Wort zu lobenden Ausführungen. Alles in allem ein Ereignis, von dem noch lange unter Synodalen geredet worden ist. Gelangweilte Gesichter kommen sogar im Film gut rüber.

Ein Thema, welches 1984 von hoher Brisanz war, kommt im Film nicht bzw. nur sehr am Rande vor: Das Thema „Ausreise". Nach der Unterzeichnung der Schlussakte von Helsinki im Sommer 1975 war die Zahl der „Übersiedlungsersuchenden" (so der DDR-Sprachgebrauch) sprunghaft angewachsen. 1984 erreichte das Thema einen gewissen Höhepunkt,[22] weil sich Gruppen von „Ausreisern" (kirchlicher Sprachgebrauch) in vielen Orten zusammenschlossen und anfingen, sich in den Kirchengemeinden zu treffen. In den Kirchen selbst wurde das Thema „Bleiben oder Weggehen" zunehmend intensiver diskutiert, zumal auch nicht wenige Pfarrerinnen und Pfarrer zu denen gehörten, die das Land verlassen wollten. Die Kirchenleitungen mussten (wieder einmal) darüber debattieren, wie sie es mit Pfarrern halten, die eigenmächtig (= ohne Zustimmung der Kirchenleitung) einen Ausreiseantrag an die DDR-Behörden stellten, der in der Regel auch ziemlich schnell positiv beschieden wurde. Das war übrigens auch ein strittiges Thema zwischen den Kirchenleitungen im Osten und im Westen Deutschlands. Unsere westlichen Geschwister haben nie so wirklich verstanden, warum die Kirchenleitungen im Osten ziemlich radikal gegen Pfarrer vorgingen, die eigenmächtig die DDR und damit ihre Kirchengemeinden verlassen hatten. Sie durften in der Regel im Westen nicht wieder als Pfarrer arbeiten. Während die im

22 *Der Spiegel* widmete dem Thema eine Titelgeschichte: *Die Deutschen kommen.* Der diesbezügliche Artikel trägt die Überschrift „Die nehmen uns die Arbeitsplätze weg" (*Der Spiegel*, 02.04.1984, S. 17–22).

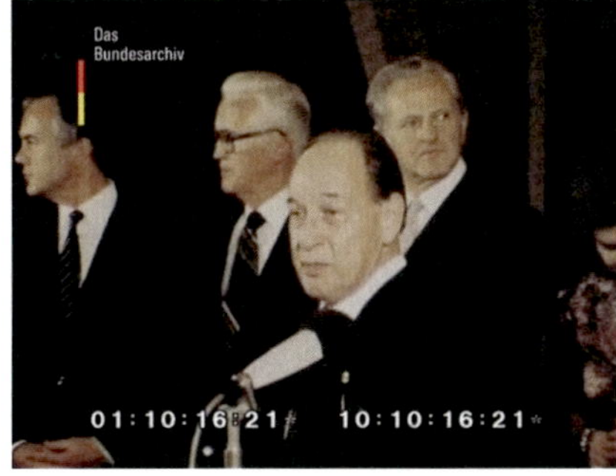

Abb. 5: Empfang des Staatssekretärs für Kirchenfragen Klaus Gysi. SFD-Filmdokument *Verantwortung für die Schöpfung* (1984, R: Thomas Grimm).

Westen sagten, das könnt ihr doch nicht machen. Seid doch froh über jeden, der rauskommt.

Man ahnt, welche Brisanz im Thema „Weggehen oder Bleiben" wirklich steckte und warum gerade denjenigen, denen an der Veränderung der DDR-Verhältnisse gelegen war, das „Bleiben" so wichtig gewesen ist. Deshalb gibt es z. B. aus dem Jahre 1984 eine längere Ausarbeitung zum Thema durch die Theologische Studienabteilung des Kirchenbundes, die im Osten nur vervielfältigt, im Westen aber durch die Aktion Sühnezeichen auch gedruckt werden konnte.[23] Ein weitverbreitetes Rundschreiben von dem erwähnten Propst Falcke richtete sich 1984 an die Pfarrerschaft und besonders an all diejenigen, die sich mit dem Gedanken des Weggehens beschäftigten. Es passt gut dazu, dass diejenigen, die sich für das Bleiben in der DDR entschieden hatten, allerdings Erleichterungen im Reiseverkehr forderten: Wer besuchsweise verreisen darf, kommt auch gern wieder. Das alles spielte auch 1984 auf der Synode eine erhebliche Rolle. Im Film allerdings kann nur der Eingeweihte noch Spuren davon entdecken. Wie schon erwähnt, muss der Synodale Oswald Wutzke das Thema in seinem Diskussionsbeitrag angesprochen haben. Manfred Stolpe geht in seiner Antwort darauf ein. Ausschnitte aus Stolpes Antwort finden sich schließlich im Beschluss der Synode:[24]

23 *„Leben und Bleiben in der DDR" – Gedanken zu einem neuen/alten Thema. Ein Text der Theologischen Studienabteilung beim Bund der Evangelischen Kirchen in der DDR*, hrsg. v. Aktion Sühnezeichen. Berlin (West), November 1985.

24 Schlusspassage des Synodenbeschlusses vom 25.09.1984. In: *MBB* 5/6, vom 10.12.1984, Textziffer 6, S. 104.

> In unseren Gemeinden gab und gibt es eine Reihe von Ausbürgerungsanträgen. Damit ist auch die Integrationskraft unserer Kirche angefragt. Die Analyse der Ursachen und deren Aufarbeitung stellen eine langfristige gesellschaftliche Aufgabe für uns alle dar. Die bereits vorhandenen gesetzlichen Regelungen zum Reiseverkehr und zu Fragen der Familienzusammenführung werden von uns begrüßt; sie sollten voll ausgeschöpft und unbürokratisch angewendet werden. Die Erweiterung besuchsweiser Reisemöglichkeiten halten wir für erforderlich. Wir sind sicher, dass solche Entscheidungen nur als Ausdruck der Souveränität, der Stabilität und der Friedensliebe der Deutschen Demokratischen Republik verstanden werden dürfen.

Unter der Kapitelüberschrift „Von der Pressekonferenz" werden nur wenige Bilder gezeigt. Der Zuschauer erfährt eigentlich nur, dass es eine Pressekonferenz gegeben hat. In die Runde der Journalisten schwenkt die Kamera nicht. Ein einziger Journalist ist zu erkennen: Karl-Heinz Baum von der *Frankfurter Rundschau*. Ansonsten wird nur das Podium gezeigt, dass aus vier Personen besteht: Bischof Horst Gienke (als der Ortsbischof von Greifswald), Landesbischof Johannes Hempel (als der Vorsitzende der Konferenz der Kirchenleitungen), Präses Siegfried Wahrmann (als Synodenpräses) und Oberkirchenrätin Christa Lewek (als zuständige Mitarbeiterin für gesellschaftliche Fragen). Kurz sprechen die Bischöfe Hempel (Thema Grundvertrauen) und Gienke (Thema Absage an Geist, Logik und Praxis der Abschreckung). Bischof Hempel wehrt sich erneut dagegen, dass seine Rede vom „Grundvertrauen" als ein „Rundumvertrauen" missverstanden werden könnte.

Der Film endet mit einem Gespräch mit dem Präses der Synode, Siegfried Wahrmann aus Mecklenburg, geführt acht Wochen nach Abschluss der Synodaltagung. Da wird vom Filmteam auch die Frage aufgeworfen: Wie es eigentlich komme, dass es in der Synode so heiße Diskussionen gebe und dann doch die Beschlüsse relativ einmütig gefasst werden? Also: von der heißen Diskussion merkt man in dem Film leider nichts. Es wird dann auch noch einmal nach Rolle und Funktion der Jugendsynodalen und nach der Friedensthematik gefragt.

Ich habe abschließend noch ein Beispiel ausgesucht, das die Einbringung der Beschlussvorlage des Berichtsausschusses zeigt. Ich hatte ja schon beschrieben: Bericht, Diskussion, Antwort der Kirchenleitung, Diskussion im Ausschuss, um einen Beschlusstext vorzubereiten. Und dann muss ein Synodaler – das ist in diesem Falle der

Superintendent Ludwig Große aus Saalfeld in Thüringen – die Vorlage in das Plenum der Synode einbringen.
Hier wird zum einen ein Moment sichtbar, der später, nach der Wende, noch heiß diskutiert werden sollte: die Frage der Einstellung der evangelischen Kirche und der evangelischen Theologen der DDR zur Wiedervereinigung und zur Einheit Deutschlands. Hier wird eine Position sichtbar, die damals in der DDR von vielen geteilt worden ist (sogar eine ganze Synode hat sich dazu verstanden!), die aber später, nach 1989, geradezu der Lächerlichkeit preisgegeben worden ist. 1984 hingegen, ein Jahr vor dem 40. Jahrestag des Kriegsendes (die westdeutschen Kollegen erinnern dabei vermutlich die bedeutende Rede von Richard von Weizäcker im Bundestag[25]) wird in unseren Kirchen die Teilung Deutschland als eine Haftungsfolge für unser Versagen bzw. für das Versagen der Väter und Mütter im ‚Dritten Reich' gedeutet: Wir nehmen diese Teilung deshalb hin, um des Friedens willen. Wir finden die Teilung Deutschlands nicht gut, aber um des Friedens willen und als Haftungsfolge für unser Versagen im ‚Dritten Reich' müssen wir sie ertragen. Diese Position war in unseren Kirchen ziemlich verbreitet, das wird in dem Filmausschnitt deutlich.
Zweitens wird in dem Ausschnitt etliches weggelassen, und zwar im Blick auf Soldaten, Wehrdienst und Wehrdienstverweigerung. In den 1980er Jahren gab es in den Kirchen – ausgehend vom Dresdener Stadtjugendpfarramt – die Forderung, auch in der DDR einen „sozialen Friedensdienst", also einen zivilen Ersatzdienst einzurichten. Das war Sprengstoff für die DDR-Oberen. Es gab ja immerhin seit 1964 die Möglichkeit, bei den sogenannten „Bausoldaten" einen waffenlosen, aber keinen zivilen Ersatzdienst abzuleisten. 1984, gewissermaßen zum 20. Jubiläum der Bausoldaten, nahm diese Initiative noch einmal richtig Fahrt auf, verstärkt durch die Friedensbewegung im Westen Deutschlands. Auch Bausoldaten selbst forderten diesen zivilen Ersatzdienst. Dazu hat es dann auch Gespräche mit dem Staatssekretär für Kirchenfragen gegeben. Ja, sogar der Verteidigungsminister der DDR, Heinz Kessler, hatte die Bausoldaten in Prora auf der Insel Rügen besucht. In der Synode war das alles präsent und findet seinen Niederschlag im Beschluss der Synode zum

25 Richard von Weizsäcker: *Zum 40. Jahrestag der Beendigung des Krieges in Europa und der nationalsozialistischen Gewaltherrschaft.* Rede vor dem Deutschen Bundestag am 08.05.1985.

Bericht der Konferenz der Kirchenleitungen.[26] Ein weiterer Grund für meine Auswahl: Im Jahre 1984 finden wir uns noch relativ am Anfang der Debatte zum Thema Kirche und Gruppen. Im Film wird deutlich, wie vorsichtig tastend noch mit dem Thema umgegangen worden ist.

Zwei Bemerkungen möchte ich zum Schluss noch anfügen:

Es ist immer ausgesprochen misslich, dass es nicht gelingt, die emotionalen Anspannungen zu verdeutlichen, unter denen synodale Texte entstanden sind und was den Synodalen dabei abverlangt worden ist. Im Nachhinein klingen die Texte oft hölzern und umständlich formuliert. Nachgeborene haben nicht selten den Eindruck, dass hier um den ‚heißen Brei' umständlich herumgeredet worden ist. Dazu ist es nötig, sich klar zu machen: Texte, die unter den Bedingungen einer Diktatur in der Öffentlichkeit erarbeitet worden sind, taugen oft nur wenig für eine freie Gesellschaft. Sie klingen holprig und hölzern und waren damals doch mit Herzblut geschrieben.

Mein Beitrag wurde unter das Thema „Die Staatliche Filmdokumentation und die *Sonderöffentlichkeit* Kirche" gestellt. Wenn hier von Sonderöffentlichkeit die Rede ist,[27] stellt sich mir die Frage: Wo ist dann die ‚normale' Öffentlichkeit in der DDR gewesen? Wirkliche Öffentlichkeit gab es im Wortsinn nicht und kirchliche Synoden wurden dann – jedenfalls von Journalisten von außerhalb der DDR – als ein Ersatz für die fehlende Öffentlichkeit genommen. Wo gab es denn ansonsten Orte, wo die gesellschaftlichen Probleme der DDR in der ‚Öffentlichkeit' angesprochen worden sind?

Herzlichen Dank für Ihre Aufmerksamkeit.

26 Vgl. den Wortlaut des Synodenbeschlusses im Anhang.

27 Anmerkung der Herausgeberin: Zu „Sonderöffentlichkeit" siehe Stefan Wolle: *Die heile Welt der Diktatur. Alltag und Herrschaft in der DDR. 1971–1989.* Bonn: bpb 1999, S. 136.

Anhang

Beschluss zum Bericht der Konferenz der Evangelischen Kirchenleitungen Vom 25. September 1984[28]

1. Die Synode dankt für den Arbeitsbericht des Bundes der Evangelischen Kirchen in der Deutschen Demokratischen Republik und für die vielfältigen Aktivitäten, über die er uns informiert. Er sollte genutzt werden, die Tätigkeit des Bundes den Gemeinden bekanntzumachen. Er zeigt, wie sehr wir die Gemeinschaft im Bund der Evangelischen Kirchen in der Deutschen Demokratischen Republik für unsere Arbeit brauchen. Als besonders wichtigen, die Gemeinden unmittelbar betreffenden Gegenstand, der in Verhandlungen mit der Dienststelle des Staatssekretärs für Kirchenfragen der Klärung bedarf, heben wir hervor:

Die Synode bittet die Konferenz der Kirchenleitungen, sich um Bereitstellung von Baukapazitäten in Mark der DDR zu bemühen, die für die Erhaltung und Instandsetzung kirchlicher Gebäude dringend notwendig sind, um sie vor dem Verfall zu bewahren.

2. Die Synode dankt all denen, die im Bereich der Diakonie mit ihrem engagierten Dienst ein sichtbares Zeichen für das Wirken Jesu Christi setzen. Sie begrüßt die Überlegungen zu Aufgaben und praktischen Einsatzmöglichkeiten kirchlicher Gemeindeschwestern. Sie ermutigt das Diakonische Werk, im Zusammenwirken mit den Gliedkirchen, diesen Dienst am Nächsten nachdrücklich zu fördern. Die Synode unterstützt das Anliegen, bezüglich der Altersversorgung für Diakonissen nunmehr zu einer befriedigenden Lösung zu kommen und bittet die Konferenz der Kirchenleitungen, bei den staatlichen Organen die seit längerem angezeigte Regelung zu erwirken.

3. Die Synode dankt der Konferenz der Kirchenleitungen für den vorgelegten Bericht. Die Bundessynode 1984 steht im Zeichen einiger

28 Zit. n. *Mitteilungsblatt des Bundes der Evangelischen Kirchen* (*MBB*) 5/6, 10.12.1984, S. 103–104. Durch Kursivdruck werden die Sätze hervorgehoben, die im SFD-Film über die Synodaltagung, *Verantwortung für die Schöpfung*, wörtlich vorgetragen worden sind. Entsprechend sind alle nicht markierten Sätze im Film ausgelassen worden.

Jahrestage. Das Lutherjahr und das Barmengedenken liegen hinter uns, der 35. Jahrestag der Deutschen Demokratischen Republik steht unmittelbar bevor. Jahrestage sind für uns geeignet, Geschichte neu zu bedenken, unseren Standort zu bestimmen und Schlussfolgerungen für unser Handeln zu ziehen. *Die Bundessynode sieht den Jahrestag der DDR in besonderer Weise im Vorfeld eines Gedenktages, der das kommende Jahr bestimmen wird. Am 8. Mai 1985 wird es 40 Jahre her sein, dass der Krieg zu Ende ging; für uns ein Tag des Gerichtes über unsere Schuld und die unseres Volkes und zugleich ein Tag der Befreiung und des Neuanfangs. In Erinnerung an diesen Tag empfinden wir es dankbar, dass wir in einem Staat leben, der mit erheblichen Anstrengungen dazu beigetragen hat, den Frieden in Europa zu bewahren. Wir unterstreichen dass alle offenen Fragen hinter der Aufgabe zurücktreten, den Frieden zu erhalten. Hier liegt auch der tragfähige Grund dafür, dass Staat und Kirche an der Bewahrung und Vertiefung gewachsenen Vertrauens trotz mancher Schwierigkeiten arbeiten wollen und darin einen friedensfördernden Sinn sehen* (vgl. Konferenzbericht 6.3.). Obwohl es grundsätzlich zwischen Staat und Kirche Konflikte geben kann, vertrauen wir darauf, dass ebenso grundsätzlich vernünftige Lösungen möglich sind. Solche Lösungsmöglichkeiten müssen gesucht und auf allen Ebenen in Anspruch genommen werden, zuallererst an dem Platz, den die Christen vor Ort in der Gesellschaft einnehmen.

4. *Die Synode des Bundes der Evangelischen Kirchen in der DDR bekräftigt die 1983 in Potsdam vollzogene Absage an Geist, Logik und Praxis der Abschreckung und erklärt: Wir können uns mit der Raketenstationierung in Westeuropa und den entsprechenden Maßnahmen innerhalb der Staaten des Warschauer Vertrages nicht einfach abfinden. Militärische Mittel, also auch der Wehrdienst, werden vielen unter uns immer weniger als ein sinnvolles Instrument der Friedenssicherung einsichtig. Wir bitten unsere Regierung, beharrlich alternative Sicherheitskonzepte auf der Grundlage gemeinsamer Sicherheit zur Geltung zu bringen. Wir bitten die Konferenz der Kirchenleitungen, bei allen ökumenischen Partnern darauf zu drängen, dass auch sie sich in ihren Ländern gegen die Abschreckung wenden und sich für eine Rückkehr zur Entspannung einsetzen. Die Synode betont, dass in der Situation erhöhter Spannung dem blocküberschreitenden Dialog zwischen den Kirchen besondere Bedeutung zukommt.*

5. Junge Menschen im wehrpflichtigen Alter tragen die Last schwerer Entscheidungen. Für sie haben wir eine große seelsorgerliche Verantwortung, ganz gleich, ob sie sich für den Waffendienst, für den Dienst

als Bausoldaten oder für die Verweigerung entscheiden. Wir bitten alle Gemeinden, diese Verantwortung als ihre Aufgabe anzunehmen und spürbar zu praktizieren.

Die Synode unterstreicht dankbar, dass es seit 20 Jahren im Rahmen der verfassungsmäßig garantierten Gewissens- und Glaubensfreiheit die Möglichkeit gibt, den Wehrdienst ohne Waffe als Bausoldat zu leisten. Durch die Baueinheiten konnte vielen jungen Männern in ihren Gewissenskonflikten und in ihrem Bemühen um ein eigenständiges Friedenszeugnis geholfen werden. Die Synode schließt sich der Meinung der Konferenz der Kirchenleitungen an, dass in den zurückliegenden 20 Jahren „tausende christlicher junger Männer ihre Friedensliebe durch den Dienst in den Baueinheiten vorgelebt und damit ein Zeichen gesetzt haben. Sie haben mit ihrer Existenz auf Jesu Auftrag zum Friedenstiften hingewiesen. Für nicht wenige Menschen sind die Soldaten mit dem Spaten auf der Schulterklappe Anstoß zum Nachdenken über Friedensverantwortung geworden. Die Kirche hat diesen Männern zu danken, dass sie dem Friedenszeugnis Hände und Füße gegeben haben."

Eine Reihe offener Fragen konnte im Nachgang zum Besuch des Ministers für Nationale Verteidigung der DDR bei den Bausoldaten in Prora geklärt werden. Waffentragende Soldaten und Bausoldaten sind gleichgeachtet, gleichberechtigt und gleichgestellt.

Die Synode bittet die Konferenz der Kirchenleitungen, folgenden Fragen weiter nachzugehen:

- dem Einsatz von Bausoldaten an zivilen und sozialen Objekten, im Umweltschutz und bei Katastrophenfällen,
- der Einrichtung eines zivilen Wehrersatzdienstes für diejenigen, die aus Gewissens- und Glaubensgründen den Dienst in einer Armee überhaupt ablehnen,
- der Gewissens- und Glaubensfreiheit im Blick auf den Waffengebrauch bei der vormilitärischen Ausbildung von Lehrlingen und Schülern,
- der Möglichkeit des waffenlosen Dienstes für vereidigte Reservisten.

6. *Mit der Gestaltung des Zusammenlebens von Christen und Marxisten hängt die Verwirklichung des Grundsatzes der Gleichberechtigung und Gleichachtung aller Bürger zusammen. Dies betrifft auch den Bereich des Bildungswesens. Wir*

sind dankbar dafür, dass es dort eine Reihe von positiven Erfahrungen bei der Klärung von Einzelfällen gibt. Die Bundessynode hält es aber nach wie vor für unerlässlich, dass gerade im Bereich der sozialistischen Schule dieser Grundsatz generell durchgesetzt wird, damit es nicht zu Negativerfahrungen kommt, die das Vertrauen des einzelnen schwinden lassen. Jedermann muss endlich wissen, dass Diskriminierung junger Christen verboten und die Mitarbeit christlicher Eltern im Bildungswesen erwünscht ist.

Die Bundessynode hat dankbar die Fortführung der sozialdiakonischen Arbeit zur Kenntnis genommen. Sie unterstreicht die Wichtigkeit dieser Arbeit und hofft, dass sie stärker respektiert und ihr von allen Seiten mehr Vertrauen entgegengebracht wird.

In unseren Gemeinden gab und gibt es eine Reihe von Ausbürgerungsanträgen. Damit ist auch die Integrationskraft unserer Kirche angefragt. Die Analyse der Ursachen und deren Aufarbeitung stellen eine langfristige gesellschaftliche Aufgabe für uns alle dar. Die bereits vorhandenen gesetzlichen Regelungen zum Reiseverkehr und zu Fragen der Familienzusammenführung werden von uns begrüßt; sie sollten voll ausgeschöpft und unbürokratisch angewendet werden. *Die Erweiterung besuchsweiser Reisemöglichkeiten halten wir für erforderlich. Wir sind sicher, dass solche Entscheidungen nur als Ausdruck der Souveränität, der Stabilität und der Friedensliebe der Deutschen Demokratischen Republik verstanden werden dürfen.*

Greifswald, den 25. September 1984

Anmerkung der Herausgeberin zu Abb. 6:
Dieses Dokument ist dem Beitrag von Axel Noack angefügt, um die kalkulierte, gesellschaftspolitische Funktion der SFD-„Kirchenfilme" noch einmal zu verdeutlichen: Sie entstanden in Abstimmung mit dem Staatssekretär für Kirchenfragen und unter Beobachtung des MfS, welches im Mai 1984 dazu vermerkte: „Unsere Interessen könnten berücksichtigt werden." Das nebenstehende Schreiben der SFD vom 03.12.1984 an den Staatssekretär nimmt Bezug auf eine interne Vorführung von SFD-Filmausschnitten auf einer Veranstaltung der Evangelischen Kirche in Eisenach. Laut Erinnerung von SFD-Leiter Peter Glaß kam es hier zu einer Diskussion über Zensur in der DDR – einer derjenigen Anlässe, die nur wenige Monate später zum Ende der SFD führten: „Wir sind in diese Funktion, Weltoffenheit zu demonstrieren, reingetappt, reingeschoben worden." (P.G. im Gespräch mit der Herausgeberin, 22./23.11.2012.)

- Staatliche Filmdokumentation -

, den 3.12.84

Regierung der DDR
Staatssekretariat
für Kirchenfragen
Abteilungsleiter Gen.Dr.Wilke

zur Information

1040 Berlin
H.-Matern- Str. 56

Vorführung von Dokumenten der SFD zum Ökumenischen Seminar in Eisenach

Gemäß Absprache erfolgte durch die SFD am 28.11.1984 in Eisenach, Haus Hainstein, die Vorführung von zwei Dokumentationen. Gezeigt wurde ein Ausschnitt aus der Dokumentation Konsistorialpräsident Stolpe- die Tätigkeit der Arbeitsgruppe Menschenrecht und "Christ und Keramiker".

An der Vorführung nahmen alle anwesenden Vertreter des Arbeitskomitees teil. Nach der Eröffnung durch OKP Ch.Lewek wurde einleitendedie Dokumentationsarbeit der SFD kurz vorgestellt, wie sie sich aus der Zusammenarbeit zwischen Synode, Bund und Staatssekretariat für Kirchenfragen entwickelt hat.

An die Vorführung schloß sich ein Gespräch an, in dem durch die Teilnehmer die Wertschätzung dieser Arbeit ausgesprochen wurde. In allen Wortmeldungen wurde das Interesse an einer Nutzung dieser Filme angemeldet und nach Bezugsmöglichkeiten und Verleihbedingungen gefragt.

Im besonderen wurde in der Diskussion sichtbar, daß ein breites Interesse besteht, durch dokumentarisches Material Einsicht in die Basisarbeit der Kirche in der DDR zu erhalten.
Seitens der SFD würde Interesse daran bestehen, innerhalb der vorgesehenen Dokumentationsthemen 1985 die Arbeit an einem solchen Thema aufzunehmen.

Mit sozialistischem Gruß

Dr. G l a ß
Ltr. S F D

Abb. 6: SFD an Staatssekretär für Kirchenfragen: „Einsicht in die Basisarbeit der Kirche in der DDR erhalten."

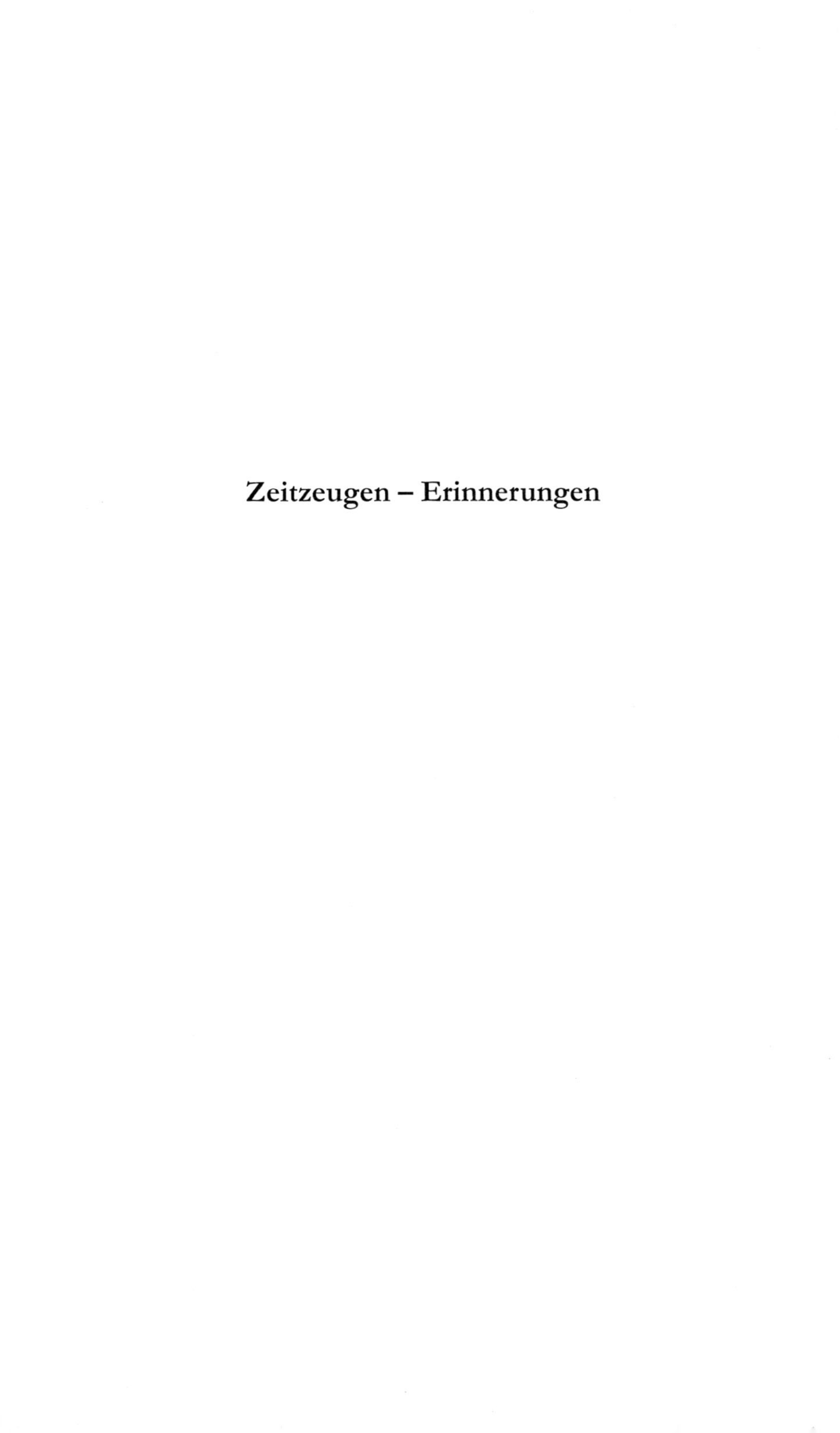

Zeitzeugen – Erinnerungen

Thomas Heise – Regisseur

„Arbeit in Feindesland". Interview[1]

(Berlin, April 2012)

Thomas Heise wurde 1955 in Berlin, DDR, geboren.[2] *Nach der Facharbeiterlehre für Drucktechnik (1971–1973) und NVA-Wehrdienst (1974–1975) wurde er Regieassistent im DEFA-Studio für Spielfilme (1975–1978). Sein Regie-Studium an der Hochschule für Film und Fernsehen Potsdam-Babelsberg brach er 1982 nach operativer Bearbeitung durch das MfS ab. Danach arbeitete Thomas Heise als freiberuflicher Autor und Regisseur, 1984/1985 auch bei der Staatlichen Filmdokumentation. Dort entstanden seine SFD-Filme* Das Haus/1984 *und* Volkspolizei/1985*, an die er als „Blicke hinter die Absperrung" im Jahr 2012 mit dem Film* Die Lage *anknüpfte.*[3] *Thomas Heise ist heute einer der wichtigsten deutschen Dokumentarfilmregisseure.*

1 Biographische Einführung, Transkription und Redaktion des Interviews, Fußnoten und Archivdokumente gehen auf die Herausgeberin zurück. Gespräch: Thomas Eichberg.

2 Zu biographischen und filmographischen Daten Thomas Heises vgl. http://heise-film.de/?page_id=1711 (Zugriff am 29.01.2015); http://www.bundesstiftung-aufarbeitung.de/wer-war-wer-in-der-ddr-%2363%3B-1424.html?ID=1310 (Zugriff am 29.01.2015); Thomas Heise: *Spuren. Eine Archäologie der realen Existenz.* Berlin: Vorwerk 8 2010; Matthias Dell / Simon Rothöhler (Hrsg.): *Über Thomas Heise.* Berlin: Vorwerk 8 2014. – Biographische Angaben zu weiteren in diesem Beitrag genannten Personen zudem aus Günter Jordan: *Film in der DDR. Daten, Fakten, Strukturen.* Potsdam: Filmmuseum Potsdam 2009.

3 *Das Haus/1984*, 1984, s/w. Buch, Regie: Thomas Heise, Kamera: Peter Badel. UA: 21.11.2001, Berlin. – *Volkspolizei/1985*, 1985, s/w. Buch, Regie: Thomas Heise, Kamera: Peter Badel. UA: 21.11.2001, Berlin. – *Die Lage*, D 2012, s/w. Buch, Regie: Thomas Heise, Kamera: Peter Badel, Robert Nickolaus, Maxim Wolfram.

Abb. 1: Thomas Heise (2014).

Das Interview mit Thomas Heise führte der Filmemacher Thomas Eichberg (Jg. 1964) im April 2012 in Berlin. 2014 entstand zusammen mit Holger Metzner sein Fernseh-Dokumentarfilm zur Staatlichen Filmdokumentation Der heimliche Blick. Wie die DDR sich selbst beobachtete *(Erstsendung 17. März 2015, rbb) im Anschluss an das SFD-Forschungsprojekt des Instituts für Zeitgeschichte.*

Wie wichtig war Heiner Carow für Deinen filmischen Start in der DDR?

Ich war ja Assistent bei Heiner Carow im DEFA-Studio für Spielfilme gewesen.[4] Und dann sollte ich dort kündigen. Es hieß, wir brauchen keine Regisseure, wir brauchen Regieassistenten. Ich habe kein Abitur gehabt, weil es Zulassungsbeschränkungen gab – aus unserer Klasse durften damals drei. Und da hat Carow dann gesagt, ich kann bei ihm arbeiten. Das Abitur habe ich an der Abendschule gemacht. So ist das gelaufen. Der Carow hat sich später eine Brüllerei mit

4 Heiner Carow (1929–1997), DEFA-Regisseur und Vizepräsident der Akademie der Künste, bekannt durch *Die Legende von Paul und Paula* (DDR 1973). Zur Zeit der Regieassistenz Thomas Heises drehte Carow den Spielfilm *Bis dass der Tod euch scheidet* (1978). Zeitgleich entstand in der Staatlichen Filmdokumentation *Heiner Carow, Regisseur* (1978, R: Veronika Otten), so dass Thomas Heise möglicherweise hier schon von der SFD erfuhr.

Golde geliefert,[5] damit die mich wieder einstellen – ich hatte einen Aufhebungsvertrag – und es gab Riesentheater. Aber dann habe ich bei ihm gearbeitet. #00:02:50-6#

Und Ihr wart sozusagen gute Kollegen? #00:02:50-5#

Jaja. Klar. Ich habe ja, seit ich 1978 von der Armee wiedergekommen war, bei ihm fast vier Jahre gearbeitet. Und dann ging ich an die Filmhochschule, wo ich dann den ersten Film machte *Wozu denn über diese Leute einen Film*.[6] Das war der erste ernstzunehmende Film. *Wozu denn über diese Leute…* ist einmal aufgeführt worden und dann nicht mehr wieder. Das war bei den Studententagen, und noch während der Vorstellung ging der Vorhang zu, da sei eine technische Panne oder was weiß ich. Der FDJ-Sekretär, der Redakteur werden wollte, hat mir angekündigt: „Der läuft das letzte Mal!" #00:03:35-9#
So ging das dann immer weiter. Ich habe nur noch einen Vorschlag nach dem anderen auf den Tisch gehauen, was sollte ich denn machen. Das ging aber alles nicht, und dann habe ich irgendwann gesagt, Danke, das war's. Und dann war die Exmatrikulation fertig. Das hat auch damit zu tun, dass das in der Zeit nach Biermann war. Nach der Biermann-Geschichte 1976 haben die natürlich auch an der Hochschule umstrukturiert und es wurde mehr aufgepasst. Aber auch in der Schule gab es ganz verschiedene Haltungen: Leute, die sich rausgehalten haben, die also keinen Dreck am Stecken hatten – aber sonst auch nichts anderes. Und es gab eben Dozenten, die also ganz klar für das MfS gearbeitet haben. #00:11:26-8#

Wie ging es denn dann weiter? Gab es einen richtigen Anschluss? #00:11:37-7#

Nein. Da saß ich dann erst mal da. Also ich hatte natürlich ‚AIDS', das muss ich mal so sagen. Ich hatte über Peter Brasch parallel eine

5 Gert Golde (Jg. 1937), 1971–1989 Direktor für Produktion, ab 1977 1. Stellv. des Generaldirektors, von September 1989 bis Juni 1990 Generaldirektor des DEFA-Studios für Spielfilme.

6 *Wozu denn über diese Leute einen Film?*, DDR 1979/1980, s/w. Regie, Buch: Thomas Heise, Kamera: Dagmar Mundt. Für Vorführungen gesperrt. UA: 20.09.1989, Akademie der Künste, Berlin.

Verbindung zum Rundfunk aufgebaut[7] und habe dann dort für die Reihe *Tatbestand* ein Hörspiel gemacht. Das hat mich das ganze Jahr 1983 über beschäftigt. Ein Originaltonfeature für den Funk. Das war so eine Geschichte, was passiert, wenn einer aus dem Knast kommt. Den habe ich dann ein dreiviertel Jahr lang begleitet, und daraus ist eine Collage geworden. Die ist nicht abgenommen worden natürlich. (*lacht*) Die Bänder sind wie üblich zum Löschen freigegeben worden. Das Feature ist dann im September 1989 als Veranstaltung zum 40. Jahrestag der DDR an der Akademie der Künste gelaufen. Das war schon sehr ulkig, wie das dann ging. Über Scheumann lief das dann, der ja auch bei der Stasi war.[8] Aber der sich darum sozusagen gekümmert hat, weil die mich dann am Ende dieser ganzen Staatssicherheitsgeschichten 1987 versucht haben anzuwerben. Da habe ich zu ihm gesagt, er soll dafür sorgen, dass das aufhört. Und das hat er prompt gemacht. #00:13:25-3#

Und dazwischen, zwischen 1983 und 1987, da kommt ja die Staatliche Filmdokumentation ins Spiel. #00:13:30-1#

Ja, dann kommen mehrere Sachen. Da kommt der Rundfunk und außerdem die Staatliche Filmdokumentation. Aber beim Rundfunk gab es noch mehrere Versuche, die damit endeten, dass ich vom Leiter Hörspiel oder so die Ansage bekam: „Mit Ihnen nicht mehr, Herr Heise." Naja, und dann war ich draußen. Peter Gugisch heißt der gute Mann, gilt als Liberaler angeblich. Also mir war er nicht so untergekommen.[9] (*lacht*) #00:14:12-4#

Wie fing das dann an mit der Staatlichen Filmdokumentation? #00:14:12-4#

7 Peter Brasch (1955–2001), Schriftsteller. Zwischen 1978 und 1984 Regieassistent, 1986 bis 1989 Regisseur und Dramaturg beim Rundfunk der DDR.

8 Gerhard Scheumann (1930–1998), Filmregisseur, Gesellschafter und Chefredakteur des Studio H&S (1969–1982), Ständiger Sekretär der Akademie der Künste/ Sektion Darstellende Kunst (1974–1977 und 1986–1990). Scheumann war 1976–1984 und 1986–1989 als IMS *Gerhard* beim MfS erfasst.

9 Peter Gugisch (Jg. 1935), Arbeiten beim Rundfunk der DDR (1969–1990) als Hörspielautor, ab 1977 als Hauptabteilungsleiter Funkdramatik.

Das war ganz simpel. Der Peter Badel hatte mir gesagt,[10] dass es die gibt und ich habe dort einfach gefragt. Ich habe den Chef angequatscht, ob man da was machen kann. Wie hieß der, Dr. Glaß. Und der hat sich darauf eingelassen. Und dann, ja, dann haben wir dort *Das Haus* gemacht. #00:14:39-8#

Musste man da vorher ein Manuskript abgeben? #00:14:39-8#

Ja, da habe ich irgendwas geschrieben, aber ich weiß nicht mehr, was es war. Also da hab ich bestimmt irgendein Papier geschrieben, das wolkig irgendwas beschreibt. (*lacht*) Wie toll es da ist und wie wichtig, und so was alles. Wobei, das mit dem Film über die Verwaltung war schon überlegt. Weil ich zu der Zeit an einem anderen Stoff für das Fernsehen gearbeitet habe, der da aber auch nicht weit kam. Der Stoff hieß *Schweigendes Dorf*, nach einer Geschichte von Bredel.[11] Das ist dann auch nichts geworden. Also es war schon etwas geworden, wurde aber nicht veröffentlicht. Da geht es um eine Geschichte aus den letzten Kriegstagen. Und dabei ist mir eben aufgefallen, dass es praktisch keine Aufzeichnungen von Verwaltungsvorgängen gibt, generell nicht. Das heißt, auch nicht für die DDR.[12] Verwaltungsvorgänge sind aber natürlich das Spannendste, was es gibt. Denn wenn jetzt zum Beispiel Material für die wissenschaftliche Forschung oder für Historiker vorliegen würde, in der Art, dass man ein Arbeitsamt immer wieder am 13. September gedreht hätte, komplett bei einer Frau, und hätte es dann weggelegt: Was passiert damit? Man hat dann in 20 Jahren ein unglaublich tolles Material, mit dem man ganz viel über diese Herrschaft etc. erzählen kann. #00:16:00-7#

Das war im Grunde genommen auch die Überlegung der Staatlichen Filmdokumentation – das war die Idee. Diese Idee ist praktisch nicht befolgt worden. Die Kollegen, die dort arbeiteten, haben nur sehr

10 Peter Badel (Jg. 1953), arbeitete 1984/1985 als freiberuflicher Kameramann für die SFD, u. a. bei Thomas Heises *Das Haus/1984* und *Volkspolizei/1985*. Beide hatten zuvor etwa zeitgleich an der Hochschule für Film und Fernsehen in Potsdam-Babelsberg studiert.

11 *Schweigendes Dorf. Fragment eines Dokumentarfilms aus Papier*, 1985, Buch: Thomas Heise. Szenarium für einen nicht zur Produktion freigegebenen Dokumentarfilm, als Theaterstück 1987, als Hörspiel 1990 realisiert.

12 Die SFD übernahm diese Anregung und plante für 1985 insgesamt fünf Filme in einem neuen Themenkomplex *Dokumentation Staatsorgane*.

bedingt eine Ahnung gehabt, zu was sie eigentlich gebeten sind. Es gab zum Beispiel diese Versuche von dem Thomas Grimm, sag ich jetzt mal, sich als Historiker zu gerieren.[13] Also das war schon ziemlich schwierig, fand ich. Zu denen, die dort wirklich ernst zu nehmen waren, gehörte Hans Wintgen, der dort ein paar Filme gemacht hat.[14] Ich kenne auch nicht alles, muss ich sagen. Aber nach dem, was ich dort gesehen habe, was die so machten… Das war dann ganz geheim alles, aber eigentlich war das alles harmlos. #00:17:26-9#

Noch einmal zum Anliegen der Staatlichen Filmdokumentation: Wie hast Du das empfunden? Warum gab es die Staatliche Filmdokumentation? #00:17:36-6#

Die gab es meines Wissens, weil Werner Lamberz, der als Liberaler galt, die Idee gehabt haben soll.[15] Das hat mir der Scheumann mal auseinandergesetzt.[16] Und die Idee war wohl, dass ja klar ist, dass man im Film nicht alles zeigen kann. Davon ist man ausgegangen – obwohl es ja angeblich keine Zensur gab. Aber nichtsdestotrotz bräuchte man vielleicht trotzdem die Filmaufnahmen. Also, wenn zum Beispiel in Berlin die Cholera ausbricht, dann wird man das nicht in der *Aktuellen Kamera* zeigen, und schon gar nicht die Bekämpfung der Cholera. Es wäre aber natürlich ein toller Film, wenn es dann vorbei ist. Also muss man das drehen, damit man es dann hat, wenn das Schlimme vorbei ist. Wenn man es dann doch erzählen kann. Das war im Grunde genommen die Idee. Man hat also versucht, ein Korrektiv zu finden für die ja sonst nicht herstellbaren Filme. Deswegen

13 Thomas Grimm (Jg. 1954), arbeitete 1983/1984 als freiberuflicher Redakteur, von Juni 1984 bis Dezember 1986 als festangestellter „Filmredakteur" für die SFD.

14 Hans Wintgen (Jg. 1949), arbeitete 1984/1985 als freiberuflicher Regisseur für die SFD. Er konnte dort nur einen Film drehen, der aber zu den wichtigsten Produktionen der SFD zählt: *Gespräche in einer strahlentherapeutischen Klinik* (1985). Vgl. S. 122–125.

15 Es ist tatsächlich möglich, dass Werner Lamberz (1929–1978) als Sekretär für Agitation und Propaganda des ZK der SED sowie als Leiter und Mitglied der Agitationskommission mit der Gründung der Staatlichen Filmdokumentation bzw. mit SFD-Vorläufern befasst gewesen ist.

16 Gerhard Scheumann wusste u. a. deshalb Näheres über die Staatliche Filmdokumentation, weil sein Studio H&S mindestens einmal (1976) um Stellungnahme zur Arbeit der SFD gebeten worden war. Die Antwort des Studio H&S fiel positiv aus und hob v. a. die Notwendigkeit sozialer Milieustudien durch die SFD hervor – was ab Herbst 1977 dann in deren Ausarbeitung der *Berlin-Totale* einfloss.

wurden dort ja eigentlich auch keine Filme gedreht. Sondern dort wurde Material hergestellt. Etwas, das grundsätzlich ins Archiv kam. Und das macht natürlich auch die Beurteilung so schwer. Während ich selber von vornherein darauf aus war, Filme herzustellen und den Laden einfach zu benutzen. Und das haben wir dann ja auch gemacht. Die Sachen sind dann ein Kompromiss zwischen Film und Dokument geworden. Die bewegen sich sozusagen auf einer Grenze. Und erst dadurch, dass das Material jetzt alt genug ist, kann man sagen, das ist jetzt ein Film. Das hat einfach etwas mit dem Kontext zu tun. Also die SFD war erst einmal als reine Materialbeschaffung vorgesehen. Worüber man nicht weiter redete. Bei unserem Verwaltungsfilm – *Das Haus/1984* heißt der – ist dann aber relativ schnell klar gewesen, dass das mit Material allein nicht getan ist. Und so kamen dann die Zwischenschriften, die wir gemacht haben. So ist das dann entstanden. #00:22:00-7#
Aber das war schon ein zusammengewürfelter Haufen. Denen ging es bei der SFD nicht schlecht, die fingen um zehn Uhr an und hatten auch früh schon Feierabend. Also, die haben sich nicht totgearbeitet und hatten eigentlich eine sichere Bank. Kein Mensch hat da kontrolliert und alle haben sich gegenseitig in Ruhe gelassen. Effektiv war das gar nicht. #00:22:16-5#

Wie fühlte man sich denn, wenn man dabei war? #00:22:19-3#

Ich fühlte mich überhaupt nicht, ich war ja nicht dabei. Ich war ja nicht drin. #00:22:22-0#

Aber die, die drin waren, hatte man einen Eindruck, wie die sich fühlten? Irgendwie elitär? #00:22:27-7#

Nein. Das hat mich nicht interessiert, ehrlich nicht. Ich hatte mit der Schnittmeisterin zu tun, also zwangsläufig, und das war schwierig. Ansonsten habe ich mich wenig geäußert. Weil ich da nun auch entsprechend misstrauisch war. #00:22:44-0#

Gab es Abnahmen? #00:22:44-6#

Ja. Da durfte ich nicht teilnehmen. Ich habe aber doch teilgenommen, weil ich im Vorführraum war. Und da habe ich nur gehört, „wegschmeißen“. So. #00:23:00-1#

Abnahmeprotokoll

zur Abnahme nachfolgender Filmdokumente der Staatlichen Filmdokumentation aus den Planjahren 1984/85 durch den Direktor des Staatlichen Filmarchivs, Gen. Wolfgang Klaue, und der von ihm berufenen Abnahmekommission am 9.1.1986

Vorgeführt, diskutiert und abgenommen wurden folgende Dokumente:

1. Puppenspieler "Sterl"
   Redaktion und Regie: Holm-Henning Freier
   Kamera: Hoffmann
   Länge:
   Kategorie: I

   Auf eine längere Diskussion wurde bewußt verzichtet, da in Abwesenheit des verantwortlichen Redakteurs nicht mehr im Einzelnen zu klären war, welche konkreten Forderungen und Wünsche der Auftraggeber mit der Produktion verband. Koll. Klaue äußerte seinen Eindruck von oberflächlicher Recherche. Das eigentliche Puppenspiel ist seiner Meinung nach zu wenig beachtet worden.

2. Leben im alten Weimar
   Redaktion und Regie: Dr. Peter Glaß
   Rechercheur: W. Knappe
   Kamera: Schmidt
   Länge:
   Kategorie: I

   Koll. Klaue faßt zusammen: ungenügende redaktionelle Vorarbeit; bereits im Zuge der Recherchen hätte deutlich werden müssen, daß der Stoff nicht ergiebig genug ist. Die Aussagen, der zu Wo kommenden Zeitzeugen sind nicht verallgemeinerungswürdig, zu subjektiv.
   Weitere Wortmeldungen bezogen sich auf die fehlende Korresponde zwischen Inhalt und bildlicher Umsetzung ("Radiofilm"). Die Art der Verwendung von Unterschnittmaterial als Montagehilfe wurde teilweise als störend empfunden.

Abb. 2: Abnahmeprotokoll unter anderem zu *Das Haus/1984*: „Künstlerische und politische Ambitionen bemängelt“.

Koll. Klaue abschließend: Film wird abgenommen und unver ändert archiviert.

3. Das Haus
   Redaktion und Regie: Thomas Heise
   Kamera: Badel
   Länge:
   Kategorie: II

   Wert und Anliegen der Produktion wurde von den Diskussionsteilnehmern unterschiedlich eingeschätzt. Das Problem der subjektiven Darstellung objektiver Probleme im Rahmen eines solchen Vorhabens wurde erörtert. Die Meinungen dazu waren konträr. Sie reichten von -rausgeschmissenes Geld- über -in Ausschnitten verwendbar- bis zu -Festhalten subjektiver Bewußtseinsausschnitte ist wertvoll- (sinngemäß). Die Diskussionsteilnehmer äußerten übereinstimmend die Auffassung, d daß diese Produktion außerhalb des Profils der SFD angesiedelt ist. Koll. Klaue bemängelte vor allem die seiner Meinung nach vordergründigen künstlerischen und politischen Ambitionen des verantwortlichen Redakteurs und verwies am Beispiel der Dokumentation "Wohnraumprobleme 1984/85" der SFD auf andere Möglichkeiten der Darstellung ähnlich gelagerter Sachverhalte. Abschließend bemerkte er, daß die Produktion, auch wenn sie über den Charakter eines Filmdokuments gewollt hinausgeht, ein Dokument bleibt, nicht für öffentliche Vorführungen vorgesehen ist und unverändert archiviert wird.

4. Prof. Leibnitz
   Redaktion und Regie: Dieter Harms
   Kamera: Roland Worel
   Länge:
   Kategorie: I

   Bei diesem Dokument handelt es sich um ein Fragment. Aus objektiven Gründen (Erkrankung des Professors) konnten die Dreharbeiten nicht abgeschlossen werden. Aus diesem Grund wurde auf eine Diskussion verzichtet.

Konnte man die Filme dann retten? #00:23:01-1#

Die sind ja nicht weggeschmissen worden, das haben die ja nicht gemacht. Die Filme waren im Plan, trotzdem. Das fand im Archiv statt, und da lag mein Film dann irgendwie rum. Der war ja gesperrt. Also was heißt gesperrt… #00:23:17-0#

Also es ist nichts weggeschmissen worden? #00:23:17-0#

Das kann ich nicht sagen. Das kann ich, ehrlich gesagt, nicht sagen. Ich weiß, dass es den Negativschnitt gibt. Und was weiter damit passiert ist, entzieht sich meiner Kenntnis. Ich bin da weder gefragt worden, noch ist mir jemals irgendetwas mitgeteilt worden. Weder vor noch nach der Wende. #00:23:41-5#

Hattest Du in der Zeit Kontakte zu irgendwelchen staatlichen oder Parteiorganen, die da kamen und sagten, hör mal zu, den Film hier, den machen wir anders? #00:23:57-0#

Da habe ich mich nicht drum gekümmert. Ich habe auch mit dem Direktor Wolfgang Klaue nichts zu tun gehabt. Ich weiß nicht, was da vielleicht noch lief, keine Ahnung. Ich habe mich für meinen Film interessiert, dass der fertig wird. Ich wusste, der geht ins Archiv und da bleibt er liegen, da geht keiner ran und damit ist's gut. Da liegt er dort, und eines Tages kommt er auch wieder raus, weil ja klar ist, irgendwann… Die Idee war im Grunde, was passiert, wenn der 100. Jahrestag der DDR ist und irgendwelche Leute anfangen, anhand ihrer Karteikarten durchzugehen, was wollen wir denn ansehen für unseren Kompilationsfilm, der da gemacht werden soll. Deswegen auch der Titel *Das Haus/1984*. Durch diesen Titel weiß man im Rückblick dann auf alle Fälle, für 1984 haben wir etwas. Da ist dann eine Zuordnung da. Und bei *Volkspolizei/1985* ist das genauso. Das war der eigentliche Grund. Also die Sicht, wie sie das schneiden, wenn das 30 Jahre später gesehen wird. Das war im Grunde genommen eine ganz fatalistische Veranstaltung. #00:24:55-6#

Empfandest Du es eher als Vor- oder als Nachteil, zu wissen, dass die Filme eigentlich nicht dafür da sind, gezeigt zu werden, oder vielleicht in 100 Jahren gezeigt zu werden? #00:25:06-5#

25.2.1986

Protokoll der Gruppenabnahme "Volkspolizei 1985"

anwesend: Soto, Ploog, Tammert, Wochau, Liebnitz, Heise, Pachale

Obwohl mehrere Male vom Koll. Worel aufgefordert blieb der Koll. Grimm der Gruppenabnahme fern mit der Begründung, er habe das Dokument bereits gesehen und er würde in der Diskussion auch keine Meinung äußern.

technische Daten: 686m/60min, sw, Mischton

Redaktion/Regie: Thomas Heise
Kamera: Peter Badel
Ton: Erhardt Dormeyer

Aus der Diskussion:
Da keine bestätigte Drehkonzeption für die Produktion vorlag, fehlte die Grundlage für eine Diskussion zur filmischen Umsetzung. Aus diesem Grunde verlief die Gruppenabnahme nicht wie sonst üblich. "Volkspolizei 1985" ist kein Filmdokument und auch nicht als solches konzipiert worden. Es wurde nicht nach einem Drehbuch gearbeitet. Die Aufgabenstellung belief sich in mündlicher Absprache mit Dr. Glaß auf Beobachtungen des Alltags in einem Berliner VP-Revier im Verlauf einer Woche. Diese sollten ergänzt werden durch Aussagen diensttuender Polizisten zu ihrer Herkunft und ihrem Weg zur VP. Somit konnte sich das Gruppengespräch nur auf die Ansicht der fertiggestellten Produktion beziehen.
Gute Kameraarbeit und sachliche Beobachtung wurden hervorgehoben. Eine Wertung der Vorgänge und Ereignisse durch den Regisseur war nicht vordergründig. Der Titel wurde von einigen Kollegen als zu allgemein empfunden. Die spätere Nutzung des Films wird aufgrund der Tatsache, daß es sich um eine gemischte Produktion handelt, nur im Zusammenhang möglich sein. Eine Ausnahme bildet der in sich abgeschlossene Fall Höhne zu Beginn des Films.
Wie den Kollegen des Reviers zugesichert wurde, wird auf öffentliche Vorführungen und auf Vorführungen vor direkten Vorgesetzten verzichtet. Der Leiter des VP-Reviers wird zu einer Abnahme eingeladen. Das Einverständnis aller im Film zu Wort kommenden Personen hinsichtlich der Verwendung der Aufnahmen liegt in mündlicher Form auf den Urbändern vor.

Worel

Abb. 3: Abnahmeprotokoll zu *Volkspolizei/1985*: „Kein Filmdokument“.

Das war mir egal. Das war mir da schon egal. Ich habe an der Filmhochschule faktisch keinen einzigen Film veröffentlichen können. Also entschuldige, ich war das gewöhnt. Ich kannte gar nichts anderes. Alles war gesperrt, alles. Was sollte ich da noch nachdenken. Da stand ich sozusagen drüber. (*lacht*) Eher war das so ein „Warten wir mal ab". #00:25:26-0#

Und woraus hast Du die Motivation gezogen? #00:25:29-0#

Na – mal sehen, wer länger durchhält. Also ich habe gar keine Motivation daraus gezogen. Das war so. Und ich habe das angenommen. Das war schon selbstverständlich. Es gab aber natürlich auch solchen Quatsch: Von dem Polizeifilm gab es eine Kopie, die habe ich mir bei der *Aktuellen Kamera* über die Vermittlung einer Freundin machen lassen. Die haben mir den Film auf eine VHS-Kopie gefazt. Es war ja immerhin 1985. Und mit dieser VHS-Kopie habe ich dann natürlich ohne Ende Vorführungen gemacht, das ist ja klar. Die ist dann auch bei Alexander Kluge gelandet. Also *Volkspolizei* war bekannt in der Szene. #00:26:21-9#

Wie reagierten denn die Protagonisten, wenn sie erfuhren, da kommt die Staatliche Filmdokumentation und die will was drehen, aber das wird nie gezeigt? #00:26:30-8#

Das hat die nicht interessiert. Bei *Haus* war es den Leuten egal. Das war denen völlig Wurscht. Hauptsache, die bekamen ihre Wohnung oder was immer sie wollten. Oder auch nicht bekamen. Das war ein völlig anderes Verhältnis zur Kamera als heute. Bei *Volkspolizei* genauso. Und den Volkspolizisten war es recht. Denen hatte ich die Legende erzählt, dass ihre Vorgesetzte den Film nicht zu sehen bekommen. Die haben gedacht, wir sind so ein ganz geheimer Stab. Ja, das haben sie geglaubt. Aber nach einer Woche haben sie unsere Ausweise verlangt. Als wir dann unsere Personalausweise gezeigt haben, fanden die das nur noch komisch. Danach haben wir nichts mehr gesehen. Da war dann praktisch Schluss mit Drehen, da haben sie dicht gemacht. (*lacht*) Aber da war es ja schon passiert. #00:27:22-2#

Und wie ging man da ran? Wen sprach man an? Ging man zum Ministerium? #00:27:28-8#

Bei *Volkspolizei* habe ich auf dem Kopfbogen der Staatlichen Filmdokumentation an den Innenminister Dickel geschrieben.[17] Peter Glaß sagte, er würde sich darum nicht bemühen, das müssten wir selber machen. Und das habe ich dann gemacht. Ich hatte ungefähr ein Jahr vorher ein Telefon bekommen. Und diese Telefonnummer habe ich angegeben. Das Telefon hatte ich nicht bestellt, das hatte ich bekommen. Da standen plötzlich drei Leute vor der Tür: „Herr Heise, Sie bekommen heute ein Telefon." (*lacht*) „Na dann bauen Sie mal ein!" Das war ein Einzelanschluss. Es gab aber keine Einzelanschlüsse in der DDR, sondern es gab Doppelanschlüsse gemeinsam mit Nachbarn. Wenn der eine telefonierte, konnte der andere nicht. Damit konnte man leben, das war nicht so schlimm – aber ich hatte einen Einzelanschluss. Der wurde extra gelegt. (*lacht*) Das fand ich schon komisch. Das kommt auch in meiner Stasi-Akte vor, aber nicht vollständig. Gut. Und dann eines Morgens hat irgendeiner angerufen, ein Major oder Oberstleutnant oder so, und hat gesagt, der Minister freut sich. Er wäre dazu da, das jetzt „durchzustellen" und wir müssten uns treffen. Wir haben uns dann auch getroffen. Ich hatte von der Schnittmeisterin Gisela Tammert den Schlüssel für die Staatliche Filmdokumentation bekommen, die hatte einen. Ich wusste, die fangen um zehn Uhr an, und so habe ich mich mit dem Major um acht Uhr getroffen. Da habe ich mich schön angezogen und war ordentlich, und da saßen wir dann im Büro (*lacht*) und haben uns unterhalten. Das Irre war, ich wusste, wenn der Minister sagt, er solle das durchstellen – nein, „absichern" hat er gesagt, absichern – dann hatte der Oberstleutnant oder Major oder was der war, überhaupt keine Entscheidungsbefugnis. Er musste machen, was ich sage. Das heißt, ich war auf einmal sein Chef. Das ist mir aufgegangen. Und das habe ich einfach ausgenutzt. Der hat dann gesagt, er hätte schon ein Polizeirevier am Tierpark herausgesucht, ein ganz neues.

17 Friedrich Dickel (1913–1993), Minister des Innern von 1963 bis 1989, war schon 1973/1974 mit der SFD befasst gewesen, als er die Bitte des Kulturministers Hans-Joachim Hoffmann nach einer generellen Erlaubnis für SFD-Filmaufnahmen mit Mitarbeitern der Polizei zwar ablehnte, allgemein aber Unterstützung der SFD durch das MdI zusagte. Die von Thomas Heise im Folgenden geschilderten Umstände, unter denen *Volkspolizei/1985* zustande kam, verweisen auf die in den 1970er und 1980er Jahren öfters angewandte Strategie, unter Lenkung und Beobachtung des MfS unbequeme Filmemacher mit solchen Projekten zu beschäftigen und ruhigzustellen, die ohnehin die Öffentlichkeit nie erreichen würden.

Das wollte ich aber nicht, sondern ich wollte das Revier, was auch für mich zuständig war, das in der Brunnenstraße. Weil das auch mit der Mauer zu tun hatte. Wir wollten eine Woche vor dem 1. Mai drehen, weil Peter Badel immer am 1. Mai drehte oder fotografierte. Und dann habe ich dem gesagt, dass wir das am Tierpark nicht machen wollen, sondern dass wir in der Brunnenstraße drehen wollen. Und dann sagte der, ja, dann brauchen wir also noch einen Monat für die Vorbereitungen. Da habe ich ihm gesagt, das geht nicht, wir haben noch andere Aufgaben zu lösen. Und das hat er dann verstanden. Und dann war für den klar, dann muss ich das telefonisch machen. Das wurde dann telefonisch durchgestellt. Wir hatten keinen Vertrag und nichts. Wir hatten nichts in der Hand. Durch einen Telefonanruf durchgestellt von irgendwo, drehten wir in einem Polizeirevier der DDR. Das hatte dann später auch Folgen. Wir wurden vorgeladen beim Polizeipräsidenten von Berlin oder so, und der sagte: „So geht das ja gar nicht, Genossen!“ (*lacht*) Also der sprach alle gleich mit „Genossen“ an. Aber ich habe nichts gesagt. Und er sagte: „Ja also man kann ja nicht gleich einfach so drauf losdrehen. Was ist denn, wenn Ihr mal ein betrunkenes ZK-Mitglied auf dem Fahrrad dreht.“ Das sind so die Probleme gewesen. Aber dafür war die Staatliche Filmdokumentation ja da, genau so etwas zu machen. Na gut. Aber da ist dann nichts weiter passiert. Die haben die Sache dann nicht weiter ernst genommen. #00:31:37-0#

Empfandest Du das für Dich als Privileg? War das ein Joke, oder…? #00:31:41-6#

Nein. Das war Feindesland, das war wie Arbeit in Feindesland. Peter und ich, wir haben einen Eisbecher nach dem anderen gegessen. Gegenüber war so eine Speisewirtschaft, da konnte man Mittagessen für 2,50 und daneben war ein Eisladen. Wir haben da nur Eisbecher gegessen. Also einfach Zucker gegen diesen… man konnte ja nicht offen reden. Da waren Bullen, das ging ja alles nicht. (*lacht*) Wir hingen da wirklich eine Woche ab, von morgens bis abends, auch nachts… #00:32:10-9#

Habt Ihr da auch Begegnungen an der Grenze gehabt? #00:32:26-8#

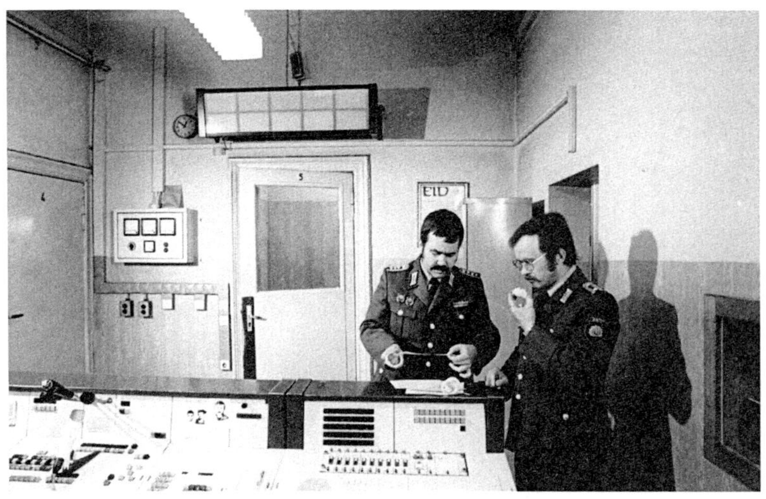

Abb. 4: *Volkspolizei/1985*: „Theaterbühne“.

Nein, das mit der Grenze, das war in der Wache. Das war schon, nachdem sie unsere Ausweise sehen wollten, die wir ja nicht hatten. Also jedenfalls nicht die, die sie haben wollten. Das hatte dann Folgen: Bis dahin hatten wir im Revier beim Drehen immer so eine Zentralperspektive über den Tresen dort gehabt. Wir waren immer hinter diesem Tresen und hatten den so als Theaterbühne. Und dann haben wir geschaut, was da passiert.

Es gab da eine Festnahme von einer Person. Und nachdem das mit den Ausweisen gewesen war, hat der eine Offizier von der Schicht dafür gesorgt, dass wir den, der da so zugeführt wurde, nicht sehen konnten. Der von der Wache wusste natürlich, dass wir da mit der Kamera stehen. Und er hat versucht, alles irgendwie an der Tür zu erledigen. Damit das nicht im Film vorkommt. Er hatte aber vergessen, dass ich schon gleich am ersten Tag ein Mikro an der Tür eingebaut hatte. Ich habe die ganze Wache sozusagen verkabelt, überall wo man drunter was anbauen konnte. Und dann musste ich immer die Strippen umstecken, damit das aufs Tongerät geht. Deswegen ist im Film diese Diskussion mit dem Polizisten über die Frage „Wohin zeigt der Stacheldraht?“ dann auch enthalten – nämlich nach Osten und nicht nach Westen. Und der sagte immer, ja, die Mauer ist für uns, damit wir nicht rüberkönnen, und nicht, damit die nicht zu uns können. Das hat der dem da erklärt und am Ende hat der Bulle den

Abb. 5
Thomas Heise (1984).

einfach rausgeschmissen, und dann war gut. Das ist jetzt im Film drin, einfach als Ton. Da gibt es nur kein Bild dazu, weil das Bild eben leer war. #00:34:13-3#

Du hattest keinen Materialmangel, bei dem man sagt, wir mussten mit so und so viel Rollen Film auskommen? #00:34:17-6#

Doch, doch, das gab's. Wir hatten kein unendliches Material. Das war ja auch klar, ich hatte gesagt, wir drehen so ungefähr eine Stunde. Und dafür gab es dann Drehverhältnisse. Wie viel Rollen Film das waren, weiß ich nicht mehr. #00:34:34-8#

Und als es zu Ende ging? #00:35:03-9#

Ich glaube, *Volkspolizei* war der letzte oder vorletzte Film.[18] 1986 hat die SFD ja zugemacht. Da kann nicht mehr viel gewesen sein.

18 Nachdem *Volkspolizei/1985* Anfang Mai 1985 abgedreht worden war, kamen tatsächlich SFD-Verbot und Entbindung Peter Glaß' von der Leitungsposition zum 01.11.1985 – u.a. wegen „Vernachlässigung der Kontroll- und Aufsichtspflicht" (Wolfgang Klaue) – recht schnell. Insofern ist die Interpretation Thomas Heises, dass die SFD während der Produktion von *Volkspolizei/1985* schon kurz vor ihrem Ende stand, denkbar. Allerdings ist es ebenso möglich, dass erst der Film selbst zu einem der auslösenden Faktoren für das Ende der SFD wurde. Bis zur endgültigen Auflösung zum 31.12.1986 entstanden noch mehrere Filme, überwiegend Personendokumentationen.

Gerüchten zufolge ging es dabei irgendwie um Wirtschaftsgeschichten. Da muss irgendwie gemauschelt worden sein. Das kann sehr gut sein. Da kannst Du natürlich alles Mögliche machen mit so einer Bude. Ob da nun was mit Honoraren gemacht wurde… Also ich meine, für einen Film habe ich 800 DDR-Mark bekommen. Das muss man mal so sehen. Und das für einen, der eine Stunde Dokumentarfilm gemacht hat. #00:37:13-1#

Wie wurde Dir denn nun gesagt, Dankeschön, wir wollen keine Zusammenarbeit mehr? #00:37:30-0#

Das machte dann irgendwie zu. Wir hatten auch schon gehört, dass die SFD zugemacht wird, und daraufhin entstand ja die Idee, *Volkspolizei* zu machen, also etwas zu machen, was eigentlich gar nicht geht. Weil, da können wir nichts mehr verlieren. Also was soll schon sein. Dann ist das Material einfach da. Es war schon klar, das ist das Letzte – das stimmt, das wusste ich. Und daraufhin kam dann diese Polizeigeschichte. #00:38:05-0#

Und Gruppe Chronik *kam nicht in Frage, weil Du kein Interesse hattest?* #00:38:05-0#

Welche Gruppe *Chronik*? #00:38:08-6#

Na beim Dokfilm.[19] #00:38:12-3#

Nein, also ich hatte mit meiner Exmatrikulation 1982 schriftlich bekommen, dass ich bei der DEFA nicht arbeiten kann. Und auch Bernd Burkhardt hat mir damals gesagt,[20] wenn Du Deinen Diplomfilm nicht änderst und wenn daraufhin das Studium abgebrochen werden muss, dann ist es vorbei. Der hat mir dazu geraten abzubrechen, das habe ich schriftlich von ihm. Das ist ja auch Bestandteil

19 Die Produktionsgruppe *Chronik/Dokumentation* am DEFA-Studio für Dokumentarfilme (1986–1990) war aus der DEFA-Gruppe *Geschichte/Dokumentation* (1981–1985) hervorgegangen und erfüllte die Aufgaben einer produktionsorientierten Filmothek. Sie wird mitunter als Fortführung der SFD am Dokumentarfilmstudio betrachtet, was aber weder in personeller noch konzeptioneller Hinsicht zu belegen ist. Vgl. S. 156–157.

20 Bernd Burkhardt war zwischen 1982 und 1990 Produktionsgruppenleiter der Gruppe *defa kinobox* und 1986/1987 amtierender Betriebsteilleiter des DEFA-Studios für Dokumentarfilme, Berlin.

meiner Klage gegen die Bundesrepublik, dass der IM das sozusagen so mitgeteilt hat. Dass das nicht nur meine Schnapsidee war aufzuhören, sondern dass es darum ging, eine Deeskalation zu machen. Das ist ja klar, wenn Du exmatrikuliert wirst, heißt das, Du kannst nicht mehr studieren, Punkt. Wenn Du aber selber gehst, und sagst, ja, ich bin noch nicht so weit und so, dann hast Du eine Chance, doch wieder weiterzumachen. Das war der Sinn der ganzen Veranstaltung. Und das hat mir Burkhardt seinerzeit auch so gesagt. Nein, das war mir klar, dass ich bei der DEFA nicht arbeiten kann. Ich kann dort ja nicht arbeiten, wenn ich gar keinen Abschluss habe. #00:39:21-4#

Und wie ging es mit dem Dokumentarfilmer Thomas Heise dann 1986 weiter? #00:39:50-5#

Ich habe ja nicht nur Dokumentarfilm gemacht. Das lief erst mal parallel in der Zeit. Gleichzeitig gab es da ja auch meine Rundfunksachen. Obwohl die praktisch, um das mal zu beschreiben, „Dokumentarfilme ohne Bild" waren. Und dann war ich ja am Theater. Es kam ja der Punkt, dass erst beim Film nichts mehr ging, und dann ging beim Funk nichts mehr. Und dann hat Heiner Müller mich ans Theater geholt. Am Theater habe ich dann auch wieder angefangen zu drehen. Ich hatte aus dem Westen eine Kamera bekommen, mit der habe ich gearbeitet. Die Kamera habe ich nicht zurückgegeben, sondern die habe ich behalten. Ich habe kein Material an den Westen gegeben, so wie das einige gemacht haben. Weil mir klar war, wenn ich das mache, dann bin ich zwar berühmt, aber das war es dann auch. #00:40:54-7#

War das noch eine Dokumentarkamera? Oder schon eine Videokamera? #00:40:56-8#

Das war eine Videokamera, gar nicht so ein schlechtes Ding, eine MV 5, eine Panasonic. Die war sozusagen für Nachrichtentruppen, wenn man etwas ganz Schnelles und Leichtes vor Ort brauchte. Etwas Robustes, wo man bloß drei Knöpfe hat und draufdrückt. #00:41:13-3#

Und gibt es da Arbeiten? #00:41:12-2#

Ja na klar, sicher gibt es die. Da gibt es den *Ausländer*, der ist komplett darauf entstanden und 2003 dann geschnitten worden. In *Material* gibt es auch ganz viel davon.[21] Das ist alles mit dieser Kamera gemacht. #00:41:28-8#

War das offiziell? #00:41:29-6#

Nein. #00:41:33-3#

War das gefährlich? #00:41:33-9#

Nein. Es gab eine offizielle Einfuhrgenehmigung, die hat der Heiner Müller bekommen. Der hat das gemacht, ohne Zoll und ohne irgendetwas. Ich habe die dann einfach im Theater benutzt. Da war nichts weiter Gefährliches. Ich bin dann erst 1989 auf die Straße damit gegangen, vorher habe ich draußen nichts damit gemacht. Weil ich die behalten wollte. Wenn Du mit Tonbändern durch die Gegend ziehst… Da bin ich mehrfach festgehalten worden: Mit welchen Genehmigungen ich hier einfach Aufnahmen machen würde und so was alles. Aber es ging dann auch wieder mehr als man dachte. #00:43:05-8#

1989 sind mit der Kamera dann auch Aufnahmen von Zeitgeschehnissen, also Zeitdokumente entstanden? #00:43:13-8#

Ich war in dem Vorbereitungskomitee für die Demonstration am 4. November 1989 am Alexanderplatz. Die ist ja von den Theaterleuten gemacht worden. Und da war ich mit in der Vorbereitungsgruppe drin. Ich habe das dann für die Gruppe gedreht und stand mit oben auf der Tribüne, zwei Meter neben denen. Ich habe einfach gedreht, und andere Sachen auch, und dann einfach immer weiter. #00:43:39-7#

Hat sich 1989 von der Bildsprache und vom Gefühl her auch als Macher für Dich etwas verändert? Sagen wir mal zwischen 1985 und dem 4. November 1989? #00:43:52-5#

21 *Der Ausländer*, DDR 1987 / D 2004, s/w. Regie, Buch, Kamera: Thomas Heise. UA: 20.10.2004, Leipzig. – *Material*, D 2009, s/w und Farbe. Regie, Buch: Thomas Heise, Kamera: Sebastian Richter, Peter Badel, Thomas Heise, Jutta Tränkle, Börres Weiffenbach. UA: 12.02.2009, Berlin.

Naja, das ist ja was anderes. Das eine ist 1984 *Das Haus* und 1985 *Volkspolizei*. Da hatte ich Peter Badel als Kameramann. Das andere ist 1989, da war ich alleine und hatte die Kamera. Das ist natürlich anders. Auf der anderen Seite hatte die Kamera technologisch ein paar Folgen. Zum Beispiel hat die eine sehr langsame Schärfe, die hatte bei der Schärfe nur eine Automatik. Das hat zur Folge, dass immer wenn Du schwenken willst, Du langsam schwenken musst, damit das Ding hinterherkommt. (*lacht*) Das hat dann natürlich Folgen für die Bildsprache. #00:44:23-4#

Und welche Unterschiede gab es beim Filmen vielleicht noch zwischen 1984 in Schwarz/Weiß und im November 1989 dann mit Video? #00:44:32-4#

1989 hat mich nur das Material interessiert. Ich wollte das Material haben. So. Dazwischen gab es ja noch einen anderen Film. Das war ja dieses *Imbiss – Spezial*.[22] Das ist eine Woche vor dem 7. Oktober 1989 gewesen. Auf dem Bahnhof Lichtenberg in einer Pizzabude. Das endet mit dem 7. Oktober. Ein schöner Film, der ist auf 35mm gedreht. Der Trick ist gewesen, dass ich dann ja an der Akademie der Künste war. Also ich bin sozusagen aus der Hochschule rausgeflogen und später in die Akademie als Meisterschüler wieder rein. Was formaljuristisch ja gar nicht ging, was aber eben gemacht wurde. Das ist der Vorteil bei Diktaturen, da kann man alles machen, was nicht erlaubt ist und was nicht geht. (*lacht*) #00:45:22-4#

Das ging dann über Heiner Müller? #00:45:23-9#

Ja, es ging aber nicht in seiner Sektion, weil die gesagt hat, Schriftsteller kann man nicht lernen. Ich wollte ja auch keiner werden. Dann hat der Müller mit Scheumann geredet, ob der mich nimmt. Das war eine Sozialmaßnahme, ganz simpel. #00:45:36-3#

Was war das dann für eine Sektion? #00:45:37-7#

Das war die Sektion Darstellende Kunst. Dort wollte ich dann praktisch das weitermachen, was ich bei der Staatlichen Filmdokumentation angefangen hatte. Ich wollte die Filmdokumentation sozusagen in der Akademie wieder aufleben lassen. Die hat über Schalck-Golodkowski

22 *Imbiss – Spezial*, DDR 1989, s/w und Farbe. Regie, Buch: Thomas Heise, Kamera: Sebastian Richter. UA: 06.10.1990, Akademie der Künste, Berlin.

Abb. 6: „Kunst in der Entstehung dokumentieren." Theaterregisseur Fritz Marquardt, 1988 dokumentiert von Thomas Heise, in *Material* (2009).

Technik bekommen. Das war natürlich hochgeheime Technik – relativ einfache Videorekorder und ein paar Kameras. Ich wollte dort ein Videostudio aufbauen und habe gedacht, das ist vielleicht nicht schlecht, da kann man sozusagen Kunst in der Entstehung dokumentieren. Das heißt jetzt nicht, wir machen einen Film über den Maler Soundso und der heißt dann Richter oder so, sondern: Man schaut einfach hin, hängt sich irgendwo rein und dreht einfach mit jemandem. Legt das Material dann erst einmal weg und macht es nicht gleich fertig. Das war die eine Position. Und die andere Position, das war die der Verwaltung der Akademie. Die wollten praktisch so was wie ein offizielles Akademiefilmfernsehen haben. Ich sollte da dann eingestellt werden und wollte das auch als meine Meisterschülergeschichte durchziehen. Dazu ist es dann nicht mehr gekommen. Das hing offenbar auch wieder mit den Diensten zusammen, dass das nicht gemacht worden ist. Die Technik lagerte an der Akademie dann jahrelang rum und ist gar nicht erst benutzt worden. #00:47:13-9#

Wenn es ein Credo als DDR-Dokumentarfilmer gäbe… Oder andersherum, würdest Du Dich als Dokumentarfilmer aus der DDR sehen? #00:53:49-9#

Das weiß ich nicht. Das ist schwierig. Ich habe mit dem gleichen Interesse und mit dem gleichen Arbeitseinsatz über die Zeit hinweg auch Theater und Funk gemacht. Also insofern finde ich es blöde, das zu beschränken. Oft wird gar nicht gesehen, dass das einen Bezug zueinander hat. Es gibt immer diese Tellerränder, über die wird nicht geschaut, und das ist ganz falsch. Ohne die Funkarbeit wäre zum

Beispiel *Imbiss – Spezial* nicht so geworden, wie es ist. Der Film arbeitet mit ganz vielen Methoden, mit drei oder vier Tonebenen. Das wäre ohne den Funk, ohne Funkmikros nie so geworden, das kann man nicht einfach ohne das sehen. Und *Barluschke* ist ohne die Theaterarbeit vorher auch nicht denkbar. Oder 1983 während des Hörspiels *Jonas*, also während dieser Knastentlassungsgeschichte, da habe ich noch als Assistent bei Thomas Harlan gearbeitet. Der hat *Wundkanal* gemacht und ich habe für ihn das Buch überarbeitet. Da war also ganz vieles, das gleichzeitig war. Und das hat zum Beispiel auch zur Folge gehabt, dass das *Schweigende Dorf*, was ich danach gemacht habe, so ist, wie es ist. Weil das wieder mit der Art und Weise von Harlan zu tun hat.[23] Das geht immer so, das kriegst Du nicht auseinander, also ich nicht. #00:56:00-1#

Es könnte ja sein, das ist eine These oder auch eine Frage, dass Kunst und Film sich dann an der Stelle durchdrungen haben, und dann wäre meine Frage oder These, war es dadurch leichter oder schwerer, Dokumentarfilmer zu sein? #00:56:21-2#

Ich glaube, ich habe immer dasselbe gemacht. Ich habe sozusagen nur die Materialien gewechselt. Also ich habe immer gemacht, was gerade noch ging. Das war nicht immer das, was ich wollte. Das habe ich immer irgendwie zu meinen Sachen machen müssen. Erst einmal waren das ganz andere Geschichten. Die, die ich erst machen wollte, die gingen ja nicht. Und dann musste ich irgendwelche andere Sachen machen, so ist das immer gelaufen. Das ist auch bei den späteren Filmen so, die meisten sind letzten Endes Auftragsarbeiten. Die habe ich dann so zu meinen Sachen gemacht, dass die als Auftragsarbeiten für die Auftraggeber nicht mehr wiederzuerkennen waren, (*lacht*) worüber die Auftraggeber dann immer sauer sind, aber ja, gut… #00:57:00-5#

Und wie würdest Du Deine Filme bezeichnen? #00:57:03-6#

23 *Barluschke*, D 1997, Farbe. Regie, Buch: Thomas Heise, Kamera: Peter Badel. UA: 31.10.1997, Leipzig. – *Vorname Jonas*, DDR 1983, Originaltonhörspiel für den Rundfunk der DDR. Regie, Buch: Thomas Heise, Originalton: Hans Blache, Thomas Heise. 1983 nicht zur Endfertigung freigegeben, Endfertigung: Juli/August 1989 in der Akademie der Künste der DDR, dort UA am 20.09.1989. – *Wundkanal. Hinrichtung für vier Stimmen*, D/F 1983/1984. Regie: Thomas Harlan, Regieassistenz: u. a. Thomas Heise, Buch: Yvette Biro, Thomas Harlan, Kamera: Henri Alekan. Premiere: 29.08.1984, Venedig.

Abb. 7
Thomas Heise
(Mitte), 1992,
in *Material* (2009).

Naja, wenn Du nach dem Credo fragst, da gibt es einen Satz, den habe ich auf der Hochschulseite.[24] Und da steht eben „Dokumentarfilm hält länger als der Staat, in dem er entsteht.“ Das ist eine interessante Erfahrung. Das gilt natürlich nicht nur für die DDR, sondern auch für die Bundesrepublik. Also ich halte das für eine Illusion zu glauben, dass es jetzt immer so weiter geht. (*lacht*) Das interessiert mich schon. Ich meine, mich interessiert Archäologie. Mein Ansatz ist viel eher archäologisch und gar nicht mal auf irgendeinen Zweck gerichtet. Sondern einfach nur darauf, dass man Dinge behält, dass man die nicht vergisst. #00:58:00-6#

Siehst Du Dokumentarfilm künstlerisch? #00:58:12-7#

Also wenn ich das mal sagen darf, ich halte von solchen Diskussionen gar nichts. Mich beschäftigt das überhaupt nicht. Also weder, ob das Kunst ist noch ob das mit der Kunst sich durchdringt oder irgendwas, das ist mir alles ziemlich egal. Ich kann schon mit dem Begriff Künstler nichts anfangen. Also wenn jemand sagt, ich bin Künstler, dann ist das zu 80 Prozent Quatsch. Da hat jemand irgendeinen Flips im Kopf, und weiter gar nichts. Das entscheidet man ja nicht selber, sondern das entscheiden andere. #00:58:55-6#

Was hat Dich angetrieben, Dokumentarfilm zu machen oder machen zu wollen? #00:59:01-0#

24 Thomas Heise war zur Zeit des Interviews Professor für Film an der Staatlichen Hochschule für Gestaltung Karlsruhe.

Ich habe ja erst Drucker gelernt, weil ich zur ‚Arbeiterklasse' wollte, auch mit einem ziemlich romantischen *touch*. Damit habe ich dann aufgehört, gleich nach dem Ende der Lehre, und dann erst mal nichts gemacht. Dadurch, dass ich zu Carow kam und der mich dann für dokumentare Arbeit einsetzte, habe ich Blut geleckt und bin dabei geblieben. Das war es dann, was ich wollte. Also, dass im Grunde genommen so etwas wie Wirklichkeit zu Material werden kann, dass man damit arbeiten kann. Das ist eigentlich viel interessanter. Wenn Du eine dramaturgische Struktur aus dokumentarem Material herstellen willst, dann ist das viel schwieriger, als wenn Du Dir das sozusagen ausdenkst. Da kann immer eine Tür aufgehen. Beim Dokumentarfilm geht aber garantiert keine Tür auf, denn in der Regel ist das Leben langweilig. Und wie man das dann erzählt, das fand ich schon sehr schön. Zum anderen war interessant für mich: Wenn man in einem geschlossenen Land wie der DDR lebt, wo man ein Interesse hat, nach draußen zu schauen – das macht ja einen Horizont auf. Also, wenn Du im Gefängnis bist, dann ist es immer interessant, was draußen los ist. Wenn Du aber draußen bist, ist es überhaupt nicht interessant, was im Gefängnis los ist. Das ist auch einfach das Ost-West-Problem, das man da beschreiben kann. #01:02:48-9#

Als abschließende Frage vielleicht: Die Zeit bei der Staatlichen Filmdokumentation ist quasi eine Episode unter vielen? #01:02:56-7#

Ja. #01:02:56-7#

Eine wichtige Episode, eine prägende? #01:03:03-2#

Naja, die ist schon wichtig, weil da diese zwei Filme *Das Haus/1984* und *Volkspolizei/1985* entstanden sind. Die sind ja auch aus einer Notsituation entstanden. Und das ist ja auch gut. Selbst am Theater habe ich das so gemacht. Wenn praktisch keine Möglichkeit mehr war, zu probieren oder irgendetwas, weil immer Größen wie Zadek schon alles belegten, dann habe ich gesagt, ich mache das trotzdem, das ist mir völlig egal. Ich nehme einfach das, was da ist, und arbeite damit. Fertig, Punkt, das ist dann so. Das ist bei mir von der Hochschule an eigentlich immer so gelaufen. #01:03:57-4#

Besten Dank. #01:03:59-8#

Wolfgang Klaue – Ehemaliger Direktor des SFA

„Die SFD berührte Grenzen des Erlaubten". Staatliche Filmdokumentation – Erinnerungen

(Berlin, November 2013)

Wolfgang Klaue, geboren 1935 in Oelsnitz, Erzgebirge, war von 1969 bis 1990 Direktor des Staatlichen Filmarchivs der DDR (SFA). Nach dem Philosophiestudium (1952–1957, Humboldt-Universität Berlin) begann er 1957 am Filmarchiv und leitete ab 1959 dessen wissenschaftliche Aktivitäten sowie die Abteilung Spielfilm. Wolfgang Klaue erlebte nahezu die gesamte Geschichte des 1955 gegründeten und 1990 in das Bundesarchiv eingegliederten DDR-Filmarchivs mit. Auch die Bemühungen seines Vorgängers und Förderers Herbert Volkmann (Direktor des SFA 1959–1968), bereits in den 1960er Jahren eine Abteilung Filmdokumentation zu gründen, begleitete er aus nächster Nähe. Kurz nach Wolfgang Klaues Amtsantritt stimmte die HV-Film im Kulturministerium zu, dass das Archiv Filmaufnahmen für Dokumentationszwecke herstellen könne.

Es ist eingetreten, was zu erwarten war: Vieles ist zur Staatlichen Filmdokumentation bereits gesagt worden. Ich werde trotzdem das, was ich vorbereitet habe, vortragen. Es ist nicht zu lang und fügt den bisherigen Darstellungen vielleicht einige ergänzende Nuancen hinzu.

Ich war nicht an den Produktionen der SFD beteiligt. Ich hatte eine relativ große Distanz zu den praktischen Arbeitsabläufen der Gruppe. Als unmittelbar Beteiligter hat Thomas Grimm in der Publikation

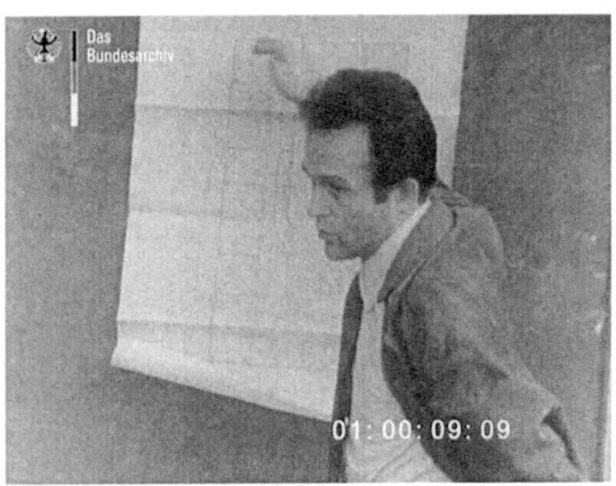

Abb. 1: Wolfgang Klaue in der SFD-Dokumentation *Farbfilmbunker – Aufbau bis Grundsteinlegung* (1977, R: Dieter Harms).

Schwarzweiß und Farbe. DEFA-Dokumentarfilme 1946–92[1] über die Tätigkeit der SFD berichtet. Ich halte diesen Beitrag nach wie vor für eine kompetente Aussage über Absichten, Möglichkeiten und Grenzen der Staatlichen Filmdokumentation.

Seit über 25 Jahren war die Staatliche Filmdokumentation kein Thema mehr für mich. Ich habe kaum noch Filme der SFD gesehen, habe nicht in alten Unterlagen recherchiert. Vieles ist einfach in Vergessenheit geraten. Ich begrüße es, dass das Institut für Zeitgeschichte die SFD ‚wiederentdeckt', aus der Vergessenheit des Archivs befreit hat und dieses Experiment aus DDR-Zeiten einer kritischen Bewertung aus heutiger Sicht unterzieht.

Die Staatliche Filmdokumentation war eine Erfindung des Staatlichen Filmarchivs. Es gab keine Anweisung, keinen Auftrag einer übergeordneten Stelle dafür.

Die Idee zu einer filmischen Dokumentation entstand in der zweiten Hälfte der 1960er Jahre. Ich beschäftigte mich damals für eine nie zustande gekommene Dissertation mit dem Film als historische Quelle. Es gab Beispiele für die Herstellung von filmischen Dokumenten, die nicht für eine unmittelbare Verwendung bestimmt waren. In der NS-Zeit ist ein sogenanntes Filmarchiv der Persönlichkeiten entstanden. Aus Schweden war bekannt, dass die Nobelpreisträger zu ausführlichen Statements vor der Kamera aufgefordert werden.

1 Vgl. Thomas Grimm: Verrat der Quellen. Die Staatliche Filmdokumentation. In: Günter Jordan / Ralf Schenk (Hrsg.): *Schwarzweiß und Farbe. DEFA-Dokumentarfilme 1946–92*. Berlin: Jovis 2000, S. 356–363.

Das Institut für den wissenschaftlichen Film in Göttingen drehte Zeitzeugen-Dokumente. Diese Beispiele waren eine interne Ermutigung für unsere Absichten. Extern waren sie nicht unbedingt zu gebrauchen, da hatten zwei Argumente größeres Gewicht: Die Tatsache, dass in der Sowjetunion hohe Militärs die Schlachten des 2. Weltkriegs noch einmal vor der Kamera schlugen und der katastrophale Mangel an filmischen Dokumenten zu Persönlichkeiten aus Kultur, Wissenschaft und Politik der DDR.

Ehe eine Entscheidung der Hauptverwaltung Film zu den Anregungen des Archivs getroffen wurde, sollten sich das DEFA-Studio für Dokumentarfilme, die Gruppe 67 (Andrew Thorndike) und das Studio H&S (Heynowski & Scheumann) dazu äußern. Die Reaktionen reichten von „überflüssig", „das können wir besser", bis zu „das kann nichts schaden", „ja, das sollte man machen".

Anfang der 1970er Jahre wurden dem Archiv zwei Planstellen und Haushaltsmittel bewilligt, um filmische Dokumente zur Überlieferung herzustellen. Die ursprüngliche Idee war, für die Produktion derartiger Dokumente Aufträge an Kooperationspartner, Filmhochschule, DEFA-Studios, Studios von Kombinaten, auch private Produzenten, zu vergeben. Planung und inhaltliche Betreuung sollten im Archiv verbleiben.

Diese Version einer Filmdokumentation ist nie zustande gekommen. Es war Zufall, Glücksfall, dass die mit völlig überhöhten Ambitionen gegründete Akademie für marxistisch-leninistische Organisationswissenschaft (AMLO) zu dem Ergebnis kam, dass ein eigenes Filmstudio überflüssig ist. Das Filmstudio der AMLO – acht Mitarbeiter, westdeutsche 16mm-Kamera- und Tontechnik – stand zur Disposition. Ich trug dem Filmminister die Situation vor. Durch seine frühere Tätigkeit als Direktor des DEFA-Dokumentarfilmstudios kannte er die Defizite an filmischen Überlieferungen. Das Gespräch mit Günter Klein, dem damaligen, entscheidungsfreudigen Filmminister, währte keine 15 Minuten. Er entschied: Die Truppe übernehmen wir. Die Gelder zum Erwerb der Technik werden zur Verfügung gestellt. Die Haushaltsmittel zur Finanzierung der Tätigkeit dieser Gruppe werden dem Archiv zusätzlich bewilligt.

Das Filmarchiv hatte auf glückliche Weise plötzlich ein eigenes Filmstudio. Das war etwas Einmaliges in der Welt der Filmarchive. Die originären Aufgaben eines Filmarchivs sind die Sammlung, Erhaltung,

Erschließung und Nutzbarmachung des audiovisuellen Erbes. Darauf war auch die Tätigkeit des Staatlichen Filmarchivs konzentriert. Das Staatliche Filmarchiv war weltweit eine der größten Filmsammlungen. Den Bestand bildeten Filme des ehemaligen Reichsfilmarchivs, die 1955 von der Sowjetunion an die DDR übergeben wurden, und sämtliche Filme aus der Produktion der DEFA-Studios. Zur dauerhaften Erhaltung der Bestände wurden an der Peripherie von Berlin klimatisierte Filmlager und Einrichtungen zur Kopierung und Restaurierung errichtet. Das Archiv betrieb mit dem Filmtheater Camera ein eigenes Kino, unterhielt einen Verleih von Filmen für Filmklubs, veranstaltete Retrospektiven zur Geschichte des Dokumentarfilms auf dem Leipziger Festival, publizierte eine Filmographie der Produktionen der DEFA-Studios und machte seine Bestände für wissenschaftliche Zwecke, für Film- und Fernsehproduktionen im In- und Ausland zugänglich. Im Staatlichen Filmarchiv waren etwa 160 Personen beschäftigt. Die Staatliche Filmdokumentation stand nicht im Mittelpunkt der Tätigkeit des Archivs, auch nicht meiner Aufmerksamkeit und Möglichkeiten.

Aus heutiger Sicht mag es so erscheinen und so interpretiert werden, dass Produktionen der SFD den „Widerspruch zwischen DDR-Alltag und Berichten in zensierten Medien" sichtbar machen, dass sie „Lücken füllen in der SED-Informationspolitik". Wenn wir mit diesen Ansprüchen angetreten wären, wäre das das Ende der Dokumentationstätigkeit vor ihrem Anfang gewesen. Die SFD war weder subversiv, noch oppositionell. Sie hat keine „geheimen Filme" hergestellt. Und die SFD bewegte sich nicht außerhalb der „streng überwachten Verbote". Selbstzensur regulierte auch die Tätigkeit der SFD. Niemand wäre auf die Idee gekommen, mit der Kamera das Bewachungssystem an der Mauer zu beobachten oder den Ablauf von Grenzkontrollen am Checkpoint Charlie oder am Bahnhof Friedrichstraße. Die SFD berührte Grenzen des Erlaubten, aber eine uneingeschränkte Aktionsfreiheit gab es nicht.

Bei den Persönlichkeitsaufnahmen setzten die gefilmten Personen die inhaltlichen Grenzen. Vor allem Politiker fühlten sich offizieller Haltung und Parteidisziplin verpflichtet und übten Selbstzensur. Ihre Darstellungen zu hinterfragen war ausgeschlossen. Die SFD fungierte bei derartigen Aufnahmen wie ein technischer Dienstleister.

Bei der Abbildung von Arbeits- und Lebensverhältnissen hatte die SFD größere eigene Gestaltungsräume. Durch Wahl der Themen, Drehorte, Auswahl der Personen konnten durchaus Mängel, Defizite, Widersprüche erfasst werden. Aber es gab keine Aussagen vor der Kamera, die das politische System der DDR grundsätzlich infrage stellten. Die kritische Sicht auf die Realität bewegte sich in dem Spektrum, das jeder wahrnehmen konnte, der nicht völlig politisch borniert war.

Die SFD hatte in zweierlei Hinsicht Glück: Eine strenge Kontrolle und Aufsicht durch übergeordnete Organe existierte nicht. Und die SFD profitierte auch von der Stellung des Staatlichen Filmarchivs im Filmwesen der DDR. Filmproduktion, Kinoverleih, Filmzensur, Import-Export, die Auseinandersetzung mit unzufriedenen, aufsässigen, ausreisewilligen Künstlern, die Sicherung der technischen Basis für Filmproduktion und Kinos standen viel stärker im Fokus der staatlichen Leitung als das Filmarchiv.

Es gab unterschiedliche Auffassungen innerhalb der SFD, ob man Gremien des Parteiapparats stärker in die Tätigkeit der Gruppe involvieren sollte. Man versprach sich höheres Ansehen, größere ideelle und materielle Unterstützung. Ich teilte diese Auffassung nicht, sondern befürchtete Einmischung und politischen Dirigismus. Nur durch diese, nicht im Scheinwerferlicht agierende Tätigkeit der SFD konnten einige Personen beschäftigt werden, die an anderen Stellen Schwierigkeiten hatten.

Die Suche nach dem Gegenstand und der Methode filmischer Dokumentationstätigkeit hat die Arbeit dieses Filmteams von Anfang bis Ende begleitet. Es zeigte sich sehr bald, dass die Mitarbeiter der SFD allein mit Persönlichkeitsaufnahmen nicht sinnvoll zu beschäftigen sind. Ein professioneller Kameramann kann keine Befriedigung darin finden, immer wieder seine Kamera an einem festen Standort zu fixieren und in 30 Minuten vielleicht die Optik zwei-, dreimal zu verändern. Redakteure waren unzufrieden, weil sie nur sehr begrenzt Einfluss auf die Aussagen vor der Kamera nehmen konnten.

Das thematische Spektrum wurde deshalb im Konsens mit den Mitarbeitern – ohne dass es irgendeine Weisung von außerhalb gab – erweitert: auf Probleme der Gegenwart, die in Zukunft überwunden werden sollten (z. B. Wohnverhältnisse), auf DDR-typische Entwicklungen (z. B. Arbeiter-und-Bauern-Fakultät, Mehrparteiensystem,

Rolle der Kirche), auf historische Ereignisse (z. B. Geschichte der Arbeiterbewegung, KZ, Geschichte der DEFA). Mit jedem neuen Leiter der SFD wurden neue inhaltliche Akzente gesetzt. Auch Redundanz blieb nicht aus, d. h. es wurden Dinge aufgenommen, die unbedeutend, filmisch unergiebig waren oder nichts DDR-Typisches darstellten, weil sie in ähnlicher Weise überall vorzufinden waren. Es blieb immer ein gewisses Maß an Unzufriedenheit; es gab immer mehr Ideen und Vorstellungen zu Themen und Projekten, als mit den Möglichkeiten der SFD zu realisieren waren.

In all den Jahren der Existenz der Staatlichen Filmdokumentation wurde keine schlüssige Antwort darauf gefunden, welche ästhetischen Grundsätze bei einem Filmdokument zu respektieren sind. In welchem Maße ist der Einsatz filmischer Gestaltungsmittel legitim? Kameraführung, Beleuchtung, Ton, Schnitt, Montage. Wie weit darf bei einem Filmdokument der subjektive Faktor von der Aufnahme bis zur Endfertigung eingebracht werden? Wir haben keine endgültige Antwort darauf gefunden. Vielleicht gelingt die Verifizierung mit historischer Distanz. Die Produktionen der SFD decken eine große Palette von Gestaltungsmöglichkeiten ab.

Die SFD genoss ein hohes Maß an Selbständigkeit und Autonomie. Viele der Kontroll- und Genehmigungsmechanismen standen nur auf dem Papier. Mir sollten alle Drehbücher zur Genehmigung vorgelegt werden. Ich glaube, das ist nicht ein einziges Mal geschehen. Die Jahresarbeitspläne des Archivs waren der HV Film vorzulegen, darin wurden die Themen der geplanten SFD-Produktionen genannt. Es hat nicht einen einzigen Fall gegeben, dass Änderungen verlangt wurden. Auch von den Abnahmen von SFD-Filmen zogen sich Vertreter der HV Film sehr bald zurück. Dieses Schattendasein hatte allerdings auch seine negativen Seiten. Dringende Forderungen, die Arbeitsfähigkeit der SFD zu gewährleisten (Reparatur / Ersatz der Technik, Erhöhung des Benzinkontingents), verhallten ohne Resonanz.

Die Produktionen der SFD waren nie „geheim". Die Arbeiten wurden wie ganz normale Zugänge in den Bestand des Staatlichen Filmarchivs eingeordnet. Sie wurden nicht unter Verschluss aufbewahrt. Die Titel abgeschlossener Produktionen wurden im *Filmobibliografischen Jahresbericht* (ein filmografischer Nachweis aller in den Filmbetrieben hergestellten Filme) publiziert. Der Schriftverkehr der SFD wurde mit

Abb. 2: Wolfgang Klaue in der SFD-Dokumentation *Farbfilmbunker – Aufbau bis Grundsteinlegung* (1977, R: Dieter Harms).

keinerlei Sperrvermerken versehen. Für jeden Passanten sichtbar war das Firmenschild am Sitz der SFD angebracht.

Die Filme der SFD standen zur Benutzung zur Verfügung, wie alle anderen Bestände des Filmarchivs. Einschränkungen ergaben sich aus der technischen Beschaffenheit des Materials (zweistreifig, 16mm) und Restriktionen, die verfilmte Personen verfügt hatten.

Das Archiv ist nur einmal mit Filmen der SFD an die Öffentlichkeit gegangen, 1979 auf dem Dokumentarfilmfestival in Neubrandenburg. Über die Resonanz dieses Auftritts kann man bei Thomas Grimm nachlesen. Das war das einzige und letzte Mal, dass die SFD auf dieser Tribüne einen Auftritt hatte.

In meiner über 30-jährigen Tätigkeit im Staatlichen Filmarchiv habe ich zwei schwere, schmerzliche Niederlagen hinnehmen müssen. Ein großes Investitionsvorhaben zur Erweiterung der Restaurierungskapazität und zur Zentralisierung des Archivs genehmigt, geplant, wurde nach Baubeginn abgebrochen. Drei Millionen Mark der DDR für Projektierung, Beschaffung von Ausrüstungen, Aushub der Baugrube wurden im wahrsten Sinne des Wortes in den Sand gesetzt.

Die SFD, für deren Zustandekommen ich mich engagiert hatte, musste aufgegeben werden. Die Reparaturanfälligkeit der Technik erhöhte die Konflikte, die sich aus der disproportionalen Besetzung ergaben. Manches Ersatzteil konnte über die Stiftung Deutsche Kinemathek in Berlin (West) besorgt werden. Das half, konnte aber Generalüberholung oder Neubeschaffung nicht ersetzen.

Komplizierter als die Reparaturanfälligkeit der Technik war ein Personalproblem. Der Leiter der SFD wurde nicht mehr von seinem Team akzeptiert. Monatelange Bemühungen, dieses Problem zu lösen, haben die Konflikte nicht beheben können. Die Einstellung der Tätigkeit der SFD war eine Entscheidung des Staatlichen Filmarchivs, es gab keine Weisung einer übergeordneten Stelle dafür. Die HV Film stimmte der Entscheidung des Archivs zu. Eine Entscheidung, die ich zu verantworten hatte und noch heute zutiefst bedauere.

Monika Reck – Redakteurin

„Ich hatte am Sozialismus gerüttelt“. Briefe[1]

Monika Reck, geboren 1944 in Heringsdorf, wuchs in Greifswald auf. Nach einer Fotografenlehre an der Hochschulfilm- und Bildstelle der Universität Greifswald arbeitete sie als Regieassistentin im DEFA-Studio für Spielfilme, unter anderem bei Mann gegen Mann *(1976, R: Kurt Maetzig) und* Ich will euch sehen *(1978, R: János Veiczi). Ende 1978 wechselte sie zur Redaktion der Staatlichen Filmdokumentation. Bis auf ihre 1984 vorzeitig abgebrochene Langzeitdokumentation* VEB Elektrokohle Berlin *sind ihre Filme der* Berlin-Totale *zuzurechnen. Es entstanden vor allem Filme im Themenkomplex „Lebens- und Wohnverhältnisse“. Die mehrteilige Produktion* VEB Elektrokohle Berlin *führte zum Ende ihrer Arbeit bei der Staatlichen Filmdokumentation: Im August 1984 wurde sie von der laufenden Arbeit entbunden; bereits Mitte Oktober 1984 war das Arbeitsverhältnis beendet. Monika Reck wechselte schließlich zum Komitee für nationale und internationale Festivals im Kulturministerium/Hauptverwaltung Film.*

1 Mit freundlicher Genehmigung von Monika Reck werden hier Auszüge aus ihren Erinnerungen an die Staatliche Filmdokumentation abgedruckt, die sie in handschriftlichen Briefsendungen an die Herausgeberin schickte. Der Beitrag beruht zum größten Teil auf einem ausführlichen Brief Monika Recks vom Dezember 2013; anderen Briefen entstammen der erste Absatz dieses Beitrags (Brief vom Juli 2014) und die letzten beiden Absätze (Briefe vom April 2015 sowie vom November 2014). Der Titel zitiert Monika Reck während eines Telefonats am 10. Juli 2014. Biographische Einführung, Transkription, Fußnoten sowie die Auswahl und Kommentierung der Abbildungen gehen auf die Herausgeberin zurück.

Abb. 1: Von rechts: Monika Reck, Produktionsleiter Alfred Jendraszek und Redakteurin Veronika Otten, 1979.

SFD-Filmographie Monika Reck

Berlin-Totale III. Lebens- und Wohnverhältnisse 6. Einrichtung einer Wohnung (1979)

Berlin-Totale III. Lebens- und Wohnverhältnisse 5. Wohnkultur [f.] Studentenwohnung (1979)

Berlin-Totale III. Lebens- und Wohnverhältnisse 4. Die Alten in der Stadt a. Goldene Hochzeit (1979)

Berlin-Totale III. Lebens- und Wohnverhältnisse 4. Die Alten in der Stadt b. Der Garten als Hobby (1979)

Berlin-Totale X. Kunst und Kultur 1. Künstler in Berlin c. Genia Lapuhs (1979)

Berlin-Totale III. Lebens- und Wohnverhältnisse 5. Wohnkultur g. Angestellten-Wohnung (1980)

Berlin-Totale III. Lebens- und Wohnverhältnisse 4. Die Alten in der Stadt f. Hauswirtschaftspflege (1981)

VEB Elektrokohle Berlin. Brigade „Fritz Heckert". Sequenzen einer Umgestaltung 1982–1984 (1984)

Abb. 2
Karl-Heinz Wegner,
mit dem Monika Reck zeitgleich
in der Staatlichen Filmdokumentation
zu arbeiten begann, ca. 1979.

Eigentlich habe ich versucht, aus der täglichen Arbeit bei der SFD abzuleiten, warum wir die SFD (noch) brauchen und welche Unterschiede zum Dokumentarfilm bestehen. Alltag in der DDR jenseits aller Schlagzeilen abzubilden, als Ergänzung, um Lücken zu schließen. Dokument bedeutet auch Identität, ein sachlicher, nicht „getürkter" Bericht, kein Kunstwerk, sondern eine Momentaufnahme, nicht gestellt und mit Kommentar zugekleistert.

Ich erinnere mich noch heute lebhaft an mein erstes Gespräch mit Karl-Heinz Wegner, einem hageren, älteren Herrn mit markantem Gesicht, in dem die Wangenknochen stark hervortraten. Über Film(dokumente) haben wir kaum gesprochen, dafür umso mehr über Recherche. Recherchieren war für ihn als gelernten Journalisten eine Selbstverständlichkeit: einer Sache auf den Grund zu gehen, sie zu erforschen, <u>bevor</u> man darüber schreibt.[2] Die Zuarbeit für die Thorndike-Gruppe hatte ihm gezeigt, wie man durch das Medium Film gesellschaftliche Zusammenhänge noch mehr verdeutlichen kann. Das wollte er als neuer Leiter der SFD ausnutzen und ersann – die *Berlin-Totale.*

Zuvor hatte er versucht, sich einen Überblick über den Gesamtbestand aller bisher in der SFD hergestellten Filmdokumente zu verschaffen. Er suchte nach einem Ordnungsprinzip, einer Neugliederung, die eine stärkere Zusammenfassung nach thematischen Schwerpunkten erlaubte. Folglich subsumierte er unter seine *Berlin-Totale* auch ältere Filmdokumente, die sich auf Berlin bezogen. Er wollte nicht nur dem künftigen Nutzer eine bessere Übersicht ermöglichen

2 Unterstreichungen entsprechend dem Original.

Thesen zum Filmdokument

- Dokumentarfilm und Filmdokument bilden w i r k l i c h e Geschehnisse und Tatsachen ab.
- Der Dokumentarfilm ist eine Kunstgattung (Funktion und Wirkung, Kommunikation) bildet Wirklichkeit nicht nur ab, sondern wirkt auf Wirklichkeit zurück, will Veränderungen b e wirken, auf aktive Kommunikation mit dem Zuschauer ausgerichtet.
- Im Dok-Film ist die dokumentarische Wiedergabe der Wirklichkeit abhängig, vom ideologischen Standpunkt des Filmdokumentaristen; dieser bestimmt weitgehend die Auswahl der Objektesowie die Anordnung und Interpretation des aufgenommenen Materials.
  Im Dok-Filmschließt Dokumentation also Interpretation ein. Anders ausgedrückt: Der künstlerische Inhalt enthält nicht nurdie Abbildungdes objektiven Gegenstandes, sondern auch die Einstellung des Subjekts zum abzubildenden Gegenstand.
- Filmdokument ist nicht - künstlerische Widerspiegelung der Wirklichkeit, d.h.:
  Die Abbildung der Wirklichkeit ist in ihrem Inhalt primär durch den abgebildeten Gegenstand bestimmt, in ihr hat das Objekt eindeutig Vorrang.
  Im Filmdokument ist also größtmöglicher Verzicht auf Interpretation erstrebenswert ("unreflektierte Wirklichkeit").
- Der Zweck der Abbildung besteht darin, die Wirklichkeit oder einen bestimmten Ausschnitt der Wirklichkeit (einen Problemkreis) weitgehend adäquat ab-zu-bilden. Das setzt aber genau Kenntnis der Wirklichkeit voraus.
- Wenn wir als SFD den Anspruch erheben, Chronist unserer Zeit zu sein, Zeitdokumente herzustellen, so erfordert diese Aufgabenstellung ein hohes Verantwortungsbewußtsein. Die SFD muß ihren spezifischen Beitrag leisten, das Zeitbild, das Dokumentarfilm und Fernsehpublizistik von unserer Gesellschaftsformation geben, nicht nur zu ergänzen, sondern auch Informationslücken zu schließen, die für die Selbstverständigung, für das Geschichtsbewußtsein heutiger und künftiger Generationen von Bedeutung sind.

Abb. 3: Was ist ein Filmdokument? Karl-Heinz Wegner übertrug Monika Reck auch konzeptionelle Arbeiten am „Genre" des Filmdokuments, ca. 1979.

(vergleichbar mit dem Schlagwort-Katalog in Bibliotheken), sondern auch die laufende Produktion effektiver machen, indem er zu einem Problemkreis, zum Beispiel *Wohnen* oder *Die Alten in Berlin*, mehrere Filmdokumente anfertigen ließ. Das bedeutete, bevor überhaupt ein Meter gedreht wurde: Recherche, Recherche, R… Abgebildet werden sollte nicht eine Phantasiewelt bzw. Wunsch-Wirklichkeit, sondern: der Ist-Zustand (real und ungeschönt).

Das Filmdokument lässt den Vergleich zu: Wie war es damals, zur Zeit der Filmaufnahme? Was hat sich inzwischen geändert – verbessert, verschlechtert? Als ein anschauliches Beispiel dafür, wie Herr Wegner (und ich auch) sich die *Berlin-Totale* vorstellten, war mein Film *Ein junges Ehepaar richtet sich seine Wohnung ein* gedacht.[3] Er gab Einblick in die Lebens- und Wohnverhältnisse des jungen Ehepaares Möller im Berlin des Jahres 1979. Dieses Ehepaar Möller war ein Glücksgriff, und zusammen mit Dieter Schönberg meine erste Arbeit in der SFD.[4] Sabine Möllers Schlagfertigkeit begeisterte alle, über die verkaufsorientierte Wohnberaterin im Centrum-Einrichtungshaus wurde viel gelacht (Direktor Klaue wollte die Wohnberatung gleich noch einmal sehen), und ich wunderte mich über die Kreditfreudigkeit junger Eheleute und staune noch heute, was man sich von so einem Ehekredit in der DDR alles kaufen konnte …

Prägend für das Arbeitsklima, die Aufgabenstellung und die Gestaltung der Filmdokumente (von der Ideenskizze bis zum Abschluss der Dreharbeiten) war der jeweilige Leiter der SFD. Ich hatte das Glück, die Wegner'sche Phase erwischt zu haben. Trotzdem fielen mir bald einige Ungereimtheiten auf. Zum Beispiel Kader: Wer hat filmspezifische Aus- oder wenigstens Vorbildung? Was ist technisch möglich? Was ist Selbstüberschätzung und was ist nur schade ums Material? Was kann nur die SFD und was können andere besser? Mit viel Geschick wurde vom Leiter des Staatlichen Filmarchivs 1970 eine sogenannte „Nische" im Filmwesen aufgespürt und die „Staatliche Filmdokumentation beim Staatlichen Filmarchiv der DDR" ins Leben gerufen. Diese Gruppe sollte mit wenig Aufwand Filmdokumente bzw. Zeitdokumente produzieren.

3 *Berlin-Totale III. Lebens- und Wohnverhältnisse 6. Einrichtung einer Wohnung* mit den Teilen a–d: *a. Die gemeinsame Wohnung b. Der Ehekredit c. Die Wohnberatung d. Die neue Einrichtung* (1979).

4 Dieter Schönberg, SFD-Kameramann bzw. -Kameraassistent (1971–1980).

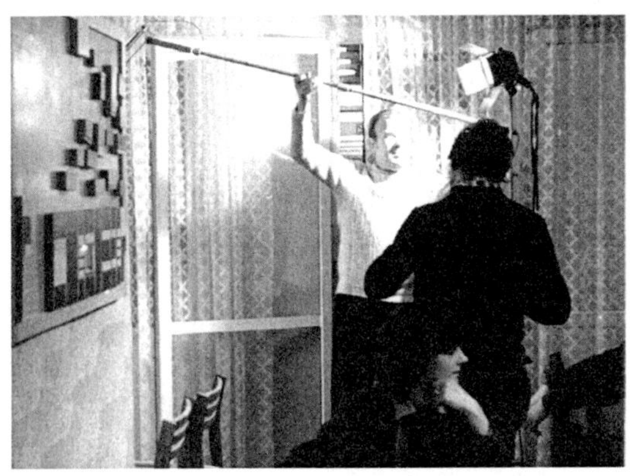

Abb. 4: *Oben*: Dieter Schönberg (Kamera) und Dieter Puttroweit (Ton) bei den Dreharbeiten zu *Einrichtung einer Wohnung*, 1979.
Unten: Das SFD-Filmteam und Kunden des Centrum-Einrichtungshauses in Berlin.

Was aber ist ein Zeit-Dokument? Wie unterscheidet es sich von einem Dokumentar-Film? Und wo gibt es Gemeinsamkeiten bzw. Überschneidungen? Wenn, wie Konrad Weiß auf dem Symposium von Filmdokumentaristen des Verbandes der Film- und Fernsehschaffenden 1979 forderte, … zum Ethos des Films gehöre auch die Darstellung nichtlösbarer Widersprüche, auch auf die Gefahr der Unvollständigkeit hin,[5] so gilt das meines Erachtens insbesondere für Filmdokumente, wie sie in der SFD hergestellt werden sollten. Drehgenehmigungen waren kein Problem, schon deshalb, weil das

5 Zitat aus Regine Sylvester: Bericht. Symposium von Filmdokumentaristen. Verband der Film- und Fernsehschaffenden. In: *Sonntag*, 14.01.1979.

Filmdokument ja nicht für die Öffentlichkeit bestimmt war und eine staatliche Abnahme durch die HV Film entfiel.
Aber: nicht (sofort) für die Öffentlichkeit bestimmt, ist kein Freibrief für teilweise unprofessionelle filmische Langatmigkeit, verbunden mit der Spekulation auf den ominösen späteren Nutzer, denn es besteht eine Wechselwirkung zwischen Filmform und Nutzer. Pragmatisch ausgedrückt: Was ist erlaubt, was ist unerwünscht? Komischerweise bezogen sich die Einschränkungen nur auf die Arbeit des Redakteurs: Der Redakteur sollte beim Drehen „unsichtbar" bleiben, und sich auch akustisch nicht einmischen, also kein Interview führen, und insistierende Fragen sollte er schon gar nicht stellen. Denn der künftige Nutzer, der wird entscheiden, was er für wichtig hält. Der künftige Nutzer könnte zum Beispiel ein Dokumentarfilmer sein, der sich über die vergangene Zeit informieren und eventuell einige ausgewählte Einstellungen verwenden will.
Ich kam vom DEFA-Spielfilm und bewunderte Kameramänner wie Erich Gusko, Jürgen Brauer, Roland Dressel und andere, wie sie mit ihrer Kamera ‚zauberten' und oft durch persönlichen Einsatz das Unmögliche möglich machten. Bald fiel mir auf, dass unser Kameramann Roland Worel,[6] der in der SFD seine ‚Nische' gefunden hatte, mich als unliebsamen Störfaktor empfinden musste. Profitierte er doch davon, dass außer Gisela Tammert (Schnittmeisterin), Gertraude Kühn (Dramaturgin) und mir keiner in der SFD eine filmspezifische Ausbildung und berufliche Erfahrung besaß. Als das Filmdokument *Junges Ehepaar richtet sich seine Wohnung ein* allgemein Anerkennung fand, strahlten Dieter Schönberg und ich. Es war fast so, als hätten wir eine Freischwimmer-Prüfung erfolgreich absolviert, und einige Schwachstellen wurden freundlich übersehen (bei der Wohnberatung hatten wir vorher nichts proben und auch nichts wiederholen können).
Bei der *Goldenen Hochzeit* ist das Pferdegetrappel ja prima,[7] aber beim Blick aus der Kutsche heraus kann man leider nichts erkennen – unscharf! Einem Wunsch von Karl-Heinz Wegner folgend, sollte hier wie nebenbei etwas von Berlin zu sehen sein. Im Hintergrund ist das *Ahornblatt* (inzwischen abgerissen) nur schemenhaft zu erkennen.

6 Der Kameramann Roland Worel war Mitarbeiter der SFD von 1971 bis 1986.

7 *Berlin-Totale III. Lebens- und Wohnverhältnisse 4. Die Alten in der Stadt a. Goldene Hochzeit* (1979).

Schade![8] Außerdem war *Goldene Hochzeit* nie als selbständiges Dokument geplant, sondern als Teil eines Filmdokuments über das noch rüstige Rentnerehepaar Böhm.[9] Und wenn auch schon an den künftigen Nutzer gedacht wird, dann kann der das unscharfe Zeug einfach wegschneiden oder einen Kommentar darüber legen. Ich hätte liebend gern den Blick aus der Kutsche nachgedreht und diesmal einige Schwerpunkte gesetzt, aber das war in der SFD nicht möglich…

Das kannte ich anders. Als ich nach dem Abitur (1963) eine Fotografenlehre an der Hochschulfilm- und Bildstelle (HFBS) der Universität Greifswald begann, musste ich alles, was nicht hundertprozentig in Ordnung war, noch einmal machen.

Bis zur Aufnahme des Studiums (1968) arbeitete ich dann als Pressefotograf für die Universitätszeitung und als Fotograf im Forschungsbereich Geologische Wissenschaften. Für Lehre und Forschungszwecke wurden an der HFBS auch Filme gedreht, allerdings ohne jegliche redaktionelle Vorbereitung! Die unterschiedlichen Fachbereiche erteilten einen Auftrag, erläuterten kurz, was gefilmt werden sollte, manchmal gab es auch Sonderwünsche, und dann ging der Kameramann los und filmte… selbständig! … Manchmal wurden die Filme auch durch Diapositive ergänzt (für die ich zuständig war) oder durch einen Fachvortrag des jeweiligen Auftraggebers (Nutzers) vervollständigt. Selbstverständlich waren auch diese Filme nicht für die (breite) Öffentlichkeit bestimmt, sondern sehr fachspezifisch ausgerichtet. Herr Peters – der vor dem Krieg ein kleines Filmstudio besessen hatte, was dann enteignet worden war, und der deshalb ein etwas gespanntes Verhältnis zum Arbeiter- und Bauernstaat hatte – testete jeden neu eingestellten Lehrling erstmal, ob er einigermaßen technisches Verständnis besaß. Wenn nicht, knurrte er: „Eines merk Dir: Geht nicht, gibt's nicht im Film." Dieser Satz war auch bei der DEFA üblich.

Können Sie sich vorstellen, wie die SFD auf mich wirken musste? „Was machen die hier eigentlich?", dachte ich, und wollte im Laufe

8 Großgaststätte in Berlin Mitte, 1973–2000.

9 Laut handschriftlicher Konzeption Monika Recks vom 22.10.1979 waren zu dem Themenkomplex *Berlin-Totale III. Lebens- und Wohnverhältnisse 4. Die Alten in der Stadt* folgende Teile geplant: *a. Goldene Hochzeit, b. Der Alltag eines Rentnerehepaares, c. Hauswirtschaftspflege, d. Ein Betrieb und seine Rentner, e. Rentner im Wohngebiet, f. Feierabend- und Pflegeheim, g. Kulturelle Rentnerbetreuung, h. Rentner im Großstadtverkehr, i. Gesellschaftlich und beruflich tätige Rentner.* Private Unterlagen Monika Reck.

der Zeit einige kleine Änderungen anregen. Im Nachhinein fällt mir einiges auf: In der SFD wurden vom Redakteur folgende schriftliche Unterlagen erarbeitet: Konzeption, Exposé/Szenarium, Drehbuch, Schnitt-Liste, Sichtungsprotokoll, in besonderen Fällen auch Situationsberichte, die den Filmmaterialien beigefügt wurden. Voraussetzung für ein aussagefähiges Filmdokument ist vor allem eine sorgfältige (oft sehr zeitaufwendige) Recherche, um dann festlegen zu können, wie das mit der notwendigen Sachkenntnis redaktionell aufgearbeitete Problem in Zusammenarbeit mit dem Kameramann optisch umzusetzen ist. Es reicht also nicht – etwas überspitzt ausgedrückt – die Kamera auf dem Stativ am Drehort aufzubauen und darauf zu warten, dass die Person irgendwann schon etwas Interessantes sagen wird. Von allein geht nichts.
Mittlerweile kannte ich mich in der Altersproblematik Berlins gut aus, besuchte Kongresse, Vorträge, unterhielt mich mit Teilnehmern der Veteranen-Universität, lernte noch rüstige Rentner (Böhms) und pflegebedürftige Rentner kennen, die durch die Hauswirtschaftspflege betreut wurden, durfte bei NARVA[10] und VEB Kühlautomat vor Ort dabei sein, wie sich Großbetriebe um ihre ehemaligen Mitarbeiter kümmern, und war erschüttert vom körperlichen und seelischen Verfall alter Menschen, die in Feierabend- und Pflegeheimen versorgt werden mussten – war das noch Leben oder nur noch Da-Sein? Sterben auf Raten? In der Hauswirtschaftspflege in der DDR waren auch ungelernte Kräfte beschäftigt (man ging davon aus, seinen Haushalt führen, das kann jeder, und wenn er noch dazu etwas Verständnis für ältere Menschen aufbringt, ist beiden Seiten geholfen). Deshalb konzentrierte sich die Hilfe auch bewusst auf die Hauswirtschaft, darauf, ältere Menschen zu unterstützen, die körperlich nicht mehr dazu in der Lage sind, ihren Haushalt in Ordnung zu halten. Sie sollten sich solange wie möglich zu Hause wohlfühlen und nicht ins Heim abgeschoben werden.
Kühlautomat war der rentnerfreundlichste Betrieb, der mir je begegnet ist. An den 70-jährigen Rosenzüchter Alfons Bendler, der sich freute, wenn er seinen Kollegen eine Freude machen konnte, und an den äußerst vitalen AGL-Vorsitzenden Max Hampel,[11] der immer mal wieder eine Frage an die Betriebsleitung „ventilierte“, kann ich

10 NARVA – DDR-Glühlampenwerke.

11 AGL – Abteilungsgewerkschaftsleitung in Großbetrieben.

mich noch heute erinnern. Schade, dass nach dem Leitungswechsel 1981 das Projekt *Ein Betrieb und seine Rentner* zunächst zurückgestellt und schließlich ganz fallengelassen wurde. Unser Kameramann war froh, als dieses „aufwendige Projekt“ endlich vom Tisch war. Mein Vorschlag, wenigstens einige Einzelporträts anzufertigen, damit sich die Recherche gelohnt hatte, wurde ebenfalls abgeschmettert. Wen interessiert schon diese penetrante Altersproblematik, diese endlose Recherchiererei …, schnell, schnell muss es gehen und überhaupt: Warum auf den künftigen Nutzer warten, gleich, sofort in die Öffentlichkeit…

Das war der neue Slogan und diese neue Welle nahm unter Peter Glaß schnell Fahrt auf.[12] Damit kippte der langjährige SFD-Mechanismus, die Balance zwischen Drehgenehmigung und Abnahme. Die Katastrophe war damit vorprogrammiert: Die DEFA-Dokfilmer protestierten. Und um schneller und mehr Filme zu produzieren, gab man nicht-festangestellten Filmemachern die Möglichkeit, auf Honorarbasis für die SFD zu arbeiten (das waren Fremdleistungen mit jeweils eigenem Kameramann). Gleichzeitig wurden langjährige Mitarbeiter rausgeschmissen, einige neue Mitarbeiter eingestellt. Vielleicht war es sogar der Auftrag des SFD-Leiters Peter Glaß, die Gruppe aufzulösen…(?)

Als Peter Glaß 1981 das bewusst als Langzeit-Dokument deklarierte Projekt *VEB Elektrokohle Lichtenberg (EKL)*[13] in Auftrag gab, hatte er wahrscheinlich gehofft, strahlende Erfolge bei einem Rationalisierungsvorhaben in einem sozialistischen Großbetrieb vorführen zu können. Ausgangspunkt für unsere Filmdokumentation im VEB Elektrokohle war das Rationalisierungsprojekt *Objekt 23*: Verbesserung der Arbeitsbedingungen einer Brigade im Bereich der Anodenherstellung, Wegfall schwerer körperlicher Arbeit durch automatisierte Fertigungsprozesse und Einsatz von Mikroelektronik. Aber: Das *Objekt 23* musste aus technischen Gründen immer wieder verschoben werden. Das erforderte ständiges Um- und Weiterdenken, nicht nur

12 Peter Glaß, SFD-Leiter von 1981 bis 1985.

13 *VEB Elektrokohle Berlin. Brigade „Fritz Heckert“. Sequenzen einer Umgestaltung 1982–1984* (1984).

Abb. 5: Wo bleiben die Alten und schlecht Ausgebildeten?
Die *Wissenschaftlich-Technische Revolution* (*WTR*) im VEB Elektrokohle Berlin.

Das
Bundesarchiv
01:03:42:23
10:03:42:23

Das
Bundesarchiv
01:03:57:11
10:03:57:11

Das
Bundesarchiv
01:04:09:20
10:04:09:20

Das
Bundesarchiv
01:04:23:11
10:04:23:11

Das
Bundesarchiv
01:05:15:13
10:05:15:13

Das
Bundesarchiv
01:07:38:17
10:07:38:17

Das
Bundesarchiv
01:16:01:13
10:16:01:13

Das
Bundesarchiv
01:18:21:09
10:18:21:09

Das
Bundesarchiv
02:09:19:18
10:32:26:06

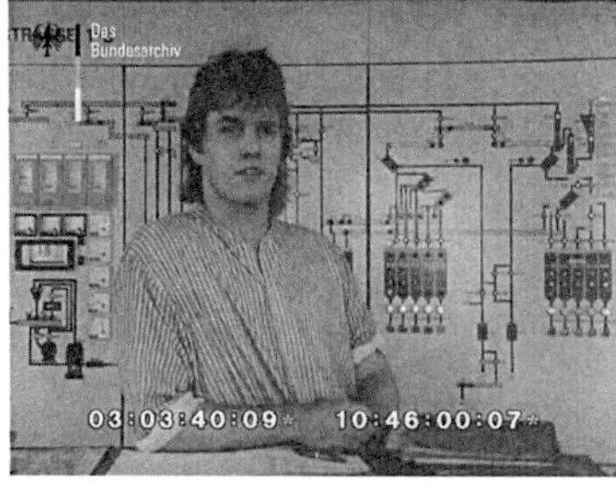
Das
Bundesarchiv
03:03:40:09
10:46:00:07

bei der Betriebsleitung von EKL. Auch die Drehkonzeption musste ständig den neuen Erfordernissen angepasst werden. Das führte zu einem enormen Zeitverzug: Pütter[14] bekam Ärger mit seiner Leitung, er habe das falsche Objekt für die Filmaufnahmen ausgesucht. Und ich bekam Ärger mit meiner Leitung. Meine Kompetenz wurde angezweifelt, diesen Prozess überhaupt in den Griff zu bekommen.
Inzwischen hatte ich begriffen, dass das Ziel dieser Rationalisierungsmaßnahme sein musste: die Arbeitsproduktivität zu steigern, indem in kürzerer Zeit mehr und mit weniger Arbeitskräften produziert wurde. Dass das Ziel sein musste, nach einer völlig neuen Technologie Block-Anoden herzustellen und [dass] wegen der geringen Qualifikation keiner aus der alten Brigade dabei übernommen werden konnte. Was passiert also, wenn der alte Arbeitsplatz wegfällt und wegrationalisiert ist, wenn Arbeitskräfte frei werden und entsprechend volkswirtschaftlicher Erfordernisse umgesetzt werden müssen? Eine schwere Aufgabe für eine sozialistische Betriebsleitung! Ist die Einheit von Wirtschafts- und Sozialpolitik überhaupt realisierbar oder nur ein Wunschtraum, Utopie?
Was dann folgt, ist bekannt: Am 13. August 1984 fand in der SFD ein Gespräch statt. Teilnehmer: Peter Glaß, Harald Ressel, Roland Worel und ich.[15] Mir wird mitgeteilt: „Wir sehen für die Kollegin Reck in dieser Abteilung keine Perspektive mehr." Die Dreharbeiten für *EKL* wurden abgebrochen und das Filmmaterial lagerte unbearbeitet im Schneideraum. Im April 1985 aber klingelte mein Telefon. Am Apparat war Peter Glaß: Ja, es wäre nicht alles korrekt verlaufen, aber das könne man ja jetzt wieder in Ordnung bringen. Er wolle mir die Gelegenheit geben, noch einige Muster von *EKL*, die ich aufgrund meines Ausscheidens damals, leider, nicht mehr sehen konnte, anzusehen und zusammen mit der Schnittmeisterin für die Endfertigung vorzubereiten. Im Klartext hätte er sagen müssen: Sie waren ja schon immer mit der Kameraarbeit in der SFD unzufrieden, das geht anderen jetzt auch so. Durch einen Rauswurf oder zumindest durch seine Kritik am Kameramann hoffte er wohl, die zunehmenden Spannungen zwischen ihm als Leiter und dem übrigen Kollektiv einzudämmen.
Am 18. April 1985 begann die Endfertigung am Schneidetisch mit der konzeptionellen Auflage: Kein Mehrteiler; alle bisherigen Teile in

14 Beauftragter des EKL-Betriebsdirektors für die SFD-Dreharbeiten.

15 Harald Ressel, SFD-Produktionsleiter von 1981 bis 1985.

Von den Wahlgesprächen in Städten und Gemeinden

Unsere gute Politik – spürbar in Betrieben und den Familien

Konrad Naumann beriet im VEB Elektrokohle Berlin-Lichtenberg

ND, 5./6. Mai 84

Berliner Elektroköhler stehen zu ihrem Wort. Auch sie treten mit erfülltem Plan an die Wahlurne. Wichtige qualitative Kennziffern des Jahresplanes wie Nettoproduktion, Arbeitsproduktivität und die wissenschaftlich-technischen Aufgaben sind anteilig mit 34 Prozent und mehr erfüllt worden. Das berichteten Werktätige Konrad Naumann gestern bei Wahlgesprächen.

Mit Hinweis auf den Beitrag seines Kollektivs zur guten ökonomischen Bilanz sagte der parteilose Meister Peter Voß, der zum zweitenmal auf Vorschlag des FDGB für die Stadtbezirksversammlung Berlin-Lichtenberg kandidiert: „Mit solchen Ergebnissen läßt sich der Frieden sicherer machen." Die in drei Schichten arbeitenden Pressenfahrer sind an einem wichtigen Produktionsabschnitt für die Fertigung von Kohle- und Graphitelektroden tätig. Ihre zuverlässige Arbeit beeinflußt die kontinuierliche Produktion des Betriebes entscheidend. Konrad Naumann beglückwünschte das Kollektiv zu seinem Erfolg und betonte: „Mit erfüllten Plänen zur Wahl zu gehen ist eine gute Tradition der Werktätigen in unserem Land. Es ist zugleich eine Voraussetzung dafür, daß wir den erfolgreichen Weg weitergehen zur Verwirklichung unserer ökonomischen Strategie, wie das ja auch in den kürzlich veröffentlichten Ergebnissen der volkswirtschaftlichen Entwicklung im I. Quartal zum Ausdruck gekommen ist."

Peter Voß erläutert im Fahrerstand der 1600-Mp-Presse den Produktionsprozeß und die Arbeitserleichterungen Foto: ND/Murza

Bei der vertrauensvollen Unterhaltung mit Arbeitern an den Pressen machten Anlagenfahrer auf zahlreiche technische Veränderungen aufmerksam, die zu höherer Effektivität und leichterer Arbeit führten. Schichtmeister Peter Ramm erläuterte die Fortschritte an Hand der 5000-Mp-Presse. Konrad Naumann wies darauf hin, daß der Leistungsanstieg stets mit Verbesserungen der Arbeits- und Lebensbedingungen verbunden werde. Das sei ein Merkmal sozialistischer Rationalisierung und Ausdruck der Einheit von Wirtschafts- und Sozialpolitik.

Im Juni wird ein großes Objekt zur Aufbereitung von Anodenmasse in Betrieb genommen. Mit automatisierten Fertigungsprozessen und dem Einsatz von Mikroelektronik entfällt für 62 Arbeiter körperlich schwere Arbeit. Einen höheren Beitrag zu effektiverer Produktion leistet in diesem Jahr auch der eigene Rationalisierungsmittelbau. Seine Kapazität erhöht sich gegenüber 1983 auf 141 Prozent.

Die Elektroköhler luden ihren Gast in ihr Ökonomisches Kabinett ein, um gemeinsam die Realisierung weiterer Wettbewerbsziele im Jubiläumsjahr der DDR zu beraten. Dabei kam das Wort immer wieder darauf, daß die gute Arbeit im Betrieb mit persönlicher Bilanz in der Familie in Übereinstimmung steht.

Damit es dabei bleibe, gehören unsere Stimmen den Besten aus unserer Mitte; sie helfen mit, den eingeschlagenen Weg erfolgreich fortzusetzen, wurde immer wieder hervorgehoben. Konrad Naumann konstatierte: „Mit jeder Stimme für die Kandidaten der Nationalen Front wird das Vertrauen in die Fortsetzung der Politik dokumentiert." Peter Voß teilte seinen Entschluß mit, um Aufnahme als Kandidat der SED zu bitten. Seine Begründung für diesen Schritt: „Ich vertrete diese Politik, weil es für uns Arbeiter keine bessere gibt." Konrad Naumann beglückwünschte den Arbeiter und schenkte ihm zur Erinnerung an diesen Tag das „Kommunistische Manifest".

Die anwesenden Mitglieder der Betriebsparteiorganisation begrüßten es, einen solch tüchtigen Arbeiter wie Peter Voß, der seit 25 Jahren zum Betriebskollektiv gehört und wesentlichen Anteil daran hat, daß die Produktion erhöht werden konnte, künftig in ihren Reihen zu wissen.

Das Kollektiv übergab Konrad Naumann neu eingegangene Verpflichtungen zur Vorbereitung auf den 35. Jahrestag der DDR. Mit hohen Leistungen für die weitere erfolgreiche Verwirklichung der Hauptaufgabe in ihrer Einheit von Wirtschafts- und Sozialpolitik zu arbeiten – das veranlaßte das Kollektiv, auch alle anderen Brigaden des Betriebes aufzufordern, weitere Reserven zur Erfüllung und gezielten Überbietung des 84er Volkswirtschaftsplanes zu erschließen.

Oswald Meyer

Abb. 6: Das *Neue Deutschland* (5./6. Mai 1984) über den Besuch des Ersten Sekretärs der SED-Bezirksleitung Berlin Konrad Naumann im VEB Elektrokohle. – Anstreichung der Redakteurin bei: Naumann weist darauf hin, dass sozialistische Rationalisierung stets zur Verbesserung der Arbeits- und Lebensbedingungen führe (in Spalte 2, schlecht sichtbar). – Dass dies überwiegend den jungen und gut Ausgebildeten galt, zeigten die Dreharbeiten 1982 bis 1984 für das SFD-Filmdokument *VEB Elektrokohle Berlin*.

eins; kürzen; jeder Meter, der rausfliegt, ist ein Gewinn. Amputation oder Herstellung eines Torsos würde ich das nennen. Im Juni 1985 war deutlich ablesbar, dass sich Peter Glaß in der SFD nicht mehr wohl fühlte. Am 12. Juni fand dann zusammen mit Peter Glaß die Grobschnittabnahme statt: *EKL. Sequenzen einer Umgestaltung.* Sein abschließendes Urteil: „inhaltlich bewältigt, optisch nicht, Qualitätssprung durch Abmagerung", und der Hinweis: „Dieses Dokument sollte nicht in der Öffentlichkeit gezeigt werden!"

Aber meines Erachtens machte die Langzeitstudie über das Rationalisierungsprogramm im VEB Elektrokohle nur Sinn, wenn man die einzelnen Etappen verfolgen kann. Die Entwicklung verläuft oft nicht geradlinig, sondern erscheint besonders Außenstehenden wie ein Zick-Zack-Kurs. Um Fehlurteile zu vermeiden, muss man versuchen, die Vielschichtigkeit dieses Prozesses zu erfassen. Leistungszuwachs ist nur durch effektive Nutzung des gesellschaftlichen Arbeitsvermögens erreichbar, aber: Nicht jeder technische Fortschritt ist auch von Vorteil für den einzelnen Arbeiter. Und: kann man die individuellen Sichtweisen auf die Dauer überhaupt berücksichtigen…? Solche Fragen interessierten auch die Gewerkschaftsschule in Bernau, die an unserem Filmmaterial sehr interessiert war.

Eine filmische Dokumentation kann mithelfen, gesellschaftliche Prozesse zu analysieren, um in Zukunft einige Fehlerquellen zu minimieren bzw. auszuschalten. Wäre das nicht ein spannendes Dokument gewesen, eine Diskussionsgrundlage für Studenten der Gewerkschaftsschule in Bernau und der Hochschule für Ökonomie in Karlshorst? Das war doch das Besondere an der SFD, dass die Realität so abgebildet wird, wie sie wirklich ist und nicht wie sie sein sollte.

1970 bis 1986, ein Zeitraum von fast 16 Jahren, vier unterschiedliche Leiter, unterschiedliche Arbeitsweisen, anspruchsvolle Zielstellungen, aber immer wieder divergierende Auffassungen: Was ist das eigentlich, ein Zeitdokument? Offen gehaltenes Roh-Material oder in sich geschlossene Film-Dokumentation? Es hat im Nachhinein wenig Zweck, darüber zu lamentieren, was man in der SFD alles hätte besser machen können – angefangen bei der sorgfältigen Themenvorgabe unter Berücksichtigung der technischen Realisierbarkeit bis zu Personalfragen. Wichtig ist doch: Welchen Stellenwert haben Filmdokumente der SFD heute?

Anhang

Abkürzungs- und Siglenverzeichnis

ABF	Arbeiter- und Bauern-Fakultät
AMLO	Akademie für marxistisch-leninistische Organisationswissenschaft
BAFA	Bundesarchiv-Filmarchiv
BArch	Bundesarchiv
BStU	Beauftragter für die Unterlagen des Staatssicherheitsdienstes der ehemaligen DDR
BV	Bezirksverwaltung (des MfS)
DBD	Demokratische Bauernpartei Deutschlands
DEFA	Deutsche Film-Aktiengesellschaft
FdP	Filmarchiv der Persönlichkeiten
FIAF	Fédération Internationale des Archives du Film
HA	Hauptabteilung
HFF	Hochschule für Film und Fernsehen der DDR „Konrad Wolf"
HV	Hauptverwaltung
IML	Institut für Marxismus-Leninismus beim ZK der SED
IMS	Inoffizieller Mitarbeiter zur politisch-operativen Durchdringung und Sicherung eines Verantwortungsbereiches
IWF	Institut für den Wissenschaftlichen Film Göttingen
LDPD	Liberal-Demokratische Partei Deutschlands
MdI	Ministerium des Innern
MfK	Ministerium für Kultur
MfS	Ministerium für Staatssicherheit
NDPD	National-Demokratische Partei Deutschlands
NVA	Nationale Volksarmee
OibE	Offizier im besonderen Einsatz (des MfS)
PK	Propagandakompagnie
POZW	Politisch-operatives Zusammenwirken
RFA	Reichsfilmarchiv
RFB	Roter Frontkämpferbund
SAPMO	Stiftung Archiv der Parteien und Massenorganisationen der DDR im Bundesarchiv
SDK	Stiftung Deutsche Kinemathek
SED	Sozialistische Einheitspartei Deutschlands
SFA	Staatliches Filmarchiv der DDR
SFD	Staatliche Filmdokumentation (der DDR)
VEB	Volkseigener Betrieb
VP	Volkspolizei
VVB	Vereinigung Volkseigener Betriebe
ZK	Zentralkomitee
ZPA	Zentrales Parteiarchiv der SED (beim IML)

SFD-Filmographie / Register

Die vorliegende Filmographie zur „Staatlichen Filmdokumentation" vereinigt, vervollständigt und korrigiert erstmals die folgenden zeitgenössischen Verzeichnisse: die SFD-Filmlisten aus den *Filmobibliografischen Jahresberichten* (Jahrgang 1973 bis 1986) und aus dem SFD-Katalog von 1986/1987 im Bundesarchiv-Filmarchiv (Bibliothek, Signatur: FiB213). Das elektronische SFD-Findbuch des Bundesarchiv-Filmarchivs beruht weitgehend auf diesen beiden Verzeichnissen. Eine weitere Grundlage der Filmographie ist die Überlieferung im Bundesarchiv Berlin, Bestand DR 140 (Staatliches Filmarchiv der DDR), in dem auch die SFD-Filmakten enthalten sind (bei der SFD meist unmittelbar nach der Fertigstellung der Filme entstanden). Im Bundesarchiv-Filmarchiv sind zudem die Karteikarten zur SFD aus der ehemaligen Eingangskartei des Staatlichen Filmarchivs der DDR (SFA) erhalten. Eine wichtige Quelle für diejenigen Filme, die aufgrund von „Sperrvermerken" (vgl. *Benutzungshinweise SFD-Katalog*, S. 155) seinerzeit nicht verzeichnet wurden, ist die Bestandsdatenbank des Bundesarchiv-Filmarchivs.
Alle Quellen wurden zusammengeführt und kritisch miteinander abgeglichen. In manchen Fällen ist die Verzeichnung/Zählung aufgrund der Überlieferungslage komplex: Kürzere SFD-Filme wurden im SFA später zu einem Film zusammengelegt, aber dennoch einzeln filmographiert. Hier wurde nach Plausibilität vorgegangen: In solchen Fällen, in denen die zusammengelegten Filme sich in Redaktion oder Entstehungsjahr deutlich unterscheiden, sind sie einzeln aufgeführt, andernfalls unter einem Titel genannt.
Die Filmographie ist chronologisch aufsteigend nach Produktionsjahren angeordnet. Innerhalb der Jahre ist die Ordnung alphabetisch. Enthalten sind auch nicht im Findbuch aufgeführte Filme, „Anlassfilme" und Lehrfilme sowie Tondokumente aus der SFD-Bestandsdatenbank des Bundesarchiv-Filmarchivs. Die Filmtitel wurden in der Regel durch Sichtung überprüft; auf Autopsie beruhende Angaben sind hinter dem Filmtitel durch einen Asterisk * gekennzeichnet. Uneinheitlichkeiten in den Titeln wurden, sofern sie den Filmen selbst entnommen wurden, belassen. Langtitel wurden um die Angaben zum Aufnahmedatum gekürzt (Beispiel: *DEFA-Geschichte. Prof. Dr. Kurt Maetzig. geb. 25.1.1911 in Berlin. Regisseur. Die Aufnahmen entstanden am 1.6.1977 in seiner Wohnung 1017 Berlin, Barnimstr. 12*). Langtitel wurden aus Gründen der Lesbarkeit in der Publikation nicht immer verwendet. Die Angabe der Jahreszahl ermöglicht es dann, den jeweiligen Film innerhalb der alphabetischen Chronologie aufzufinden. Das obige Beispiel würde im Text als *Prof. Dr. Kurt Maetzig* (1977, R: Veronika Otten) aufgeführt werden und wäre in der Filmographie anhand der Jahresangabe 1977 auffindbar.
Nach den Filmtiteln folgen in standardisierter Form Angaben zum Redakteur, ggf. Regisseur, Produktionsjahr(en) sowie die Seitenverweise innerhalb der Publikation. Zu den in der Filmographie aufgeführten Redakteuren/Regisseuren sind nähere biographische Informationen im Register der SFD-Mitarbeiter aufgeführt (S. 319–321). Erschlossene, nicht im Film enthaltene Angaben stehen in [eckiger] Klammer. Zu den Sichtungs-/Nutzungsmöglichkeiten siehe Bundesarchiv-Filmarchiv: *Benutzungsmedien Film Online* (http://www.bundesarchiv.de/benutzungsmedien/filme).
Die Filme liegen im Original überwiegend in schwarz-weiß vor, im 16mm-Format, zweistreifig Bild und Ton getrennt.

1971

1972

Ernst Goldenbaum (II). Vorsitzender der DBD.* – Harms, 1972/1973. | 75, 318

Helmut Kraatz, Prof. Dr. sc. med. (geb. 6.8.1902 in Wittenberg).* – Harms, 1972. | 63–65, 75

Ilse Rodenberg (geb. 3.11.1906 in Düsseldorf). Intendantin des Theaters der Freundschaft.* – Harms, 1972. | 74

LDPD. Parteiarbeit.* – Barz, 1972/1974. | 66

Lionel Ngakane. Regisseur. Südafrika.* – Harms, 1972. | 48, 49, 73

Menschen. Bauten. Kunst.* – Harms / Otten, 1972.

Produktionsmethoden – Zinnrestaurator. – Otten, 1972/1973. | 66

Prof. Dr. Hans Pischner. geb. 20.2.1914 in Breslau. Intendant der Deutschen Staatsoper.* – Barz / [Casper], 1972.

Prof. Dr. Hilde Benjamin. geb. am 5.2.1902 in Bernburg.* – Barz, 1972. | 52

Prof. Dr. jur. habil. Peter-Alfons Steiniger. – Harms, 1972.

[Prof. Dr. Leo Stern].* – Barz, 1972.

Prof. Max Seydewitz. Schriftsteller. geb. am 19.12.1892 in Forst/Lausitz.* – Harms, 1972.

Santiago Alvarez. – Harms, 1972.

Valentin Romanowitsch Erweis, Wolodja Tomin. – Wäscher / Harms, 1972. | 36

Walli Nagel. Witwe des Malers Otto Nagel. geb. am 13.6.1904 in Sankt Petersburg.* – Harms, 1972.

Zentrale Parteischule der LDPD *Dr. Wilhelm Külz*. – Barz, 1972–1974.

1973

25. Jahrestag der Demokratischen Bauernpartei Deutschlands. – Harms, 1973.

Arno v. Lenski. geb. 20.7.1893 in Czymochen/Ostpreußen. Generalmajor a.D. NVA.* – Barz, 1973. | 73

Berlin-Milieu. Ackerstraße 1973.* – Otten, 1973. | 15, 66, 67, 103

Berlin-Totale IV. Verkehr und Verkehrsmittel 4. Bus a. Der letzte O-Bus.* – Harms, 1973. | 66

Berlin-Totale V. Handel, Versorgung und Dienstleistungen 1. Märkte und Markthallen a. Wochenmarkt in Pankow.* – Barz, 1973. | 12, 66

Das Otto-Nagel-Haus. – Harms, 1973.

Dr. Manfred Gerlach. geb. 8.5.1928 in Leipzig. Vorsitzender der Liberal-Demokratischen Partei Deutschlands.* – Barz, 1973.

Elisabetha Wertowa. – Otten, 1973. | 36

Elisabetha Wertowa II. Witwe des sowjetischen Filmdokumentaristen Dsiga Wertow.* – Harms, 1973. | 36, 48

Ernst Goldenbaum. 75. Geburtstag. Auszeichnungen und Ehrungen.* – Harms, 1973.

Ernst Rummel. Senior des Parteivorstandes der Demokratischen Bauernpartei Deutschlands. geb. 18.11.1890 in Kürtow. gest. 5.12.1974 in Kirchdorf.* – Harms, 1973.

Frida Hockauf. Weberin. geb. 24.9.1903 in Reichenau.* – Harms, 1973. | 103

Fritz Lange. – Harms, 1973.

Fritz Selbmann. Schriftsteller. geb. 29.9.1899, gest. 26.1.1975.* – Otten, 1973. | 62

Hans Jendretzky. geb. 20. Juli 1897 in Berlin. Ehemaliges Mitglied der Bundesleitung des Roten Frontkämpferbundes.* – Barz, 1973. | 52, 61, 188–190

Julia Solnzewa. – Otten, 1973.

Karl Mewis. geb. 22.11.1907 in Hannoversch Münden. Mitglied des ZK der SED.* – Barz, 1973. | 75, 76, 318

Leonhard Helmschrott. 5.6.1921 in Unterthürheim. Chefredakteur des Zentralorgans der DBD *Bauern-Echo*.* – Barz, 1973.

Prof. Alfred Kurella. Schriftsteller. geb. am 2.5.1895 in Brieg/Schlesien.* – Otten, 1973.

Prof. Dr. Dr. jur. h. c. Erich Correns. – Harms, 1973.

Prof. Dr. h. c. Max Butting. – Otten, 1973.

Prof. Walter Bartel.* – Barz, 1973.

Zbigniew Misiewicz. – Barz, 1973.

Zivilverteidigung. III. Bezirks-Leistungsvergleich der Einsatzkräfte. Berlin 1973.* – Bausdorf, 1973.

1974

[Berlin-Totale III. Lebens- und Wohnverhältnisse 2. Altbaugebiet Berlin-Mitte] l. Über den Dächern.* – Otten, 1974.

Aktivisten der Landwirtschaft – Brigade *Bruno Kiesler*. – Harms, 1974.

Arthur Hofmann. Arbeiterveteran. geb. 24.6.1907.* – Kühn, 1974. | 79

Arthur Hofmann II. – Kühn, 1974. | 79

Berlin-Milieu. Stadtbezirk Berlin-Lichtenberg. Informationsfilm Zivilverteidigung. – Harms, 1974.

Elly Winter. Tochter Wilhelm Piecks. geb. 1.11.1898.* – Kühn, 1974. | 79

Erich Wirth. geb. 16.5.1904 in Leppersdorf/Sa. Neuerer, Aktivist der ersten Stunde.* – Harms, 1974.

Ernst Kehler. geb. 29.12.1903 in Pillau/Ostpreußen. Leiter der Betriebsdirektion der Deutschen Post von Groß-Berlin. Oberdirektor.* – Barz, 1974.

Erwin Engelbrecht I. – Kühn, 1974.

Fritz Eikemeier. – Barz, 1974. | 78, 79

Georg Noack. Arbeiterveteran.* – Barz, 1974.

Hans Maaßen. – Kühn/Barz, 1974.

Hans Scherhag. geb. 28.3.1920 in Koblenz. Mitglied einer Einsatzgruppe des Nationalkomitees *Freies Deutschland*.* – Barz, 1974.

Heinrich Darges. – Barz, 1974.

Helene Berner I, II, III. – Barz, 1974/1975/1977.

Herbert Schämel. geb. 18.3.1909 in Berlin. Arbeiterveteran.* – Barz, 1974.

Iwan Andrejewitsch Bejdin. – Barz, 1974.

Johann Hüttner über das Konzentrationslager Sachsenhausen.* – Barz, 1974/1975.

Kurt Lewinsky über das Konzentrationslager Sachsenhausen.* – Barz, 1974.

Kurt Schwaen. – Otten, 1974.

Ludwig Renn. – Otten, 1974.

Maxim Vallentin. geb. 9.10.1904. Schauspieler, Regisseur, Intendant.* – Otten, 1974.

Otto Gotsche. Schriftsteller, ehem. Staatsfunktionär. geb. 3.7.1904 in | 52, 212
Wolferode/Eisleben.* – Otten, 1974.

Prof. Dr. Dr. hc. Dr. Ing. eh. Gustav Hertz. geb. am 22.7.1887 in Hamburg.* – Harms, 1974.

Prof. Dr. h.c. Max Burghardt. – Otten, 1974.

Prof. Ernst Hermann Meyer. Komponist. geb. 8.12.1905 in Berlin.* – Otten, 1974.

Prof. Heinrich Drake. – Otten, 1974.

Rudolf Wunderlich. geb. am 10.3.1912 in Leipzig. Arbeiterveteran.* – Barz, 1974.

Stunde der Akademie. Palucca Schule Dresden, 24.6.1974. Prof. Gret Palucca zeigt ihre tänzerisch-pädagogische Arbeit mit Schülern mehrerer Klassen.* – Otten, 1974.

Talsperre Bautzen.* – Harms, 1974/1975.

Wilhelm Adam. – Barz, 1974.

1975

450. Jahrestag des Deutschen Bauernkrieges. Mühlhausen 14. und 15.3.1975.* – Harms, 1975.

Berlin-Totale V. Handel, Versorgung und Dienstleistungen 1. Märkte und Markthallen b. Markthalle am Alexanderplatz. – Barz, 1975.

Berlin-Totale V. Handel, Versorgung und Dienstleistungen 1. Märkte und Markthallen c. Ackerhalle.* – Otten, 1975.

Berlin-Totale V. Handel, Versorgung und Dienstleistungen 1. Märkte und Markthallen d. Mecklenburger Dorf in Köpenick . – Harms, 1975.

Berlin-Totale XIII. Tourismus und Fremdenverkehr 1. Sehenswürdigkeiten b. Mahnmal Unter den Linden. – Barz, 1975.

Berlin-Totale XIII. Tourismus und Fremdenverkehr 1. Sehenswürdigkeiten c. Sowjetisches Ehrenmal Treptow. – Barz, 1975.

Berta Hellmann. Jahrgang 1892, ehemalige Untermieterin der Familie Pieck, Rentnerin.* – Kühn, 1975.

CDU – Gerald Götting. – Barz, 1975.

Dr. Johann-Friedrich Rogge. Bildhauer, geb. 5.4.1898.* – Kühn, 1975.

Dr. Manfred Gerlach II. geb. am 8. Mai 1928 in Leipzig. Vorsitzender der LDPD. Im Gespräch mit Andrzej Benesz, Vorsitzender der Demokratischen Partei Polens.* – Barz, 1975.

Durch Standards zur optimalen Materialausnutzung. – Bausdorf, 1975.

Eleonore Staimer. geb. 14.4.1906, Tochter Wilhelm Piecks, Mitarbeiterin des Komitees antifaschistischer Widerstandskämpfer, Berlin.* – Kühn, 1975.

Elli Schmidt. Arbeiterveteranin. geb. 9.8.1908.* – Kühn, 1975. | 79

Erich Glückauf. geb. 12.9.1903, Redakteur, Mitarbeiter im Institut für Marxismus-Leninismus, Berlin.* – Kühn, 1975.

Erwin Geschonneck.* – Otten, 1975/1976. | 202

Friedo Solter. Regisseur, geb. 24.7.1932 in Reppen/Schlesien.* – Otten, 1975/1976.

Fritz Girrulat. geb. am 27.12.1922 in Birkenmühle/Ostpreußen.* – Harms, 1975.

Gustav v. Wangenheim. Schauspieler. geb. 18.2.1895 in Wiesbaden. gest. 5. 8. 1975.* – Otten, 1975.

Herbert Stößlein (I). geb. am 18.6.1909 in Innsbruck. Mitbegründer des NKFD.* – Barz, 1975.

Herbert Stößlein (II). geb. am 18.6.1909 in Innsbruck. Mitbegründer des NKFD.* – Barz, 1975.

Herrmann Berthold. Mitglied der Bewegung *Freies Deutschland*, geb. am 25.6.1911 in Jena.* – Barz, 1975.

Johanna Andersen-Nexö. – Kühn, 1975.

Kienitz.* – Barz, 1975.

Kurt Siegmund. Direktor des Institutes für landwirtschaftliche Information und Dokumentation an der Akademie der Landwirtschaftswissenschaften der DDR. geb. am 31.12.1910.* – Harms, 1975.

Luitpold Steidle. geb. 12.3.1898 in Ulm. Vizepräsident des Bundes *Deutscher Offiziere* im Nationalkomitee Freies Deutschland, Minister für Gesundheitswesen der DDR, Oberbürgermeister von Weimar.* – Kühn, 1975. | 79

Margarete Lattmann. geb. 3.12.1908. Ehefrau des ehemaligen Generals der faschistischen Wehrmacht Martin Lattmann.* – Barz, 1975.

Maria Reischmann. geb. 4.3.1905, Mitarbeiterin bei Wilhelm Pieck im Sekretariat der Kommunistischen Internationale, Arbeiterveteranin.* – Kühn, 1975.

Otto Gotsche II. – Otten, 1975. | 52

Paul Scholz. – Kühn, 1975.

Prof. Arno Mohr. – Otten, 1975.

Prof. Dr. Erich Correns (II). – Harms, 1975.

Prof. Karl von Appen. – Otten, 1975/1976.

Reinhold Fleschhut. Mitbegründer des Nationalkomitees *Freies Deutschland*. geb. am 11.11.1908 in Kempten.* – Barz, 1975.

Rudolf Bleil. – Barz, 1975.

Thomas Brandon. – Bausdorf, 1975.

Wilhelmine Schirmer-Pröscher. Alterspräsidentin der Volkskammer der DDR. geb. 9.7.1889.* – Kühn, 1975.

1976

Berlin-Totale I. Politische und ökonomische Besonderheiten Berlins 1. Hauptstadt-Funktion a. Die Volkskammer.* – Harms, 1976. | 66

Berlin-Totale III. Lebens- und Wohnverhältnisse 1. Politische Aktivitäten a. Wahlen in einem Stadtbezirk.* – Harms, 1976. | 66

Berlin-Totale III. Lebens- und Wohnverhältnisse 2. Altbaugebiet Berlin-Mitte b. Neue Schönhauser Str..* – Otten, 1976.

Berlin-Totale III. Lebens- und Wohnverhältnisse 2. Altbaugebiet Berlin-Mitte e. Joachimstraße.* – Otten, 1976.

Berlin-Totale III. Lebens- und Wohnverhältnisse 2. Altbaugebiet Berlin-Mitte g. Steinstraße.* – Otten, 1976.

Berlin-Totale III. Lebens- und Wohnverhältnisse 2. Altbaugebiet Berlin-Mitte k. Sophiengemeinde.* – Otten, 1976. | 137

Berlin-Totale XII. Medizinische und soziale Betreuung 1. Altenbetreuung a. Altersheim Koppenplatz.* – Otten, 1976. | 66

Berlin-Totale XIII. Tourismus und Fremdenverkehr 1. Sehenswürdigkeiten a. Kreuzung Unter den Linden/Friedrichstraße. – Harms, 1976.

Berlin-Totale XIV. Stadtgeschichte, Denkmale, Denkmalpflege 1. Historische Straßen und Plätze b. Sophienkirche. – Otten, 1976/1979. | 137

Berlin-Totale XIV. Stadtgeschichte, Denkmale, Denkmalpflege 2. Historische Straßen und Plätze a. Garnison-Friedhof. – Otten, 1976/1978.

Berlin-Totale XIV. Stadtgeschichte, Denkmale und Denkmalpflege 2. Historische Straßen und Plätze b. Friedhof der Sophien-Gemeinde.* – Otten, 1976. | 137

Dr. Ernst Hilzheimer. Mitbegründer der LDPD in Rostock, geb. am 8.4.1901 in Stralsund.* – Barz, 1976.

Dr. h.c. Alexander Abusch. – Otten, 1976. | 52

Emil Krummel. Mitbegründer des Nationalkomitees *Freies Deutschland*. geb. am 18.3.1910 in Duisburg.* – Barz, 1976.

Erwin Engelbrecht (II). – Barz, 1976.

Friedrich Richter. geb. 5. Juni 1894, Schauspieler.* – Kühn, 1976.

Grete Fuchs-Keilson. geb. am 21.12.1905. Arbeiterveteranin.* – Kühn, 1976.

Karl Mewis (II). geb. 22.11.1907 in Hannoversch Münden. Mitglied des ZK der SED.* – Barz, 1976/1977.

Kurt Stern, geb. 18.9.1907 in Berlin. Jeanne Stern, geb. 20.8.1908 in Bedous (Südfrankreich). Schriftsteller.* – Otten, 1976. | 103

Ludwig Eisermann. – Barz, 1976.

Produktionsmethoden. Martinwerk I im VEB Stahl- und Walzwerk Riesa.* – Harms, 1976. | 60

Prof. Dimitri Golownja. geb. 1900. Kameramann bei Pudowkin.* – Worel, 1976.

Prof. Dr. Hilde Benjamin (II). geb. 5.2.1902 in Bernburg. Gesprächspartner: Dr. Rolf Helm.* – Barz, 1976. | 52

Prof. Martin Hellberg. geb. am 31.1.1905. Schauspieler und Regisseur.* – Kühn, 1976. | 11, 71

Prof. Max Seydewitz (II). geb. am 19.12.1892 in Forst/Lausitz. Schriftsteller.* – Harms, 1976.

Prof. Wilhelm Weismann. geb. 20.9.1900 in Alfdorf/Württemberg. Komponist.* – Otten, 1976. | 55

Spanienkämpfer.* – Barz, 1976.

Staatliches Filmarchiv der DDR – Technik der Lagerung und Klimatisierung. – Otten, 1976.

VEB Plastlüfter und Anlagenbau Dresden – ehemals halbstaatlicher Betrieb –.* – Kühn, 1976. | 60, 82, 83

Walter Weidauer. geb. am 28.7.1899. ehem. Dresdener OB. Arbeiterveteran.* – Kühn, 1976.

Wilhelmine Schirmer-Pröscher (II). geb. am 9.7.1889 in Gießen. Mitglied des Politischen Ausschusses des Zentralvorstandes der LDPD.* – Barz, 1976.

Willi-Peter Konzok. Stellvertretender Vorsitzender der LDPD. geb. am 26.9.1902 in Breslau.* – Barz, 1976.

1977

X. Parteitag der Demokratischen Bauernpartei Deutschlands.* – Harms, 1977. | 82

1978

Berlin-Totale IV. Verkehr und Verkehrsmittel 1. Vorläufer der Tatrabahnen a. Straßenbahnkorso. – Harms, 1978.

Berlin-Totale IV. Verkehr und Verkehrsmittel 2. Einführung der Tatra-Bahnen a. Gleisbetterneuerung.* – Harms, 1978. | 104–106

Berlin-Totale IV. Verkehr und Verkehrsmittel 2. Einführung der Tatrabahnen b. Die erste Tatra-Bahn-Linie.* – Harms; Regie: Puppe, 1978.

Berlin-Totale IV. Verkehr und Verkehrsmittel 3. Weiße Flotte a. Die Fähre. – Barz, 1978.

Berlin-Totale V. Handel, Versorgung und Dienstleistungen 3. Klein- und Großhandel a. Kohlen-Handlung.* – Harms, 1978. | 92

Berlin-Totale V. Handel, Versorgung und Dienstleistungen 7. Dienstleistungen a. Gebäude- und Fassadenreinigung. – Harms, 1978.

Berlin-Totale VI. Stadttechnik 1. Müllbeseitigung a. Hausmüll.* – Harms, 1978. | 102

Berlin-Totale VI. Stadttechnik 3. Straßenbeleuchtung a. Gasleuchten.* – Harms, 1978. | 88, 130

Berlin-Totale X. Kunst und Kultur 1. Künstler in Berlin a. Gerhard Vontra. – Otten, 1978.

Berlin-Totale XI. Naherholung, Körperkultur und Sport 1. Kleingarten-Anlage a. Abriss einer Kleingartenanlage.* – Barz; Regie: Puppe, 1978.

Berlin-Totale XV. Die Berliner 1. Berliner im Berufsalltag a. Plakatanschläger. – Barz; Regie: Puppe, 1978.

Berlin-Totale XIV. Stadtgeschichte, Denkmale, Denkmalpflege 2. Historische Straßen und Plätze c. Oranienburger Straße. – Otten, 1978. | 97

Berlin-Totale XV. Die Berliner 1. Berliner im Berufsalltag b. Schornsteinfeger.* – Harms; Regie: Puppe, 1978. | 102

Günther Klein. geb. 12.1.1922 in Breckerfeld, Westfalen. Journalist, ehem. Chefredakteur des Augenzeugen.* – Otten, 1978.

Heiner Carow, Regisseur. – Otten, 1978.

Jurij Brezan, Schriftsteller. – Otten, 1978/1979.

Prof. Dr. Wilhelm Girnus I. geb. 27.1.1906 in Allenstein (Olsztyn). Literaturwissenschaftler und Publizist.* – Otten, 1978. | 102

Prof. Joop Huisken. – Otten, 1978.

1979

Berlin-Totale III. Lebens- und Wohnverhältnisse 2. Altbaugebiet Berlin-Mitte a. Gesellschaftliche Probleme.* – Otten, 1979.

Berlin-Totale III. Lebens- und Wohnverhältnisse 2. Altbaugebiet Berlin-Mitte c. Sophienstraße.* – Otten, 1979. | 97

Berlin-Totale III. Lebens- und Wohnverhältnisse 2. Altbaugebiet Berlin-Mitte d. Große Hamburger Str..* – Otten, 1979. | 97, 137

Filmdokumente zum Arbeiter- und Bauernstudium in der DDR [Prof. Fritz Bennewitz, Prof. Dr. Herbert Meißner, Otto Moritz]. – Kühn; Regie: Puppe, 1979.

Joachim Werzlau. geb. 5.8.1913 in Leipzig. Komponist.* – Otten, 1979/1980.

Prof. Dr. Dr. h. c. Helmut Klein. – Kühn; Regie: Puppe, 1979.

Prof. Klaus Wittkugel. geb. 17.10.1910 in Kiel. Gebrauchsgrafiker.* – Otten, 1979/1980.

Rudolf Böhm (ABF). – Kühn; Regie: Puppe, 1979.

Siegfried Lorenz (ABF). – Kühn; Regie: Puppe, 1979. | 91

1980

Berlin-Totale II. Bauten und Bauplätze 1. Gebäude-Sanierung a. Bergsteiger als Bauarbeiter.* – Barz, 1980.

Berlin-Totale III. Lebens- und Wohnverhältnisse 5. Wohnkultur | 288
g. Angestellten-Wohnung.* – Reck, 1980.

Berlin-Totale VIII. Handwerksbetriebe 1. Seltenes Handwerk h. Rossschlachterei. – Otten, 1980.

Berlin-Totale XI. Naherholung, Körperkultur und Sport 1. Kleingartenanlagen b. Aufbau einer Kleingartenanlage. – Barz, 1980.

[Berlin-Totale XIV. Stadtgeschichte, Denkmale und Denkmalpflege 3. Historische Denkmale] b. Aufstellung der Statue Friedrich II. Unter den Linden.* – Barz, 1980.

1981

Berlin-Totale III. Lebens- und Wohnverhältnisse 4. Die Alten in der | 24, 130,
Stadt f. Hauswirtschaftspflege.* – Reck, 1981. 288, 294,
295

Berlin-Totale V. Handel, Versorgung und Dienstleistungen 7. Dienstleistungen b) Fundbüro der Deutschen Reichsbahn.* – Otten, 1981.

Berlin-Totale X. Kunst und Kultur 1. Künstler in Berlin b. Der Maler Heinrich Werrmann. – Otten, 1981.

Berlin-Totale XIV. Stadtgeschichte, Denkmale und Denkmalpflege 3. Historische Denkmale a. Aufstellung der Granitschale im Lustgarten.* – Otten, 1981.

DEFA-Geschichte, Richard Groschopp. – Otten, 1981.

Produktionsmethoden – Heinrich Mauersberger. – Harms / Barz, 1981.

Stephan Hermlin. geb. 13.4.1915 in Chemnitz. Schriftsteller.* – Otten, 1981.

Zur Geschichte des Staatlichen Filmarchivs der DDR. Herbert Volkmann II. geb. 22.7.1901. Wissenschaftlicher Mitarbeiter des Staatlichen Filmarchivs, Präsident der Preservation Commission in der FIAF.* – Otten, 1981.

1982

XI. Parteitag der Demokratischen Bauernpartei Deutschlands. – Glaß, 1982/1983.

13. Parteitag. Liberal-Demokratische Partei Deutschlands. Weimar 5.–7. April 1982.* – Glaß, 1982/1983.

Bezirksschule der Zivilverteidigung Berlin. Namensverleihung: *Hermann Gartmann*. 4. Februar 1982.* – [Bausdorf], 1982.

Dokumente zur Lebensweise. Formen des Zusammenlebens: Unverheiratete Partner mit Kind.* – Otten, 1982. | 115

Dokumente zur Lebensweise. Frau Reichardt – Kinderreich 1982.* – Fischer, 1982. | 115

Dokumente zur Lebensweise. Wohnungsprobleme 1982/83. Dokument II. Gesperrter Wohnraum.* – Barz, 1982. | 14, 115

Die Handlungen des Kommandeurs nach Erhalt einer Aufgabe [Zivilverteidigung].* – Ohne Angabe, 1982.

1983

Christian Richter. Christ und Keramiker.* – Grimm, 1983. | 132–134, 139, 225–228, 251

Dokumente zur Lebensweise. Wohnungsprobleme 1982/83 – Dokument I.* – Barz, 1983. | 14, 115, 132

Jürgen Kuczynski. 1120 Berlin-Weißensee. Parkstraße 97. Studien und Randbemerkungen.* – Grimm, 1983. | 113, 114, 132

Prof. Dr. Hans-Jürgen Treder.* – Harms, 1983.

1984

Alltag und Krieg. Die Frauen.* – Freier, 1984. | 113, 126, 131

Auf der Suche nach Angeboten. Alexander Lang. – Ploog, 1984.

Berlin-Totale XI. Naherholung, Körperkultur und Sport 1. Kleingartenanlagen b. Kleingärten im Stadtbild. – Barz, 1984.

Bilder auf Höfen.* – Liebnitz, 1984. | 140–144

Das Haus/1984.* – Heise, 1984. | 15, 126, 127, 255, 259, 261–264, 266, 274, 278

Familienbilder. Beobachtungen in einer Berliner Arbeiterfamilie.* – Ploog, 1984. | 115

FIAF-Sommerschule 1984. – Reck, 1984.

1985

Traditionelles Volkstheater – Puppenspieler. Gassmanns Marionetten. – Freier, 1985.

Volkspolizei/1985.* – Heise, 1985. | 125–127, 149, 150, 255, 259, 264–271, 274, 278

Weiser-Werden-Wollen. Prof. Dr. Rudolf Schottlaender. Jahrgang 1900.* – Grimm, 1985.

1986

Fragen an Jürgen Kuczynski zu seinem Buch *Dialog mit meinem Urenkel*.* – Grimm, 1986. | 113

Lucie Groszer.* – Ploog, 1986. | 156

Umsiedler. Versuch eines filmischen Protokolls.* – Grimm, 1986. | 113

Zeitzeugen erinnern sich. Beispiele Antifaschistischen Widerstandskampfes. Ein Filmdokument [Teil 1].* – Grimm, 1986.

Zeitzeugen erinnern sich. Beispiele antifaschistischen Widerstandskampfes. Ein Filmdokument. Wir wollten ein Zeichen setzen [Teil 2].* – Grimm, 1986.

Zeitzeugen erinnern sich. Beispiele antifaschistischen Widerstandskampfes. Ein Filmdokument. Wir spürten eine große Solidarität [Teil 3].* – Grimm, 1986.

Zeitzeugen erinnern sich. Beispiele antifaschistischen Widerstandskampfes. Ein Filmdokument. Zwischen Erkner und Bohnsdorf [Teil 4].* – Grimm, 1986.

Zeitzeugen erinnern sich. Beispiele antifaschistischen Widerstandskampfes. Ein Filmdokument. Wir kehrten an die Front zurück [Teil 5].* – Grimm, 1986.

Zeitzeugen erinnern sich. Beispiele antifaschistischen Widerstandskampfes. Ein Filmdokument. Plötzensee und Buchenwald [Teil 6].* – Grimm, 1986.

Zeitzeugen erinnern sich. Restmaterial. – Grimm, 1986.

Ohne Produktionsjahr

[Proschim].* – Ohne Angabe.

Staatliches Filmarchiv der DDR (Dokumentation). – Ohne Angabe.

SFD-Tondokumente

VII. Dok.-Woche 1964

Christine

Eröffnung der Ausstellung 25 Jahre Neuer Kubanischer Film. 30.III.1984

Eröffnung Retro 1974 (Kuba)

Eröffnungsrede Retrospektive Casino Leipzig 77

Gespräch mit Frau Wassermann

Ohne Titel

Rede Genosse Professor Rodenberg zur Eröffnung der Retro 1973

Wedepohl Republik Club

E. Goldenbaum Rodenwalde

Horst Schuhmann (Forum)

Genosse Mewis

Mitarbeiter der Staatlichen Filmdokumentation 1970–1986

Die Einträge haben folgende Struktur: Name (unsichere Ansetzungen in [eckigen] Klammern), Zeitraum der Mitarbeit (bei den freien Mitarbeitern meist aus Produktionsjahren erschlossen), Funktion.

Festangestellte Mitarbeiter

Abraham, Sieglinde (1973–1975). Schnitt

Arlt, Brigitte (1975–1981). Schnitt

Barth, Christa (1973–1975). Schnitt – 56

Barz, Gerd (1970–1984). Redaktion – 11, 12, 14, 25, 50–52, 54, 56, 61, 66, 67, 73, 75, 76, 78, 111, 115, 132, 146, 189

Bausdorf, Klaus-Detlef (1971–1977). SFD-Leitung und Redaktion – 50, 56–58, 60, 61, 66, 69, 71, 78, 79, 82, 85, 91, 96, 99, 118, 189

Casper, Kurt (1971–1973). Redaktion – 56, 67

Dormeyer, Erhardt (1983–1986). Ton

Glaß, Peter (1981–1985). SFD-Leitung und Redaktion – 36, 108–112, 114–116, 118, 120, 121, 125, 126, 128–130, 134, 139–141, 146, 148, 152–155, 250, 259, 267, 270, 296, 298, 300

Grimm, Thomas (1984–1986). Redaktion – 111, 113, 114, 132–138, 141, 144, 146, 155, 156, 190, 225–227, 230, 231, 239, 243, 260, 279, 280, 285

Hanus, Barbara (1979–1983). Produktionsleitung – 91

Harms, Dieter (1971–1984). Redaktion und Ton – 25, 37, 48, 49, 56, 58, 60, 63, 64, 66, 67, 73–75, 82, 88, 92, 102–105, 111, 133, 146, 280, 285

Hoppe, Maria (1979). Sekretariat

Külckens, Edith (1977–1979). Sekretariat

Jahn, Holger (1981–1984). Kamera und Kameraassistenz – 111, 225, 226

Jendraszek, Alfred (1971–1979). Produktionsleitung – 56, 90, 96, 288

Klein, Horst (1971). Kamera

Kühn, Gertraude (1973–1981). Redaktion, Kulturpolitische Mitarbeit – 60, 67, 82, 83, 91, 92, 102, 113, 114, 293

Lemke, Klaus (1979). Beleuchtung

Liebnitz, Martina (1983–1986). Redaktion – 25, 111, 113, 140–142, 144, 146, 155

Musall, Bernhard (1970–1971). SFD-Leitung und Redaktion – 34, 42, 50–52, 54, 56, 57, 61, 70 ,74, 96

Neubauer, Astrid-Maria (1971–1976). Sekretariat

Nowak, Werner (1979–1983). Ton

Otten, Veronika (1971–1982). Redaktion – 15, 55, 56, 62, 66, 67, 97, 99, 102, 103, 115, 137, 202, 211, 212, 256, 288

Pachale, Hans (1985–1986). Kamera

Freie SFD-Mitarbeit

SFD-Bibliographie (Aufsätze und Erwähnungen)

Zeitzeugen

Badel, Peter: „Letzen Endes geht es immer um gegenseitiges Vertrauen". In: Marko Kregel (Hrsg.): *Dem Film ein Gesicht geben. Sechs deutsche Kameraleute im Gespräch*. Marburg: Schüren 2007, S. 160–202, hier S. 178–180.

Grimm, Thomas: Nischenlogik? Oder: meine unterschiedlichen Erfahrungen als freier Filmemacher mit den Medien der DDR. In: *Unsere Medien – unsere Republik 2. Deutsche Selbst- und Fremdbilder in den Medien von BRD und DDR* 9 (1991), S. 48–51.

—: Verrat der Quellen. Die Staatliche Filmdokumentation. In: Günter Jordan / Ralf Schenk (Hrsg.): *Schwarzweiß und Farbe. DEFA-Dokumentarfilme 1946–92*. Berlin: Jovis 2000, S. 356–363.

Grubitzsch, Jürgen: Auf den Spuren der Pioniere des deutschen Ostens. *Zeitzeugen-TV*. Die Arbeit des sächsischen Filmdokumentaristen Thomas Grimm. In: *Süddeutsche Zeitung*, 16.09.1992.

Heise, Thomas: Das Haus – 1984 [Drehbuchtext]. In: Ders.: *Spuren. Eine Archäologie der realen Existenz*. Berlin: Vorwerk 8 2010, S. 148–172.

—: Volkspolizei – 1985 [Drehbuchtext]. In: Ders.: *Spuren. Eine Archäologie der realen Existenz*. Berlin: Vorwerk 8 2010, S. 173–205.

— (Hrsg.): *Archäologie hat mit Graben zu tun* [Booklet zur DVD *Material*]. München: film & kunst 2011.

Hübner, Martin: Geschichte im Kopf – das Projekt „Zeitzeugen". Gespräch mit Thomas Grimm. In: *Film und Fernsehen* 1 (1991), S. 42–44.

—: Geschichte im Kopf – das Projekt „Zeitzeugen". Gespräch mit Thomas Grimm. Anhang 1: Günter Schabowski vor dem Untersuchungsausschuss der Volkskammer. 23.1.1990; Anhang 2: Joachim Herrmann vor dem Untersuchungsausschuss der Volkskammer. 17.1.1990. In: *Film und Fernsehen* 1 (1991), S. 42–49.

Morsbach, Helmut: „Dankbarkeit gibt es beim Fernsehen nicht". Gespräch mit dem Dokumentarfilm-Regisseur und Dokumentaristen Thomas Grimm. In: *Filmdienst* 24 (2014), https://cinomat.filmdienst.de/Artikelsuche/Details/211422?ausgabe=2014%2F24.

Wagner, Renate: Spuren sichern. [Thomas Grimm]. In: *BZ am Abend*, 30.01.1990.

Forschungsliteratur

Barnert, Anne: Personen, Großstadt, blinde Flecken. Der Bestand *Staatliche Filmdokumentation* der DDR. In: *Vierteljahrshefte für Zeitgeschichte* 63,1 (2015), S. 93–107.

—: Alltag zwischen hier und dort. *Berlin-Milieu – Ackerstraße* (1973) der Staatlichen Filmdokumentation der DDR. In: *Filmblatt* 19,55/56 (2014/2015), S. 115–125.

—: Ein Staat erinnert sich selbst. Die *Staatliche Filmdokumentation* am Filmarchiv der DDR. In: Delia de González Reufels / Rasmus Greiner / Winfried Pauleit (Hrsg.): *Film und Geschichte. Produktion und Erfahrung von Geschichte durch Bewegtbild und Ton. Film & History. Producing & Experiencing History in Moving Images & Sound*. Berlin: Bertz + Fischer 2015, S. 34–42.

—: Erinnerungen eines Archivdirektors. Herbert Volkmann im Personenporträt der *Staatlichen Filmdokumentation* der DDR. In: Rolf Aurich / Ralf Forster (Hrsg.): *Wie der Film unsterblich wurde. Vorakademische Filmwissenschaft in Deutschland bis 1965*. München: text + kritik 2015, S. 89–96.

Belger, Ines: *Die Geschichte und die Aufgaben des Staatlichen Filmarchivs der DDR in den ersten zwanzig Jahren seines Bestehens (1955–1975)* [Diplomarbeit]. Potsdam: Fachhochschule Potsdam 1997, hier S. 68–70.

Beutelschmidt, Thomas: Dokfilm und Video. Wahrnehmung neuer Gestaltungsformen und Themen ab Mitte der 80er Jahre am Beispiel des Festivals. In: Fred Gehler / Rüdiger Steinmetz (Hrsg.): *Dialog mit einem Mythos. Ästhetische und politische Entwicklungen des Leipziger Dokumentarfilm-Festivals in vier Jahrzehnten.* Leipzig: Leipziger Universitätsverlag 1998, S. 83–103, hier S. 100 und Fn. 75/76.

Bundesarchiv (Hrsg.): *Staatliches Filmarchiv der DDR. DR 140. 1950–1992*, unter Mitarbeit v. Helge Siegert / Tim Storch. http://www.argus.bundesarchiv.de/DR-140-64968/index.htm (Zugriff am 29.03.2014).

Heusterberg, Babette: „Gebt mir das, was am wenigsten geschätzt war im ganzen Filmwesen…". Der Bestand Staatliche Filmdokumentation der DDR im Bundesarchiv. In: *Filmblatt* 17,50 (2012/2013), S. 87–89.

Hochschule für Film und Fernsehen *Konrad Wolf* / Staatliches Filmarchiv der DDR (Hrsg.): *Filmobibliografische Jahresberichte.* Berlin: Hochschule für Film und Fernsehen „Konrad Wolf" / Staatliches Filmarchiv 1973–1986.

Jordan, Günter: Eine Nachbemerkung. In: DEFA-Stiftung (Hrsg.): *apropos: Film 2002. Das Jahrbuch der DEFA-Stiftung.* Berlin: Bertz + Fischer 2002, S. 46–48, hier S. 47.

—: *Film in der DDR. Daten, Fakten, Strukturen.* Potsdam: Filmmuseum Potsdam 2009, S. 203–205.

Kuttner, Jürgen: Das Haus (1984). Volkspolizei (1985). In: Matthias Dell / Simon Rothöhler (Hrsg.): *Über Thomas Heise.* Berlin: Vorwerk 8 2014, S. 23–32.

Rohrmoser, Kurt: *Die praktische Bedeutung der Einteilung in Nutzergruppen für eine optimale Nutzung audiovisueller Informationsquellen im Staatlichen Filmarchiv der DDR* [Belegarbeit Nr. 91/1973]. Berlin: Humboldt-Universität, Institut für Bibl. Wiss. u. wissenschaftliche Information 1973, hier S. 21/22.

Schulz, Günter: *Zu Problemen der Bestandsergänzung in einem zentralen Endarchiv der DDR für audiovisuelles Archivgut. Unter besonderer Berücksichtigung der Sicherung, Erfassung und Bewertung audiovisueller Materialien* [Dissertation]. Berlin: Humboldt-Universität 1979, hier S. 50/51.

Sebastian, Steffen: *Filmdokumentation – Gedanken zum Anliegen, zur Aufgabenstellung und Bedeutung der Filmdokumentation. Bildgestaltung – die Verantwortung des Kameramannes bei der Gestaltung von Filmdokumenten.* [Diplomarbeit, Mentor: Thomas Grimm]. Potsdam-Babelsberg: Hochschule für Film und Fernsehen „Konrad Wolf" 1986.

Staatliches Filmarchiv der DDR: *Wilhelm Pieck im Film* [Filmographie]. Zusammenstellung und Bearbeitung Hans-Gunter Voigt. Berlin: Staatliches Filmarchiv der DDR 1976, hier S. 49–52.

Wegner, Karl-Heinz: *Berlin in Spielfilmen. Katalog.* Redaktion und Mitarbeit Edith Wäscher. Berlin: Staatliches Filmarchiv der DDR 1987, hier S. 320–323.

Zeitungen und Zeitschriften bis 1989

Bausdorf, Klaus-Detlef: An die Redaktion. Filmdokumentation. In: *Sonntag*, 09.01.1972.

Chronisten der Zeit mit der Kamera. Nationales Kurzfilmfestival in Neubrandenburg. In: *Berliner Zeitung*, 13.10.1979.

Filmschätze im Archiv. 20 Jahre Staatliches Filmarchiv. Größte deutschsprachige Filmkollektion der Welt. In: *Der Morgen*, 12.10.1975.

Grüning, Michael: Ein Streifen für die Nachwelt. Filmarchiv-Mitarbeiter bei Prof. Hellberg. In: *Sächsisches Tageblatt*, 23.02.1976.

Heidicke, Manfred: Zeugnis eines Zeitgenossen. In: *Film-Spiegel* 17,23 (1971), S. 9.

Klaue, Wolfgang: Das Staatliche Filmarchiv der DDR. In: *Archivmitteilungen. Zeitschrift für Theorie und Praxis des Archivwesens* 4 (1989), S. 136–137, hier S. 136.

Klonower, Andrea: Podium. Schatzkammer. In: *Bulletin 2, Nationales Festival Dokumentar- und Kurzfilm der DDR für Kino und Fernsehen. Neubrandenburg, vom 10. bis 14. Oktober 1979.* Berlin: Direktion Nationale und Internationale Filmfestivals in der DDR 1979, S. 19–21.

Poschmann, Eva: Hochzeitskutsche im Archiv. In: *BZ am Abend*, 27.12.1980, S. 7.

Sonderveranstaltung des Staatlichen Filmarchivs. In: *Bulletin 2, Nationales Festival Dokumentar- und Kurzfilm der DDR für Kino und Fernsehen. Neubrandenburg, vom 10. bis 14. Oktober 1979.* Berlin: Direktion Nationale und Internationale Filmfestivals in der DDR 1979, S. 7.

Sylvester, Regine: Bericht. Symposium von Filmdokumentaristen. Verband der Film- und Fernsehschaffenden. In: *Sonntag*, 14.01.1979.

Wegner, Karl-Heinz: Filmaufnahmen für Dokumentationszwecke. In: *Archivmitteilungen. Zeitschrift für Theorie und Praxis des Archivwesens* 5 (1979), S. 200.

Abbildungsverzeichnis

Einleitung

Anne Barnert: Die Staatliche Filmdokumentation

Rolf Aurich: Historische Quellen produzieren

Thomas Heise: „Arbeit in Feindesland". Interview

Wolfgang Klaue: „Die SFD berührte Grenzen des Erlaubten". Erinnerungen

Monika Reck: „Ich hatte am Sozialismus gerüttelt". Briefe

Autorenverzeichnis

Rolf Aurich, Jg. 1960. Lektor, Redakteur, Autor an der Deutschen Kinemathek, Berlin. Lebt in Potsdam.

Anne Barnert, Jg. 1974. Film- und Kulturwissenschaftlerin mit den Schwerpunkten Geschichte und Theorie des Films, Medien und Erinnerungspolitik, Archivtheorie und Überlieferungsbildung. Forschungsprojekte am Institut für Zeitgeschichte (Berlin): „Die Kunst der Zäsur. Abgebrochene und nicht aufgeführte DEFA-Filme 1985–1989 sowie ihre Fertigstellung 1990–1992“ und „Die Staatliche Filmdokumentation am Staatlichen Filmarchiv der DDR. Sicherung des Filmbestandes, Dokumentation und Produktion eines Filmes für die historisch-politische Bildungsarbeit“.

Matthias Braun, Jg. 1949. Theater- und Literaturwissenschaftler. 1992 bis 2015 Wissenschaftlicher Mitarbeiter der Forschungsabteilung des Bundesbeauftragten für die Unterlagen des Staatssicherheitsdienstes der DDR und Redakteur der wissenschaftlichen Reihe des BStU. Forschungsschwerpunkte: Wirkungsweise des MfS im Kulturbereich, Zusammenspiel von SED und MfS an der Akademie der Künste der DDR, Zensurforschung.

Axel Noack, Jg. 1949. Evangelischer Theologe am Institut für Historische Theologie, Universität Halle-Wittenberg, Forschungsbereich Kirchliche Zeitgeschichte der DDR. Axel Noack war evangelischer Pfarrer in Merseburg und Wolfen. 1986 wurde er Mitglied der Synode des Bundes der Evangelischen Kirchen in der DDR und der Konferenz der Evangelischen Kirchenleitungen in der DDR. Von 1997 bis 2008 war er Bischof der Evangelischen Kirche der Kirchenprovinz Sachsen in Magdeburg.

Biographische Angaben für den Buchabschnitt „Zeitzeugen – Erinnerungen“ finden sich bei den einzelnen Beiträgen von Thomas Heise, Wolfgang Klaue und Monika Reck.